卡尔·威特的教育智慧

【德】卡尔·威特/著 伊里奇/编译

中国人口出版社

图书在版编目(CIP)数据

卡尔·威特的教育智慧 / 伊里奇编译. —北京：中国人口出版社，2009.7
ISBN 978-7-5101-0238-7

Ⅰ.卡… Ⅱ.伊… Ⅲ.家庭教育 Ⅳ.G78

中国版本图书馆CIP数据核字（2009）第109840号

卡尔·威特的教育智慧

伊里奇 编译

出版发行 中国人口出版社
印　　刷 北京振兴华印刷有限公司
开　　本 787×1092 1/16
印　　张 26
字　　数 400千字
版　　次 2011年3月第2版
印　　次 2012年9月第3次印刷
书　　号 ISBN 978-7-5101-0238-7
定　　价 49.80元

社　　长 陶庆军
网　　址 www. rkcbs. net
电子信箱 rkcbs@126. com
电　　话 (010)83519390
传　　真 (010)83519401
地　　址 北京市宣武区广安门南街80号中加大厦
邮政编码 100054

前言

天才的诞生与快乐的童年并不矛盾，天才与天赋也没有必然的关联。这本出自19世纪一个睿智乡村牧师之手的教育史上的奇书，用事实告诉我们：每一个孩子都具备成为天才的潜力。你也可以将你的孩子打造成一个健康快乐的天才。

200年前，在德国哈勒附近的洛禾村，有一位牧师对教育有自己独特的看法：他相信早期教育能培养出天才。后来根据他的方法，他把自己的孩子，天资并不聪明的小卡尔·威特培养成了举世闻名的神童。

小卡尔3岁时即能用德语自由地阅读；5岁的时候已经能用3个国家的语言说话，并且懂得动物学、植物学和物理学，在历史和文学方面也已达到了初中毕业生的水平；8岁的时候，小卡尔已经能自由运用德语、法语、意大利语、拉丁语、英语和希腊语这六个国家的语言；9岁时进入莱比锡大学；14岁被授予哲学博士学位；16岁获法学博士学位，并被任命为柏林大学的教授；23岁那年小卡尔·威特发表了《但丁的误解》，遂成为研究但丁方面的权威。

小卡尔·威特能取得这番惊人的成就，并不是由于他的天赋有多高超——恰恰相反，他出生后被认为是个有些痴呆的婴儿——而是全赖他的父亲教育有方。卡尔的父亲把小卡尔长到14岁以前的教育经历写成了一本书，这就是《卡尔·威特的教育》。书中详细地记载了卡尔的成长过程，以及自己教子的心得和独辟蹊径的教育方法。该书写于1818年，可以算是世界上论述早期教育的最早文献之一。但这本书问世后并未引起人们重视，几乎绝版，保留至今的只有很少的几部了，哈佛大学图书馆里藏有的一册据说是美国的唯一珍本。因此，如今看过原书的人极其少，老卡尔·威特的教育理论只散见于一些教育论著，诸如《俗物与天才》、《早期教育和天才》等书中。然而，正是由这些残章断片生发出的教育方法，培养出了近代像塞德兹、威纳·巴尔及维尼夫雷特等无数世界级的早期教育天才。

（原书说明）

这是一本关于儿童教育的书。诚然，儿童教育方面的书在欧洲非常多，尽管有一些是大教育家写出来。而我——老卡尔·威特，是哈勒附近一个叫洛禾的小小村庄的牧师，作为一名神职人员竟然写一本教育孩子的书，何况下面发生的一些议论可能会与教义格格不入，这无疑是不得体且不合时宜的。

但是我决定将我的教育思想和实践在这里诚实地写出来，因为我对现时流行于世的教育思想不仅不赞同，而且站在与之完全相反的立场上。

为了消除对我写此书的资格的质疑，请允许我首先向诸位介绍我的儿子——小卡尔·威特的经历。小卡尔出生于1880年7月，八九岁时他已经能够自由运用德语、法语、意大利语、拉丁语、英语和希腊语等6国语言，也通晓化学、动物学、植物学和物理学，尤为擅长是数学；9岁时他考入莱比锡大学；10岁进入哥廷根大学，他于1812年冬天发表了关于螺旋线的论文，受到一些学者的好评；13岁他出版了《三角术》一书；1814年4月，他由于提供的数学论文卓而不群而被授予哲学博士学位。

小卡尔已经获取了这样非凡的成就，而我不得不说，他在今后还会获取更为非凡的成就。虽然人应该以谦逊为美德，但是我对用自己的一套方法教育出来的孩子有坚定的信心。

我和我的妻子一直盼望有一个自己的孩子，但是在这方面我们非常不幸，我们的第一个孩子出生没几天就夭折了。这个不幸使我们想再次拥有孩子的愿望变得愈加强烈。终于在我52岁时，我们的第二个孩子出生了。我给他取名为卡尔·威特，可是他并不是一个健康的婴儿，一生下来，就四肢抽搐，呼吸急促。虽然我不愿意承认，但这孩子明显先天不足。

人们都说我儿子是天生的天才，不是我教育的结果。如果真给了我一个天才儿子，再没有比这更幸福的了。可是，实际情况并非如此。

婴儿时期的卡尔反应相当迟钝，显得极为痴呆。我无法掩饰作为父亲的悲伤，我曾经哀叹："这是遭的什么样的罪孽呀！怎么我有这样一个傻孩子呢？"我的邻居们常常劝我不要为此过分担忧。他们是一些善良的人们，可是在心底里他们的确认为卡尔是个白痴，而且还在背地里为孩子的未来和我们的处境犯愁。

我对他们并无丝毫的抱怨之辞。当时就连卡尔的母亲也不赞成我再去花功夫培养儿子了，她绝望地说："这样的傻孩子花再大的力气教育他也不会有什么出息，只是白费力气罢了。"

我尽管很悲伤，可是没有绝望。我要尽到作父亲的责任，尽我的能力给他最好的教育。我在给我的堂弟的信中写道："我52岁才得到一个儿子，怎么会不爱他呢？我要用我以为正确的方法去爱他。我已制定出周密而严格的教育方案。现在儿子看起来虽然毫无出色之处，但我必将将他培养成非凡的人。"

很多人都不相信我的话，甚至我的许多亲友都不相信。相信我的话的只有一个人，他就是在哈勒远近闻名的格拉彼茨牧师。格拉彼茨牧师自幼就是我的好朋友，是最了解我的人。

为了鼓励我将自己的教育方法传播于世，格拉彼茨牧师曾经对我说："正如你所说的，卡尔的非凡禀赋确实不是天生的。他之所以能成为天才，完全是你教育的结果。人们只要了解了你的教育方法，他们对卡尔能成为这样一个天才也就不足为奇了。我坚信，卡尔今后一定会更加轰动世界的。我了解你的教育方法，所以我也深信，你的教育方法最终一定会取得最大的成功。"

另外，下面的事实将证实我的说法。

在孩子生下来之前，玛得布鲁特市的几个青年教育家和该市周围的几个青年牧师曾共同成立了一个探讨教育问题的学会。格拉彼茨牧师也是该会的会员。为了让更多的人了解我的教育方法，格拉彼茨牧师就尽力为我创造各种机会让我宣讲。现在经他介绍，我也成了该会会员之一了。

在一次聚会上，有一个叫希拉德的牧师提出了这样一个观点："对于孩子来说，最重要的是天赋而不是教育。教育家无论怎样拼命施教，其作用也是有限的。"

由于我向来持有与这种观点完全相反的意见，所以就立刻站起来反驳："请恕我直言，我不赞成您的这种说法。我认为，对于孩子的成长来说最重要的是教育而不是天赋。孩子最终成为天才还是庸才，不取决于他的天赋，而取决于他从生下来到五六岁大时的教育。诚然，孩子的天赋是有差异的，但这种差异毕竟有限。在我看来，别说那些生下来就具备非凡禀赋的孩子，即使仅具备一般禀赋的孩子，只要教育得法，也能成为非凡的人。正如爱尔维修所言：‘即使是普通的孩子，只要教育得法，也会成为不平凡的人。’我坚信这一论断。”

我在会上发表的这番言论，使我成了众矢之的，他们一起向我发起围攻，这真是叫我无可奈何。最后我只得说：“你们有十三四个人，而我只是一个人，我寡不敌众，是辩不过你们的。所以，与其与你们辩论，不如拿事实来说话。只要给我一个孩子，而且即使你们认为他是个白痴，我也一定能把他培养成一个非凡之人。这是我由来已久的决心。”

这些会员气势很盛，纷纷回答说：“行，我们等着瞧！”

讨论会结束以后，希拉德牧师仍言犹未尽，又邀请我去他家谈谈，我就与格拉彼茨牧师一起去了。在希拉德牧师家中，我们继续讨论会上争论的问题，但是仍然毫无结果，我们只是不断地重复着各自在会上已经说过的话。

在讨论会上一直沉默不语的格拉彼茨牧师，现在却旗帜鲜明地表示了对我的观点的支持。

他说：“我确信，威特先生的誓言一定会实现，他的教育方法一定能取得相当的成功。”

可是希拉德牧师根本不相信这一点。他断言，那是不可能的。

其后不久，我有了儿子。格拉彼茨牧师立即把这个消息告诉了希拉德牧师，希拉德牧师又立即把这个消息告诉了其他会员，并让他们来验证，确信小卡尔出生时，确实不是一个天赋非凡的孩子。

于是自从卡尔出世后，他们就都注意着我的儿子。周围的人们也因此而多了一桩事，那就是议论卡尔的成长，那意思似乎是说：“好，这回就看你的本事了！”当然我知道，那些议论很少有对我表示同情的，大家更像在等待着一个注定失败的实验结果。

每次见到我和格拉彼茨牧师，他们就试探性地问：“怎么样，有希望吗？”

对此，我和格拉彼茨牧师总是坚定地回答：“是的，一定会给你们一个惊喜的。”

尽管如此，他们依旧以一种怀疑的眼光注视着卡尔的成长过程。

事实证明，我的心血没有白费。没有多久，当初的“傻”孩子就轰动了邻里。当卡尔长到四五岁时，他在各方面的能力已大大超过了同龄的孩子。看到自己的辛苦付出终于快要结下硕果，也看到这场在自己儿子身上所做的“天才是天赋的，还是后天培养的”实验快要产生明显的结果，我便找到一个机会，让希拉德牧师首先来看看我的儿子。

“哎呀，真是个好孩子！”希拉德牧师一见到卡尔就非常高兴，他一下子就喜欢上了卡尔。

其后，希拉德牧师也看出我的儿子不是普通的孩子了。由于他是看着卡尔如此神速地进步的，他也就逐渐开始相信我的教育学说了。

在前面说了这么多，诸位一定觉得我过于口罗嗦。可是我的教育思想与时下流行的完全不同，在培养儿子的过程中，一直受到教育家们的怀疑，也许是因为我的教育观念冒犯了这些权威们业已形成的信条吧。

好在我从未动摇过自己的信念，我始终坚信，只要教育得法，大多数孩子都会成为非凡的人才。事实也证明了这一点，我的儿子，出生时曾是一个不出色的孩子，经过精心培养以后，也能获得如此成功。

可是人们似乎并不理解。在我的孩子成名以后，人们只是一味谴责其他教育家的无能，甚至责怪他们为什么不能把孩子教育成像卡尔那样的人。这样其实毫无益处，只会让那些教育家们对我更加敌视。

我写作此书的目的既是为了减少反对派对我的敌视，也是为了向人们阐明正确的天才观。我要说的观点只有一个：对孩子来讲，倘若家庭教育不好，就是由那些最优秀的教育家进行最认真的教育，也不会有好的效果。

当然，我将自己的教育方法公开也是为了答谢朋友们的关心。要知道，儿子的成名，使我在面对许多持不同意见人的同时，也结识了很多朋友。

朋友们对我的教育方法很关注，常常用谈话或通信的方式来鼓励我，他们总是在我最需要的时候慷慨地给我支持和帮助。因此我常常被他们的好意所感动，有时甚至感动得流泪。

应该说，我的成功大半在于他们的同情和支持。因此，我终生难以忘怀他们对我的一片好心。

我的朋友们都希望我把我的教育方法编写成书，公之于众。而我屡屡拒绝，但是到最后还是被他们说服了，他们的好意是无法抗拒的。我就是在他们的再三劝说下，才决定公开我的书。

不过，我不能断言，运用我的教育方法的人就一定能像我一样获得成功。另外，也没有必要让别人的孩子都像我儿子一样接受那样的教育。但是我相信，不管谁使用我的教育法，肯定都会取得良好的效果。

现在我就开始介绍儿子小卡尔·威特成长的整个过程了。一个孩子的成长过程虽然十分琐碎，但我会尽力让大家看得生动有趣，使诸位既获收益又不嫌烦闷。

目 录

Contents

前 言 /3

早期教育可以让孩子成为天才（原书说明） /4

上篇

第一章 迎接孩子的到来

一个灵魂支配着两个肉体……母亲的精神状态对其腹中的胎儿产生着巨大的影响……母亲的希望、恐惧和痛苦对胎儿的严重影响，远远超过对母亲本身的影响。所以，教育孩子，首先从改变孩子的母亲开始。

——意大利画家 达·芬奇

- 第一节 选择合适的妻子 /20
- 第二节 妻子妊娠期需要细心呵护 /23
- 第三节 孩子需要开心快乐的好妈妈 /26
- 第四节 妈妈让孩子学会爱与智慧 /30
- 第五节 妈妈是孩子的外交官 /33

第二章 孩子智力发展的最佳时期

人刚生下来时都一样，仅仅由于环境，特别是幼小时期所处环境的不同，有的人可能成为天才或英才，有的人则变成凡夫俗子甚至蠢材。即使是普通的孩子，只要教育得法，也会成为不平凡的人。

——法国启蒙思想家 爱尔维修

- 第一节 孩子一出生就可以开始教育 /38
- 第二节 学习词汇，从孩子出生15天开始 /42
- 第三节 训练，从五官开始 /50
- 第四节 引导孩子用笔写字 /55

• 第五节　发展智力的最佳食物　/57
• 第六节　孩子健康的关键是愉快　/59
• 第七节　从小就培养孩子的同情心　/61
• 第八节　充分发挥孩子的潜能　/64
• 第九节　孩子天赋的递减法则　/68

第三章　早期教育，全面培养孩子

我们所应当拥有的，不仅仅是绝对的理性、伟大的力量，更是优美的仪表、文雅的举动。而这种美丽，不正是建立在全面发展的生存哲学之上的么？如果不懂得把握全面发展，我们便无法恰如其分地去生活、去感悟、去成为一个合格的人。

——英国文学家　莎士比亚

• 第一节　怎样培养孩子的优良性格　/72
• 第二节　怎样让孩子学会专心致志　/77
• 第三节　怎样唤起孩子提问的兴趣　/81
• 第四节　怎样保护孩子的判断力和理性　/85
• 第五节　怎样让孩子做到精益求精　/89
• 第六节　怎样教孩子学外语　/92
• 第七节　怎样教孩子学好数学　/97
• 第八节　怎样培养孩子多方面的兴趣　/99
• 第九节　怎样让孩子辨别各种事物　/103
• 第十节　陶冶孩子的情操　/107

第四章　杜绝孩子产生恶习

容忍一宗罪行所付的代价，足够抚养两个孩子成才。

——美国科学家　富兰克林

• 第一节　过分的宠爱容易导致孩子贪吃　/112

• 第二节　防止孩子养成不良习惯　/114

第五章　教孩子如何做游戏和选择朋友

孩子的游戏，不仅是获得乐趣的方式，而且还是发展其认知和情绪能力的一个极为重要的方式。

——美国发展心理学家　杰罗姆·L·辛格

• 第一节　单纯的游戏　/118
• 第二节　近朱者赤，近墨者黑　/123
• 第三节　通过游戏来唤醒孩子对学习的兴趣　/129
• 第四节　通过游戏感悟生活　/132
• 第五节　在玩耍中培养孩子的创造力　/137
• 第六节　我与小卡尔所做的各种游戏　/140

第六章　教孩子怎样与人交往

人们已经把与人交流沟通的能力提升到与智力同等重要的地位。几乎所有成功的人之所以成功，是因为他把人际关处理得系非常好。一个社交能力低下的孩子，比没有进过大学的孩子具有更差的社会适应力。

——菲律宾儿童心理学家　马·劳迪斯·卡兰丹

• 第一节　理解是最基本素质　/144
• 第二节　倾听是与孩子沟通的桥梁　/147

第七章　不会让孩子受到伤害的教育

把“德性”教给你们的孩子：使人幸福的是德性而非金钱，这是我的经验之谈。在患难中支持我的是道德，使我不曾自杀的，除了艺术以外也是道德。

——德国音乐家　贝多芬

• 第一节　孩子也渴望被尊重　/150
• 第二节　让孩子懂得诚实的重要性　/153

• 第三节　孩子不是出气筒，要正确对待孩子的错误　/155
• 第四节　永远不要伤害孩子的自尊心　/157
• 第五节　鼓励让孩子更有信心　/159
• 第六节　随意赞扬容易使孩子骄傲自满　/161
• 第七节　表扬要恰到好处　/164

第八章　培养孩子的心理素质

世界上的聪明人何其多，但是很多聪明人也会做一些阻碍自己发挥的事情，其原因不在智商，而在于心理素质。心理素质不仅是一个人成功的基础，更是使一个人一生富有的资本。

——美国投资专家　沃伦·巴菲特

• 第一节　培养孩子的勇气　/168
• 第二节　培养孩子的独立意识　/172
• 第三节　让孩子学会自己的事情自己处理　/176
• 第四节　让孩子学会坚持不懈　/178
• 第五节　让孩子学会面对失败　/181
• 第六节　让孩子学会争取与放弃　/185

第九章　天才卡尔的教育

培养人就是培养他对前途的希望。

——前苏联教育学家　马卡连柯

• 第一节　用合理的方式对卡尔严格要求　/190
• 第二节　孩子良好的行为源于父母的培养　/193
• 第三节　最有效的教育方法　/196
• 第四节　教孩子学会花钱　/200
• 第五节　让孩子成为快乐幸福的人　/204

第十章　卡尔是世界上最幸福的人

幸福不在于拥有金钱，而在于获得成就时的喜悦以及产生创造力的激情。

——美国前总统　罗斯福

- 第一节　7岁10个月的卡尔做出了令人惊异的事　/208
- 第二节　9岁的卡尔被莱比锡大学录取　/211
- 第三节　10岁的卡尔进了格廷根大学　/214
- 第四节　14岁的卡尔获得法学博士学位　/217

下篇

第十一章　天才的成长秘密

所谓天才人物，指的就是具有毅力的人、勤奋的人、入迷的人和忘我的人；天赋就像深藏在岩石底下的宝石，没有艰苦的发掘，精心的雕琢，它自己不会发出光彩来；天才免不了面临逆境，因为逆境会创造天才。

——英国剧作家、评论家　萧伯纳

- 第一节　天才就是身心健康、德才兼备、谦逊而快乐的人　/222
- 第二节　孩子1～8岁时的接受能力最强　/225
- 第三节　天才的培养，早期教育是关键　/227

第十二章　父母的责任

我认为今天有些父母所犯的最大的错误是，忽视了对孩子的关心与照顾，以及鼓励孩子们认识到自己的责任感和自我价值。一般而言，缺乏父母支持的孩子，往往自我价值感较低，这妨碍了他们建立良好的品行和取得较高的成就。这不但影响孩子个人和家庭，而且对国家也不利。

——美国前总统　里根

- 第一节　父母影响孩子的一生　/232
- 第二节　孩子出生之前，母亲要身心健康　/240

·第三节　母乳喂养，让孩子更健康　/243
·第四节　管理好身体这笔财富　/248

第十三章　天才的语言训练

语言绝对是发展智力和社交能力的核心因素。

——美国生育问题专家　伯顿·L·怀特

·第一节　语言的学习影响着孩子的智力　/252
·第二节　如何开发孩子的语言能力　/256
·第三节　早期阅读能有效提高智商　/261

第十四章　让孩子登上快乐学习的高峰

宽松和生动活泼的气氛，可以使情绪具有动机和知觉作用的积极力量，它组织并指导行为。

——美国心理学家　利珀

·第一节　快乐学习的效果最好　/266
·第二节　学习也要尊重孩子的天性　/271
·第三节　大自然是孩子最好的老师　/273
·第四节　让孩子在游戏中学习　/276
·第五节　培养孩子广泛的兴趣　/282
·第六节　让孩子体会学习的乐趣　/285
·第七节　让孩子做一个全面发展的人　/288

第十五章　美好环境造就完美孩子

人的生命似洪水奔流，不遇着岛屿和暗礁，难以看到美丽的浪花。

——俄罗斯作家　奥斯特洛夫斯基

·第一节　良好的后天环境胜于天赋　/292
·第二节　给孩子一个和谐的家庭　/296

· 第三节　给孩子真实表达的机会　/302
· 第四节　鼓励是使孩子进步的最有效方式　/305
· 第五节　平等沟通　/310
· 第六节　父母的威信是以身作则树立起来的　/318
· 第七节　给孩子一个自由的空间　/323
· 第八节　溺爱会导致孩子“无能”　/326
· 第九节　让孩子做力所能及的事　/330
· 第十节　与孩子争吵并不能解决问题　/333
· 第十一节　相信自己的孩子　/336

第十六章　孩子重要素质的培养

我教育儿子的真正目的，就是要为他打开智慧的天窗，使他能够敏锐地观察到社会上的坏事，洞察出社会上的矛盾和缺陷。我们人类的理想，决不应当像亚当和夏娃那样，仅仅满足于在不知自己是裸露着身体的情况下过快乐的天堂生活。为此，我决不能让儿子成为精神上的盲目乐观主义者。

——德国教育学家　卡尔·威特

· 第一节　快乐　/340
· 第二节　自信　/349
· 第三节　勇于探索　/355
· 第四节　承受力　/364
· 第五节　勇气　/368
· 第六节　想象　/373
· 第七节　健康是成功的保证　/377
· 第八节　创造力　/381

第十七章 高尚心灵的感悟

孩子的心灵是一块神奇的土地，撒下思想的种子，就会收获行为；撒下行为的种子，就会收获习惯；撒下习惯的种子，就会收获品德；如果撒下品德的种子，最后收获的就是命运。孩子的命运其实就掌握在父母的手中。父母以身作则，重视孩子的品德教育，就为孩子的成长打下了坚实的基础。因此，良好品德的培养也需要从婴儿时期就开始。

——德国教育学家 卡尔·威特

- 第一节 唤醒孩子的责任心 /388
- 第二节 正确对待金钱 /391
- 第三节 优良的传统 /395
- 第四节 重视孩子的“善良教育” /398
- 第五节 父母是孩子最好的老师 /401
- 第六节 给孩子一个诚信的世界 /404
- 第七节 爱的教育 /409

后 记

献给我的朋友们 /414

小卡尔后记

献给天下所有的父母 /416

上　篇

第一章

迎接孩子的到来

YingJie HaiZi de DaoLai

一个灵魂支配着两个肉体……母亲的精神状态对其腹中的胎儿产生着巨大的影响……母亲的希望、恐惧和痛苦对胎儿的严重影响，远远超过对母亲本身的影响。所以，教育孩子，首先从改变孩子的母亲开始。

——意大利画家 达·芬奇

第一节 选择合适的妻子

我的孩子——卡尔出生了。在孩子眼里，成人的世界是陌生的、奇怪的。初次来到这个世界，孩子显得那样的柔弱无力。所以，这就要依靠我们这些做父母的人教会他学会坚强，并让他顺利地健康成长，更好地享受生活的乐趣。要想做到这一点，在孩子成年之前，父母应该尽量设法让他拥有强健的体魄和健康的生活态度。

大多数的父母意识到这一点的时候，孩子都已经长到二三岁了。但若真要出色地完成教育孩子的责任，父母就应该从孩子尚未来到这个世界之前用心准备。也就是说，父母自身就必须要身心健康，才能够承担这一神圣使命。

民间有这样的说法“通过近亲可以培养出最好的马和狗”，但这种方法完全不适用于我们人类。类似的事例在我的身边就有发生：我们邻村一个名叫汉森的木匠，跟他表姐结婚，一共生了10个孩子，其中有3个夭折，另外的7个都患有不同程度的疾病。而汉森和他的妻子的家庭虽然在当地一向人丁兴旺，但是汉森家却没有孕育出健康的孩子来延续他们曾经兴旺的家庭。为此，步入老年的汉森常常伤心落泪，但一切都已经无可挽回了。

我列举的这个事例说明，人与动物不同，人类近亲结婚生下的孩子常常都

不太健康，会让人们伤心难过。所以在寻找结婚伴侣时必须谨慎。

有些人在寻找自己的婚姻伴侣时考虑不周全，常常根据自己的需要，出于不同的目的，这种人让我非常讨厌。有人说，我的家境不好，为了将来生活幸福，一定要嫁个有钱人；也有人说，我一定要找出身名门的姑娘为妻，这样今后就能飞黄腾达，取得权势显赫的地位，至于其他方面，我都可以不在乎；还有人说，我娶她为妻，是因为迷上了她的舞蹈；也有人说，我和妻子结婚，是因为她长得漂亮。

要知道，这些都不是决定因素。我选择我的妻子，是因为她很善良。我的妻子算不上非常漂亮的女人，但她知书达理，非常勤快，非常理解和支持我，我们非常恩爱。我是一个牧师，生活清贫，没有富裕的物质生活，但我的妻子对此从未有任何抱怨。当小卡尔出生后，她毫无保留地将母爱倾注在孩子身上，这让我十分感动。我时常在想，卡尔后来能够取得这样的辉煌成就，与我妻子的善良是密不可分的。

卡尔箴言

为了自己和下一代的幸福，在择偶方面需要慎重，选择健康善良、温柔体贴的女人为妻对孩子未来的教育是至关重要的。因为父母的言传身教直接影响到孩子的品质和特性。当然，孩子的性格有天生的因素，但是无法否认，后天的培养起到了更巨大的作用，特别是早教期间，与孩子亲近的人对孩子将来的影响非常大，而这个人就是孩子的母亲。作为母亲，她和孩子朝夕相处，用独特的女性性格特征和处事风格影响着孩子。为孩子选择一位好母亲，也就是为孩子选择一位好老师。

第二节 妻子妊娠期需要细心呵护

天底下几乎所有的父母都渴望自己的孩子能成长为出类拔萃的天才。不过大家都非常清楚，世上的事往往难如人意。即将为人父母，内心总有控制不住的激动和喜悦，但我们还是常常嘀咕："我们的孩子行吗？"为了能有一个健康的孩子，在妻子还未怀孕的时候，我们就应该开始注意自己的身体状况。心平气和，远离烟酒和宠物，呼吸新鲜的空气，这些都将是拥有一个健康孩子的有力保证。

平常，我们的生活非常俭朴，我觉得过于奢华的生活会让人沉溺于享乐之中，无法做到神清气爽。我和妻子一般都不整天待在屋子里，我们会到户外散步，这样可以呼吸新鲜空气。置身于美丽的大自然中，我们感到心旷神怡。我和妻子感情很好，很少有吵架的时候，我和她性格都很温和，对身边的任何琐事都能够做到心平气和，所以我们的生活是安宁的，充满了温馨。我们认为，在这样氛围里出生的孩子肯定是身心健康的。

在那段时间里，我们经常运动，无论到哪里我们都步行去，不到非常必要时绝对不坐马车。妻子性格也很开朗，我们都对尚未出生的孩子充满信心。我们有时到田野散步，有时去周围的山坡上徒步爬山。在野外，我常常采摘野花送给妻子。这样既能增进我们的感情，对即将出生的孩子也非常有利。

也许即将做父母的成年人对于自己的孩子都充满着无限的向往，会设想孩子的模样、性格、特征。我至今都记得那一次我陪着怀孕的妻子在田野散步，我们边走边欣赏风景，看着迷人的风景，我就不由自主地背诵起很多优美的诗句，妻子也陶醉在了这美丽的风光之中。

妻子兴致勃勃地对我说："这田园风光比艺术家们描绘的图画还要迷人啊！"

"是的，这是大自然的杰作，是大自然赐予我们的礼物。"

妻子笑着说："也包括我们的孩子吗？"

"当然，孩子就是天使。"

“那你说说，我们的孩子会是什么样子呢？”

“如果是男孩，我就希望他能像这些顽强的岩石一样，刚劲有力，顽强不息；如果是女孩，我则希望她能像花朵一般，美丽、温柔、可爱、活泼。”

“这样固然很好，但是我认为也不能仅仅如此吧？”

“那么，亲爱的，你认为孩子还需要具有哪些优点呢？我也想听听你的想法。”

“我希望我们的孩子最重要的是拥有健康的体魄，如果能有出色的外表当然会更好，但是重要的是，他们必须要有美好的心灵，做一个善良、快乐的人更容易得到幸福！”我也认同妻子的观点：“亲爱的，你说得太正确了，我们的孩子一定会成为那样的一个人，无论他是男孩还是女孩。”

“除了健康的身体，还要拥有智慧，最出色的智慧。”

是的，让孩子拥有不平凡的智慧，才是父母最重要的事情，对此我们都满怀憧憬。

事实上，我们的这些希望也成了我们后来培养小卡尔的准则和目标。

通常德国人都喜欢饮酒，但我却例外。我认为为了孩子的健康，那些喜欢饮酒的父母，最好放弃这一嗜好。在我们决定要孩子的时候，我的一位医生朋友告诫我，夫妻双方应当在受孕前3个月就开始戒酒，因为若是在酒后受孕，孩子常常会智力低下、发育迟缓。若是女方饮酒，后果会更加严重。因此我和妻子在怀孕之前都非常注意这一点。

在孩子出生之前，我们都尽力把一切做到最好。但仍有一点没有在意：在此之前医生曾告诫我，有一种寄

生在猫狗粪便中的弓形虫，对胎儿的危害特别严重，但当时我们都没有引起重视。那时，为了让妻子心情愉快，我从邻居家抱养了一只小狗，给妻子解闷，而家中原来还有一只猫。孩子刚生下来时看上去不太健康，我想恐怕就是这个原因吧。

卡尔箴言

在妊娠初期，胎儿正处于各器官形成的重要发育阶段，母亲不要多去公共场所，以免被流行病毒所感染而导致胎儿畸形。母亲怀孕前后，家庭成员都应该努力配合营造出一个健康的环境，远离烟酒、宠物，讲究卫生。在天气和身体允许的情况下，孕妇可以多做户外活动，呼吸新鲜空气，保持愉快的心情。全家人都有义务给予孕妇安全、细心的照顾，尤为重要的是要保持夫妻之间的恩爱。

第三节　孩子需要开心快乐的好妈妈

妻子怀孕后，她的生活很有规律。不仅是妻子，我也毫不例外。为了做到早睡早起，我和妻子都制定了严格的作息时间。以前我有深夜祈祷的习惯，这种习惯是在年轻求学时养成的。我是一个爱思考的人，夜深人静的时候更容易让我形成清晰的思路。每当人们熟睡后，我总会独自一人在灯光下看书，静静地阅读，对我来说，这是人生的一大乐趣。

自从妻子怀孕后，我就改掉了这种习惯，因为深夜读书，一定会影响妻子的休息。我知道怀孕时的女人特别需要丈夫的关心。为了妻子和她腹中的孩子，我牺牲深夜读书的乐趣是值得的。

怀孕后妻子是很辛苦的，作为丈夫，我尽力在每一件事上都给予妻子更多的关怀、理解和帮助。有时候妻子的情绪不好，我就耐心开导她，和她进行情感交流，帮助她尽快摆脱不良的精神状态。

有一天，我发现妻子的情绪处于一种不安和恐惧之中，当时我从外面布道回来，像往常一样，我用亲吻的方式向妻子问好，却感觉到妻子有些异常。

“亲爱的，你怎么啦？”我问妻子。

妻子只是一脸忧伤地看着我，一句话也没有说。

当时我感到很奇怪，妻子一向性格开朗，可现在却两眼无神，满脸忧伤，是什么事让她忧心忡忡呢？

我赶忙过去将她轻轻搂住，并柔声地问她：“怎么啦，快告诉我，不舒服吗？你一向都很开朗，什么话都愿意对我说，今天发生什么事情啦？”

妻子沮丧地说：“卡特琳娜的儿子死了。”

卡特琳娜就住在我们镇上，她的儿子一出生就得了一种怪病，一年多了，孩子身体一直不好。在镇上，几乎所有人都知道这件事，但谁也没想到那个可怜的孩子这么快就离开了人世。按理说，这种消息我是不会让妻子知道的，因为对于一个怀孕的女人来说，这样的消息是无法接受的。但是正好那天我到另外一个教

区去了。

妻子悲伤地说："今天，听到这个消息后，你不知道我有多难过，因为这让我联想到了我们的孩子。"

"哦，亲爱的，我完全理解你的心情，但是不要悲伤。"我安慰妻子说，"我们的孩子不会有什么问题的，卡特琳娜的孩子是生下来就有病，虽然我没有想到这么快就……"

妻子听了我的话，反而大哭起来："可是，我们第一个孩子不是也这样夭折了吗？"

当时我心慌意乱，但我还是很快就控制住了自己的情绪，对依然悲伤的妻子说："亲爱的，不要想太多。我们不能总是停留在过去，应该向前看。我听说卡特琳娜在怀孕时成天和丈夫吵架，每天都处在不愉快之中，所以她的孩子才不健康。所以我希望你能吸取她的教训，为了我们的孩子，你要快乐起来。"

妻子还是哭着说："这个我知道，可就是不能控制自己。"

"来，让我来帮你。你要尽快忘掉不愉快的事，想想我们即将出生的孩子的模样，他一定是个非常优秀的小伙子。试试看，做一个深呼吸。"我一边说，一边做了个示范动作。

在我的安慰下，妻子也跟着我做起深呼吸来。很快，她的心情就好多了。那天晚上，我一直都在她身边陪伴她。跟她谈论我最近的工作，还有刚刚看过的书。第二天，妻子已经完全从悲痛中走了出来，恢复了往日的开朗。

在关心妻子方面，我自认为是个合格的丈夫。不管是在她的饮食上还是在其他方面，我都尽力做到最好。为了让她保持愉快的心境，我几乎用尽了一切办法。

妻子很喜欢泡热水澡，她认为劳累了一天后洗个热水澡是一种享受。但是在她怀孕期间，我制止了她的这种习惯，因为过高的水温虽然让她觉得很舒服，但对胎儿却没什么好处。

妻子虽然快要做母亲了，但她毕竟还很年轻，有时也会任性。对于做丈夫的我来说，哄哄她也是常有的事。

有一次，妻子趁我不在家时，又开始泡热水澡。后来我知道了，就责怪她说："你怎么又那样做了？我不是跟你说过，洗热水澡对孩子不好吗？"

妻子假装生气地说："哼，你就知道孩子。自从怀了孩子，我发现你所做的一切都是为了孩子，你不像以前那样关心我了。”

“亲爱的，怎么能这样说呢？孩子是你和我的，关心孩子和关心你是一样的。现在你洗热水澡确实对孩子不好，等孩子出生后，你想怎么泡就怎么泡，我才不会管你呢。”

“可是，这几天我在家浑身不舒服。身上的肌肉酸疼，难受死了。”妻子调皮地反问我：“你不是总是说，母亲如果不愉快就不会生出健康的孩子吗？我不泡热水澡，心情就不愉快，你说该怎么办？”

虽然我知道妻子是在开玩笑，但她的话也有道理。于是，从那以后我每天都亲自用热毛巾给她擦身子，还让女佣给她准备热水烫脚。

那段日子我永远都不会忘记。很多人在妻子怀孕后便开始冷落妻子，而我没有那样做。反而，那段时间我们之间的距离近了很多，那是怎样的一种幸福啊！虽然孩子还没有出生，但我们都已经感觉到他的存在了。

在妻子怀孕期间，为了让她保持愉快的心情，我每天都要从外面带回好看的鲜花送给她，并推荐她阅读一些好书。

妻子天生有一副动听的嗓子，结婚之前，她在当地就是一个有名的姑娘，人们都知道她能唱很好听的歌。怀孕后，她还时常轻轻地歌唱，并对我说，我们的孩子一定能听得到她的歌声。

卡尔箴言

女性在怀孕期间，情绪变得极为敏感。这时候的心理变化往往赶不上生活所发生的变化，比如谁家的宠物丢了这样细微的事情都会让孕妇感到不安，变得伤心。因为怀孕后，孕妇的生活圈子变小，精神上的平衡被打破了，因此有时孕妇容易陷入一种莫名其妙的烦躁和忧郁之中，这就需要陪在她身边的人时时顾及她的心理感受。聊天、做简单的游戏、送花、唱歌、赞美，用所有能想到的方式让她开心，让她保持愉快的心情比什么营养补品都有效果。

第四节　妈妈让孩子学会爱与智慧

一个人一生中最早受到的教育来自家庭，来自母亲对孩子的早期教育。母亲是孩子来到世界上见到的第一个人。孩子出生后就是一张白纸，孩子身上的一切都是我们给画上去的，可见母亲责任之重大。

一个人从小到大，他（她）的母亲伴随着他们的成长，母亲的一切，包括母亲的形象、母亲的做人原则、母亲的思想……都会在不知不觉中影响孩子。母亲是孩子的第一个老师，母亲可以教孩子说第一句谎言，也可以教孩子做一个诚实努力的人。所以，从某种意义上来说，我们可以这样理解，孩子的人生是母亲给予的。

一个自信的母亲在孩子眼里一定是女神一般的母亲，自信的母亲不知不觉地把自己的这一好品质“传染”给孩子，正好就像“润物细无声”起到的效果一样。自信的母亲一定是善于鼓励自己孩子的，任何时候她都坚持“我的孩子是最棒的”，孩子在妈妈的欣赏与鼓励的目光注视下健康成长，卡尔就是这样长大的孩子。

家庭是孩子成长中绝对重要的环境，母亲也许不能给孩子太多物质上的东西，但是让孩子每天看到笑脸却很简单，而这种快乐的感染力是孩子初入社会必需的一种良好品质。

用什么来陶冶孩子的感情，教孩子学会爱与智慧？这是父母在孩子一出生就应该对其进行的极为重要的一课。而在这个环节中，母亲对其影响力极为重要。

我想任何父母都不希望看到自己的孩子失去活泼的天性，孩子在童年失去欢乐就像大自然失去花朵和树木一样，人生将变得枯燥无味，而一个人要获得欢乐就必须具备常人的感情。所以，就算母亲把孩子培养成一个学识很高、成就很大的人，可如果他不具备任何情感，也只能算是一台冷冰冰的器械。

很多父母为了开发孩子的爱心，陶冶他们的感情，往往通过宗教活动和豢养小动物来教育孩子要热爱生命，热爱生活，从而培养孩子对事业和社会的责任

心。这些做法是值得称赞的，我也是通过这些方法去教育卡尔的。

有些父母给了孩子很好的生活条件，使其生活在非常优越的环境中，可由于没有注意对孩子爱心的教导，结果使孩子变得一切以自己为中心，变得日益冷漠，对他人的冷暖漠不关心。

我认为，孩子一出生就应该培养他们的爱心和责任心，这是非常必要的，也是最重要的。我们知道，很多的家庭都养有猫、狗之类的小动物，这样做的目的大多数都是为了调剂生活，培养爱心。我有意识地用对小动物的热爱去启迪卡尔的爱心，鼓励他扶持弱小的生命。

卡尔3岁时，有一次家里来了很多人，他们和卡尔热烈地谈论着。

这时，我们养的一条小狗跑了进来。卡尔像其他孩子那样，一把拽住小狗的尾巴，把它拉到自己身边。

我看到后，立刻伸手揪住了卡尔的头发，脸色吓人，拽住不放。卡尔吃了一惊，把拽着狗尾巴的手放开了。在卡尔放手的同时，我也把手放开了。

我问卡尔："儿子，你喜欢被人拽着头发吗？"

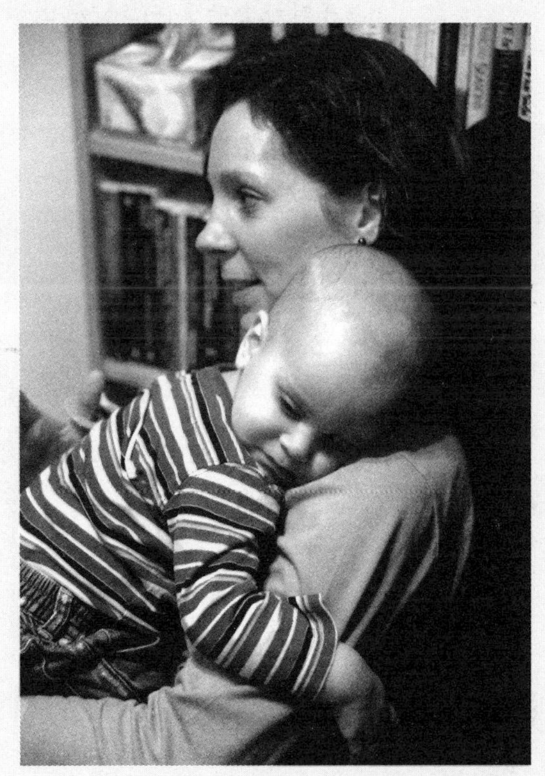

卡尔红着脸说："不喜欢。"

"如果是这样，那么对狗也不应当这样。"说完，我就让他到外面去了。

对于儿子这种不当行为，我总会严厉指正。

我之所以这样教育儿子，是为了让他能够站在他人的立场上来考虑问题。我严格地管教和指导，终于使卡尔成了一个心地善良、富有感情的人。他不仅对同胞怀有深情，就是对鸟兽之类也富有怜悯心，最终成为了一个能够得到别人尊敬和喜欢的人。

千万不要认为，给孩子提供丰厚的物质生活，就是对孩子最大的爱。成年人对孩子的义务和责任在于教育，对于孩子的教育，最直接的方法是父母以身作则，在潜移默化中，教给孩子友爱、善良、宽容、感恩，而不是让孩子照着父母的行为学习丑恶、嫉妒、自私。家长就是孩子学习模仿的对象，孩子的心灵是纯洁还是罪恶，掌握在每一个父母自己手中。

卡尔箴言

孩子是父母掌心的宝，含在嘴里怕化了，捧在手里怕摔了，孩子受不得半点委屈。但孩子的人生是父母给予的，在陶冶孩子的情操，让孩子学会爱与智慧的环节中，母亲对其影响力又极为重要。如何让孩子学会爱与智慧？父母可通过豢养小动物等方式来培养孩子的爱心，教会孩子热爱生活，从而培养孩子对社会的责任心和爱心。

第五节 妈妈是孩子的外交官

有句谚语说："母亲一手摇着摇床，另一只手却在摇动整个世界。"意思就是说，如果你在家里教育一个男孩，那是在为社会培养一个公民；如果你在家里教育一个女孩，那则是在培养一个民族。因为她将来也会成为一个母亲，会把自身的各种优秀品质代代相传。

我们知道不管是成年人还是孩子，都很反感别人禁止或者命令他们这样做、那样做。卡尔的母亲却在这方面做得很好，她知道强行的命令或者强迫孩子学习是没有任何效果的；她从不来都不命令儿子做事，她明白对于孩子只能用适当的方法来引导他，从而使他养成端正的学习态度。

卡尔的母亲就像是他的外交官，是她教会儿子怎样跟别人交流沟通，怎样跟其他人和睦相处，甚至教会卡尔如何穿着得体，言谈举止适宜。

所以，母亲的地位是无可替代的。她是孩子一出生就接触的人，她的一举一动都影响着孩子的成长发展。哪怕是母亲日常的穿着打扮，平常的形象都会影响着孩子。所以，母亲的行为举止一定要端庄检点，不能太懒散，也不能太招摇，这样就能永远保持母亲在孩子心目中的完美形象。有的母亲生性懒散，习惯衣冠不整，这样走在路上就容易引起路人的讥笑；有的母亲则喜欢把自己打扮得花枝招展，穿着花里胡哨的奇装异服，招摇过市，这同样会成为别人的笑谈。母亲的形象会直接影响到孩子的心理承受力，从而左右他们对身边美好事物的热爱程度。

妻子跟我提到过这样一位母亲。她平常总是把自己打扮得很艳丽，在女儿要进入学校的那天，她用了很多积蓄给女儿买了一套非常艳丽的衣服，但是女儿不但没有高兴还十分地生气，她很讨厌母亲的这种行为。小女孩还对我妻子抱怨说，她很不喜欢自己的母亲穿着花哨的衣服来学校看望她，这样显得很不得体，让她无比地难为情。从小就看着妈妈这样穿衣，她已经觉得很难堪了。

显然，这位母亲没有得到自己女儿的尊重和喜爱。这并不说明这个女儿有多么的冷漠无情，相反我认为她应该理解母亲的行为。虽然，这位母亲省吃俭用给孩子买了漂亮的衣服，又把她送进贵族学校念书。但是我想说的是，尽管这样，她也并没有尽到一个做母亲的责任。父母爱孩子的境界是这样衡量的：爱得少就是为她花钱，多一点就是为她花时间，再多一些就是为她花心思。

很多父母都认为自己的行为并不会影响到孩子，因此也就不注意自己的言行举止。实际上，正是他们的这种疏忽，导致孩子在其影响下失去很多良好的教育机会，这些孩子只会变得越来越差。

父母们要明白，孩子有很强的模仿能力，模仿父母的行为举止是他们学习的另一种方式。所以，母亲更是要注意自己的一言一行，这是极其重要的。自己的任何一种行为都会影响到孩子的一生，现实生活中，很多人都是因为小时候的不良习惯导致现在没有好的发展。

因此，母亲保持衣着整洁是生活中一件不可小看的事。整洁能让人产生自信心。正如一匹佩戴破旧马鞍的马和一匹佩戴上好马鞍的马，我们一眼就能看出来哪一匹马萎靡不振丧失了斗志，哪一匹精神饱满、斗志昂扬。连马都很看重着装的重要，就更不要说人类了。

卡尔的母亲一直都很注重这些细节，她不仅仅让自己看起来整洁大方，同时也将孩子打扮得干干净净，衣着整齐。卡尔的母亲给卡尔穿的衣服都非常整洁干净却并不华丽。她总是说：“一个人的衣着总是反映着这个人的精神面貌。”要是一个孩子总穿着不得体又奇怪的服装，那么他将来也不会有什么大的作为。

卡尔的母亲不仅如此注重孩子的衣着，还特别重视孩子身体的卫生。身体的卫生直接影响到孩子的健康，所以，这也是很重要的环节。卡尔在他母亲的告诫下，养成了勤洗脸洗手，早晚刷牙的良好生活习惯。

很多父母把时间花在攀比和虚荣上面，这样很容易让孩子养成相同的毛病，从而很不利于孩子的健康成长，他们这样培养孩子肯定是不对的。我的妻子很会掌握分寸，卡尔并没有养成爱好打扮、爱慕虚荣的坏习惯。

卡尔的母亲为了培养卡尔的良好品德，专门制作了一张品德表，内容包括：亲切有礼、服从宽容、坚强勇敢、诚实有信、勤奋好学、干净整洁。她用红星和黑星来记录卡尔的行为与表现，周末进行统计，按此来给予卡尔奖励和惩罚。妻子在特定的时间来帮助卡尔改正缺点，帮助他消除品德表上的黑星。这样就让他树立了改正错误的决心，让他积极地面对错误。

哪怕是生活里的小事也是孩子们学习的机会，卡尔的母亲总是能很好地利用这一点，教会卡尔做人的道理。

有一次卡尔独自牵着小狗到外边的院子玩，不一会儿下起了雨，但是卡尔自己急忙跑回房间躲雨，把那条小狗丢弃在院子里。小狗被雨水淋湿，冷得一直发抖。

就在这时，卡尔的母亲刚好从外边回家，把小狗牵回房子，然后严厉的责问卡尔："你为什么把小狗独自丢在院子，为什么让小狗淋雨呢？"

"我想，我想，我想回来时没有看见它，就，就忘记了。"卡尔一直支支吾吾地编造理由回答。

他的母亲当然知道他没有说实话，就非常生气地说："难道你看不见小狗也听不见它的叫声吗？"

卡尔仍然在编造理由，他说，他听说小狗淋雨后是不会感冒的。

"那好吧，现在我就把你放到外边去淋雨，看你会不会感冒！小狗淋雨后也是会生病的，你这样做是多么残忍啊！要是有人将你丢弃在大雨中，妈妈会多么伤心啊！"卡尔的母亲真的生气了，她一边说一边把卡尔往房间外推。

卡尔终于知道自己错了，哭着说："妈妈，我会感冒的，小狗也会感冒的，以后我会像对待自己那样对待小动物的。"

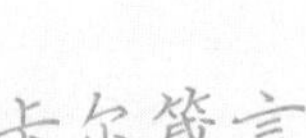

卡尔箴言

著名女作家穆尼尔·纳素夫说：母亲对于孩子来说是第一所学校，她能理解自己孩子的个性，了解他的倾向、爱好，从而能照顾他、鼓励他，为他做准备，给他指明前途。妈妈是孩子决定性的启蒙老师。所以，父母尤其是母亲，要自我管理、自我完善，不要低估孩子的模仿能力，你们的一言一行都影响着孩子未来的发展。母亲要不断努力提高自身修养，为孩子创造一个健康的成长环境。要学会忍耐，学会商量；尊重孩子，维护孩子的自尊心；以身作则，说话算数；充分相信孩子的能力，对孩子多表扬少批评；教会孩子礼貌；培养孩子的进取精神。

第二章

孩子智力发展的最佳时期

HaiZi ZhiLi FaZhan de ZuiJia ShiQi

> 人刚生下来时都一样，仅仅由于环境，特别是幼小时期所处环境的不同，有的人可能成为天才或英才，有的人则变成凡夫俗子甚至蠢材。即使是普通的孩子，只要教育得法，也会成为不平凡的人。
>
> ——法国启蒙思想家　爱尔维修

第一节　孩子一出生就可以开始教育

对孩子的智力开发从0岁开始，如果你从孩子出生后第三天开始教育，就已经迟了两天。

而一个人的品质如何，很大程度上取决于幼年时期所受的教育如何。所以说国民的道德如何，取决于这个国家的人民对其子女的教育如何。在世界各地，人们崇尚不同的伦理，信奉不同的主张。

在大多数人心目中，新生儿和婴儿是非常无能、愚蠢和幼稚可笑的。人们认为，对新生儿和婴儿来说，他们的主要任务是生长发育，是长身体；等他们会说话、会走路之后，才谈得上对他们的教育。

但对于父母来说，保证孩子的健康，仅仅是第一步，此后还有很漫长的道路，还有更重大的责任。所以，我建议从孩子一出生就开始进行正确的教育，最好是从孩子一出生的那一刻就开始实施教育。开始得越早，取得的效果就越显著，也能更大限度、更早地开发孩子的潜力。当然，肯定会有教育专家出来反对我这种说法，他们总是会说对这么小的幼儿进行教育是不科学的，不能这样扼杀孩子本该有的天性。事实证明，他们的说法才是错误的。

由于卡尔是个早产儿，他的身体比一般的孩子都要差，而且智力也相对低

下。为此全家人都陷入一片愁云惨雾之中，妻子非常伤心，由于第一个孩子的夭折，现在卡尔又是这样的情况，她丧失了生活的热情。

但是，我并不为卡尔的前途和成长担心，我告诉妻子："世界是公平的，赐予每一个人的能力是一样的，但是有的人可以将潜力开发出来，而有的人只能一辈子平庸过活。"

"真的是那样吗？我们该怎么办呢？"

"就像不同的树苗，他们的生长环境一样的话，由于人们给予的照料不同，那么它们也会长成不同的高度。所以，只要我们尽心对卡尔实施合理的教育，他的潜在能力就会完全发挥出来，并不会和其他儿童有什么不同，甚至超过其他的孩子。"

"但是，我们怎么知道什么才是合理的教育呢？"

"我研究了雅典人的早期教育，我认为他们的做法是正确的，雅典人培养了很多天才。只要抓住了孩子智力发育的最佳时期，在最佳的时期里对孩子进行各种能力的锻炼，孩子的潜在能力就会更早更好地被挖掘出来，就会收到非常好的效果。孩子的早期教育影响着孩子的一生。"

妻子相信了我的话，调整了心态。我们还把这样的想法告诉了很多关心卡尔的亲戚朋友，得到了他们的支持。我们都有信心把卡尔培养成一个正常的孩子，甚至超过同龄的孩子。

所以，对卡尔的教育是从他出生那一刻开始的，我对自己和孩子充满了信心。婴儿刚刚降临世界的那一两个月是无法辨识任何事物的，但是过了这个时期，孩子就开始慢慢地认识这个陌生的世界了。他们会辨析父母和陌生人的面孔，这是他们反复观察得出的结果，也就是说，他们是通过大脑的反复记忆来保存信息的。

父母在这一段时间，应该充分利用孩子的这种能力，让孩子接触不同的事物。父母可以抱着孩子到处走动，接触到不同的东西，并且把这些物体的名称清晰、标准、温和地念给孩子听；或者是唱优美的歌曲，诵读优美的诗歌，把这些信息反复传达给孩子让他进行记忆。这样，等孩子长大之后，他很自然地就能认识这些事物。

所以，我提议在这个时期对孩子进行的教育就是这样，我把它称为"模式教育。”此时的孩子们大脑犹如一张白纸，根本无法进行分析和判断，他们的认识过程并不需要理解能力和识别能力。婴儿对多次重复的事物不会厌烦，所以3岁以前也是“硬灌”时期。婴儿依靠动物的直感，具有在一瞬间掌握整体的模式识别能力，是成人远远所不能及的。他的大脑还处在一个空白状态，无法像成人那样进行分析判断，因此，可以说他具有一种不需要理解或领会的吸收能力。如果不把你认为正确的模式，经常地、生动地反复灌入幼儿尚未具备自主分辨好坏能力的大脑中的话，他也会毫无区别地大量吸收“坏”的东西，从而形成人的素质。你只要把你认为是正确的东西，经常性地反复地灌输给他们的大脑，这些东西就可以被他们接收并记忆；但是一定要灌输正确的信息，不然孩子也会吸收那些不正确的东西，这会对他以后的成长造成不良影响。

所以，模式时期决定了人的一生。那么，什么样的信息才算正确的信息呢？我认为正确的信息主要包含两个方面：一是要奠定婴儿智力活动的大脑基础模式，比如语言、音乐、文字和图形；另外的就是人生的一些基本准则和做人的态度。

常言说的好：三岁看到老。也就是说一个人的婴儿模式期间，他所处的环境，他所受的教育都将决定他后来的一生。

卡尔箴言

一个人在婴幼儿时期所受到教育，以及接受教育的各种环境，都决定着他一生的发展。父母要意识到，对孩子的教育是从他出生那一刻开始进行的，这会影响到孩子的一生。从孩子降临那时起，父母就有义务进行适合孩子的“模式教育”。这个过程艰巨而漫长，但若真心投入，则会收获到不一样的早期教育所带来的甘甜。

第二节　学习词汇，从孩子出生15天开始

前边我已经说过，在“模式教育”时期，我们应该给孩子灌输的东西就包括语言、词汇，这正是奠定孩子智力活动的基础模式。

人类之所以能战胜其他动物，在这个世界上获得自己的立足之地，就是因为我们人类能够使用语言这门工具，这是其他任何动物都不具备的。语言是学习所有知识的基本工具，不仅是思维的工具，还是学习其他一切知识和技能的基本工具。而且孩子在幼年时期是学习语言的最佳时期，不应该白白地错过了。这个时期对人的一生影响非常大，很多知识的学习和技能的训练都是从这个时期开始的。特别是语言的学习更要在孩子3岁之前就开始教授。

掌握了孩子智力发展的最佳时间，就可以更早地发展孩子的潜力。语言对人的智力发展起着决定性的作用，它不仅是学习知识的一种工具，还是思维的工具，这是一种万能的工具，通过它可以学到任何知识。所以，家长们必须知道，幼儿语言发展的最佳时间是3岁之前；越早让孩子掌握语言能力就越早让孩子进入学习阶段。

我建议在孩子刚刚能够识别事物的时候，就可以教他说话了；因为在这个时候孩子已经有了他自己的思维意识，他会被一些东西吸引，注意力也渐渐集中，他们对一切声响都非常敏感。我认为这就是学习语言的成熟条件，也就是在孩子差不多半个月的时候就可以教他简单词汇的学习了。很多家长也许会对此表示怀疑，他们认为孩子的学习是自然规律的，有的东西一定要等到孩子长到一定岁数才能开始学习。其实这是错误的，早期教育就是为了更早地开发孩子的一切潜力，而事实证明这是可行的。

在卡尔半个月的时候，他就开始对他眼前的事物感到好奇。我随便拿着一个东西就能轻易地让他集中注意力，然后我接连不断地让他看这个东西，直到他能慢慢分辨出来之后，我就会在他面前将这些东西的名称，反复不停地念，但是一定要用轻柔、清晰的语调，这样孩子的大脑就有意识地接收到这些信息，在脑中

形成一定的记忆。

卡尔刚刚有了识别能力的时候，我们就拿一些物品给他看，同时不停地用和缓清晰的语调重复物品的名字。经过反复锻炼，卡尔很快就能认识这些物品，渐渐也开始“呀呀”跟着我们学习这些单词的发音。没多久，儿子就能清楚地发出这些东西名称的声音来了。

语言的学习最重要的就是让孩子多听多说，父母要为孩子创造出这样的环境。在早期教育中，在孩子还不会说话的时候，就要让他们多听父母交谈的声音，阅读的声音，唱歌的声音，这都为孩子提供了很好的语言环境，有利于培养孩子的语感。虽然孩子还不会说话，但是父母要有意识地去引导他说，说话的能力也是可以早点开发出来的。

父母应该随时注意与孩子的互动，即使孩子还不会说话，但是这个时候的孩子已经能够对他看到的东西做出反应了，微笑、摇手、哭泣、呻吟，都是孩子对外界的反应。但是如果父母不能时常和孩子在一起，就无法明白这些信息的真正意图，不会知道他的这些反应是在诉说什么。

所以，与孩子的“交流”是很有必要的，长期训练之后，孩子对父母的话就能做出相应的回答，而孩子通过他自己的行为举动也会向父母传达他们的意图。在“交流”的过程中，父母要熟悉孩子的习惯，对于孩子的行为或者“回答”也要给予回应。越早和孩子进行这样的互动，就能更早地知道孩子学习的情况，同时尽早地和孩子进行谈话交流，有助于孩子听力的提高以便你纠正他的发音。这样的学习方式，能够让孩子保持热情，愿意与大人说话，从而更早地开发自己说话的潜能。

父母在与孩子“交流”的整个过程中，甚至在孩子能够听懂父母话的时候，一定要发音准确，语调轻柔。随着孩子年龄的增长，教给孩子的语言也要随之发生变化，从词汇渐渐向简单的句子过渡。父母采用儿歌、故事的方式教孩子学习语言可以提高孩子们学习的积极性。

在教儿子语言时，语法不是我的教育重点，因为对孩子来说，语法没有多大必要。因此，在儿子8岁前我并未专门教过他语法，而是通过听和说来教他学说话。

我通过以下几个方面对小卡尔进行教育，在学习的各个环节都严格要求他。我在对卡尔的教育过程中，把学习语言十分有用的方法总结如下：

一、发音一定要正确

这是在游戏中完成的一个环节。我总是在他睡醒的一个小时后进行，因为这时孩子的注意力更容易集中，情绪也最好。我们长期实践后发现，这样教育收到的效果也是最好的。

我先要耐心地教他发一些简单的发音，比如“MO-MO”、“Fa-Fa”，让他有能力听清楚，才能正确模仿。不管他发出哪一种音，我都鼓励性地回应他。鼓励的时候也要听他发音是否正确，不然他会产生混乱，这样的学习等于白费力气。

在语言教育中，我非常强调从一开始就让孩子学到标准的语音。准备教卡尔发音时，我总是让他看到我们的嘴型，反复清晰地发音给卡尔听，声音柔和而不失力度，简洁明快不啰嗦，不说一些无关的话。

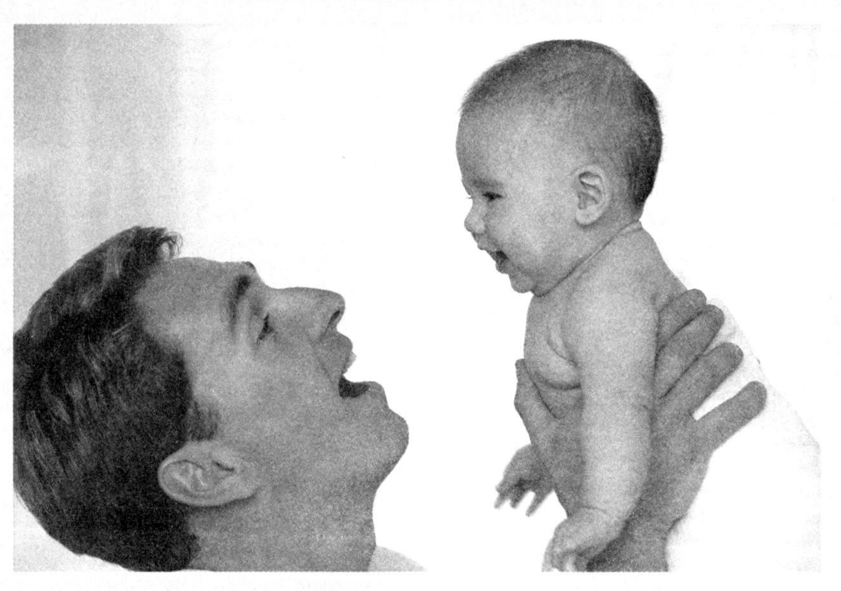

只要卡尔发音准确，我就摸着他的脑袋表扬道：“说得好，说得好。”当卡尔发音不标准时，我就对妻子说：“你看，你儿子不会说什么……”于是妻子就回答说：“是吗？我儿子连那样的话都不会说？”这样一来，尽管儿子还很小，也激起了他拼命学习标准语言的劲头。经过我们的不懈努力和执着坚持，儿子发音就非常准确。

我尽量让孩子从小就接受准确、规范的语言，所以在孩子生活的环境中，凡

是他能接触的地方我都要求有这样一个良好的语言环境。我要求妻子和仆人都和我一起用标准的德语交谈，禁止他们使用方言和土语。因为方言和土语在读音上与标准的德语有很大的差别，在语法上也不够标准和规范。

很多人对我这样的规定无法理解，他们认为我是在小题大做。但是要知道，生活环境对孩子的学习是很有影响的，在什么样的环境下生活，特别是语言环境对孩子的语言学习非常有影响，不好的语言环境很容易让孩子养成不良的语言习惯。方言和土语会影响孩子对标准语言的学习，会成为孩子学习标准语言的一种障碍，而孩子如果要跨越这样的障碍是非常困难的，有的人甚至一辈子也无法跨越。

只要从小就学习标准的语言，对于以后的学习都非常有利，阅读和书写都会变得简单。

必须重视语言的标准性，我认为让孩子学会一些表达不清楚、语义含糊、用处不广泛的方言和土语是对孩子的一个错误引导，这些都是毫无用处的社会技能。语言的学习，环境是很重要的，所以，我要求家里的人都只能用标准的德语进行交流，这看起来似乎太苛刻。因为大多数仆人都用惯了家乡的方言，一时难以改正过来，改正以后的德语也是不标准的。但孩子正处在学习语言的关键时刻，我也只有把这样的仆人辞退了。

二、从身边常见的事物着手

教卡尔学习语言并不是一件轻松的事。我曾经把我学习外语单词的方法用于他身上，却没有起到一点效果。那时，我们总是把单词记在一个本子上，按顺序背下去，结果，要不了一两天的时间就会完全忘记，反而在趣味阅读上看到的词汇不容易忘记。所以，我想教学式的方法根本不适用于小卡尔，对他的语言教育，必须得重新寻找适合他自己的方法。

我开始总是和他说一些关于装饰、摆设和花草方面的事情，也用来解释他新学到的语音和语意，后来慢慢涉及到身体的部位、各种器物，只要是他看到的，身边常见的事物我们都教他学会。这样，渐渐地他的词汇就丰富起来。

在散步的过程中，在外出就餐的时候，在我们旅行的时候，只要他能看到的事物，我都耐心地讲解给他听。这让他对自己有兴趣的东西选择性地记忆，这种方式对开拓卡尔的记忆能力非常有效，而且卡尔也有兴趣学习新的东西。循序渐进并且持之以恒总是会有很大收获的。

三、讲故事让孩子亲近这个世界

孩子天天听大人的交谈和话语，大脑里的潜意识会去记忆和学习。等到他有了一点点说话能力的时候，他就喜欢时常念念有词，把他认为的“词语”不停地重复。孩子的表现欲望是非常强烈的，父母应该利用这一点，让孩子多听多读，从词语到词汇再到句子，循序渐进地让孩子学会语言，学会表达。由简单到复杂的方式，有利于孩子的记忆，父母要控制好这个量，如果给孩子输入的太多，他是无法消化的。

每一个孩子天生都喜欢听故事，故事更能吸引他们的注意力。孩子对于这个陌生的世界最开始的接触仅仅限于他生活的范围，对于其他范围的事情完全一无所知。为了让孩子早点更多地了解这个世界，可以通过故事来向孩子描述这个世界，培养孩子对这个社会的亲近，这是教孩子学好语言的最佳方法。

故事中的情节使孩子注意力能够高度集中，还可以锻炼孩子的记忆力、听力、想象力。父母在讲故事的时候，一定要挑选适合孩子的故事，一般简短、轻松愉快的故事是首要选择。讲故事的时候还应该加入自己的创造，不要死板地照本宣科。给孩子讲故事的同时，要调动孩子的积极性，让孩子参与到整个过程中来，而不是让他充当被动的听众。要鼓励孩子参与讨论，或者让他自己进行改编重新创造，鼓励孩子把听到的故事重新讲给别人听一次。

讲故事的方法从孩子刚刚有一些感知的时候就可以进行，即使孩子还无法说话，父母也要认真地给孩子讲故事。等到孩子可以说话和行动的时候，就可以把故事带入到游戏中去，和孩子一起模拟故事情节，演绎不同的人物形象，这样能加深孩子对故事的记忆和理解。卡尔还不会说话的时候，妻子就给他讲古代神话和传说。后来我们经常一起玩故事中的游戏，这些教育相辅相承，取得了很好的效果。卡尔到了五六岁的时候，就能记住三万多个常用词汇了，而这已经相当于一个优秀中学生的程度了。

当然，如果只是一味地教是索然乏味的，孩子没有兴趣听也不想在大脑去反映和记忆，这就是失败的。父母的声音要清晰，要富有感情色彩，更好的是加入适当的表演，将故事讲得绘声绘色，生动有趣又富有教育意义。除了给儿子讲故事，我还选择好书，清晰而又缓慢地读给孩子听。我时常给卡尔讲述书里的英雄的故事，我认为这些故事不仅情节生动，还蕴含着深刻的道义。在孩子听故事的

时候，不仅了解到英雄人物的光辉事迹，还能了解到仁爱、宽容这些美好品质。在学习语言的过程中，也有助于培养孩子优秀的思想品德。

四、丰富孩子的词汇

在词汇学习方面，我的信条是：要想有清楚的头脑，首先必须会使用准确的词汇。为此，我不是只让儿子停留在孩子式的表现方法上，而是教他逐步了解和使用复杂的措辞，并且力求措辞生动准确，决不使用模棱两可的措辞。为了做到这一点，我认为家人一定要相互配合，不要一个在严格要求，一个却纵容孩子。为此，我和妻子默契配合，而且以身作则，在平时坚持力求发音标准，语言规范，精选恰当的词汇。

除了常见的常用的词汇，我们还让孩子学习很多复杂的生僻词汇。父母要有足够的耐心去讲解，至少要让他们学会用什么方式去学习这些他们不熟悉的词汇。童谣也是孩子们很好的学习教材，童谣大多脍炙人口，声调悦耳，很容易被记住。卡尔三岁就开始能阅读一些诗歌形式的书籍了。

孩子在学习语言的过程中，难免犯错误。不管是孩子笔画混乱，还是阅读及书写与原文有差异等，都是令人喜悦的现象，因为这表示他们正在发展驾驭语言的能力，他们会逐步理出语言的规则。所有孩子都具有这种能力。

五、反对孩子说不完整的话，让他学会说完整的句子和明确的词汇

词汇的积累，必定会产生句子；而句子就包括语法是否正确，语态和时态是否正确，也包括代词和俗语以及流行语的运用。句子不是简单的词汇组合。千万不能教孩子说那些含糊不清，模棱两可的不完整话语。

很多父母认为孩子的接受能力太弱，习惯教给孩子简短、概括性很大的词汇。这样的语言，在将来并没有任何用处。所以，父母要避免孩子学习这样的语言。经过证明，孩子在两三岁的时候，就完全有能力学习简单的词汇了。

如果一件物品得不到正确的使用，那么这件物品的存在就没有任何意义和价值。同样，孩子能够学会的东西而且是需要学会的东西，父母如果不教授给孩子，那就是不负责任的表现。知识就是要孩子学习并运用的，不然知识也只是没有价值的废品。不要按照成人的思维方式去判断孩子的学习能力，这样孩子的学习能力往往会被低估。不让孩子去尝试着学习，孩子的潜力就永远无法被发掘。

事实上，对幼儿来说，单会说简短概括的词汇，要相对容易一些，但这也同样会给他们造成负担。大部分简短概括性强的词语，在现实的社会中是不常使用的，只要是不被使用的都是没有意义的。只是为了当时的方便，就让孩子从小学会这些词语，而这些词语在实际生活中是完全没有实用价值的；孩子将来还要重新去学习标准的语言，而那时已经错过了语言学习的最佳时机，就变得非常困难了。

如果在学习语言的最佳时间内，让孩子学习这些毫无用处的语言，实际上是浪费时间。无论是词语还是句子，都应该教给孩子正确的读法以及正确的用法。有的家长认为孩子稚嫩的声音念一些词语非常有趣，也方便孩子记住和掌握，这实际上也是种一不负责任的表现。对孩子的语言教学，是非常重要的事情，特别是孩子处于“被动者”的情况下，家长教什么他们就接受什么。这对孩子将来的发展有着至关重要的影响。所以，现在社会上存在着很多人即使到了成年，也无法完整地说出一个句子，也完全表达不清楚自己的意思，发音也不清楚，让人听不明白，这都是从小没有接受规范语言而造成的结果。

在孩子学习语言的过程中，父母要一直作为听众仔细听孩子说话，及时发现孩子说话中存在的问题，并帮助孩子去纠正错误。但是有的父母对孩子的这些错误不闻不问，甚至以此为乐或者随声附和，这样无疑是将孩子推向错误的深渊。错误得不到纠正，就会越来越严重，孩子长大之后就难以纠正过来了。

语言的学习也影响着孩子大脑的发育，如果孩子从小就学习一些似是而非的语言，那么孩子的大脑就接收并记住这些信息，这样孩子的大脑也难以得到很好的训练。

从卡尔出生那一刻起，我就决心为孩子的语言学习营造出良好的环境，保证他学到的都是标准、规范的语言。但是我也不排斥俗语的学习，俗语有的时候更能生动地说明事物的本质，也是一个国家宝贵的文化遗产。俗语也是随着时代的变迁而变化的，所以说排斥俗语的学习无疑是落后的一种表现。

我时常鼓励卡尔把自己所学到的词汇组成句子来练习，甚至编成故事，这便于他能够快速和牢固地记住这些短语和句子。我还摘抄很多短文让他这样背诵，实践也证明了这样做非常有效果。

卡尔能正确运用语言之后，我们就不仅仅让他停留在儿童的表达方式上了。我们逐渐让他理解和学习复杂的词语，学会标准的发音，为此我们夫妻两人共同监督卡尔，还让仆人们也规范了语言，这样的环境下卡尔发音非常标准。

卡尔箴言

语言在孩子的发展过程中占据着重要的地位，是发展智力和社交能力的核心因素。著名心理学家加德纳认为：语言是最广泛、最公平地在人类中得到分享的一种能力。1～5岁是孩子语言发展的关键时期，父母一定要把握住这个学习语言的关键时机，让孩子尽早学习词汇，尽早进入语言的学习状态。孩子学习语言是个主动的过程。在孩子获得语言的最初几年里，父母所起的作用并不是“教”孩子语言，而是以回应的方式，帮助孩子不断地修正、发展他的语言。

第三节　训练，从五官开始

视觉、听觉、触觉、味觉这些都是孩子感知外界的生理基础，越早锻炼孩子的视觉、听觉、触觉、味觉，就越早刺激孩子感官的发育，从而促使孩子大脑的各个部分积极活动，达到开发孩子大脑的作用。只要能全面开发出孩子的潜能，孩子就能变得聪明伶俐。婴幼儿时期，是孩子的最佳学习时期，孩子的一切能力都应该在这个时期开始培养。如果错过这个时机，孩子的很多能力都将永远地被埋没，得不到有效地开发与利用，从而妨碍他的正常成长。

孩子渴了要给他喝水，饿了要给他喂奶，尿布湿了要马上更换……早期教育的训练项目是细小而繁琐的。父母要随时随地排解孩子的不愉快，以最敏锐的感觉去感知孩子的需要。能够成功地感知孩子的需要，便是父母成功的开始。这会为今后的教育和训练提供良好的感情基础。

一、听力

婴儿的听力比视力先发展，所以，第一步就是培养孩子的听力。我的妻子是个爱唱歌的女人，她的歌声非常悦耳动听，是小卡尔精神生活的完美养料。小卡尔还在母亲肚子里的时候就经常能听见美妙的歌声。为了锻炼儿子的听力，我还特地买来了一个能发七个乐谱音的小钟，每当儿子喂奶前醒来，精神良好的时候，就敲给他听。我还慢慢地左右移动小钟，以吸引他的注意力。在孩子6周之后，我就经常对他轻轻地朗诵诗歌。我们所作的这些准备对卡尔的听力训练都收到了让人非常满意的效果。

只要我朗诵诗歌，他就会做出相应的反应——快乐或者安静，他都能准确地表现出诗歌的意境，他自己也自觉地背诵他喜欢的诗歌篇章，他1岁的时候就能完整地背诵出《荷拉秋斯在桥上》。

我一直都反对死记硬背，而且孩子也非常反感这样去学习。卡尔在背诵名作的时候，都是他自己有了学习的兴趣，心中愿意将文章背诵下来的前提下，顺其自然地记忆的。我并不强制他学习或者背诵，我知道这无济于事，根本不会有任

何的学习效果。

二、视觉

视觉的训练也是可以增强孩子智力的方法。在卡尔出生两三个星期时，我就买了一些五颜六色的布制小动物玩具。我通过移动玩具的位置，来回地晃动来吸引卡尔的视线。我还在房间四周挂上各种图画，陈列大量的雕刻仿制品。每天我都抱着卡尔欣赏色彩鲜艳的图画，识别屋中的各种物品。他非常喜欢三棱镜反射出来的彩虹，每次哭闹时我就用这个安慰他。

当孩子的视力发展起来之后，就又要开始对他的观察力进行培养。颜色的刺激是最直接的方法。色彩鲜艳的事物能激发他的兴趣和注意力，随着时间的推移，家长要引导孩子慢慢认识这些东西，并且记忆，这是提高记忆力最好的方式。我们用彩色的玩具、蜡笔、图画、雕塑来做不同的游戏。我们带着卡尔去公园散步，让他注意观察天空的颜色、树木的颜色、不同花朵的颜色，这些都可以培养他敏锐的色彩感觉。在我们回家的路上有很多不同的橱窗，那里陈列着许多商品，我总是利用这些训练卡尔的记忆力。

父母手里拿着东西，如拨浪鼓、气球、图书等等，在孩子眼睛周围慢慢移动，速度由慢到快，范围由小到大，并可以按照一定的方向来进行训练：例如从

左到右，再返回来；从下到上，再往来反复；从左下到右上，往返移动；从右下到左上。总之，父母就是尽可能地围绕孩子眼睛周围进行各个方向的移物训练。经过这样的训练，孩子的眼球活动就会变得更加灵活和敏感。

经过这样长时间的训练，年仅两岁的卡尔就在生活中表现出超群的记忆力，受到很多人的赞赏，那些人都表示出极度的不可思议。

在尝到这种学习的甜头之后，我还让卡尔手拿贴有砂纸的木片和其他物品，教给他“粗糙”、“光滑”等形容词。当然，这种教育方式也有一些负面效果，如儿子往往爱把手上拿的物品往嘴里放。不过，父母只要多加留心，孩子就不致养成这种习惯。

三、味觉

我们家一直习惯吃清淡的食物，这有利于保持味觉的灵敏，又防止他养成爱吃糖和盐的不良习惯。

食物本身没有好坏之分，关键是要控制食量和掌握食用时间。零食要在正餐前1～2个小时食用，也不要吃得过多，正餐才是营养的主要来源。首先，父母的言传身教与儿童的饮食行为有着密切关联。父母不要把零食作为惩罚和奖励孩子的手段，这会影响孩子对食物的喜好。此外，父母也要以身作则，在饮食方面为孩子树立榜样，因为儿童模仿性特别强。所以，没有不好的食物，只有不合理的饮食行为。

一般情况下，在出生1～2周后孩子逐渐接近3个小时吃一次奶，以后就可以定时喂奶，孩子的胃也就定时地蠕动，定时地分泌消化液。这样，时间就成为一种条件刺激，一种信号，使神经系统形成一种固定的条件反射。婴儿的消化系统、神经系统等各个系统协调一致地工作，孩子就能健康地成长。对4～6个月的孩子要按时添加辅食，才能保证充分的营养。婴儿期的营养状况对脑细胞的发育以及以后的智力发展都有一定的影响。同时，还要注意不要偏食，进食时保持愉快的情绪，避免打、骂、训斥或恐吓孩子。对1岁的孩子要训练使用汤匙，在成人的监护下，鼓励孩子逐渐学会自己进食，培养独立生活能力。

孩子在4个月后开始添加辅食，一般安排4次喂哺，每2次喂奶中间加一次蛋黄、菜水、米汤等辅食。等孩子到11个月时喂奶次数减少到3次，增加喂辅食的次数，以后随着年龄的增长喂哺次数再减少，逐渐将辅食改为主食。到1岁左右可以

开始断奶。培养周岁的孩子饮食习惯十分重要，应让他养成按时吃奶、吃辅食的习惯。

孩子1岁以后能按时安静地坐好，愉快地吃完自己的一份食物，并且不挑食、不偏食。这样就需要给孩子安排合适的吃饭环境，有固定的桌子、凳子和碗、勺等餐具。从一开始父母就让孩子养成好的习惯，饭前洗手、吃饭时坐指定的位置，带上围嘴，桌旁放一小块毛巾，拿走桌子上一切与吃饭无关的东西，让孩子坐好，自己学着用勺吃饭。看见孩子把饭弄得到处都是，或是把手、脸弄脏时，父母不要责备孩子，更不要主动给他喂饭，不需及时纠正孩子使用餐具的错误，或用另一把勺子帮助孩子吃饭即可。

吃饭时父母还要注意培养孩子的咀嚼能力，使孩子养成细嚼慢咽的习惯。吃饭时一次不要吃得太多，应充分咀嚼食物，这样有利于食物的消化吸收和促进咀嚼器官的发育。咀嚼能使下颌关节、咀嚼肌及牙齿等得到锻炼，也能保证孩子牙齿的整齐和功能的完善。

随着孩子味觉的提高，他对食物的选择性也越来越明显，8个月的孩子对食物已能表现出喜恶，遇到不喜欢吃的东西就用舌头顶出来。对待孩子的这种偏食习惯，父母可采取改变食物的形式再给孩子喂。如孩子不喜欢吃碎菜或肉末，可把它们混在粥内给孩子吃。但要注意的是，有的父母担心孩子偏食会造成营养不足，发现孩子喜欢吃什么就不加限制地给孩子吃，这也是不正确的。

四、注意力

孩子的注意力也是需要培养的，孩子认识自己的手也要花费较长的时间，让他的手永远不空闲下来就是一种很好的办法。

当卡尔15天大的时候，我就开始拿着颜色鲜艳的东西，在他眼前轻轻晃动。鲜艳的颜色很能引起孩子的注意力，每次他都想要努力抓住，一直不停地伸出手来抓。渐渐地他就可以抓住我手中的东西了，然后我就开始在他面前念出这些物品的名称。为了让卡尔尽早发现自己的手，只有让他的手有事做才可以办到。每次当卡尔醒来，小手张开的那一刻，我们总是让卡尔手上握着东西。平时经常活动卡尔的手指，经常让他抚摸东西和拍手掌，便于他随时观察。我们把物品拿在手上让他仔细的看；让他模仿大人的行为，比如我拿着小摇铃摇动，他就会甩动胳膊发出响声。他八九个月时我给他一支蜡笔和一张纸，我也拿着一支蜡笔和一张纸。我在纸上画画，儿子也在纸上乱画。通过这些方面的训练，可以让他很快认识到手的能动性，发挥手的作用。

由于实行了这样的教育，儿子总有事干，他也决不会因无事可做而去吸手指，因无聊而沮丧，甚至哭泣，相反，他从一开始就向着健康的方向成长。

我很赞成用游戏和鼓励的方式让孩子学习，那样既轻松又有效果，孩子也很乐意接受这样的学习方法。当孩子体会到学习的快乐之后，教学的任务就可以逐渐加深。

其实，听力、视力、记忆力、注意力以及观察力的培养绝不是一朝一夕的事，也不是能单独分开进行的课程，它们总是穿插在一起，相互影响相互制约的。

无论是发挥孩子什么样的潜力都坚决不能强迫孩子做任何事，应该自然地发掘出他们的潜力，家长们一定要懂得这一点。这样的培养模式只是让孩子们有事可做，更健康地更茁壮地成长。

就是通过这些非常简单的方法，出生时被邻居认为是白痴的小卡尔，长到一两岁的时候，就能够说出屋中所有物品的名称，并掌握了很多词汇，无论是在身体上还是智力上都比周围同龄儿童优秀很的。他对外界的好奇心更强，注意力能集中更长久的时间，有了许多词汇来武装他的小头脑，这些条件都为进一步培养他的记忆力、想象力和创造力打下了十分坚实的基础。

卡尔箴言

五官掌握着人的各种机能。无论是哪一种机能，都直接影响着孩子未来的发展，所以，父母要尽心尽力地培养孩子的这些潜在能力，但必须是快乐地学习。一般来说，右脑偏重创造、想象、记忆、直觉、图像、声音等；左脑擅长思考、逻辑、分析、判断、理解、文字、数字等。若是能同时活用左右脑，不但能创造出惊人的记忆力和超学习效果，也可以提升感官、知觉、心灵感应能力，进而创造正面积极且清晰的思维模式。

第四节 引导孩子用笔写字

经过语言的学习，接下来就可以培养孩子的书写能力了，毕竟这也是人类最伟大的能力之一。书写可以缓解人的不良情绪，让内心情绪得到释放。

在用写有字母的小木板和做游戏的方式教会儿子拼音后，我又开始教他拼写。由于孩子什么都要模仿大人，当儿子也模仿我时，我便抓住这一机会，教他写字。因此我努力教会儿子使用笔的方法。孩子刚开始用笔时笨手笨脚，甚至要打翻墨水，但我没有因此而不耐烦。一段时间以后，我的耐心终于见效，孩子很快就学会了写字。

孩子刚开始的书写能力都是来自于模仿，不要小看了他们的模仿能力。当卡尔模仿我写字的时候我就趁机教他用笔。我尽量教会他握笔的正确姿势和正确书写的方法。最终卡尔从最初的笨手笨脚练习到现在的挥洒自如。

自从小卡尔学会简短的句子之后，我就鼓励他自己用笔写下来，写成日记的形式，所以，卡尔也就是在四岁的时候就养成了写日记的习惯。总的来说，记日记是个非常好的习惯。卡尔记录自己的快乐生活，而我认为大人们也可以记录自己的育儿经验，对于孩子的学习要作详细的记录，才能清楚地了解到孩子学过了什么？学习的程度怎么样？孩子掌握的程度和运用中还存在什么问题？这些都能及时地为父母提供信息。有了这些记录，父母就能清楚地知道，孩子学习的具体情况，根据这些信息，再为孩子制定出更合适的学习计划。这样有利于教育方式的实施，也能保证教育的效果。

通过这样的记录，还能及时地发现孩子的兴趣爱好，为父母的培养指明更清晰的方向，什么适合孩子？孩子需要什么？父母都能准确地作出判断。通过这样的形式也能有效地防止孩子养成不良的习性。

做这样一个教育笔记是非常必要的，不要害怕麻烦，也不能小看。实际操作起来并非复杂，而且父母也能从中体会到教育孩子的快乐之感。这也是对孩子成长的一个真实记录，既实用，也同样具有纪念意义。

只要家长能够坚持这样做下去，就能在其中获得不少的收获。比如对孩子的关心、爱护，增加自己对教育孩子的信心和热情。父母也能够形成自我监督，因为教育孩子的过程非常漫长，需要具有极大的耐心和坚持精神。有了这样的自我监督，就可以随时提醒自己作为父母的职责和义务，有条不紊地按照计划去培养孩子，给予孩子爱和教育。

到现在我还记得卡尔第一次写字，那是他自己提出来的。当时我并没有给他钢笔，而是让他用碳笔写出他自己的名字，他把自己的名字写得非常工整漂亮。小卡尔5岁时，有一次我们全家出外旅行要住旅馆，我让他自己在登记簿上签名，这让旅馆老板惊讶不已。从那以后他更愿意写字了，写得也越来越规范。 当时就是因为得到我的赞赏，卡尔才努力练习书法，看来，心怀大志对孩子是一种极大的力量。所以，当孩子做得好的时候，父母千万不要吝啬你的赞美。

卡尔箴言

从孩子开始模仿你写字时，你就要教给他正确的书写方式，让他喜欢上书写这种表达方式，并养成良好的书写习惯。写字也跟别的事情一样，没有必要给孩子压力，一定要让他先体验到其中的乐趣，这样他才会有更多想要写字的渴望，自然也就会学得更好了。

最好的方式就是让孩子用轻巧的木棒，在沙地上练习写字，因为这时候孩子主要的目的就是练习字体，而这样也不会很枯燥，不会让孩子太过劳累。

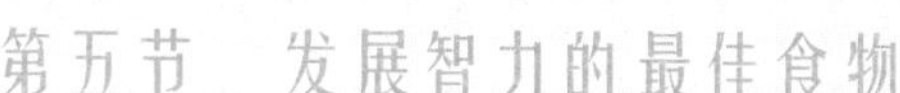

第五节　发展智力的最佳食物

孩子一出生，最重要的是什么呢？肯定是食物。婴幼儿不像成人那样可以自己决定吃什么不吃什么，但是他们也可以选择，爱吃什么不爱吃什么。照管孩子的人一定要仔细观察孩子的进食，因为大人要发现自己的孩子到底爱吃什么不爱吃什么。父母成功的开始就是可以准确无误地了解到孩子的需要，孩子感受到了来自大人的关心和爱抚，这就证明父母已经开始对他进行教育了。

刚出生的孩子吃的无非是奶粉、水和母乳。然后再随着时间慢慢增加，就可以给孩子增加一些辅食。

卡尔4个月大的时候，我总是在他吃奶前，先给他喝一点蜜橘汁，后来再增加点苹果汁、香蕉汁或者胡萝卜泥和青菜粥等。等他稍稍长大一些就给他吃马铃薯和煮鸡蛋。人们都爱给孩子吃这些谷物粮食。可是，我们发现卡尔并不喜欢吃这些谷物食物。总的说来，孩子自己爱吃的就是最好的！所以，我坚持给他买他喜爱吃的东西。

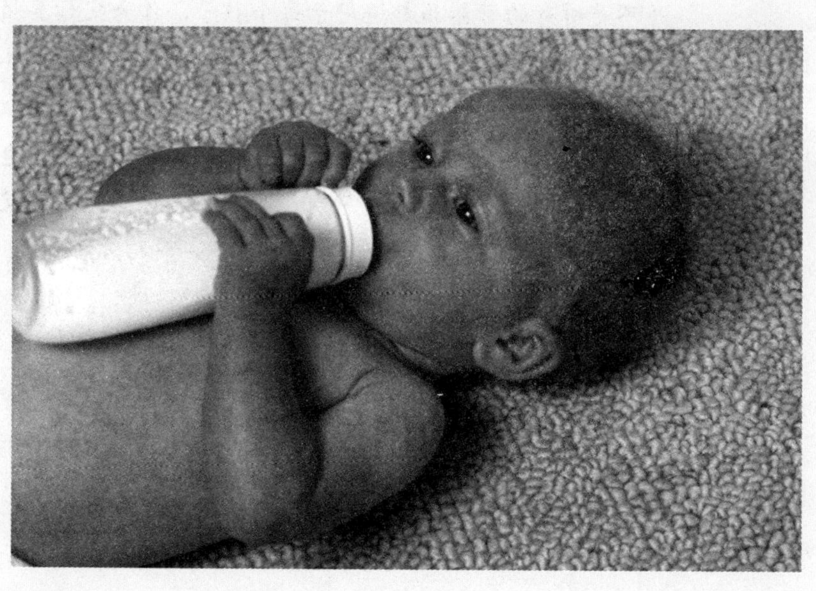

“食疗”当时非常盛行，人们认为食物在一定程度上能够让孩子形成不同的性格。他们说胡萝卜能让人的牙齿和皮肤变健康；菜豆可以发展人的美术兴趣；马铃薯提高人的逻辑推理能力；青豆容易让人性格变得轻率；洋白菜和花菜则让人变得平凡。所以，他们主张吃不同的东西来弥补自身性格的不足，父母们知道这些以后，就可以对症下药了。

卡尔刚出生的半个月里，我们坚持只给他进食水和奶，这样能让他形成规律的生物钟。孩子不能多吃也不能少吃。在孩子稍稍长大时，就适当地加入一些其他的营养食物。但是我们在卡尔的两餐之间依然只给水，这样可以让他的胃得到更好的休息。只要胃休息好了，就有足够的精力去消化食物，而不会影响到脑部的休息。进食过多会影响孩子的智力发展，而且还容易得肠胃方面的疾病，不利于他的身体健康。所以，我坚持不让卡尔在两周岁之前吃肉，严禁他吃过多的零食和点心，如果真的要增加营养也必须在规定的时间内吃完。

父母孩子的晴雨表，要用最敏锐的感觉去了解孩子的需求和抗拒，并随时耐心地消除他的不愉快。

卡尔箴言

并不是所有的营养品都适用于每个孩子，作为父母要精心挑选出孩子喜欢的并且适合孩子的食物，以保证孩子的身体健康和正常成长。孩子还太小，很多食物不可以吃。建议在孩子发展智力的时期，家长要给孩子多喝些鱼汤或鱼汤蒸蛋，也可以喝一些骨头汤，多吃核桃、芝麻、牛奶等食物。此外，父母要多对他说话或听一些轻音乐，不要让孩子一个人只知睡觉！

第六节 孩子健康的关键是愉快

有人说："胃的好坏可以决定人是成为乐天派还是厌世者。"不健康的胃会让孩子容易感到抑郁，还会让孩子丧失很多幸福。所以，身体的健康是如此重要的事，身体是一切事业的前提，只有身体健康了才能有健康的精神！

在世人眼里，神童和才子都是体弱多病的，但是卡尔不是这样。因为卡尔身体很好，体格看起来也很强健。这使人们对卡尔的健康体魄感到很诧异，这是我和我的妻子从卡尔出生就开始对他进行体能培训的结果。事实证明：健康的关键是愉快！

环境对人的身体和心理影响非常大。不好的环境会让人心情不愉快，身体也就肯定不健康，容易得消化不良的疾病。所以，我们把卡尔生活的环境布置得很温馨很协调，让他从小就生活在一个惬意的环境里。我们还时常在天气晴朗的时候带孩子去大感受自然，呼吸新鲜空气 。无论是睡觉还是玩耍，我们尽量保证孩子的手脚自由，让他可以自由活动。这就是他唯一可以做的运动。

我们在卡尔还是婴儿的时候就让他做一些可能做到的运动：我让小卡尔握住我的手指，然后他自然地抓着我的手指进行拉伸。这个小运动能锻炼他的胳膊，从而为他之后的爬行打下良好基础。孩子从小要养成爱洗澡的习惯，我们天天都给他洗澡并坚持按摩，但要保证水温适度，这样可以促进他的血液循环和肢体的灵活。

就因为这样做，我们的卡尔才一个半月大的时候就看上去有4个月的孩子那么大了，并且在一岁的时候学会了自己刷牙和洗手。

正是通过饮食和体能两方面的训练，卡尔从一个体弱的婴儿长成现在这么健康的孩子。我想，那么多体弱多病的天才如果能再有一个强健的体魄和愉快的心情，肯定会做出更多的贡献。

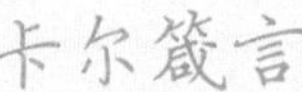

如果某种活动与愉快的情绪体验联系在一起，孩子就很乐意参加，而且有兴趣。在陪伴孩子成长的过程中，父母要注意培养孩子对快乐的体验。良好的环境，适度的运动，新鲜的空气，只要能让孩子的身心都感受到愉悦之情，就可以保证孩子拥有健康的身心。

第七节　从小就培养孩子的同情心

有了强健的身体还要有能力去帮助别人、关爱别人。孩子最容易表露出来的就是对他人的同情心，对弱者表现出来的同情心是人的基本性情。

我想尽量让孩子学习怎样爱别人、理解别人，我把自己所有的知识和见地都传授给卡尔。我认为一个具有同情心的儿童心地总是善良的，并不会做出什么粗暴蛮横的事情来。我希望自己的孩子就是这样一个人，这样的人容易被世人所喜欢，不管是朋友还是邻居。

只要跟卡尔接触过的人都非常喜欢他，人人都说他有一颗善良的心。他对待每一种动物和每一个人都是用尽他的善心，连一棵小草都会不忍心践踏。

在卡尔五岁的时候，我们在公园散，遇见了一个衣裳褴褛的流浪者。这个流浪者让小卡尔充满了好奇，他一直跟着流浪者走了很久的路，然后跑回来问我："爸爸，这个叔叔为什么要流浪？他没有家吗？"这次和以往一样，我并不着急回答他的问题，我想让他自己先思考，去找到答案。

这一次，卡尔并没有像往常那样反复追问，而是追上流浪汉，主动问："先生，您为什么要流浪？您需要什么帮助吗？"

"我需要一个面包……"流浪汉哈哈大笑起来，他或许从来也没有想到过一个只有5岁的孩子能够帮助他什么。流浪汉怎么能相信这么小的个小孩能帮到他呢？流浪汉摇了摇头，只是苦涩地笑了笑，继续向前走去。

"先生，请您等一等。"儿子的话音未完，便向家的方向飞奔而去。

流浪汉停下来跟我打招呼："先生，这是您的孩子吗？"

"是的，是我的儿子。"

"多可爱的孩子啊，他真幸运……"

站在路边，我和流浪汉攀谈起来，他告诉我他家乡的情况，给我讲他的流浪生活以及他对命运的感叹。不多久，卡尔拿着几片面包，气喘吁吁地跑了回来。他看了看我，我微微点头表示赞许。"叔叔，请你收下这些面包吧！这是我和我的家人送给您的。”卡尔把面包递到了流浪汉的手中，他的神态和动作似乎都在说，他非常乐意这样做。

卡尔的善良让这个流浪者感动万分，他对我说：“你的孩子让我看到了人间的美好和温暖。”我想没有什么比让一个人重新有了希望更感人的事了。

卡尔也让我感动了。

事后我问卡尔，你当时怎么会有给流浪汉送面包的想法。“我想你和妈妈都会赞成我的做法。”

我已说过，同情心几乎是人类的天性。但是，还是有那么多的人丧失了这一天性，究其主要原因就是，家庭的不幸和对孩子不当的教育。如果，你不想让自己的孩子变成这样，那么对他从小就要进行培养。我对卡尔的培养就来自于这些亲身经历的事实当中，让他亲自去体验爱心和善良。

我从不因为他年纪尚小就忽略这些教育。要具有关爱他人的能力首先就必须能照顾自己。所以，在卡尔很小的时候我就开始故意锻炼他的独立能力，并帮助他妈妈做一些力所能及的家务事。让他明白，帮助他人不仅仅是一种美德，更重要的是能让自己获得快乐。这些亲身体验到的教育，胜过那些枯燥无味的理论教条。

我时常告诫卡尔：一个人最大的幸福莫过于成为一个高尚的人。所以，卡尔总按照这些来规范自己的行为。他很小就知道，成为一个品德高尚的人远比那些仅仅学识渊博的人更使人尊敬。

卡尔箴言

因为同情心是人类道德发展的基础，婴儿时期的性格可塑性很大，要从培养孩子同情心的高度来进行教育。无论是对待亲人、朋友还是陌生人，即使是动物和植物，也要让孩子明白它们也是有生命的。对待大自然所有的生命都应该像对待人类一样，怀抱着爱心，都应该怀着一颗恻隐之心。同情心是一个人良好的品质和善良情感的起点。让孩子一直保持善良的天性，善良的人可以使世界充满阳光，那是作为父母都能感受到的一种骄傲的幸福。

第八节 充分发挥孩子的潜能

很多父母总是只着眼于孩子的天赋，而不注重全面培养。他们对孩子过分挑剔，要求太高，最终会引起孩子的逆反、压抑与怨恨。因父母施加的压力过大而半途而废的天才不是少数。

从卡尔出生以来就有很多人善意地告诉我，卡尔是一个早产儿，这样的孩子是不会有什么好的发展，让我不要白费心机去培养他。但是我仍然对我的教育方法充满了信心，对我的孩子也充满信心。但是，我对孩子实施教育的出发点，并不仅仅是使他成为一个成功的人，最重要的是，我希望他能在我的培养下，有一个属于他自己的幸福人生。

虽然，很多孩子从出生那一刻就注定了与其他人不同，孩子们的天分是不一样的，但是我相信，只要父母和孩子一起通过后天的努力，一切奇迹都是可能发生的。我相信，每一个孩子都存在着无穷的潜力，就像是地下的宝藏，只要用心地开发就能取得预想的效果。

卡尔并不像人们想的那样，生下来就是天才。其实卡尔刚出生时无比瘦弱，像个痴呆儿童，天赋不怎么好。为了不让他落后于别人，我坚持用自己的理念来教育他，只有把他的潜能更早地开发出来，对他的教育要在智力刚刚萌芽的时候就实行。我想，既然这孩子天生的禀赋不太好，那么就一定要使孩子的禀赋发挥出八九成，甚至更多。要做到这一点，对儿子的教育必须与儿子的智力开发同时开始。

格拉彼茨牧师劝我用严厉甚至牺牲幸福生活的方式来迫使孩子成长，这是一种极端。另一种极端就是听任孩子自然发展，甚至放弃做任何事情的努力。我认为培养孩子需要有足够的耐心，更需要有足够的智慧，特别是对于我这个不幸的父亲来说，因为我面对的是惟一一个天赋并不高甚至还低于正常人的孩子。 我妻子的母亲，一个善良的女人曾这样劝我："威特先生，既然小卡尔天生不那么聪明，你也就用不着为此而烦恼，让他顺其自然地发展吧。千万不要因为曾在别

人面前夸口就因此而困扰，其实那些都不重要，只要你们家庭幸福就足够了。”

我知道她是一番好心，在那种情况下她还能够如此理解我并给予我同情和安慰，对此，我感激不已。然而，对于小卡尔的教育，我并没有别人想象的那么悲观。虽然小卡尔的智力不那么令人满意，但对他的将来，我始终充满信心。因为我相信婴幼儿时期的教育足以克服那些所谓的天赋不足，我坚信合理的教育能够改变一切。

纵观历史上所有的伟人，他们取得了非凡的成就，但是他们依然存在着这样或者那样不同程度的缺点。我时常在想，假如能够再给他们多一点的教育，那么他们将会更加伟大、更加成功，成为更加尽善尽美的天才和伟人。

虽然，我们都知道这个世界上完美的人是不存在的，但是作为父母，我们都希望自己的孩子能够学到更多的知识，懂得更多的道理。我认为只要在孩子小时候，父母及时地抓住了孩子学习的最佳时期，最大限度地开发出孩子的潜在能力，这一切都是皆有可能的。孩子的潜力被充分挖掘出来之后，他们就有可能学会他们需要的，生活能力、思想品德、身体素质、人文修养，并且学会学习的方法，为将来所有的学习打下基础。

尽量充分发挥孩子的潜能，这将是一切成功的前提。

人如同瓷器一样，小时候就形成了他一生的雏形。“幼儿是成人之母。”此言确实千真万确，我们谁也无法否认，成人的基础是在小时候形成的。 所以，对孩子的教育必须尽早开始，开始得越早，取得的效果就越显著，孩子越有可能成长为接近完美的人。 我想，只要能够尽早地教育小卡尔，他就一定能够战胜所有的困难，并最终获得教育的成功。

那么，为什么早期教育能够造就天才呢？要明白这个道理，就要从儿童的潜在的能力谈起。科学家根据对生物学、生理学、心理学等学科的研究得知，人的身体里边蕴涵着无穷大的潜力，科学表明这是人天生的一种特殊能力。它隐藏在人体内部无法展现出来，这种隐藏的能力被称之为“潜能”。就像一棵树，如果按照最理想的状态发展，也就是说只要为它提供最充足的营养，只要能满足它所需的一切条件，它就能够长到30米。同样一个孩子如果按照理想状态来看，他的才能可以达到一个可观的高度，那么我们就可以说这个孩子具有这样高度的潜在能力。这样的潜能在每一个孩子的身体里存在着。所谓的天才并不是天生的，只

不过是更好地开发出了他的潜在能力罢了。

这就是为什么要开发潜能了！既然赋予了这样的天生条件，我们就应该顺从上帝的旨意让它充分地发挥，才不至于暴殄天物。只要适当发挥，这种潜能总是会被开发出来的。所以，只要具备这样条件的孩子，给予适当的教育总是会培养成天才的。

当然，我们所讲的那种理想状态基本上很难达到。因为那完全是人们理想中的环境，就像一棵树它所处的生长环境，是远远达不到那种完美状态的，所以它最多长到十几米，即使它本身可能长到30米。如果环境更为恶劣，没有任何条件有利于它的生长，也许它只能长到几米，或者更早地枯萎。如果有了人为的照料，施肥、除草、杀虫，则可以增加树的高度。孩子的发展也是这样，如果对孩子完全放任不管，孩子有可能完全没有任何发展，如果给予一定的教育，则结果又会不一样。如果家长能够为孩子实施更完善正确的教育，在孩子的幼儿时期就开始挖掘孩子的潜在能力，那么，孩子的发展就可以达到最理想的状态。没有最理想的条件，就应该去创造最有利的条件。为了孩子的发展，父母有义务去给孩子创造一切有利的发展环境。

如果客观环境达不到，那么所有的优良条件都只能是一种浪费。

能让他的潜能发挥到十成就算是理想的教育了。一般来讲，适当的教育总是会让此理想实现到七八成的。为什么我们的天才不多呢？就是因为没有对儿童实施合适的教育，以至于他们的潜能得不到发挥。所以，尽早地挖掘出这种潜能的存在，越早地进行教育，就能培养出更多的天才了。

教育的理想就在于使孩子的潜在能力达到十成。只要充分发挥出这种潜在能力，孩子便能成长地越来越好。这就是我的教育理论，这与流行的理念不相符合，他们总说等到孩子七八岁再开始教育；更多人则怀疑过早的教育会让孩子丧失更多的天性，阻碍他们的正常发展。对于别人的疑问我无可奈何，但是我已经证明，运用我的教育理论，已经培养了一个天才，就是我的儿子——卡尔。所以，从孩子一出生，父母最重要的就是及早挖掘、诱导孩子自由地发挥出这种潜在的能力。

卡尔箴言

早期教育的重点在于开发孩子的潜在能力，以刺激孩子的脑细胞为目的，而不是一味地向孩子灌输大量的知识。因为，孩子在幼年时期，对于世界的认知都是靠直观去感受的，这时候的孩子还不具备完善的知识接受能力。所以，即使向他们灌输大量的知识，他们也没有办法完全吸收。早期教育就是为了开发孩子的大脑潜能，只要孩子的大脑潜能完全被挖掘出来，将来的学习就很容易。父母要尽心尽力地让孩子的潜能充分发挥出来，相信天才是可以后天培养。

第九节　孩子天赋的递减法则

大家都知道，我的孩子出生之时是个早产儿，他比预期早来到这个世界上，这让我们非常伤心。很多人都告诉我们，对于一个早产儿不应该抱有很大的希望，而且医生已经明确地说过，“这个孩子先天大脑发育不全，恐怕将来无法顺利地生活。”大家都认为让他健健康康地活着就可以了。但是，我不希望自己的儿子只是行尸走肉一样地活在这个世界上，我希望他能享受到人生的快乐，也能学习到丰富的知识，懂得艺术，有他自己的兴趣和爱好，能够有所作为，拥有美好的人生。我想所有的家长都和我一样，每一个家长都深切地爱着自己的孩子。

卡尔尽管让所有人伤心，但是他依然是我的孩子，我愿意给他最多的爱，让他健康茁壮地长大成人。

但是卡尔开始的表现的确如人们说所，根本看不到任何希望。卡尔刚刚出生之时，即使是吃奶都需要靠母亲先挤出奶水，再喂他吃。这让我们既伤心又难过，我的妻子为此天天哭泣，非常伤心。

但是我一直没有放弃自己的主张，我相信只要对孩子实施正确的教育，精心的培养，他会有所改变的。我相信经过早期教育，卡尔的发展绝对不会落后于他的同龄人，甚至会超过其他孩子。

结果证明，早期教育是真正有效的教育方式。但是需要明白的是，在早期教育中存在着一个“递减法则”。所谓“递减法则”指的是，孩子的潜力会随着孩子的年龄逐渐减弱。具体地说，就是假如一个孩子生来的潜在能力有100分，如果他能得到最理想的教育，那么他就可能成为一个100分能力的成人，而这样的理想教育就包括教育开始的时间，时间开始得越早，孩子被开发出的能力也越大。

如果在孩子5岁的时候才开始教育，那么他的能力最多只能开发出80分；而到了10岁再进行教育的话，这个孩子能力就只能被开发出60分了。就是按照这样的规律，孩子开始教育的时间，决定着孩子最终被开发的潜能。

这种法则在每一种动物的成长过程中都存在，因为每一种动物都具有自己的

潜在能力，而所有的潜在能力都有它们各自的发展期。但是相同的是，越早开发就能更大程度地把潜力开发出来。因为这些潜在能力的发达期是非常短暂的，只要错过了发达期，再想开发就非常困难了。过了一定时期，它们甚至会消失，再也不存在。

这和动物的“递减法则”一样。例如小鸡“追从母亲的能力”的发达期大约是在出生后4天之内。如果在这期间不让它发展，那么这种能力就永远不会得到发展了。所以如果把刚生下来的小鸡在最初4天里不放在母鸡身边，那么它就永远不会跟随母亲了。无论是小鸡还是小狗，这些动物和人一样，在小时候如果不对其能力进行开发和教育，就会逐渐丧失他们本身所具有的能力，长大之后也就完全失去这样的能力。

所以，有经验的人都知道，怎样去饲养小动物。他们都懂得，动物本身都具备自身的能力，要在出生之后就开始进行训练。不然时间一长，这样的能力就会消失，再培养是非常困难的，幼年时期是一切能力培养的最佳时期。

人类也有很多这样的故事发生。

英国的司各特伯爵夫妇带着他们刚出生不久的儿子去旅行，非常不幸地遇上了大风暴。他们一家流落到一个荒无人烟的小岛，接着伯爵夫妇相继去世，只剩下他们的小儿子。这个孩子被岛上的一群猩猩收养了，他一直跟着这群猩猩生活。然而20年后，人们看到了这个孩子，但是他完全不懂人类的语言，他只和猩猩们一起玩耍。他和猩猩有一样的习惯，一样的行为举止，没有一点人类的影子了。

科学家们通过十年的时间才让这个孩子学会简单的语言和行为，因为他已经错过最好的学习时间，外在的条件再优越也无济于事了。随着年纪的递增，他天生的潜能却在递减。

给孩子实施早期教育，就是为了防止这种“递减法则”对孩子发展的破坏。只要抓住孩子智力发展的最佳时期，不遗余力地发掘出孩子的潜在能力，就不会让这样的“递减法则”存在。所以，最好尽量早地让孩子接受教育，也就是说让孩子尽量早地发挥出他的潜能。所以，我们承认了孩子这种潜在能力的同时，必须抓紧时间给孩子最早、最好的教育，不然天生的能力将白白流失。不在他的生长期开始开发，就会错过最佳的时机。

卡尔箴言

影响孩子智力发展的各个因素发展的速度是不一样的：有的发展快，有的则很缓慢，有的因素还会发生交叉发展的现象。所以，孩子的发展受到这些原因的影响，也会表现出不稳定的现象。家长要明白这些原理，正确看待孩子发展过程中出现的症状，早期教育时一定要知道，“递减法则”存在于教育环节中。这提醒我们，所有的教育都必须在最早的时候抓住最良好的时机进行，不然，天生的潜能会越来越少，教育效果也越来越差。

第三章

早期教育，全面培养孩子

ZaoQi JiaoYu, QuanMian PeiYang HaiZi

我们所应当拥有的，不仅仅是绝对的理性、伟大的力量，更是优美的仪表、文雅的举动。而这种美丽，不正是建立在全面发展的生存哲学之上的么？如果不懂得把握全面发展，我们便无法恰如其分地去生活、去感悟、去成为一个合格的人。

——英国文学家　莎士比亚

第一节　怎样培养孩子的优良性格

性格这东西仿佛也是天生的，人的一生本性难改。性格在人生旅途中起着极为关键的作用。

让孩子了解自己或者别人的性格都是非常重要的，这对孩子读书时期的成长、长大后的择业、生活、学习乃至人生大事都有巨大的帮助。如果孩子拥有了好的性格就等于同时拥有了快乐、充实、美丽的人生；甚至有人说性格决定着一个人的命运，至于成功与否，就看一个人是否拥有了良好的性格。很多成功人士，都认为应该从小就培养孩子优良的性格。可见，一个人的性格是多么的重要。

性格就是孩子们在生活当中和作为生活能力所呈现出来的状态。性格是孩子们在成长过程中不断地适应所处的环境而渐渐产生的。我对卡尔的教育，除了培养他学习知识之外，更是把培养他优良的性格放在很重要的位置。为了让儿子具备各种能力和美德，一开始我就从日常生活的点点滴滴对他进行长期的性格培养。我们在生活中不难发现，有些人性格开朗，常常给人以好感；有些人孤僻内向，很难与他人相处。是什么原因造成人们在性格上如此之大的差异呢？我认为，这些不同的性格并非是天生的，而是在成长的过程中渐渐形成的。我确信，一个人性格的形成完全取决于幼年时期所奠定的基础。也就是说，最初几年的生活习惯、家庭环境、父母的态度都是孩子形成某一类性格的关键因素。有时候，这些因素往往起着决定性的作用。

这些截然不同的性格并不是天生形成的，也不是孩子自己创造的。性格是随着人的成长不断变化着的，生活模式的改变，生活环境的改变都能够引导性格的变化。但是孩子早期基础性的性格是很难改变的，这需要专业人士和家长的引导和劝解。所以，孩子开始形成自己性格的那段时间是非常重要的。

性格是决定孩子能否成才的最重要的因素，那么培养孩子优良的性格就成了培养孩子成才的最重要的任务。要培养孩子的独立性格，总的原则是只要孩子能独立做的事情，就应该放手让孩子去做。

我们不仅要注意从小培养孩子独立生活和独立思考的能力，也注意创造机会，培养孩子自己做抉择和处理问题的能力。

父母在培养孩子独立性时，往往同时需要培养孩子克服困难的精神和毅力。对于幼儿来说，自己穿脱衣服、整理和收拾玩具等，是需要他们付出很大的努力和克服一定的困难的。父母的作用就是对孩子们做出的努力给予充分的肯定，并鼓励和要求他们克服困难，尤其是那些依赖性较强的孩子，家长更要坚持要求。

对孩子性格影响最早、最深、最强、最经常的因素是父母的爱。爱是非常强大的力量，足以调动婴幼儿全部心理活动，决定他们的状况和倾向。父母在这个时候要引导孩子区分好坏、善恶；培养孩子关心他人，同情他人，帮助他人；培养孩子学会生活，热爱生活。良好的生活习惯，是优良性格养成的起点。孩子就是父母的“影子”，孩子小时候亲近的人，无论是言行举止、脾气性格还是理想、兴趣、追求，甚至是文化修养和为人，都在无时无刻地影响着孩子本身的性格。

作为父母，要时时严格规范自己、审视自己，因为父母的性格也许会影响孩子未来的命运。

婴幼儿时期是孩子性格形成的关键时期，在这个时期内，孩子对于最初的行为印象最深，有意识地在对大人的行为进行深刻的记忆，形成稳固的心理定势，并在此基础上形成性格。所以，家长应该在孩子婴幼儿时期就有意识的去培养孩子的性格。

从生活中的小事、一点一滴地抓起，在日常生活中养成严谨、认真的生活习惯。一个孩子只要养成了良好的习惯就成功了一半，这将影响他的一生。对于孩子的不良习惯要及时而正确地给予纠正，以免造成更严重的后果。好习惯的养成十分不易，而纠正一个不良习惯就更加困难。

所以，我才建议家长养成记日记的习惯。要细心地观察孩子的成长时期，在不伤害到孩子自尊心的前提下去了解孩子的内心世界，这样在孩子遇到困惑和烦恼的时候，父母可以给他足够的和及时的关怀。

我希望自己能够在孩子困难的时候帮助他，在他快乐的时候也与他一起分享。这样做的前提是能够充分地、积极地、及时地了解孩子的内心世界。只有了解了孩子的内心真正想法，才能在他烦恼的时候给他建议。让孩子把他内心的苦恼透露给父母，而不是把不高兴的事闷在心里。

然而，要真正了解孩子的内心世界，就需要与孩子平等的相处，像对待成年人一样去对待一个孩子。只有真正地去尊重孩子，才能得到孩子的信任。

有一天，我从外面回来，看见卡尔独自一人坐在院子里出神，他的表情看起来有些忧伤。因为儿子的性格一直比较开朗，他今天的举动让我感到奇怪。于是我就向他走了过去，蹲在他的面前问他："卡尔，你怎么了？是不是发生什么事情了？是很不愉快的事情吗？"

儿子抬头望了望我，轻声地叹了一口气。卡尔并没有回答我的问题，又重新埋下了头。

也许他只是不知道该怎么给我讲述那件事，我又跟着他到了他的卧室：“卡尔，到底是什么事让你这么不开心呢？”

可是，他依然不说话。我想这一定是一件难以启齿的事情吧！这件事情对他来说一定是件大事，于是我耐心地再问了一次：“卡尔，你应该知道作为父母，我们都很爱你。你没有必要向我们隐瞒心事，说出来我们一起解决，以前不都一直是这样做的吗？”

我开始给他回忆了我们之前一起处理的麻烦事件，向他说明了没有什么事情是无法解决的，我也很愿意帮助他。

这时他小声地对我说：“我很气馁，因为我并不是真正的男子汉。”

“哦，卡尔，你为什么这样说呢？”

“因为肯特儿说只有肌肉发达的男子才算男子汉，他说我像根稻草。”

是的，卡尔的确不是强壮的孩子，但是身体状况没有一点问题。但是这样偏激片面的说法肯定深深伤害了他的自尊心。

面对这种情况，不要直接告诉他说，那个肯特儿说的是错误的，要正确地给他解释真正男子汉的意思，从内心唤起他的自信心。只有让他自己明白男子汉的意义，他就不会再对这件事耿耿于怀了。

我告诉他，独自的思考问题是一个男子汉必备的素质，这样就不会轻易地去相信别人，为别人的话而伤神了。

卡尔是个聪明的孩子，听了我的话，立即又恢复到之前开朗活泼的样子了。只要正确地引导他去解决事情，他就恢复得更快。但是，如果这时候，身边没有一个人来好好劝导，那么这件事情的阴影将一直伴随着他，也许会影响他的一生。

我不知道其他的父母在面对这种情况时是怎么处理的，但是我认为在这种时候不给孩子讲清道理，不消除他思想上的障碍，孩子很有可能将这一问题永远埋在心里。那么他就会常常为此而烦恼，直接影响到他的性格，或许一个原本开朗的孩子由此而变得孤僻、消沉。对于卡尔的教育，我就是用以上描述的办法让他时刻处在快乐和开朗之中的。我认为，孩子是否有心理健康，在很大程度上决定着他能否成为一个全面的人才，也决定着他是否在将来有所成就。

通常我们的孩子摔倒了，大人会赶紧把他扶起来或抱起来，这时候孩子往往会委屈地大哭一场。但是，有时候摔倒后大人不去扶他，而是说“孩子，不疼，勇敢地爬起来才是好孩子”。这时的孩子，不但不哭，爬起来后，脸上还会带着胜利的微笑。我认为，遇到这种情况，就是不去扶他，也不去抱他，而是鼓励他自己站起来，让孩子知道，生存要靠自己，什么都靠父母是不可能的。

甚至，有的父母在离开孩子身边时会不明智地把焦虑情绪传递给孩子。请千万记得要对孩子保持微笑，并用轻快的语调说话。孩子一旦发现自己的亲人从视野中消失，他就会担心，并有恐惧的反应。所以你可以通过游戏来让他理解事物的实在性，告诉他看不见的事物仍然存在，驱走他们的不安全感。

父母对孩子的性格的形成会起到很重要的作用。让孩子拥有快乐自信的性格，是父母们的责任，这关系到孩子今后的前途与成功。

卡尔箴言

孩子从小生活的环境或者亲近的人，就是他们性格形成的基础。所以，父母不但应该努力给孩子创造出良好的智力环境、美育环境、道德环境以及生活环境，而且要用自己的行为亲自教育孩子，让孩子从小就能够耳濡目染养成良好的性格。但是父母一定要牢记，培养孩子的优良性格是没有捷径可走的，只有日积月累，方可渐成气候。

第二节　怎样让孩子学会专心致志

大人们总是发现平时认真学习的学生，学习成绩却并不理想，有的学生聪明伶俐，才华过人，成绩却也是平平淡淡。是什么原因造成的呢？他们总是说卡尔是天才，而对自己的孩子产生深深的疑问，他们觉得自己的孩子已经非常勤奋，但就是没有好成绩。是不是自己的孩子太笨，或者因为卡尔实在太聪明。特别是卡尔在学习上取得一定成绩的时候，我经常被那些困惑的父母们包围，他们总是不约而同地问我这一问题。

其实，我真不知道怎样回答这个问题。因为孩子的成长是受很多因素支配的，但有一点可以确定，那就是孩子没有取得好成绩一方面是因为他们没有掌握到正确的学习方法，另一方面是由于他们没有从小养成良好的学习习惯的缘故。孩子对于这个世界的好奇是天生的，很多孩子从小就表现出超常的聪明伶俐，他们对什么都感兴趣，什么都想学，然而由于没有得到父母正确的引导，到最后什么也没有学会，学习也容易半途而废。有兴趣和爱好肯定是一件好事，但是父母不作出及时的引导，就会让孩子的很多天分白白浪费掉。在培养孩子的过程中，教给孩子知识很重要，但是更重要的是让孩子掌握获得知识的方法。而学习方法的培养，如何引导他们高效率地学习，这些都是父母应尽的责任。

有的孩子聪明好学，对一切事物都充满了好奇心，什么都想学，什么都去学，如果这时没有人来正确地引导他们，那么他们就将什么也学不好，而且会一事无成。我的儿子也是个兴趣爱好广泛的孩子，但是他并没有因为兴趣爱好而影响学习。这主要是我一直对他的学习作了计划和安排。

我从他很小的时候就严格地教育他学会计划和安排。语言类的学习和数学学习以及自然历史学科的学习，卡尔总是分开进行。在学习的时候就一心一意地学习，而玩耍的时候就尽情地玩耍。如果孩子不能专心致志地做一件事情，从某种程度上来说就是在浪费时间，欺骗自己和父母而已。我知道很多孩子总是把很多时间用在学习上，但是成绩并不能让父母满意；有的孩子成天坐在书桌前阅读，

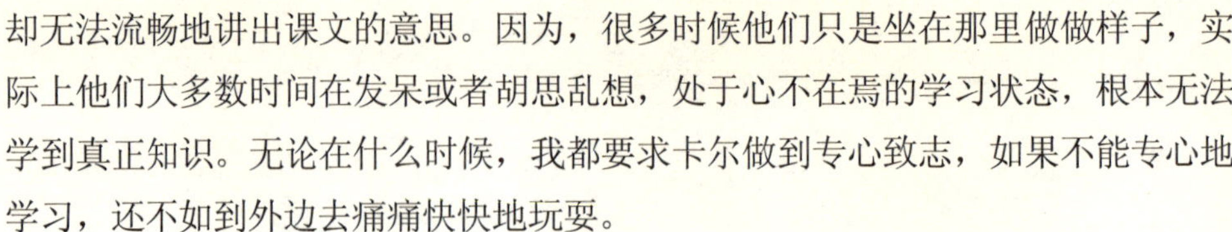

却无法流畅地讲出课文的意思。因为，很多时候他们只是坐在那里做做样子，实际上他们大多数时间在发呆或者胡思乱想，处于心不在焉的学习状态，根本无法学到真正知识。无论在什么时候，我都要求卡尔做到专心致志，如果不能专心地学习，还不如到外边去痛痛快快地玩耍。

一个叫哈特威尔的小朋友，聪明好学，对万物都有着强烈的求知欲，总是围着我问各种问题，我也很喜欢他。但是当他的父母告诉我，这个孩子成绩一点也不理想时，我非常吃惊。父母都是知识分子，应该懂得对孩子进行很好的教育，而且哈特威尔非常聪明，可为什么成绩总是不让人满意呢？

我在他们家做客的时候，经过他的书房，发现他正在背诵诗歌。没多大一会这孩子就开始抬头仰望天空发呆，他并没有专注于书本上。原来孩子在读书时没有专心，时常走神发呆。我把他的父母也叫来观察他，他竟然没有发现我们。

他的父母显得非常生气，要闯进去教训他，被我制止了。一般在这个时候，我建议家长们不要感情用事，太冲动起不到任何作用，要心平气和地找到孩子不专心的原因，而不是打骂他们。

我拍了拍哈特威尔的肩膀，他这才意识到我站在他身后，当时他显得非常慌张窘迫。

“哦，是威特先生。”

“你在想什么呀？学习的时候应该用心，为什么走神了呢？”我轻言细语地问。

“我……我没有想什么。”

“那好，我再考考你刚才背诵的诗。”我拿起了他的书本，看着他说。我装着毫不知情的样子让他背诵那首诗歌。

当然，这个孩子一句诗也无法背诵出来，因为他根本就没有专心地去背诵，但是我看见他已经满脸通红，显得十分窘迫，我也就不好再说什么话去使他更加难堪了。

“当时，你在想什么呢？是因为不能理解这首诗的意思吗？”

“不，不是因为这个。我最近总是这样，一看书就想其他的事情，我也不知道为什么。”

“那你刚才在想什么事？”我又问。

“威特先生，如果我是一位武功高强的侠客，那么我就可以帮助他人了吧？”

“你为什么这样想？”

“昨天我看见有一个高大的孩子非常蛮横，他随意欺负别的小朋友。如果我比他更厉害，就可以教训他了，让他也尝尝被人欺负的滋味。”

他一边说，一边已经开始比划起来，也许他正幻想着自己骑着高大的马，挥舞着长剑，成为一个武艺高强的侠客了。

“孩子，你这样想当然是件好事，因为我们需要这样乐于助人的精神，我们也能在帮助别人的时候获得快乐。但是你仅仅坐在这里幻想是不起任何作用的啊！你现在阅读的文章，就是关于英雄的故事，你应该仔细看看，学习他们的精神，去了解他们帮助别人的事迹。如果以你现在的状态去学习的话，你根本什么也领会不到。卡尔前几天也在学习这本书，他也认为向真正的英雄学习，甚于坐在房间里胡思乱想，那些空想都是不现实的。”

“我明白了，先生。这些英雄都有着非凡的智慧，我也应该先学习他们的智慧，好好学习书本上的知识。等我具备了智慧之后，再去锻炼身体。等到我长大之后也就身强力壮了，就可以去行侠仗义了。是不是这样，先生？”

说完，他就拿起了书本，认真地学习起来。后来他的父母碰见我，告诉我小哈特威尔的学习进步很快，并赞赏我的教育方法很有效。

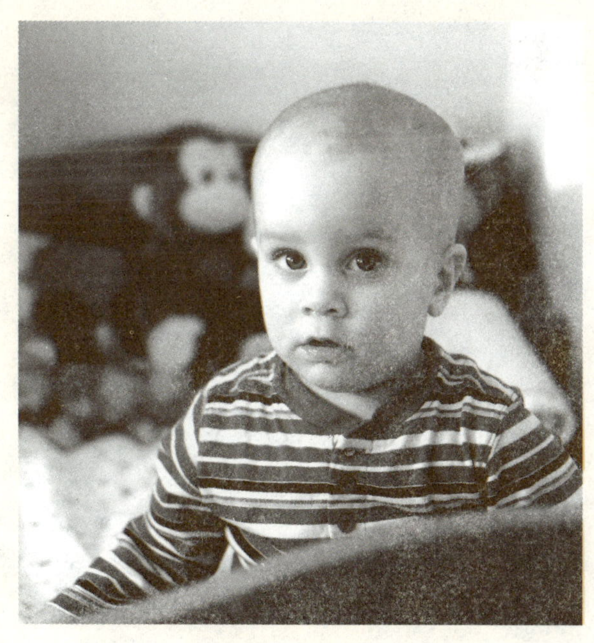

哈特威尔学习不好的症结在于他不能专心致志。我发现了这一点，并用巧妙的方式让他全身心用于学习，那么他的成绩有很大的进步是很自然的事。在这个时候，父母不能一味地责怪孩子，应该循循善诱，让他主动说出走神的原因。只有掌握了他不专心致志学习的原因，才能找到合适的方法开导他，让孩子重新找到正确的学习方法。

不管孩子在学什么，一定

要做到专心致志。对于卡尔，我要求他把玩耍和学习严格地分开来对待，而卡尔也养成了这些好习惯。如果强迫自己坐在书桌前看书，那无疑是在浪费时间，是欺骗家长，那样做还不如出去踢一场球。

专心致志这个习惯是要从小就培养的，并且在日常生活中慢慢加强。父母每时每刻都要记住自己的义务，仔细的观察孩子，发现他们的各种状况，做出合适的应对。

卡尔箴言

爱迪生说，成功的第一要素是你具备能够将你身体与心智的能量锲而不舍地运用在同一个问题上而不会厌倦的能力，将这些时间运用在一个方向、一个目的上，就会成功。大人们也要明白。专心致志才是最有效率的学习方法；对于孩子的爱好要做理性严格的对待，切忌眉毛胡子一把抓；不要去强迫孩子学习，引导孩子找到正确并且适合他自己的学习方法。

第三节　怎样唤起孩子提问的兴趣

让孩子自己提出问题，然后通过他自己的努力获得答案，这是非常有效的学习方法。历史上很多这样的事例，孩子的发问往往决定着他所接受的知识。

在孩子小的时候就应该多带着他投身到大自然中去，大自然是最好的老师，有最丰富的知识。在玩耍中培养孩子对万物的兴趣，激发他求知的欲望。大多数小孩是有这个天性的，父母这时候就要运用自己本身所有的知识，和他们一起探讨，引导孩子找到答案。

好奇心，就是孩子学习的一把钥匙。父母应该有力地保护孩子这样的天性，对孩子的各种提问一定要耐心地回答，但是仅仅这样做也是不够的，父母还应该有意识地诱发孩子的求知欲，求知欲是孩子了解这个世界最直接的方法。

当一个人把求知当做自己的欲望时，他就会主动地通过各种方式获取知识，积极地思考问题，并通过做实验来验证他所学的知识，那么他学习时的注意力也会特别集中，也就是说，他对学习就产生了兴趣。

我和卡尔时常去森林和田野玩耍，却那并不是真正的玩耍。我们通常一边散步一边谈话，我讲一些有趣的事情给他听，留有一定的空间，供他自己去发挥想象。卡尔有很丰富的想象力，思维也很活跃，他总能从一些寻常事情中发现很多不一样的问题。我们从航海事业谈论到古代历史，他的历史知识都是在我们散步时积累的。

大自然总是有很多很多奇妙的事情需要我们慢慢发现。一朵花的生长，一只蚂蚁的生活，一只毛毛虫的蜕变过程，都是孩子极感兴趣的事情。于是，一块矿石、一棵树、一只昆虫成为了我们的话题，我趁机会给他讲解生物学、地质学、动植物学、观察学、物理学、化学以及天文学知识。小卡尔总是表现出极大的兴趣，来倾听我的回答；他自己也发现了不少有趣的问题，有的问题我也没有办法回答。

当孩子带着自然课中学到的知识沉浸在大自然中时，他的思维必将是开放性的，他会积极地运用固有的自然常识的认识方法主动地认识自然，在与自然的交流中，他们受到了启发，增长了知识，提高了能力。大自然不仅仅有着美丽的风景，在大自然中孩子不仅能够呼吸到新鲜空气，身体得到放松，更重要的是美丽的大自然蕴藏着无穷无尽的知识，大海、山峰、河水、花朵、树木、岩石，都蕴含着丰富的知识。大自然就像是一本百科全书，把所有的知识都展现在孩子面前，是孩子取之不尽的知识宝库。

知识的学习不仅仅是在书本上，生活中的点点滴滴都蕴含着无穷无尽的奥妙。父母应该学会在日常生活中，教给孩子不同的知识。动植物的生长规律、生活习惯、天气变化、四季迁移、日升日落，都是孩子学习的好素材。孩子们对于这些现象总是充满好奇，父母就要抓住机会，作适当的诱导和指引，在大自然中孩子学到的东西永远更真实更生动，孩子也最容易接受。

父母应该给孩子创造出更多机会，让孩子亲近大自然，利用一切机会让孩子在大自然中学习到知识，这更有利于孩子的成长。

观察是孩子认识事物，增长知识的重要途径，饲养小动物是孩子最感兴趣的事，孩子亲自参与了饲养动物的过程，有利于他们了解动物的生长习性。

在“小实验”中，可以培养孩子对科学的兴趣，不仅能帮助孩子获得广泛的科学知识，在感知经验的基础上建立概念，而且还能发展孩子的观察、分类、测量和思考等智力技能，从而培养了孩子对多门科学的兴趣。卡尔自己制作动植物标本，他喜欢用显微镜观察各种东西，然后自己把他所得的结果用本子记载下来，写成故事和论文的形式。我

时常带着卡尔去大自然玩耍，但并不仅仅是玩耍，我引导他观察花朵、岩石、昆虫，再在适当的时机，向他讲解。借着这些植物动物，甚至一块石头，卡尔渐渐学习到了动物学、植物学、矿物学，还逐渐涉及到天文学、化学、物理学。

卡尔不止一次告诉过我，他非常讨厌毛毛虫，他认为毛毛虫不仅恶心还可怕。但是有一天我专门捉了一只毛毛虫，让他观察，开始他特别反感，但是我仔细地给他讲述了毛毛虫的生活规律，特别是当他知道了毛毛虫怎样变成蝴蝶的过程之后，就不再讨厌这种昆虫了，并深深喜欢上了蝴蝶。

我还给他讲述了蝴蝶的种类，并在书籍上找到尽量多的图片来向他解释说明，这个世界上有成千上万种蝴蝶，它们的形状和生活习性都是大不相同的。那段时间，他对美丽的蝴蝶着迷，想出很多千奇百怪的问题来请教我，还自己去查阅一些资料。在田野里扑到蝴蝶，会饲养几天就做成蝴蝶标本，他还把标本当成礼物送给他的叔叔和姨妈。为此，他还写了一篇《美丽从哪里来》的童话故事。毛毛虫变成美丽的彩蝶是自然界昆虫进化的一个奇迹。人们经常在花丛中看到蝴蝶翩翩起舞，但是很少有人知道美丽的蝴蝶为了从一个虫茧里羽化而出，必须要在一生中经过5～7次的蜕变，卡尔说，这样的精神值得我们每一个人学习。

世界上再没有比大自然更好的老师了，它能教给孩子们无穷无尽的知识。大自然是一个丰富多彩的物质世界，它的千姿百态和无穷的变化，吸引着富有好奇心的孩子。家长如果有意识地引导孩子学会观察，就会打开他们向自然求索知识的心扉。不少家长认为对孩子进行智力开发，就要让孩子多写、多算，殊不知，这样一来，也就使孩子逐步疏远了大自然，从而失去了一位可以启迪心灵的好老师。

天气晴朗的时候，我喜欢带着卡尔去森林里玩耍。森林里不仅空气新鲜，环境优美，我们在森林中散步，朗诵诗歌，还观察认识了很多生活中不常见的鸟类和植物。

在我的带领下，卡尔自己也非常喜欢在大自然中活动。他在院子里种马铃薯，养花，也养小动物，他喜欢做这些事，他看起来像个大人那样认真，并且很专注。这样的事情不仅培养他的劳动能力，更让他形成仁厚之心。他亲自伺候这些动植物，浇水、除草、喂食，仔细的观察，记录下它们的生长情况，他喜欢做这些事情，并且从中得到快乐和满足。

卡尔还养过小鸟。他有两个金丝雀，他教给金丝雀各种技能。它们能跟着小提琴唱歌，又能站在手掌上跳舞。卡尔弹吉他，小鸟就站在他的肩上。叫它们闭上眼睛，就闭上双眼，读书时叫它们翻开下一页，它们就用小嘴翻到下一页。此外，他还饲养了小狗和小猫。饲养这些动物时，为了调食、喂水，儿子得高度注意，这培养了他专注的精神，也培养了他的慈爱之心。

我到现在还是很怀念与卡尔一起，在森林中、在小河边、朗诵诗歌的情景，我们呼吸着新鲜的空气，那是多么愉快的事啊！

要想让孩子提出问题，首要的前提是让他发现问题。许多父母抱怨孩子种种的不良习性，没想到这只是孩子精力不集中造成的，他们没有正确地利用自己的精力。要将孩子带到大自然中去，那里总会有他们感兴趣的事。

卡尔箴言

爱因斯坦有句名言：“兴趣是最好的老师。”古人亦云：“知之者不如好之者，好知者不如乐之者。”兴趣对学习有着神奇的内驱动作用，能变无效为有效，化低效为高效。当孩子提出问题的时候，父母如果不当回事，很容易挫伤孩子的求知欲。因此，父母不但要认真去听，还要做到酌情对待。启发式的提问，主要在于启发孩子抓住主要的问题开动脑筋，并按着正确的思维方向思考问题，解决问题。

第四节　怎样保护孩子的判断力和理性

当孩子有了理解能力的时候，他对世界的判断能力也就形成了。随着孩子不断地长大，他的判断力也在不断变化，所以父母有责任帮助他拥有正确的判断能力，如果没有正确的判断力，那么这个孩子就不明是非。

那么，我们应该怎样保护好他们天生的判断力和理性呢？

我的观点就是严格而不专制。所谓专制是指强迫孩子服从。我反对专制，无论在教育方法上还是在其他方面，我都很注意讲道理，理性地思考问题和处理问题。

我教育卡尔的一个重要原则就是不扰乱孩子的判断力。我在批评父母时，总是晓之以理，绝不让父母挨了批评却不知道为什么。没有比父母不搞清事实就错怪孩子更糟糕的事了。即使父母的责怪和禁令是对的，也应该让孩子明白其中原因，否则孩子就会口服心不服。

孩子进行判断时，缺乏分析的能力，他不清楚应该从哪些方面考虑，这时父母需要给孩子提供适当的帮助。只有当父母允许孩子犯错误、体会到错误所导致的后果，父母才能帮助孩子形成自己的判断能力。

对于卡尔所犯罪的每个错误，我总是尽力搞清事实，避免错怪他。在责备他或者禁止他干某件事时，总是要说明原因，使他明白其中的道理，因为这样做就不会使孩子的理性和判断力受到损害。如果孩子失去了正常的判断力，他的一生就不能正确地判断是非了。世界上有太多的孩子的是非观念被扭曲了，这是社会发展的最大障碍。

卡尔小的时候，也喜欢说一些他自认为很俏皮的话。有一次他当着客人的面说了几句他刚刚学会的俏皮话，我连忙给客人道歉："请您不要在意，这个孩子一直在乡下生活，难免不懂礼仪。"卡尔听我这样说了，也就意识到了自己的错误。后来他问我："爸爸，我并没有觉得那些话对别人有什么伤害，你为什么要道歉呢？"

"也许你看到的是这样，但是，别人有没有不高兴，你怎么知道呢？永远不要只站在自己的立场上去看待事情。”

孩子做了不得当的事，不要立即去责骂他，先要让他去思考犯错的原因，对于每一件事，父母都要做正确而理性的分析，不然孩子自己根本不会去判断到底是对还是错。父母的教育就是为了让他学会辨析，从而规范自己的行为。

我这样对儿子讲道理，我想绝不会伤害他的判断力。

为了说明我这种教育方法的好处，我想对此作进一步的论述。通过我的解释和分析，卡尔基本上就会明白自己错在哪里了。鼓励孩子思考“是什么、为什么、怎么样”并最终形成判断。

古语说“己所不欲，勿施于人”。人与人之间的相处，相互的理解和尊重是很重要的，要做到这一点就要随时站在别人的立场上去思考问题，学会换位思考，尽量去体会别人的感受和心情，当你学会换位思考的时候，就会在遇到问题时多站在别人的角度看问题。

这是人际交往中非常重要的原则，孩子也要从小就学会这个原则，孩子的思想处于单纯幼稚的阶段，父母教育孩子要诚实有信，也要考虑到不去伤害别人的自尊心。面对这些矛盾和是非的时候，要让孩子学会理性地去判断和选择。

听了这样的开导，儿子由于年幼肯定还是感到困惑，因为孩子的心理还没有办法像成年人那样去思考问题。而有的父母也可能会认为我这样的处理方式未免太过世故，会让孩子产生不诚实的感觉，但是我仍然坚持这样做。卡尔总是说实话，他认为这是种美德。当然没错，诚实是种美德！可是，如果不分时宜地说实话，就很容易让别人产生不愉快。这是一个很巧妙的处理过程。

卡尔无法理解我的用意和态度，他坚持自己说的是真话，这时常让我的朋友感到尴尬和为难，因为卡尔的确说的是真话，他们自然也无法和一个小孩子计较，但是他们心里肯定非常懊恼。所以，我总是对卡尔的行为给予抱歉，事情发生的次数多了，卡尔也就慢慢地意识到了自己的过失，虽然他依然不能明白他真正的错误。

我会列举很多例子来说明语气不当带来的困惑和后果，对于孩子不明白的事情，父母一定要充满耐心地去讲解。

“虽然你说的是真话，但是你说的事情又是谁不知道的呢？其他人都没有明白地说出来，就说明这些话会对别人造成伤害，所以大家都不会讲出来，这是对

别人的尊重。我们相互知道了对方的缺点，但是都保持着友好和礼貌，不直截了当地讲出来，就避免了尴尬，这也是对他人的一种尊重啊。”

经过我的提示，卡尔真正明白了我的意思，从而改进了他自己的做法。当孩子的行为脱离了正确的做法时，父母应该耐心及时地引导，一味责怪无法纠正孩子的错误。

不要专制地管理孩子，那样会损害他的天性，损害孩子的理性和判断力。我对卡尔在这方面的教育做得很好。打骂这种粗暴的教育方法，不但不能达到父母的教育目的，而且会使孩子形成说谎、冷漠、孤僻、仇视、攻击等心理问题，而这往往会成为孩子日后不良行为甚至走上犯罪道路的根源，也会造成孩子出走、自杀等终生遗憾事情的发生。他们不了解孩子的内心，刻板地说教、粗暴地打骂、无情地强制、精神的虐待，不仅恶化了亲子关系，还让孩子丧失了安全感和归属感，从而影响孩子的身心健康和个性的健全发展。

我们的邻居，安多纳德太太的儿子也叫卡尔，我们总是习惯叫他大卡尔。

他的儿子说话总是会让人感觉不舒服。

我感冒好几天都没有好转，面色苍白，在院子散步时碰见了大卡尔，我友好问候了他，他却对我说：“先生，你怎么了？像个尸体一样吓人。”我知道自己的面貌看起来不怎么健康，但是当时我真的不知道该怎样来回答他的话。

这时他的父亲听见了他的话，就立即给了他一巴掌，大卡尔却依然争论着说，他说的是真话，他父亲却又把他大骂了一顿，大卡尔伤心又委屈地哭着跑走了。我想也许他回到家还是会面对他父亲的责骂。

我肯定不会生大卡尔的气，但是我听说这个孩子总是这样说话，大家都不怎么喜欢他，他也时常遭到他父母的打骂。我想，这是他父母的问题，没有教给孩子正确的语言表达方式，而是严厉地惩罚孩子，这是非常不可取的。

我对卡尔的教育合情合理、绝不专制，因此卡尔的理性和判断力不会受到伤害。另外，由于卡尔掌握了丰富的词汇，并通晓词义，所以一点就通，根本不必多说。对别的孩子来说，我的这种教育方法未必合适，因为不同的孩子所受的早期教育也不同。

卡尔箴言

只有当父母允许孩子犯错误、体会到自己所犯的错误时，父母才能帮助孩子形成自己的判断能力。判断需要两个过程，分析过程和决定过程，分析是决定的基础，对问题的正确分析是成功的一半。在分析一个情景时，“是什么”、“为什么”、“怎么样”三个问题构成了分析的基本框架。在孩子进行判断时，他们缺乏分析的能力，他们不清楚应该从哪些方向考虑，在这时，父母需要给孩子提供适当的帮助。

第五节　怎样让孩子做到精益求精

精益求精也是一种高尚的品德，孩子从小就应该养成这种优良的品德和习惯。精益求精的习惯让孩子更注重过程和细节，这对于孩子长大之后的生活有很大帮助。很多孩子在父母的教育下，只懂得注重结局，对于过程不屑一顾，一味机械地处理事情并无法享受到过程中的快乐。懂得用精益求精来要求自己的人，对任何事情和细节都会作深入详细的考虑，事情的成功也就更有把握。

对于卡尔的教育，我一直力求做到精益求精，无论是学习还是业余爱好，我都要求孩子能够尽量把事情做到极致，拒绝让卡尔养成马虎的习惯。只有每一件事情都这样要求孩子，让孩子养成这样的习惯，那么孩子做什么事情他都能从中获得不一样的感受，这是最重要的，能享受过程也是人生一大快乐。

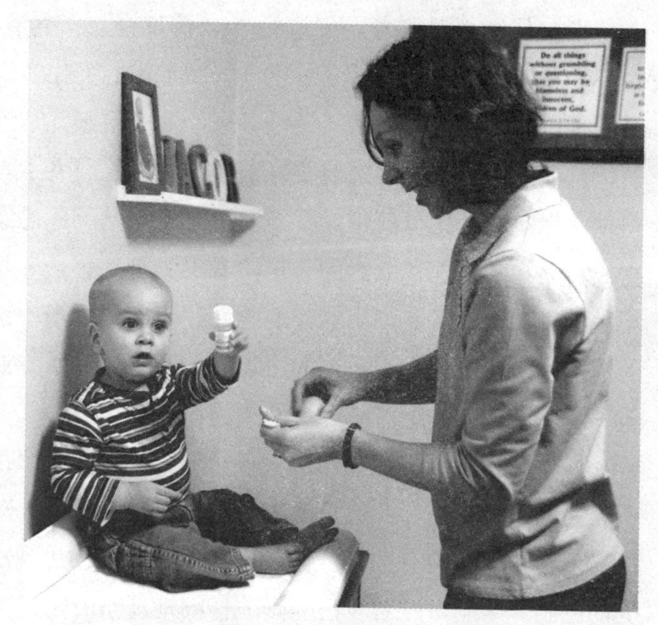

我认为孩子从小学习画画能够充分培养精益求精的精神，因为艺术的创造毕竟是不同于其他手工作业的，这需要大量的耐心、观察能力、创新能力和想象能力。

我给卡尔买来很多名画，并且常常给他讲解那些艺术家们是如何精益求精地去创作这些作品的。这个教育环节对卡尔的启发非常大。卡尔小的时候最喜欢画的就是小桥和河水，他时常坐在河边观察不同时间的河水，他告诉我：“当天气晴朗的时候，阳光照耀在石头上，石头就如有了光芒一般，而河水也会闪闪发光，加上河岸上的群山倒映，河水就像翡翠一样碧绿晶莹。”就连我也会惊叹于孩子的观察能力，很多被大人忽略的地方却被孩子观察得仔仔细细。卡尔时常坐在河边画画，我看着他那样专注又认真的样子，感觉到很愉快。

过了一会儿，卡尔好像已经画完了，他拿着那幅画向我走了过来，并将画递给我看。

那幅画构思特别讲究，形象处理得也非常细致，小桥流水还有旁边的村落都搭配得井然有序，我相信很多大人也会对此表示出赞美之情，并且会对孩子好好地夸奖一番。但是我当时觉得这幅画，还没有达到很好的水平，而一旦我发现不足就会直接给孩子指出来，我想鼓励他重新再画一幅更好的画出来。

我对卡尔说："卡尔，你以前给我描述过，你想画的那种感觉，可是为什么我从这幅画里却没有看到呢？"

"爸爸，你没有发现吗？我已经把它画出来了，我就这样画的。"

"但是，你不是说过，阳光下的河水有翡翠那样碧绿晶莹吗？我觉得我在你这幅画中并没有看到这样的美丽景色啊？我也没有感觉到你所描述的那种神秘之感。"

卡尔仔细地对照着画面进行了一番审视，又看看小桥下的流水，然后对我说："爸爸，我是少用了深绿色去区别水中的变化。"于是卡尔又坐到河边继续描绘他理想中的画面去了。没过多久，他又将画儿拿过来给我看，对我说："爸爸，你看这回是不是比之前要好很多了呢？"我看了画面后，对卡尔说："画画得很不错，颜色比以前也好看多了，这流水的颜色已经体现出来了。不过仍然觉得没有翡翠那种苍翠欲滴的感觉，看不到神秘感。"其实我明白，作为卡尔这样年龄的小孩来说，能画出这样的画儿，确实已经很不错了。他能准确地将阳光下的流水和阴影中的水用不同的色调区分开来，除了专业画家能做到以外，只有一般美术基础的人是绝对不容易做到的。

我认为这副画已经能够代表孩子的进步了，一个孩子能够做到这样也是非常不容易的，如果从专业的角度去看，我只是给孩子又提出一些建议罢了。

但是卡尔并没有放弃，他告诉我他还要继续去观察那条小河，画出更好更完美的图画。卡尔对照着自己的画，仔细地观察着阳光下的河水，继续进行思索。

卡尔在河边坐了很久，我看时间不早了，应该回家了。可卡尔仍然在那坐着。我就催促卡尔："我们回家了，走了，卡尔。"

“很快就好。”儿子在远处回答着。

突然，卡尔一边自言自语，一边埋头使劲地在画面上画着，也不知道他在干什么。

当卡尔第三次把画拿给我看的时候，我简直被惊呆了。我明显地感觉到了卡尔之前向我描述的那种神秘之感，河水在阳光下果真像是翡翠一样碧绿晶莹，河水在阳光不同的角度下，显示出不同的阴影部分，显得变幻莫测。

“真是太棒了！孩子，你是怎么做到的呢？”

卡尔说：“我领悟了阴影的奥秘，它其实不是完全是深绿，而是由不同深浅的绿色混合而成的。”

“刚才你不停地嘟嘟囔囔说些什么呢？”

“我在说，‘翡翠很神秘，翡翠很神秘’，我只想只要我专心致志，肯定就能表现出这种神秘感的。”

卡尔完美的回答让我无话可说，我无法表达自己心中的激动。在回家的路上，我不由自主地告诉了卡尔：“其实，你在第二次的时候就已经做得很好了，我也非常满意，为什么还要做第三次呢？”

“爸爸，是你告诉我，无论做什么都应该养成不停尝试的精神，精益求精，努力把事情做到尽善尽美。爸爸，我自己也愿意这样去做，我想这样做的结果让人更满意重新观察河水的过程中，我获得了更多的经验。”

卡尔箴言

做事情力图做到精益求精就是一种美德，学习知识也一样，对孩子要严格要求，否则就收不到好的效果。从小就培养孩子不管是对学习，还是其他爱好，都要做到“精”，并且能认真地将事情做得尽善尽美。无论什么事情只要做得完美，那么这件事就做得很有价值了。父母要想孩子做事精益求精，首先要以身作则，严格要求自己，给孩子做出榜样，再去严格要求孩子。

第六节　怎样教孩子学外语

孩子在婴幼儿时期的注意力是非常短暂的，根据测验，他们只能集中注意力五分钟，其余时间他们的注意力都是分散的。所以，在早期教育中，就需要用各种有力的方法来使孩子集中注意力，才能达到预期的教育目的。

孩子在幼儿时期是学习语言的最佳时期，也是培养孩子想象力、创造力的最好时期。但是如果父母只懂得强制灌输知识，逼着孩子老老实实地坐在那里听讲的话，是无法获得任何教育效果的。在孩子的学习过程中，游戏或者有趣的故事都能吸引孩子的注意力，只要注意力集中了，孩子的吸收能力和接受能力也就相应增强了。

我认为学习语言的年龄越小越好，因为孩子的心理障碍小、记忆力好、模仿力强，越早学习，词汇累积量越大，语法的掌握也越正确，可以给脑细胞丰富的刺激。第一，想方设法培养孩子学习外语的兴趣。第二，为孩子学外语创造语言环境。第三，期望值不能过高，对待孩子的语言错误要宽容和有耐心。第四，遵循语言学习的规律，首先是加强听力和说话训练，然后才是读写。第五，培养孩子良好的性格。

我对卡尔的语言教学，是从母语开始的。我认为只有很好地掌握了母语，积累了一定的词汇和学习方法，才有利于其他语言的学习，因为语言都是相通的。

为了提高卡尔的兴趣，在教拉丁语之前，我先把威吉尔的《艾丽绮斯》的故事情节、高超的思想、漂亮的文体等讲给他听。我还对卡尔讲，如果要想成为一个卓越的学者，就一定要学好拉丁语。卡尔的好胜心被激发起来了。在卡尔7岁的时候，我就带着他去参加一些大型的音乐会了，有时候音乐会会发给听众一些宣传简册，或者是印着歌词的册子，卡尔对这些小册子非常感兴趣，在我的引导和帮助下，他渐渐可以用所学的德语和意大利语去推断出简单的拉丁文意思了。由此他认为，拉丁语的学习也不会是很困难的事情，他也发现了拉丁文的奇妙之处，就强烈要求学习拉丁语。

我认为此时就是他学习拉丁文最好的时机，就开始安排他学习拉丁语了，由于他已经对此产生了强烈的兴趣，仅仅用了9个月，卡尔就学会了。卡尔接着又学会了英语、希腊语，都只用了短短的几个月时间。

卡尔学习希腊语是从背诵常见单词开始的。我把希腊语中常见的单词做了卡片，并同时做了相应的德语译文卡片，我让他对照着一起背诵，这样方便孩子的记忆和理解。掌握了一些常用词语之后，我就引导他开始进行一些长篇的阅读，他最开始读的是《伊索寓言》，说起来，卡尔学习希腊语的过程就是一个阅读名著的过程。

卡尔8岁时就学完了这些语言，这时他已经能够熟读荷马、波鲁塔柯、威吉尔、西塞罗、奥夏、芬隆、弗罗里昂、裴塔斯塔济、席勒等文学家的作品了。

卡尔学习语言的时候，我总是陪着他，对于他的任何问题都给予回答，我从来不会觉得不耐烦，我一边从事自己的工作，一边帮助孩子学习，我认为这两者同样重要。

一般人都畏惧学习外语，若是要学会六国语言，这对他们来说是需要花上一辈子的精力才能完成的事。卡尔这么小的年纪，却用这么短的时间就做到了，卡尔用最快的速度掌握了多个国家的语言，并且能够熟练运用，这让我感到非常地骄傲。其实卡尔在语言方面并什么特别出众的天赋，他之所以学得这样好、这样快，是因为他掌握了学习语言的方法：

一、用耳朵来聆听

很多事情都是这样，只要掌握了基本的知识，就像是找到了一把万能的钥匙。拉丁语是一项重要的基本功，只要学会了拉丁语，那么其他语言的学习就变得容易得多。但是很多孩子厌恶学习拉丁语，他们认为拉丁语是一门极其复杂的语言，我认为恰恰是这些孩子没有在学习拉丁语之前就打好基础，打好基础我认为是非常必要的一个环节。因此，在卡尔还是个婴儿的时候，我就开始充分训练他的听力了，每当他睡觉醒来的时候我就用缓慢悠扬的语调给他读《爱丽绮斯》，卡儿喜欢这样短小优美的叙事诗，这也有助于孩子的睡眠。很多人都很奇怪一个躺在婴儿床上除了吃和睡什么也不懂的婴儿，怎么可能听得懂？其实很简单，就是让他听。由于婴儿善于用耳而不善于用眼，所以我就利用听的办法教儿子拉丁语。因为有这样好的基础，所以儿子学习拉丁语时感到很轻松，并且很快就能背诵《艾丽绮斯》。

孩子们厌恶一门语言，肯定是有他自己的原因的。现在的学校教学风格很多都不能让孩子们接受，因为学校用的是刻板的图表和规则来进行教学活动的。结果往往是孩子只能看懂书本却无法用语言进行流畅的交流。我记得有一次，学校的老师与卡尔对谈之后，老师却一点也没有听懂卡尔的话。由此可见，学校教学的弊端就是死板的背诵和默写，学习拉丁文的人基本只限于看书，却无法流畅地和别人交流。

二、勤奋使人上进

语言的学习必须是勤奋的。无论卡尔学习什么语言，我从不系统地教授他语法知识，只教给他必要的东西。因为孩子的年纪尚小，还不足以能够接受复杂的语法知识，因此孩子并不适合学语法，可以通过多听多说多写的方法教孩子语言。因为任何一个孩子，都是用这样的方法学会本国语言的。

孩子在进行语言学习的时候，要从最容易记忆的东西开始学习，比如诗歌就是很适合孩子记忆的，只要孩子能够很快地对语言进行记忆，就能很快地熟悉这些语言的感觉。从简单开始，只要掌握了简单、基本的东西，就可以鼓励孩子在日常生活中运用，以达到再学习和巩固的作用。然后和他一起不断地交流，在谈话中去发现和学习新的词汇。孩子若是遇上不会表达的地方，就会用本国语言跟我说话，我就不理会他，逼他自己想出表达的办法来。然后鼓励他阅读一些简单的读物，我认为阅读是学好各种语言的最好方法，书中包含着语言的精华部分，他利用词典看完这些书籍，就差不多能掌握好这门语言了。但是一门语言的学习并不仅仅是会看会写，更重要的是要能够在日常生活中灵活地运用。在我的介绍下，卡尔与外国的小朋友建立了友情，在我的引导下，他时常和外国的朋友通信。写信不但能从书写上巩固孩子对语言的学习，更重要的是，这样的交流，能够让孩子接触到更实际更常用的一些语言方式。

三、用多种语言去读同一个故事

我发现很多时候孩子和大人不一样，他们更乐意反复地听同一个故事。在卡尔学习外国语言的时候，我就利用他这一特点，让他用不同的语言去读同一个故事。同一个故事，不但用德语阅读，也用希腊语、法语、英语去阅读，这样能够很好地培养孩子的语感，在各种语言的学习中，让孩子学会融会贯通，学习起来就轻松多了。

我就这样培养卡尔阅读的习惯，他也喜欢把同一个故事多听几次，每一次都能发现不同的问题，所以，我也建议他用不同的语言去看同一个故事，这使他运用各种语言都轻松自如。

四、弄清词源

深入了解一个词语就是去学习词语的发源，掌握了词语的发源，就能举一反三认识新的词语，并且能熟记于心。词源也就是词语的本源，掌握了词源对语言的学习是非常便利的。很多的词语无论怎样变迁和派生，都是万变不离其宗的，这对于词语的学习也是一种捷径。卡尔在学习外语时，我都是先让他去找到词源，再去了解派生出来的现代词语，这样他就能同时记住很多个词语，对于积累词汇非常有帮助，对于语言的变化发展规律也有了直观的认识。掌握了语言的规律，学习起来就更加容易了。

五、在游戏中学习

无论是学习什么，只要掌握了有效的学习方法，就能取得事半功倍的效果。而孩子的学习是成人无法想象的，所以，一个适合孩子学习的有效方法是至关重要的。如果缺乏有效的学习方法，那么孩子最佳的学习时期就白白浪费掉了。我认为最适合孩子学习的有效方法就是游戏。游戏本来就可以激发学习的热情与兴趣，它对于语言的学习作用也是一样的。家长要制定一些适合学习语言的游戏来帮助孩子的学习。

早在卡尔学习外国语言之前，我就把常用的比如“请”、“谢谢”、“对不起”用十三国的语言教给他，并让他在平时的生活中学会使用，我给他买来不同的娃娃作为他的伙伴，他就用不同国家的语言与不同国家的这些“伙伴”交流，虽然只是简单的打招呼，但是这样他就早早地熟悉了各国的语言基本语境，对他后来的语言学习起到了很好的作用。

卡尔箴言

小孩有着惊人的语言天赋。儿童时期是语言发展的关键时期，这个时期的孩子的模仿力很强，他们可以毫不费力地、自然而然地同时学习几种语言。对孩子的早期开发和教育需要有一个科学的方案，父母应针对每个孩子的不同特点进行不同的个案教育，给孩子创造良好的语言学习环境，广泛利用收音机、录音机、电视机、影碟机等视听设备，与孩子一起收听收看外语节目，还可以准备一些学习软件，使孩子在轻松、愉快中学习外语。此外，父母还需注意的是，要引导孩子坚持到底。

第七节 怎样教孩子学好数学

数学，是一门纯抽象的学科，好动爱玩的孩子会觉得太枯燥。我儿子开始也不喜欢数学这门学科，尽管在当时他已经学会了三国语言，并且在历史学、地理学、艺术、动物学、植物学早已超过了同龄人的水平，甚至已经达到了中学生的能力。可是，他在数学方面的天分就明显不足，就连乘法口诀他都没有办法完整地背诵出来。很明显，我的孩子也存在偏科的现象。

早期我就是通过游戏的方法让卡尔学会了数字和数数，在“做生意”的游戏中他学会了认钱和数钱。但是他依然反感背诵乘法口诀表，我想就算是5岁的孩子也是厌恶死记硬背的。我当然不希望自己的孩子发展成一个偏科的人，我的教育理念是培养成为全面发展人。只有全面发展的人才能学到不同的知识，感受到不同知识所带来的快乐。

我知道所有的学习动力都来自于自身的兴趣，我开始用各种方法来刺激孩子的学习热情，但是到后来我所用的方式越无济于事，卡尔对数学的热情没有一点增加。我又不能强迫他去学习，这让我非常忧心。为此，我专门去请教了数学专家罗森布鲁姆教授，向他诉说了具体情况。

罗森布鲁姆教授听了我的话，立即指出了我在教育中存在的问题：“威特牧师，请问你是不是自己本身就特别爱好文学和艺术呢？”

“是的，教授，我从小就喜欢文学和艺术，现在依然时常钻研这些。”

“所以说这就是你的问题，因为你本身热爱这些科目，无形中就偏重教孩子这些知识。你的孩子现在和你一样，对数学还没有太多的兴趣，但这并不说明他真的不热爱数学。”

“那我应该怎么做呢？”

“竭尽全力让孩子产生兴趣才是正确的道路。”

在罗森布鲁姆教授的指导下，我开始重新用各种有趣的方法来培养卡尔对数学的兴趣，教卡尔学习数学这门课程。

我和卡尔喜欢一起做游戏，哪怕是简单的游戏，我都尽量让他从中得到收获。比如我们时常把纽扣之类的物品装在纸盒中，然后比赛看看谁抓的多，或者数数豆荚中的种子，在吃葡萄这样的水果时数数它们的种子。

卡尔一直很喜欢的一个游戏就是掷骰子，具体的玩法就是把两个骰子一起抛出去，然后把朝上的点数加起来，看看谁的点数更大一些，按照数字的大小来决定胜负。卡尔小的时候就非常喜欢这样的游戏，但是我严格按照罗森布鲁姆教授的建议，每次游戏的时间不会超过一刻钟，因为教授告诉我，所有的数学游戏都非常费脑力，时间长了就容易让孩子产生疲劳，学习效果反而不好。每一种游戏，我都严格按照由简到难，循序渐进的方式，让孩子在游戏中学到知识。

随着知识点越来越复杂，我们做的游戏也相应复杂些。我们把数数的游戏变成乘法、除法的游戏。这样孩子的接受能力保持在同一水平上，接受起来很容易也很连贯。再复杂的知识也可以用这样的游戏演变着做下去。乘法的学习大多是在游戏中学习的，因为孩子也是不喜欢死记硬背的。无论对于何种知识的学习，只要孩子自己真正理解了，他就更容易接受。

我们还让卡尔自己去买东西，培养他对钱币的认识和数字的敏感度。我们时常在家里一起做“商店模拟”游戏，我们分别扮演买主和商贩，进行现实的买卖模拟，我们还会时常调换身份，体验不同身份的处境。因为在现实生活中这些都是必须掌握的生活技能。卡尔就是通过实践才明白，有的东西是按照长短来计算的，有的则是按照数量计算，钱有它自己的价格，也是真正的货币，而且卡尔也在这样的游戏中学会找换零钱。就是运用这些简单的游戏唤起了卡尔对数学的兴趣，他不久就对数学产生了浓厚的兴趣。孩子一旦对事物产生了兴趣，那么相应的学习就变得容易多了，首先他自己愿意去学习，并且想学好。后来卡尔顺利了学习代数学、几何学。

卡尔箴言

数学是其他理工学科的基础，如果孩子从小就不喜欢数学，以后怎么可能在理工学科方面获得发展呢？家长在教育孩子时，坚决不能按照自己的喜好来决定孩子的教育内容，坚决不能采取“强制教育”的方式，而游戏是唤起孩子学习数学的最好方法。

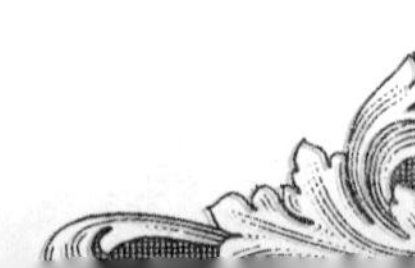

第八节　怎样培养孩子多方面的兴趣

一位伟大的诗人曾说过："为了不失去我们对美的感觉，必须天天听点音乐，天天朗诵一点诗，天天看点画儿。"在我看来，书籍和音乐是生活中绝不可少的。为了让孩子有幸福的人生，拥有丰富多彩的生活，父母有义务让他们具有文学和音乐的修养。在卡尔掌握了一定的词汇量后，我就有意识地培养他这些爱好。我尽量让卡尔的生活过得丰富多彩。肯定很多人和我一样喜欢给孩子买书籍来阅读，可是，选择什么类型的书籍是非常重要的。孩子第一次阅读什么书籍就决定着他之后的阅读类型，而且幼年时期读的书往往能影响这个人的一生。所以，我非常重视给孩子选择什么样的书籍。

卡尔总能在书籍中得到很多乐趣。我给他介绍适合他看的书，在此之前我总是用表演的方式来告诉他哪本书里有特别有趣的情节，他就很有兴趣去阅读那本书。小时候，卡尔阅读的书大多是有故事情节的儿童读物。

引导孩子阅读，也是需要技巧的：

第一，养成良好的习

惯。这样的习惯不仅仅包括让孩子养成喜欢听故事的习惯，还应该选择一个固定的场合和时间给孩子讲故事，更重要的是父母要有良好的阅读习惯，每天都有固定的阅读时间，在家里随处摆放一些书籍，为孩子营造爱读书的环境，让孩子耳濡目染，从小就养成爱阅读的好习惯。

第二，父母在给孩子讲故事的过程中，切记不能按照故事书上的原文阅读，最好是加入一些自己的想法和生动的描述，让故事变得更加有趣，吸引孩子的注意力。在此过程中也可以让孩子参与进来，无论是想象还是编造，都可以激发孩子的阅读兴趣。

第三，最好是选择具有生动情节、篇幅短小的故事，这样有利于激发孩子的兴趣。

当孩子可以安静地读自己喜欢的故事书时，我们就可以说你已经帮孩子培养了在阅读方面的好习惯了。

卡尔的乐趣不止于此，他还十分喜欢音乐。音乐对孩子的智力发展有着非凡的意义。我认为：音乐是思维的源泉，没有音乐教育，就不可能有合乎要求的智力发展，更有不少科学家、艺术家都把音乐作为提高修养、启迪灵感和创造力的重要手段。喜欢音乐的人大多心情愉快，性格活泼，寿命也比不喜爱音乐的人长。人活在世界上如果不懂得音乐那是非常不幸的，至少他自己的生活也不会快乐幸福。

德国是音乐之邦，这与德国人在儿时所受的音乐教育是分不开的。首先要让孩子去接触能够发出声音的东西，如三角铁、铃铛、木琴、鼓号等，老师放手让孩子去摸摸、敲敲、弹弹、吹吹，让孩子利用一切机会感受音长、音色、音高、音准以及噪声与寂静等，孩子都喜欢有节奏的东西，所以开始的时候我就给儿子买了小鼓，教他按拍子敲打，在他学会敲鼓之后我又给他买了木琴，还教他玩弹钢琴的游戏，我把乐谱画在墙壁上，卡尔总是按着乐谱来学习，没过多久他就学会了弹钢琴，甚至还自己谱写曲子，记录在小本子上。

父母有义务让孩子从小就接触音乐和文学，我认为一个没有艺术修养的人，是不会幸福的，就如没有阳光一样阴暗；具有艺术修养的人，生活一定会丰富多彩，人生也是千姿百态。在卡尔还很小的时候，我就向他灌输一些简单的音乐知识，培养他形成欣赏音乐的观念。卡尔最先接触到的乐器应该是鼓，我认为打鼓

的声音，能够吸引孩子的注意力，孩子都喜欢有节奏的声音。后来我教会他认识乐谱，并常常做这方面的游戏，让孩子喜欢上音乐，自己愿意去学习。

我们时常玩的一个游戏叫做“重低音”，具体的方法就是用吉他的重音低音来表示不同的意思，卡尔按照我弹奏的不同音来做出不同的行为，有的时候重音表示“危险”，低音表示“安全”。这样不但能让孩子很快区分开不同的音调，对孩子的听力训练也是很好的。有的时候，用简单的拍手也能玩出一个有意义的游戏，对于还不会说话的婴幼儿来说，大人拍手就能引起他们的兴趣，注意力也因此集中。

最开始的时候，我让卡尔练习敲打小鼓，然后又是木琴。我们把琴谱画在墙壁上，让卡尔照着练习，我总是抽出时间来配合他的这个游戏，不久他就能自己弹奏简单的曲调了，这个时候我并不放松他的练习，而是鼓励他继续下去。我又开始教他单音、和音，直到他学会弹奏音阶。

当我已没有更多的音乐知识教给他时，我就聘请了专业的音乐老师，这样的专业老师能够让孩子接触到不同的乐器和音乐形式。这样的学习并不是机械的练习，学习音乐只是为了陶冶情操并不是为了成为音乐家，所以，只要孩子能够在音乐中得到美的感受，学会对音乐的欣赏，教学目的就达到了。

很多成功人士都表示，他们都曾经在孩提时代学习过音乐，无论他们是否继续从事与音乐相关的行业，他们都认为学习音乐有助于他们实现自我。而这种经历可能对他们将来取得事业的成功起到一定的促进作用。

在学习音乐过程中需要严格自律，只有严格要求自己，才能坚持音乐的学习。其实音乐不仅仅包括音符，还涉及数学、科学、语言艺术以及很多其他学科的知识，又涉及到如何与他人合作。音乐教师教学生学会重要的生活技能，他们必须学会和他人合作——学好自己的部分，然后互相聆听、互相帮助。掌握这些技巧将有助于一个人将来的事业发展，虽然很多孩子学习的时候并没有意识到这一点。

除了通过学习音乐切实掌握这些技巧外，学音乐还会让孩子们感受到一种个人成就感。卡尔和他的音乐老师最终变成要好的朋友，他们经常一起讨论乐理知识，师生两人经常一起给我们演奏，他们的配合天衣无缝。

卡尔一直喜欢音乐，在他上大学之后，也一直坚持学习其他的乐器，他的理想并不是成为伟大的音乐家，但是，他的演奏水平却达到了专业的水准，获得了很多人的赞赏。

父母培养孩子的音乐兴趣，千万不能强迫孩子学习。这样的方式会让孩子憎恨音乐，因为这成了他的一个任务，专业的老师更注重技巧的培养。让孩子自己去发现音乐的兴趣，他所坚持的热情才会更长久。

卡尔箴言

培养孩子多方面兴趣离不开家长的支持和鼓励。孩子的耐心是没有办法和成年人相提并论的，而且他们也缺乏自我管理的能力。孩子对于一个兴趣的热衷也许仅仅限于有限的时间内，这就需要父母的支持，特别是出现困难的时候更要鼓励孩子，和孩子一起去面对。

第九节　怎样让孩子辨别各种事物

孩子在幼年时期还没有形成道德判断能力，也不可能有意地做出什么道德行为。孩子们的道德行为和道德判断是在掌握语言以后逐步产生的。当孩子在日常生活中做出良好行为的时候，家长就要表现出愉快的表情，并且用“好”、“乖”这些词表扬孩子；当孩子做出不良的行为的时候，家长就有不愉快的表情，并且用“不好”、“不乖”这些词给予批评。在这样的过程中，孩子逐渐养成一定的道德习惯，以后再遇到类似的场合，孩子就能不加迟疑地做出合乎道德要求的行为来，而对于不合道德要求的行为，孩子则会采取一种否定的态度。

孩子在婴幼儿时期的道德判断是在与成人交往的过程中逐步学会的，他们还不可能掌握抽象的道德原则，家长只能用简单明了且具体的事例来使孩子知道什么是好的，什么是不好的，孩子的道德判断和道德行为也是不稳定的，经常需要成人加以鼓励和督促，但是孩子正处在人生的启蒙阶段，模仿性强，辨别能力差，可塑性较强，既容易接受好的影响，也容易形成坏的习惯。

很多家长认为所谓教育就是学习知识，他们认为孩子所接受的教育就是孩子在学校和老师那里所接受到的教育；他们认为只要把孩子送进了学校就完成了作为父母的责任和义务。这样的看法是极其片面和肤浅的，孩子的教育并不仅仅限于书本上的知识，而是应该包括一切的生存技能和生活能力。

如果一个孩子只是掌握了书本上的各种知识，而并不会任何一种生活技能的话，他就无法在这个社会上得以生存，如果一个人无法独立地在这个社会上生存下去，那么家长对他的教育就是失败的！这样的孩子也只不过是一个读死书的书呆子，或者是一个机械的知识金库罢了。

我就有这样一位朋友，他在当地一所学校担任历史老师，但是实际上我认为他只不过是一个能够背诵出历史年代和历史事件的老古板。我想一个对于历史学稍有研究的人，就应该能够对一些历史事件作出他自己的理解和判断，而不是按照书本上的记载死记硬背。这样的历史学家有什么用呢？学生们学习历史就是为了参照历史反思现代，但是像他这样的老师却无法给学生们传授这些具有价值的知识，教出来的学生也无非只会死记硬背，生搬硬套。

虽然，从卡尔一出生，我就开始对他进行教育，教授他各种知识，培养他各种良好的习惯，但是我一直认为一个人具有正确的判断能力和分析能力是最重要的，我也把这作为对卡尔培养的首要要求。一个人只有具备了正确的判断能力和分辨能力，才能更好地运用他自身的才能，与人的交际也才会更加和谐。

我记得有一次，主教来到我家做客，我们热情地招待了他，并热情地让他留宿。晚饭之后我就让仆人给主教大人安排住宿，虽然当时我们家不是很富有，但是我们也力求做到房间朴素整洁。我亲自带主教去客房休息。

“主教大人，今晚就在我家休息吧！我们为你准备了房间。”

主教很礼貌地拒绝了我的邀请，执意要到市长家里去住宿，我已经完全明白了主教的意思，可是卡尔还是很热情地挽留：“主教大人，就在我们家休息吧！我们全家人都很欢迎你的到来。”

“谢谢你，孩子，我还有要紧的事去处理呢！”

“爸爸，是不是主教不愿意在我们这儿住？”

“是啊，可是主教还有更重要的事要做呢！”

卡尔似乎无法明白我的意思，“孩子，你要记住，对人热情是对的。但是如果客人执意要走，我们也不要强留。不管你做什么事，都要学会察言观色，看清对方究竟想要什么，这样我们才能和别人相处得更好。”

我们不仅要教会孩子如何察言观色，还要教会孩子明辨是非善恶。总是有好人也有坏人的，孩子对于这个世界的认知是不全面的。当他们学会仁慈和友爱的时候，就会很热心地去帮助别人，但是到底谁应该被同情，谁值得去帮助，孩子们对此是一无所知的，这个问题在孩子的世界里就不是那么容易辨别。

培养孩子的辨别能力有利于孩子的将来。

我知道卡尔有存零钱的习惯，我就想带着他去参加募捐活动，但是他告诉我，他的钱已经没有了，我知道卡尔不是个乱花钱的人。“你用来做了什么？”

“我用来做好事了，爸爸，你肯定会支持我的吧？”

“孩子，帮助别人是一件值得表扬的行为，你做了什么呢？”

“我把钱交给了柯兰迪，他真的好可怜。”

我知道那个柯兰迪，他的父亲是个酒鬼，而他自己也很堕落，不思上进，喜欢赌博和欺骗别人，他向别人借了很多的钱，但是他并没有用在正当的生活上，也没有给家里的弟弟买吃的，而是拿去赌博输掉了，很多人都在责怪他，但是他依然没有悔改的意思。

我把这些讲给卡尔之后，卡尔非常生气，“爸爸，为什么他要欺骗我呢？我也是一片好心地想帮助他。”

“孩子，所以，你今后一定要在了解事情的真相之后再行动，像柯兰迪这样的人并不值得我们帮助，再说帮助一个人也不一定要用金钱。帮助别人之前一定要认清他们的目的，事实并不仅仅是你看到的那样，虽然我们要去相信这个世界的美好，但是不可避免地总是存在我们不愿意接受的阴暗面。”

虽然当时卡尔还不能完全明白这种成年人之间为人处世的道理，但他再也没有借钱给柯兰迪了。多年以后，在卡尔有了更多的生活阅历后，他才真正完全理解。有的家长认为过早向孩子教授这些知识，会损害到孩子纯洁的心灵。他们认为这是成年人生活的规则，完全没有必要这么早向孩子传授这些现实的道理，等到孩子长大成人之后自然就懂得了。但是，我认为让孩子从小就接触这些生活的现实，对以后的生活做好充分的准备，是很有必要的，不仅了解到社会的真实现状，而且更早地学会如何保护自己，这才是最重要的，这也是必备的生活技能。

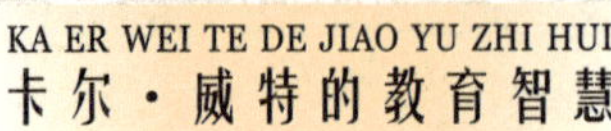

卡尔箴言

即使一个孩子学识渊博，但若缺乏对事物的辨别能力，那么他的所学则依然毫无用处。孩子初涉人世，不太容易辨别周围事物，这个时候，父母就要在孩子的心灵中撒播能够辨别周围事物能力的种子。

第十节　陶冶孩子的情操

在对卡尔的教育过程中，我深深了解到：孩子一生下来，就处于一个学习的状态，在这样的学习过程中，他逐渐形成了自己的兴趣和爱好，渐渐地表现出优点和不足。父母要随时观察孩子的行为举止，分辨出孩子的兴趣爱好，正确地引导孩子扬长避短，这对于孩子将来的成长和发展都起着决定性的作用，也是每一个父母应尽的职责和义务。每个孩子的兴趣爱好是各不相同的，有的喜欢音乐，有的喜欢绘画，而有的则在写作方面有超长的能力。只要父母能够及时地发现孩子的兴趣爱好，并加以适当地引导，孩子的兴趣都会得到快速发展。

如果一个孩子从小就对音乐的节奏表现得十分敏感，听音乐时特别欢快或者陶醉，就说明这个孩子对音乐有着天生的兴趣，也许会有超常的音乐才能。这时候父母应该尽量满足孩子对音乐的各种需求，以便让孩子能够在有利的环境下学习音乐，发挥他的才能。

如果一个孩子从小就对色彩表现出非凡的敏感，能够准确地分辨各种颜色，并且喜欢随处涂画，说明这个孩子很有可能具有绘画方面的天分。家长如果发现这一点就应该积极地配合孩子，为孩子置办绘画用的工具和纸张，并时常带孩子接触大自然，让孩子在大自然优美的风景中感受美的艺术，激发孩子的创作灵感。

所以，父母要随时观察孩子的成长过程，只要发现了孩子的兴趣爱好和特长就应该及时地给予鼓励，在父母的鼓励之下，孩子才有可能将潜能发挥出来。

健康的生活情趣往往表现为积极向上的兴趣爱好，比如喜欢朗诵、讲故事、说话就是具有语言天分的表现，这样的孩子也更容易引起父母和老师的重视，基本上具有语言天分的孩子说话都要早于同龄人。孩子小的时候语言能力很强的话，长大之后肯定就能言善辩，所以对于孩子的这种天分一定要保护和支持，千万不能在孩子说错话的时候讥笑孩子，应该鼓励孩子多讲敢讲，有了父母的引导，孩子的语言天分就能得到更好的发挥。但是不可否认，孩子的语言能力是天生的，但是更大程度上是靠着后天的训练而成的。在婴幼儿时期，即使孩子还不会讲话，父母也要经常与婴幼儿“对话、交流”，虽然这样的交流和对话，看起来只是单方面的行为，但实际上这样做能够刺激孩子对语言的接收，形成孩子熟悉的语言环境，这对于孩子后天语言的学习有很大的帮助。

情趣在学习中升华。卡尔从小就表现出超常的语言天分，我总是抓住适当的机会给予他奖励和夸奖，现在想来，卡尔后来在语言学习上的成功很大程度上得归功于这一点。卡尔9岁的时候就能够熟练运用五国语言了，其实这都是我在卡尔小的时候就很注重孩子语言教育的结果。

很多家长把学习知识当作教育的目的，其实我认为，学习知识也只是一个途径而已，每一个人学习知识的最终目的都是为了能够更好地认知这个世界。所以，在学习知识的过程中，最大程度地开发孩子的各种能力，并且培养他们的各种优良素质和习惯才是最为重要的。

想象力是孩子天生就具备的一种能力，他对这个世界的认知，开始都是靠着的想象来认识的，孩子在小时候的想象力就非常丰富，对于孩子的奇思妙想，切忌不能嘲笑，父母要给予适当的夸奖和引导，父母接受到父母的夸奖，对于孩子想象力的培养效果是不言而喻的。

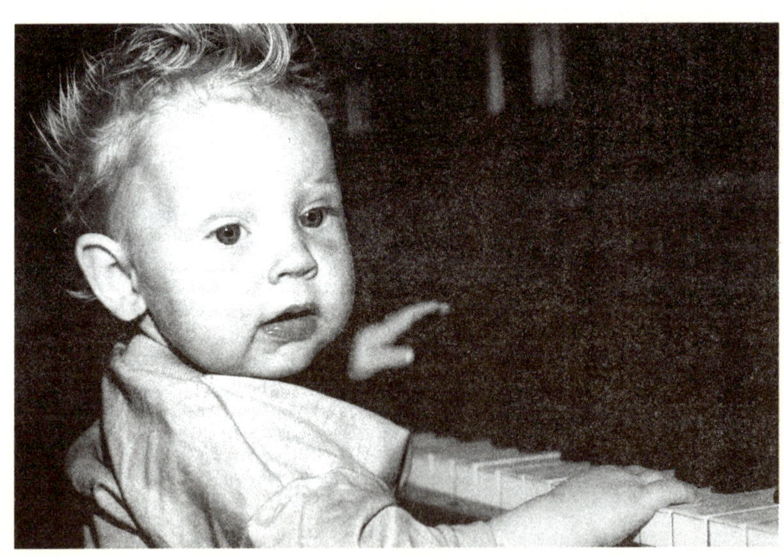

给孩子讲故事可以培养孩子的想象力，如为故事虚构景物、人物、声音、情境及气味等，这种想象力对孩子是十分有益的。孩子听故事似乎是他们的一种天性，

我时常给卡尔讲故事，这样既可以培养他的阅读习惯，也可以培养他的想象力。

我甚至把一个故事反复地讲，卡尔也并不反感这样做，在我讲故事的过程中，他可以挑出很多不一样的地方，或者故事中并不符合逻辑的情节，或者他不喜欢的情节，我就鼓励他按照他自己的想法对故事进行加工。

每当卡尔对故事进行加工的时候，就是发挥他想象力最好的时刻。也许孩子对于故事的加工并不令人满意，但是父母这时候千万不能打击他的自信心，而是要着重看中孩子的想象力，并对他们进行夸奖。孩子对于这个世界的认识是纯真的，所以，他们的看法和想象更真实、更有趣。

如果父母对孩子的创造加以批评或者加以规定，孩子就容易陷入一种死板的框架之中，根本不会有什么新的想法，因为他们的想象力已经被扼杀在幼年时期。

孩子的想象力是一种与生俱来的能力，就因为在孩子的世界中没有约定成型的规矩和模板，这样的前提下他们就敢于大胆地想象，不受任何限制的想象才是最自由、最奇妙的想象。卡尔从小就具有丰富的想象力，而我也有意识地去培养他的想象能力。

有一天，卡尔正在画画的时候被我的一个朋友看到了。

“卡尔能告诉叔叔，你画的是什么吗？”

“叔叔，我画的是苹果啊！”

“苹果？苹果不是红色的吗？你这怎么画成蓝色的啊？”

“是的，叔叔，我知道苹果是红色和绿色的，但是我想如果有蓝色的苹果，应该会更加可爱吧？”

我的朋友对于卡尔的回答似乎一点也不满意，他对我说：“你应该好好教教你的孩子了，再这样任他自我发展下去可不好，苹果没有蓝色的这样基本的原理，你应该让他早点懂得。”我对于朋友这样死板守旧的教育方式感到非常反感，“谁就能保证多年之后，世界上不会出现蓝色的苹果呢？至于苹果的颜色，在孩子吃苹果的时候就知道了。”

孩子的想象力决定着孩子的创造能力，我时常带着卡尔去郊外的森林或者田野里散步，这样做不仅锻炼身体，主要是为了让孩子更仔细地观察动植物的生活习性，感受天气的变化，让孩子自己发现他感兴趣的事情，这都是刺激孩子学习的好方法。

对于孩子的好奇心，父母要加以保护，一句适当的夸奖和赞赏就能将孩子引入正确的轨道之中，而一个冷漠的眼神或者一句不耐烦的话语，都可能打击到孩子的好奇心，影响到孩子的学习兴趣。

孩子发现好玩有趣的事情之时，父母最好是陪着孩子一起研究和探索。卡尔小的时候有段时间就喜欢观察蚂蚁搬运粮食，他不时地向我描述蚂蚁的情景，我都耐心地做出回应，并适当地夸奖他，这样做能让孩子感觉到观察的意义和快乐。

卡尔箴言

让孩子从小就生活在音乐、文学等艺术的环境中，可以更好地陶冶孩子的情操。一个人具有美好的情操，才能获得更为幸福和完美的人生。所以，从孩子小时候起就应该有意识地培养孩子的优良性格和良好习惯；培养孩子对艺术的鉴赏水平，具有高尚的审美情趣和爱好。

第四章

杜绝孩子产生恶习

DuJue HaiZi ChanSheng EXi

容忍一宗罪行所付的代价，足够抚养两个孩子成才。

——美国科学家　富兰克林

第一节　过分的宠爱容易导致孩子贪吃

孩子应从小就养成良好的进食习惯，这样可以保证孩子有一个健康的身体，不容易生病。

卡尔就有这样的好习惯，吃了正餐之后很少吃零食，哪怕是到亲戚家做客，别人为他拿出精美的点心，他也可以严格控制自己，坚决不吃。这都是出自他的自愿，他一直坚持自己正确的进食原则。所以，卡尔尽管不是很强壮的孩子，但身体却没有一点问题。

然而，现在的父母总是毫无节制地给小孩进食，从小就这样的话，孩子就不会知道饱腹的感觉到底是什么样，以后就会越来越没有节制地吃东西，从而产生肠胃方面的疾病，还会伴随着肥胖。肥胖会影响孩子健康发展！养成这样的进食习惯，孩子将终生受害。

我听说很多父母把食物当成对小孩的奖赏品。食物不应该成为对孩子的一种款待，这样的话孩子就把食物当成最大的追求，养成贪食的坏习惯。其实，父母只要给孩子提供足够的食物，就可以放心了。父母既没必要担心孩子不够吃，也没有必要在正餐的时间鼓励孩子吃得越多越好，这会给孩子造成一种心理压力。时间久了，只会让孩子反感，把进食当成一种负担。

有的孩子一到了节假日就开始暴饮暴食，他们这样肯定会生病的。我总带卡尔去看望这些生病的孩子，告诉他不正确吃饭会造成的后果。所以，卡尔很早就明白，这样的后果十分严重，他知道生病的真正原因，就能更好地管理自己。

无论是贪吃还是厌食，都是不良的进食习惯。要严格要求孩子养成好的习惯，从小就要开始灌输这种概念，培养孩子的自制能力，所以，卡尔的一切坚持都只是他自己的意愿，并不是我们强迫他的结果。自制力是很重要的。

卡尔箴言

萨迪说："既然种下一颗恶的种子，就休想获得善的果实。"不要以为让孩子吃得多就爱他，这样爱他容易造成很多不好的结果。拥有良好的进食习惯，将使人受益一生。

第二节 防止孩子养成不良习惯

给孩子营造良好的生存环境，有助于孩子养成良好的习惯。但是每个孩子或多或少都会有一些不良习惯：整天只知道玩耍不喜欢学习，莫名其妙地发火，待人接物极其没有耐心等等。

很多父母也来请教过我关于这些问题的处理方法。我想，这些不良习惯都是可以改正的，只要父母注意观察孩子，站在他们的立场来思考问题，任何难题都是可以解决的。孩子的心灵非常脆弱，很容易受到伤害，这些伤害来自外界以及自己敏感的内心。处于这个年龄阶段，孩子遇到伤害常常不知所措，很容易发火，长此以来就养成脾气暴躁的性格。他们只是想把不满的情绪发泄出来，并没有恶意。他们自己也一定觉得痛苦，但是，他们无法控制自己。

父母不但要分析他们发火的原因，还应该采取适当的方法来避免这些事情的发生。

父母不要强迫孩子做任何事，这样的强迫根本起不了任何作用。任何事情都是有限度的，孩子的承受能力也是有限度的，如果父母的要求过于苛刻，就会扼杀孩子的天性，导致他情绪恶劣、脾气暴躁。

我在教育卡尔的过程中总结出了一些经验：当孩子情绪恶劣的时候千万不要责骂孩子，更不要用粗暴地制止他的行为。孩子在发脾气的时候是最不喜欢听你讲道理的，这无疑是火上浇油。这样做事情不但得不到根本解决，还会演变成无法收拾的局面。碰到这样的事情，父母正确的做法是转移孩子的注意力，暂时让他忘记生气的事。等孩子平静下来之后，与他谈心安抚他，找到他生气发火的原因。

有的孩子很容易掌握父母的心理。他们得知大人要维护他们自己的面子，而不会在众目睽睽之下责怪自己，他们就抓住这个机会，肆意发泄情绪，无理取闹。所以，父母要注意采取措施避免这种情况的发生。如果他提出的要求合理就答应他，不合理也早点告诉他。不然，在众目睽睽之下还真的很难处理。

卡尔的成长过程也是这样的，也有很多这样的事情发生。记得卡尔和他的表妹玩积木，他仅仅因为表妹没有听他的建议就朝表妹发脾气，把表妹吓坏了。我就按上边所讲的方法解决这件事。

只要父母了解自己的孩子，清楚他的习性，知道他们在什么情况下会做出什么样的行为，就可以很好地防止这些情况的发生。小孩发脾气主要是他们还太弱小，不会处理自己的情绪。当他们长大之后，处理事情的能力也就会增加，那么他们的挫折也就越来越少。孩子总是会长成通情达理的大人，我们应该放心，不能太着急。

德赖登说：“恶习渐渐形成于不知不觉中。”好习惯与坏习惯对人生的影响有着天壤之别。父母需要从小培养孩子养成勤奋的习惯、做事认真的习惯、爱学习的习惯、对待事情认真负责的习惯，一旦不良习惯养成后就很难改变了。

第五章

教孩子如何做游戏和选择朋友

JiaoHaiZi RuHe ZuoYouXi he XuanZe PengYou

孩子的游戏，不仅是获得乐趣的方式，而且还是发展其认知和情绪能力的一个极为重要的方式。

——美国发展心理学家　杰罗姆·L·辛格

第一节　单纯的游戏

很多成人的不良习惯其实都是在年幼时养成的。因此，父母要注意，孩子在小时候的一言一行都有可能影响到他长大后的发展。在孩子做游戏的过程中父母要对其进行教育。

孩子们的游戏多种多样，而有的游戏其实并不适合小孩子玩耍。比如：打斗。因为在欢乐的游戏中，也会发生让人悔恨一辈子的事情。有些孩子长大了依然是滑头滑脑、放纵、不能自制、任性，最直接的原因并不是孩子有多么不听话或缺少礼貌，而是从小时候开始，父母给予这些孩子极少的关爱和对他们管教不严。父母对孩子放任不管就会使孩子不加选择地和任何一个孩子一起玩，从而有可能沾染上各种坏习惯，有时还有可能学会一些坏毛病。我常常看到一些没有被管束的孩子们聚在路旁赌博、打架、互相用肮脏的语言谩骂、互相抛甩石头，结果造成流血、受伤、甚至眼睛被打坏而致残。这是多么可怕的事情啊！即使是有趣的抛雪球游戏，有的孩子也去选那种像石头一样硬的冻雪块，使对方受到伤害。我看见过很多伤残的小孩，他们的眼睛、腿和手都有不同程度的损伤，都是在玩游戏时留下的。这时常使我感到毛骨悚然！

然而，这种情况却是存在的：孩子在游戏中的争吵、打架、谩骂并没有得到父母们的劝解和引导。他们在游戏中进入自己的角色，把一切都真实化，这样容易引起不好的后果。有的父母疏忽孩子在游戏方面的管理，他们认为这就是自我

发展，不要抹杀他们的天性。

有的孩子整天无所事事，有的孩子以打架和欺负别人为乐，更有一些孩子沉浸在邪恶的赌博之中。每当看到这样的情景，我都感到非常寒心，他们本可以接受很好的教育，成为有礼貌的好孩子。父母没有给他们任何指导，他们怎样去度过本应该美好的童年呢？我丝毫看不到这些孩子有什么美好的未来。毫无疑问，这些孩子是不幸的，由于父母的过错，致使他们无法享受有意义的童年时光，甚至可能给他们将来的人生带来不良的影响。但是这些父母不但不会去反省自己的行为，不对自己如此不负责任的行为进行改正，还时常抱怨自己的孩子不听话、不懂事、难以管理。实际上这样的结果是他们自己一手造成的，正因为他们不相信自己的孩子，不相信幼小的孩子能有所发展。他们总认为孩子的一切性格和才华都是天生的，后天根本不用做任何培养，甚至他们认为所有的培养也都是白费功夫，这使得孩子在幼年开始就放任自流，渐渐养成很多不良的习惯。

虽然孩子与小伙伴还刚开始进行交流，但让他们彼此在一起游戏玩耍还是很有好处的。他们可以通过观察其他孩子玩铲子或玩滑梯而学到不少东西。他们会对期望他们遵守的社会准则越来越熟悉。由3～4个孩子组成的游戏小组是可以把某些社会生活内容带入到孩子世界的一种很好的模式。

但是，在幼年时期，孩子没有明确的辨别能力和选择能力，常常导致一些不良习性的养成，甚至将这些习性带到之后的人生当中。有的孩子从此走上犯罪的道路，这不得不让人感到遗憾。父母在孩子的早期教育中所扮演的角色就是正确地引导孩子选择适合孩子成长的游戏伙伴，和选择适合孩子培养良好品德的游戏。

当我发现卡尔曾经有一群有暴力倾向的小伙伴时，我便不再让卡尔跟他们玩了。我并不是说那些孩子本身有什么不好，但孩子毕竟是不懂事的，由于父母没有正确指导，他们经常做出一些傻事。

安迪是这群小孩子里的孩子王，他健壮、威严、聪明，而且有非常强的组织能力，他经常带着孩子们玩打仗游戏。他把自己的“孩子军队”管理得井然有序。但是有一天，这位“英雄”终于被“敌人”打倒了。

那天，安迪将小伙伴们分成两队来玩城堡游戏。安迪带领五六个小朋友守城堡，另外的几个人扮作攻城的敌人。安迪挥舞着他那用一根木棍做成的宝剑，英勇地站在一辆拉货的马车上。他一手叉腰，一手拿剑，将一只脚踩在高大的马车轮子上，口中喊着口号，鼓舞着孩子们的斗志：“把敌人打下去……”这真是一副大英雄的气派。

当时卡尔和安迪在一起作战，他们将“敌人”一个一个打倒在地，一次又一次地击破了“敌人”的进攻。虽然，对方用树枝、石头进行猛烈地攻击，但是依然被安迪带领的“军队”击破了。安迪挥舞着长剑，就像一个战场上的将军，获得了最后的胜利。

但就在这个时候，有个孩子似乎不能接受别人获胜的结局，趁着安迪不注意的时候，狠狠地把安迪踹下了车。

卡尔慌慌张张地把我叫去，从儿子的表情看来，我知道一定发生了不同寻常的事。在儿子的带领下，我匆匆赶到出事现场。那种情景使我终身难忘。当安迪从马车上摔下去的时候，正好踩在一把放在地下的镰刀的木柄上，那把镰刀从地上弹了起来，刀锋正好插进安迪的大腿里。安迪倒在地上，疼痛地大喊大叫。孩子们谁都不敢去取下镰刀，安迪的腿上全是血，实在太恐怖了，我们一起把安迪送进了医院。

“爸爸，安迪真是个大英雄，你都无法想象他是多么勇敢！”

“卡尔，你真的这样认为吗？”

“正是因为这样，我觉得他非常非常得勇敢，为了我们队伍的荣誉，他一直都在保护我们的城堡。他受伤了但是一直没有哭。”

“没有哭就是勇敢吗？”

“爸爸，你不是一直说人就是要勇敢吗？安迪这样，不算是勇敢的表现吗？”

“那只是游戏，并不是真的战斗，所以，无法说明任何问题。”

“那要怎样才能证明他是不是英雄呢？”

“只有在现实生活中，不惧怕任何困难和挫折，为了自己的梦想和家人的幸福能够勇往直前的人，才能算是真正的英雄。”

也许，那时卡尔对于英雄的概念仅仅限于故事中对英雄的描写，我抓住这个机会让孩子明白什么是真正的英雄，“真正的英雄并不是行为鲁莽、性格偏执的人，并不是用力气和暴力去解决事情的人。”

“可是，安迪为我们的胜利起到了决定性的作用。”

“是的，安迪是个聪明的孩子，可是这样打打杀杀的游戏并不是你们该去模仿的。如果今天安迪受伤，明天又有人受伤，你们还有没有游戏的乐趣呢？父母担心不说，而且这样下去会影响你们之间的友谊。把安迪推下车的那个孩子，现在心里肯定非常难受，而安迪会不会原谅他呢？他是不是还会去报仇呢？”

孩子们无法掌握游戏的尺度，常常在游戏中过于投入，带来不必要的麻烦。我了解到很多患有残疾的人，都是由于小时候游戏不当造成的。父母应该正确地去引导孩子做游戏，游戏仅仅是游戏，和真正的生活是有区别的。

父母要让孩子明白这些道理，让孩子尽量少参与这些危险的游戏，即使遇上危险的事情，也要让孩子学会自我保护。

长期参与这样的游戏，孩子很容易养成唯我独尊的个人主义，但是他们认为这是一种“英雄主义”。结果是，孩子形成了粗鲁暴躁的性格，认为武力和暴力是解决事情的唯一办法。在将来的生活中，用这样的方式去生存，孩子将会成为一个不受欢迎的人。不懂得怎样与别人友好相处，是不会取得什么成就的。

由于孩子对事情本质的认识还不成熟，很容易在游戏中受到伤害。所以，孩子们进行游戏的时候，最好能有父母陪伴，有了父母正确的提醒，孩子就会做到适可而止，也就避免了很多危险的动作，减少伤害。我一直告诫卡尔不能参与到那些打架、斗殴的游戏当中去。那种伤害比玩游戏中的伤害更加严重。有的孩子在游戏中形成仇恨、怨恨、争抢、斗争的心理，将会给孩子带来巨大的心理阴影，甚至会影响到孩子的一生。

很多孩子从小就没有受到良好的家庭教育，由于父母的失职，导致孩子在幼年时期就养成很多不良的习惯和爱好。他们不懂得在书本和生活中去学习知识，长期处于懒散、无聊的状态；他们也没有自己的目标和追求；他们不能友好地对待他人，也拒绝帮助别人。

我一直严格要求卡尔，特别是在他小时候游戏的环节。在对卡尔伙伴的选择上我非常谨慎，尽量让卡尔和与他有着同样爱好的小朋友一起玩耍，他们经常玩的游戏就是学习和讨论，针对一个问题进行辩论，或者分角色扮演故事里的人物。虽然这些游戏并不刺激，他们仍然玩得很开心，同时还学到了更多不同的知识。

卡尔箴言

孩子的童年属于他们自己，而主导权却在父母手上，帮助孩子选择适合他们成长的良性游戏和优质朋友是父母的义务。不要放纵孩子游戏，对于游戏也要有选择和引导。

第二节　近朱者赤，近墨者黑

一、有节制地交朋友

很多人都有这样的观点：孩子如果没有游戏小伙伴，就会变得自负或者任性。我认为，这种观点是极端错误的。

一个人如果没有朋友，他的生活肯定是非常不幸的，但是如果对朋友不加选择的话，所带来的后果更严重。特别是孩子从小就应该具有选择性交朋友的概念，交朋友的前提应该是志同道合。但是让孩子如果毫无节制地结交朋友，那么孩子就可能在很短的时间内学会很多不良习性。

我们觉得应该用爱心去对待别人，我们也希望自己的周围都是同样用爱心对待我们的人，而不愿意去和魔鬼打交道。成熟的成人有时都会在不良的影响下走上歧途，更何况孩子呢？所以交朋友就变成了一件极其需要慎重的事情，我一直主张孩子不要去接触那些有坏习惯的人。很多孩子在父母的教育下，已经养成帮助别人的好习惯，遇见不良孩子的时候，他们的第一反应就是应该帮助他们。但是我认为，仅靠别人的帮助，坏习惯是很难纠正过来的，所以我从不让卡尔和那些有着不良习性的孩子交往，更不会支持他去帮助这样的孩子。

沃尔夫牧师是我的好朋友，但是他对此问题和我的看法完全不同。他认为，美好善良的东西总会传达给每一个人，他也很支持自己的孩子去帮助那些有着不良习惯的孩子。他对我说，他相信通过帮助，那些孩子终究是会转变过来的。

当然，帮助别人是一种美德。但是我认为沃尔夫牧师的做法是不可取的，那些有不好习惯的孩子是需要帮助，但是最重要的是他们自己要去改变，他们的父母给予他们的帮助才是最有作用的。我认为，沃尔夫这样的做法无疑是对自己孩子的不负责任。孩子还不具备完善的分辨能力和自我管理能力，没有父母的引导，孩子很容易染上不良习性。

威廉由于对自己的朋友不加选择，导致他最后沦为一个让父母伤心的孩子，沃尔夫牧师后悔也来不及了。威廉本来是一个性格温和的孩子，爱好文学和艺术，但是由于交友不慎，现在的他是一个抽烟、喝酒、打架，行为粗俗、语言粗鲁的孩子除了父母以外对。除了父母以外朋友对于一个孩子来说是对他影响最大的人，朋友的一言一行都会对孩子的性格、行为、选择、观念产生深远的影响。

沃尔夫牧师是一位称职的牧师，他自己也时常帮助别人，也鼓励孩子去帮助别人。就算是已经出现了异常的现象，他也不会多加过问，因为威廉说过：“那些小朋友时常发生矛盾，我要负责去调节，我还时常给他们讲故事，告诉他们要懂得仁爱、宽容。”沃尔夫总是向我讲述威廉帮助那些孩子的事情，他感觉非常自豪和欣慰。

因为威廉一直是一个诚实的孩子，所以就算他撒谎欺骗父母，父母也不会对他产生任何怀疑。实际上自从他和那些有坏习惯的孩子成了朋友之后，欺骗就成了他的家常便饭。可怜的沃尔夫牧师根本不知道自己被儿子骗了，他根本没有想到威廉会变成这个样子，他一直相信儿子的话，并且时常鼓励孩子去帮助他人。

直到有一天，附近的一个农妇地跑到沃尔夫牧师家里来，气冲冲地说：“沃尔夫牧师，请您好好管教您的孩子，他实在太不像话了。”当农妇向他详细讲述了事情的经过之后，沃尔夫才明白事实的真相。

沃尔夫牧师听了农妇的叙述后非常惊讶，他根本不相信自己的儿子会做出这样的事情。原来，有很多次，那些孩子指使威廉去偷农妇家的鸡，并一起在野外烤了吃。我不知道沃尔夫知道了事情的真相后会怎么想，但他一定非常难过。后来，沃尔夫牧师终于同认我的观点，再也不让儿子和那些坏孩子玩了。

附近的孩子都喜欢聚众惹事，喜欢赌博，但是他依然相信自己的儿子和那些孩子来往仅仅是在帮助别人走上正途。他低估了坏人对威廉的影响，一个人要养成良好的习惯是非常不容易的，但是要堕落学坏，是很简单的事情。一个优秀的孩子就这样变成一个社会小混混，沃尔夫时常后悔自己当时的做法。

确实，孩子渐渐长大就会需要他们自己的朋友，对于小孩子交朋友这件事，我一直是反对朋友越多越好的观点，对于孩子的交友也是要有节制的。卡尔在家的时间居多，他就没有机会去跟别人吵架，也就不会形成偏执的性格。卡尔没有染上任何不良习性，不会惹是生非，甚至可以巧妙地化解别人恶意的挑衅。

如果要禁止孩子们交往的话，是完全不可能的，这也是不正确的做法。我建议孩子们的玩耍应该在父母的陪伴下进行，有了父母的监督，孩子们的接触就会掌握一个度的问题。无论是在时间还是地点上都给予限制的话，他们就不会串通一气去做坏事。卡尔就是这样在童年时期交到了要好的朋友，也享受到了童年时光的快乐。

在我们的教育下，卡尔能够自己选择和他志同道合的朋友，与朋友之间的相处也非常有节制，他们时常一起讨论学业上的问题。海里因也是这样的一个孩子，他是卡尔的表哥，他热爱学习，对于历史和地理有深入的学习。他在我们家与卡尔相处得非常愉快，他们的关系胜过亲戚之间的友好，更像好朋友。他们在一起讨论很多学习上的问题，过得非常愉快。海里因还告诉他妈妈，自己交到一个好朋友，都不想回家了。

但是，即使都是有教养，也有着相同爱好的孩子，相处久了也会发生的矛盾，因为孩子毕竟还不懂事。孩子闹矛盾后最初的表现是相互冷漠，不再热心地交谈，也会有意地避开对方。这时候父母没必要过多地盘问，基本上孩子们可以自己处理自己的矛盾。可是有一天，卡尔和他的表哥竟然在院子里打起来了。直到妻子把他们分开，他们还是怒气冲冲。我问了原因才知道，他们动手仅仅因为争论一个历史问题。对于一个问题，兄弟两个各有看法，并且固执地坚持己见，他们当时认为只有用打架来解决这件事。虽然，他们矛盾的起因也是为了学习，但是打架就是错误的行为，发生这样的情况父母就必须出面解决了。不然任其发展的话，后果是无法想象的。经过我们的劝说和教育，卡尔和海里因都认识到了自己的错误。他们约定靠自己的知识涵养来解决问题，他们明白了武力只是无知的行为，永远也解决不了问题。

我对儿子严加管教，使卡尔没有沾染上各种恶习。所以卡尔对任何人都很友好，在与其他人的接触交往中，他总是受到别人的夸奖和喜爱。即使有不善意的孩子故意挑衅，卡尔也有办法巧妙地避开。我带着卡尔在不同的地方生活过，在任何地方卡尔都能很好地处理这些事情。有的人认为，时常搬迁对孩子不好，因为这样做，孩子就没有办法交到固定的朋友，很容易造成性格孤僻、精神颓废，但是卡尔用事实证明，这样的说法也是很片面的。

只要和卡尔交往过的人都很喜欢他。他从来不会跟别人吵架，也从不做出伤害友情的事。这得到了同学和伙伴的赞赏，赢得很多真挚的友情和朋友。

卡尔的性格一直是温和的，我们一家人从来不会发生吵架的事情，所以他在外边与其他人相处的时候，也不发生争吵和激烈的行为。他与朋友之间的活动仅仅限于学术问题的讨论，音乐、文学、绘画的切磋。我并没有限制孩子的自由交往，但是都有节制的来往。我明白孩子一定要学习人与人之间的相处，在相处的过程中保持宽容、忍让的风度，这更有利于孩子将来的社交。

卡尔在大学学习的过程中，因为学问上的问题经常和同学们交换意见，但决不伤害他们的感情。由于儿子与学友们相比，年龄要小得多，他的表现容易引起其他同学的嫉妒，但由于他坚持真理，以理服人，很自然就交到了很多朋友。他们中有的人和儿子非常亲密。我知道这些情况后非常感动，从心里感谢这些可爱的青年。

有些父母为了孩子的喜好一味地放纵孩子，让孩子和不同的伙伴玩耍，几乎没有时间自己单独学习。我带着卡尔游玩过很多地方，那些地方的孩子总是舍不得让我们离开。事实证明：孩子要是没有伙伴就会失去童年的快乐，并会变得孤僻，这一点观点是很不正确的。

我让卡尔在选择游戏伙伴时要十分谨慎，要和有共同爱好的朋友在一起交往。卡尔和他的小伙伴们在一起没有打斗和谩骂，他们都喜欢文学和艺术，经常

在一起讨论，我感觉世界一片祥和。

二、教会孩子正确处理与玩伴之间的矛盾

孩子大多时候以自己的喜好去选择朋友，而家长很了解孩子的性格，就应该帮助孩子和他们兴趣相投的孩子做朋友。男孩与女孩之间的性格和脾气是不一样的，南辕北辙的人一起相处，肯定要产生很多矛盾出来。父母不仅要帮助孩子选择朋友，还有义务帮助孩子去处理这些矛盾。

让卡尔和小女孩一起游玩以后，并不任性的卡尔变得任性起来，从不说谎的卡尔也开始说谎了。他开始使用一些低俗的语言，人也变得自以为是和傲慢了。为什么卡尔会发生这样的变化呢？我开始仔细观察卡尔与两个小女孩玩耍的过程。我发现这两个小女孩事事都顺着卡尔，只要是卡尔决定的事情，她们从不作任何反驳，她们也从不提出自己的意见。我对这两个小女孩指出了这样的情况，并鼓励她们提出自己的真实想法，但是无济于事。所以，最后我只能让卡尔不要和她们玩耍了。

女孩与男孩之间无论是从性格还是兴趣爱好方面都是各不相同的，正因为这样的性格差异，孩子们在相处中渐渐产生各种各样的矛盾，比如在舞蹈、音乐、绘画上，他们的观点存在着差别。开始他们都是各抒己见，后来就是坚持己见，最后就产生无法调和的矛盾。争吵是解决问题的唯一方法，他们认为只能用语言来为自己进行辩解。但是基本上男孩子的声音较大并且男孩子大都比女孩子更能言善辩，卡尔就是靠着这些条件在每一次的争吵中占了上风。卡尔强硬的语气让这两个小女孩不得不认输。

卡尔的胜利让他时常沾沾自喜，他也渐渐喜欢上这样的争论。他认为女孩子没有他厉害，因此产生不可一世的优越感。实际上他根本就没有明白，这样的胜利不算真正的胜利，靠着口舌逞强得到的胜利并不值得炫耀。但是卡尔根本不会意识到这些，他认为女孩们的认输是真正的比不过他，他就开始轻视同伴，认为别人事事都比不过他，骄傲自满的情绪因此日渐增强。

由于在争论中总是获得胜利，他就喜欢用这种方式去取胜了，甚至很多时候他的争辩已经脱离了争辩的事情本身。我发现卡尔很多时候仅仅为了得到胜利，就说谎，编造故事来欺骗同伴，加上孩子们极为单纯，很容易就被欺骗。

两个小女孩渐渐都学会了卡尔的坏习惯，也变得蛮横无理、语气恶劣。我问她们原因，她们说："我们看见卡尔做，觉得非常神气。"她们在卡尔的行为中得到了错误的信息并加以模仿，自然就形成了同样的行为举止，而卡尔在与女孩的相处过程中发现了自己作为男孩的一些不同，比如比女孩更有勇气和力量，所以，他就认为这两个女孩是"笨蛋""傻瓜"，还经常这样称呼别人，养成了不良的坏习惯。

由于女孩的性格更为温柔，对于卡尔的各种提问都无法进行争辩，卡尔就这样养成了无理取闹、咄咄逼人的性格，他总是想尽办法去赢得争辩，甚至学会了欺骗别人。

这些就是潜在的危险，所以，父母一定要让孩子选择正确的朋友，恰当地处理交往中的各种矛盾。"近朱者赤，近墨者黑"是每个做父母的都清楚的道理。因此，对孩子交朋友，父母是应该保持警惕的。

卡尔箴言

除了家长，朋友也会影响到孩子的发展。选择优秀的朋友，正确处理与玩伴的矛盾，是有利于孩子自身发展的。

第三节 通过游戏来唤醒孩子对学习的兴趣

游戏不仅仅是一种娱乐活动，游戏也可以成为教育孩子学习的一种重要方法。所谓的“寓教于乐”就是这个意思。

孩子都具有好奇、好问、好动的持点，父母应充分利用它来激发孩子的学习兴趣。有的孩子把闹钟拆开，有的孩子不停地问为什么，父母若不了解孩子的特点，把这看成淘气、捣乱，对孩子采取批评、冷淡、不理睬的态度，就会损害孩子智慧幼芽的生长，挫伤他们求知的积极性。另外对孩子的提问要积极回答，如果不会，父母则可以弄明白后再告诉他，但是说到就要做到，切不可敷衍了事。如果父母只欺骗他，以后孩子不懂的问题也就不问了，这样就会挫伤孩子的积极性和好奇心。

孩子在幼年时对于事物的接受能力和感知能力相对较弱，对于他们思维的发展和知识的积累，父母是重要的引导者。在孩童时期，孩子对于世界总是充满好奇的，各种现象在他们眼中都是新奇的。

然而对于孩子的教育不能采用死板地说教和强制地灌输。我们可以抓住他们有好奇心这个特点，在游戏中教给他们各种知识。

父母可以给孩子多读一些故事和儿歌，读完一个故事或儿歌后，就让孩子进行动作表演。如小兔是怎么做的，大象是怎么救小兔的，大灰狼又是怎么做的，根据情节进行表演，家庭中的成员——父母也参与到这个游戏中来，分别扮演不同的角色。表演一遍后可以重复几次，角色互换。让孩子认识到书中的儿歌故事可以做游戏，从而使他更喜爱看书。

对于那些不风趣、没有幽默细胞的人来说，他们排斥想象。他们认为传说和童谣都是对儿童有害无益的东西，对于这一切都非常排斥。他们不会知道，很多关于道德和善良的知识，都来自于这些传说。他们教育孩子不要相信这一切，阻止孩子想象，扼杀了孩子天生的想象力。也有人认为，数学家和科学家是不需要想象力的。有的父母因为不了解孩子们的想象世界，当孩子用木片和纸盒建造城市、宫殿玩时，他们为了收拾屋子，往往不打招呼就中止孩子的游戏。这就无情地摧毁了孩子的精神世界。如果一个人在小时候想象力得不到发展，那么他非但不能成为诗人、小说家、雕刻家、 画家，而且也成不了建筑家、科学家、数学家、法学家。

相反，我非常喜欢这些传说和神话，也努力培养卡尔的想象力。我给他讲解各种传说，并把这些历史上的神话改编成故事，慢慢地也让他自己编造故事，这对培养人的想象力有非常好的帮助。

在儿子1岁多时，如果他拿着某种材料或玩具聚精会神地玩，而不是拿起来就扔掉，我就及时夸奖他，并和他一起玩，启发他尽兴地玩。如果儿子用了一种出人意料的方法玩玩具，我们不光夸奖他，还鼓励他多想出几种方法来。

儿子2岁时，我妻子每天像上课一样讲故事给他听。妻子还自己想了一套吸引他不断听下去的办法，就像报纸上连载小说那样，她每天讲到精彩的地方就打住，接下来的情节则让儿子自己去想象创造。儿子不得不为此而挖空心思，并对可能的情节做出各种猜想。第二天，他母亲在讲故事前，先让儿子说他是怎么想的，然后才接着讲。如果儿子自己猜中了，我们就高兴地欢呼，如果儿子没猜中，母亲就夸奖说：“哎呀，我儿子编得比故事本身还好呢？”

父母可以提一些简单的问题，如故事里有谁，在干什么，你喜欢谁，为什么、怎么样等等，让孩子充分思考。培养创造力还有一种方式——让孩子创编。家长把故事讲一半，留个结局让孩子自己创编。最后让孩子提问，请孩子把不明

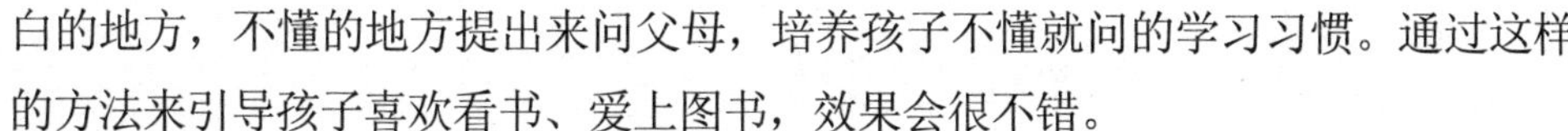

白的地方，不懂的地方提出来问父母，培养孩子不懂就问的学习习惯。通过这样的方法来引导孩子喜欢看书、爱上图书，效果会很不错。

卡尔箴言

游戏不仅可以让孩子打发时间，有了父母的辅助，游戏还是孩子学习的一种重要方法。父母在点滴生活中要多花心思对孩子“寓教于乐”，抓住孩子的好奇心，尽早开展早期教育。

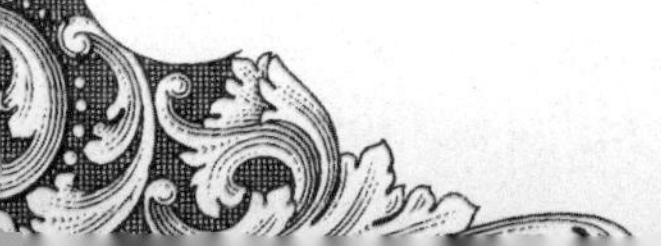

第四节　通过游戏感悟生活

游戏中各种不同的问题，都引导着孩子的兴趣和学习热情。故事或童话是孩子的智慧源泉，对孩子有很大的吸引力。有时候，我会引导儿子把一些故事表演出来，有时我和他的母亲也一起加入进去。那是些非常有趣的事，连我自己都觉得玩起来很开心。这种游戏不仅可以帮助儿子加深对故事的理解，而且还可以开发儿子的创造力。儿子在游戏中充当种种不同的角色，我还鼓励他用不同的声调和动作去演绎故事情节。

但是在做这样的游戏时，我一般选择孩子感兴趣的并且适合孩子表演的故事。一般这类故事都简单、容易理解和记忆，情节轻松有趣、语言优美、人物可爱活泼；要避免挑选具有危险动作的故事。

我一般选择对话很多的故事，通过对这些故事的表演，可以培养孩子的语言能力。为了调动卡尔的表演积极性，做游戏前我都让卡尔培养出游戏中的气氛和情绪，这样更容易让他尽快进入角色。然后我辅导他想象角色的情态和动作，怎么实际操作又怎么抽象地表现，并鼓励他自由发挥。在表演前我都会把游戏的故事给他交代清楚，让他先加深印象，对于复杂的情节我会给他解释清楚。我们选择的游戏都是健康活泼、语言优美，比较容易表演的游戏。情节简单的故事能促进孩子的理解能力和记忆力，而优美的对白能加强孩子的语言能力。如果遇上无法实际表演的动作，比如骑马、爬山、坐船等等，我就指导孩子用象征性的语言和动作来加以表现，我鼓励他不能拘于现实的限制，要进行大胆地想象和创造，学会灵活地处理事情。

当然，在大自然中孩子能找到自己的兴趣和爱好，也可以培养他的学习热情，但是毕竟大多数时间是在室内进行学习活动的。在家里，提高孩子学习的兴趣和热情的好方法，莫过于做游戏了。做游戏是简单平常的事，却在孩子的成长过程中占了很大一部分。

我还让卡尔多做与人生活有关的游戏，这样就更能体验到真实的生活，学到

生活中的常识和自理能力。

我和妻子时常陪着卡尔一起做游戏，我们各自扮演不同的角色，演示不同的场景，做不同的游戏。

在卡尔的教育中，我善良而聪慧的妻子也倾注了大量的心血，她是一个非常能干而有责任心的母亲，卡尔有这样的母亲，是他人生中的最大幸福。我的妻子一直非常配合我对卡尔的教育，她给卡尔买来了一套炊事玩具，利用她家庭主妇的特长，教孩子一些相关方面的技能，进一步开发孩子的潜能。

妻子为了配合我的教育方式，除了对卡尔生活上无微不至的照顾，也时常和卡尔一起做各种游戏，达到锻炼孩子的目的。妻子总是喜欢在做饭的时候，耐心和卡尔讨论各种问题，并且教卡尔认识各种厨具。他们经常一起扮演“家庭主妇”的游戏，他们的身份分别是“厨师”和“主妇”，由“主妇”下达命令，“厨师”进行做饭的活动；“主妇”总是万般地刁难，甚至无理取闹，而“厨师”必须非常有耐心地去完成任务，调味不能混乱，餐具也不能随便乱放。他们还会不停地调换身份，这样大家都能体会对方的角色。卡尔非常乐于做这样的游戏，他并没有觉得男孩子不应该待在厨房，而我的妻子也很喜欢这种游戏，她时常说：“和孩子调换身份让我觉得非常有意思，让我觉得自己年轻了很多。看着卡尔认真的样子，我觉得很幸福。”

通过这样的游戏，卡尔认识了各种厨具的不同作用，甚至还学会了简单的厨具使用动作，以及各种调味品的用处。对于母亲的失误，他也会认真地指出来，所以，这种游戏对孩子观察能力的锻炼也有帮助。孩子通过在厨房的游戏当中感受到了母亲每天的辛苦，理解到母亲的辛苦就不由自主地严格的要求自己，不要母亲操心，珍惜母亲的一切劳动成果。

后来，卡尔非常喜欢在厨房帮助他母亲做一些力所能及的事情，当别人的孩子还在母亲的怀抱里撒娇时，卡尔就已经可以帮助母亲做简单的家务了。我妻子时常说，看见卡尔在厨房帮她做事，拿盘子、擦桌子，她都感觉到巨大的幸福。孩子的很多能力就是在平时的游戏当中训练出来的。

当然，他们之间并不仅仅限于“厨房”游戏，有的时候，他们会扮演“家长互换”、“老师互换”的角色，通过角色的互换，让孩子站在别人的立场去思考问题，学会从不同的角度去看待事情的本质，而不仅仅限于事情的表象。

不仅是卡尔的母亲会陪伴他做这样的游戏，我也会和孩子一起玩类似的游戏，只不过游戏的内容从做饭变成了“战争”，场地从厨房换到了“战场”。我与孩子分别饰演将军和士兵的角色，模拟当时的情况来进行对话和指挥，然后我们也会进行角色互换。卡尔凭借他自己对将军和士兵的理解，演绎着不同风格的人物形象，无论哪种人物他都加入自己的想象和创造，形成他自己的表演风格。我们在游戏中也会常常借鉴对方的长处，学习对方的优点。

我们还会玩“旅游游戏”、“动物园游戏”，通过这些游戏我们一起来学习或者复习地理学、历史学、动物学、植物学，这样学习既有趣又生动形象。类似这样的游戏多不胜数，孩子也非常喜欢这样的方式。这些游戏是孩子一生中最珍贵的记忆。

这样的游戏进行起来非常简单方便，并不需要太多的玩具、道具、布景，父母和孩子一起玩耍，让孩子更加轻松愉快。这样做不但可以满足孩子的好奇心和求知欲，而且整个游戏的过程其实就是一个学习的过程。在此过程中很好地锻炼了孩子的主动性、独立性和创造性，对培养孩子的想象力、记忆力、观察力都起到了很大的推动作用。在演绎角色的过程中，孩子的理解能力、表达能力都得到了很好的锻炼。

很多父母总是说没有时间陪孩子一起玩耍，他们会给孩子买很多好玩的玩具，他们认为在孩子的世界中，玩具就可以陪伴他们一起玩耍了。给孩子买好玩具并不是对孩子最大的爱，这也是不负责任的表现。玩具只是玩具，并不具有其他的含义，更不可能成为孩子童年的玩伴。由玩具陪伴孩子度过童年是很可悲的。很多父母不懂得在孩子幼儿时期利用那短暂而宝贵的教育时间去开发孩子的智力，而一味地让孩子无所事事，让那些玩偶虚耗他的美好时光，对孩子来说，这是一种无形的摧残，是一种犯罪。让孩子和玩具在一起度过童年，不仅仅是浪费时间，还会让孩子从小养成一些将来很难改掉的恶习。

所以，父母最好的做法就是，和孩子一起利用这些玩具做游戏，游戏其实是一个学习过程，孩子们在游戏过程中轻松愉快地学习，所得到的效果是最好的。学习无处不在，主要取决于父母怎样去正确地引导孩子。在玩耍中获得知识，是一举两得的事情，又何乐而不为呢？

为了给孩子创造出玩耍的场地，我专门在屋外的院子里，修建了一个大大的

游戏场所。为了保证孩子的安全，我在游戏场所铺上了60厘米厚的细沙，周围种植了花草树木，孩子可以在这里随意打滚，不会出现危险，甚至不会弄脏衣服，就算是下过大雨，因为铺了细沙的原因，也很快就变干。

这个游戏场所在卡尔的童年占有了极其重要的地位，卡尔利用这个场所玩各种他喜欢的游戏。他修建城堡、挖地洞，他也在这里观察周围的动植物，培养对大自然的感情。我认为这样的游戏玩耍方式，比玩具要实际得多。我给孩子买玩具，是有针对性和选择性的。比如我发现卡尔总喜欢和他母亲一起在厨房做事的时候，我就建议妻子给孩子买来炊事玩具，让他们一起玩厨房的游戏，后来卡尔很小就能帮助妻子做家务事了。在很多人看来，男孩子在厨房进进出出总不是好，他们都认为那是女孩子才应该去的地方，但是我不这样认为。虽然在厨房里做的是一些碎的事情，只要父母适当地引导，就能够让孩子养成热爱劳动的习惯和亲自动手的能力。对于孩子，每一种正确的爱好和兴趣都应该给予支持和帮助，因为这是孩子的天性，父母不埋没孩子的天性，才是称职的父母。

为了让孩子玩得有趣味，我也亲手给他制作玩具，就是简单的积木。

卡尔喜欢积木，他用这些木块盖房子或者、修塔、架桥或者筑城。他多数时间都在院子里玩修建房子和桥梁的游戏。由于建筑游戏需要游戏者仔细动脑筋，因此非常有利于孩子的智力开发。不仅如此，这种用木块来玩的建筑游戏也能够培养孩子的毅力。

有一次，他兴致勃勃地拉着我看他刚刚修建好的城堡。他的城堡有房屋、城门、城墙，还有做得精致的小桥。由于太激动，他衣服的一角不小心在城堡的主要建筑——一个高高的钟楼上扫了一下。顿时，城堡不小心垮了，这让小卡尔非常沮丧。他一直闷闷不乐，愁眉苦脸地坐在那发呆。“爸爸，它被毁掉了，是我不小心毁掉了。多可惜呀！它本来很美……”卡尔说着都快要哭了出来。我就告诉他：“孩子，不要惋惜了，既然是你自己不小心，就没有理由抱怨，也不应该难过。第一次你修建得那样好，第二次就应该修建得更好。爸爸相信你绝对可以再造一座更漂亮的城堡。”

卡尔在我的鼓励下，决定重新修建这座城堡，因为他也是这样希望的，他希望我能看见他的杰作。但是，重新修建一座城堡是一件极其困难的事情，不过，我选择相信卡尔，我相信孩子的耐心和意志力。

由于是第二次，卡尔对城堡的样式、风格都做了重新的设计和规划，他考虑到了更多细节，为确保城堡的稳固想尽了办法。第一次的城堡就是毁在了他的急切心情之下，所以这一次他特别注意保持心境的平和。

不出所料，卡尔让我去欣赏他的成果，我被卡尔第二次修建的城堡惊呆了，我认为那简直就是一件优秀的艺术品。

“爸爸，我认为这一次比前面那个做得要好一些，因为我在第一次的基础上总结了经验。只要有毅力重新开始，就绝对比第一次完成得更出色。”卡尔自豪地对我说。

我想人的所有潜力都是被开发出来的，只要有坚定的信念和顽强的意志，就没有完成不了的事情。而卡尔正是因为坚持自己的信念，希望让我看见他的成果，也希望第二次把事情做得更好。总结了第一次的经验，在此基础上做事情就显得简单一些。所以，孩子在游戏中学到的肯定是课堂上不容易学到的东西。

卡尔箴言

父母不要以为爱孩子就是给他买许多玩具，从现在开始，和孩子一起来做这些有趣的游戏吧，让孩子更爱父母，更爱学习。游戏中各种不同的问题，可以引导孩子的兴趣和学习热情。父母与孩子一起参与游戏，更能让孩子体验到真实的生活，学到生活中的常识和锻炼自立能力。

第五节　在玩耍中培养孩子的创造力

人的创造力在任何时代都是被需要的，对于人自身来说这也是一项不可缺少的能力。人只有拥有了丰富的想象能力，才可以进行无限创造。想象力是人生中最大的一笔财富，甚至有人说，没有想象力的人生将是不幸的人生。

创造力是衡量一个人聪明与否的重要标准，一个人的聪明并不仅仅表现在对事物的认知上面，最重要的表现是大脑处理问题灵活而且有创造性。无论是科学家、文学家、企业家，要想在一个行业大有作为，就必须具备创新精神和创造性地解决问题的能力。

作为幼儿教育的主要场所——家庭，则是培养创造力的摇篮，而家长作为孩子的第一任老师，培养重要使命。如果孩子把买来的玩具拆开来，东看看西看看，说他要研究一下时；当孩子因为一个问题打破沙锅问到底时；当孩子一边玩耍一边自言自语的时候，都是孩子创造灵感的表现。

所有的孩子本性中都潜藏着强烈的创造欲望，只要父母在教育中做到诱导和帮助，并且让孩子大胆地尝试，就会挖掘出孩子的创造能力。

父母的行为也影响着孩子的发展，假如父母都是墨守成规的人，怎么可能开发出孩子的创造力呢？他们更不会去欣赏和保护孩子的创造火花了。相反，如果父母都是非常具有创造精神的人，也善于和孩子一起玩耍，在玩耍中想出各种新奇的游戏，那么孩子就能在玩耍的过程中感受到创造是一件快乐的事，是一件有趣的事。

很多父母有时会非常忙，以此为借口轻而易举地减少与孩子的相处时间，或者很早就给孩子许愿陪孩子玩耍，却一次也没有兑现承诺。父母总是认为孩子不喜欢和大人一起玩耍，而喜欢找同龄的孩子一起做游戏。其实这样的看法是错误的，孩子在与父母的相处中，更容易学到知识。与孩子一起玩耍，也是对孩子的一种教育方式，在玩耍的过程中培养孩子的创造能力，更为直接和有效。

玩是孩子的天性，这一点很多父母都知道。但是怎么玩，玩什么，很多人未

必有清楚的认识。很多孩子“玩”得很盲目，为玩而玩。孩子本来可以从玩之中开发智慧和能力，但却被白白地浪费时间。父母应该懂得利用玩耍，来实施自己的教育目的。

我和卡尔喜欢一起玩一种叫作“故事接龙”的游戏，在游戏中我们可以尽情发挥自己的想象力和创造力，来编造故事情节，每个人讲述的时间都有规定，故事的主线索也必须一直保持一致。由于成人和孩子的思维模式大不相同，我们在这个游戏中产生了很多有意思的创造性火花。这不仅仅锻炼了孩子的创造能力，对想象力、表达能力、理解能力也是很好的锻炼。

在孩子幼年时期，培养他的创造力，我认为最好的方法就是在玩耍中进行。我发现，对于孩子来说，并非只有游戏才是玩，吃、喝、拉、撒、动甚至睡觉都是一种玩，并且每一种玩耍都能让孩子学到可贵的知识。

孩子的潜力是无限的，但是孩子的潜力是父母诱发出来的。孩子在玩的时候，充满了积极性、主动性。他们的大脑在飞速地运动，思想在不断闪出火花，这对培养孩子的各种能力，特别是想象力和创造力，是其他教育方法所难与之匹敌的。我们知道，“玩”有生活的影子，但绝不是对生命的照搬，孩子会根据自己的认识和理解去改造生活。

游戏对孩子的身心健康和智力发展具有深刻意义，孩子玩耍不是为了开心，也不是为了给大人留出闲暇时间，而是因为他们可以在玩耍的过程中锻炼自己成长所需的各种能力。

孩子的成长过程可分为两个阶段。入学之前，孩子并不能区分真实和虚假气，他们在模仿的基础上，随意而具有创造性地玩耍。不论成年人能否理解，在这个阶段，游戏对孩子自己而言是一件很庄严的事。入学之后，孩子逐渐可以区分真伪了，他们开始对一些更加复杂和需要团队合作的游戏感兴趣，并希望自己出类拔萃。

与成人不同的是，孩子的创造力大多是在玩中成长起来的。父母不应用条条框框去加以限制，这样孩子的创造力才容易得到充分发挥。

让孩子掌握主动权。没有哪一个孩子不喜欢玩耍，但是每个孩子玩耍的喜好都是不一样的，孩子玩耍的时候也不喜欢别人去干涉，除非他需要你的协助。所以，当孩子愿意自己安排的时候，就把主动权交给他们自己，愿意玩什么，怎么

玩，大人都不要去干涉，应该大胆地放手，让孩子自己占在主动的地位去安排自己的游戏。当然，必须是在保证安全的前提下。

对于孩子玩耍的模式，也让他们自己灵活地安排，孩子也需要这种灵活性，以增强创造力的内在活力。

让孩子专心地玩耍。在孩子正在专心地玩耍时，大人不要去打扰他们，也许他正在专心地思考着什么问题，大人的打扰会打断他的思维，大人的指手画脚，会让孩子感到烦躁，并不能专心地玩耍。

孩子需要独立的玩耍。虽然，有的时候很多人一起玩耍会很热闹也很有趣，但是有的时候，孩子需要独立地玩耍，甚至喜欢一个人玩。大人在孩子玩耍的时候，只要保证到他的安全性就可以了，除了一些必要的帮助，就应该让孩子独立地玩耍，这样也有助于孩子独立性的培养。

在孩子玩耍的过程中，父母要对孩子的新奇想象和别出心裁及时给予称赞和鼓励，这有利于让孩子保持自信，更加用心；家长要耐心倾听孩子的声音，善于观察，并适时保持沉默；要尊重孩子，并引导他表达自己的看法。创造力的培养要从孩子小时候就开始，在幼儿时期就有意识对孩子进行思维训练，尤其是培养孩子的创造力，不仅对孩子当前的认知和发展有很大作用，也为孩子将来进行创造性活动奠定了基础。

卡尔箴言

当孩子有了丰富的想象力和创造力的时候，他的世界就开始变得丰富多彩，而这些对于他之后的学习和生活都非常有帮助。父母可以在给孩子讲故事的过程中，锻炼孩子的复述能力和想象能力，让孩子真正有兴趣地对待学习和生活，这样父母所开展的早期教育也会变得轻松容易得多。

第六节　我与小卡尔所做的各种游戏

为了使孩子各方面的能力都得到发展，我为他修建了一个简单的娱乐场地。那有各种器具，有的可以用棒子敲打，有的可以悬重，以促进他练就发达的肌肉。我认为，儿童游戏时必须有目标，一定要让他在精神、体质、道德方面都有所发展，不能让他们的精力白白浪费掉。我自己设计了一些有利于卡尔学习的游戏，并时常与他一起做这些游戏。

但是很多父母总是把“没时间”、“明天”、“走开”这些词语挂在嘴边，拒绝孩子的请求，不和自己孩子一起玩耍的时间。但是为了弥补孩子，他们总爱给孩子买很多玩具和食物，他们认为孩子需要的就是这些。

但是，他们根本无法了解孩子的快乐并不是建立在这些物质之上的。和父母一起玩耍，很多时候已经是孩子奢侈的想法了。如果父母长时间无法满足孩子的这个愿望，那么父母与孩子之间就会产生越来越远的距离，想要再深入地去了解孩子就很困难了。

我与卡尔就时常一起玩游戏。“盲人摸象”是一个非常锻炼孩子感知能力的游戏，用柔软的布遮挡住孩子的眼睛，然后让他用手去仔细辨别物品。这样做可以增强孩子的触觉感。

也有很多增强视觉能力的小游戏，如让他猜物体的颜色，猜物体的数量。把几颗棋子、豆等放在桌上，让卡尔看一下就说出数字；饭后我立即指着桌上的水果问他是几个苹果？几个梨？即使是走在大路上我也随时向卡尔提问：“这样的树你能找出几棵相同的呢？这样颜色的花，你现在能够看到多少朵？”我愿意用更多的时间来陪孩子一起做游戏，我认为这既是有趣的经历，也是孩子学习的一种方法。

我和卡尔经常玩一种“猜猜猜”的游戏，游戏的规则是：以最快的速度观察所指范围内的物品，然后就要被蒙上眼睛，由一个人发问。发问的形式层层递进，开始只先说出最基本的特征，比如颜色，如果对方无法作答，再进行深层次

的提醒，比如体积、特点以及用途。

卡尔很小的时候我就时常带着他去田野散步，我会试着让他在前边给我们带路。经过长时间的训练，卡尔在18个月大的时候就可以给他的母亲和仆人带路了。他们都说卡尔的记忆力超凡，实际上这都是训练出来的。做游戏可以使孩子视觉灵敏，并发展记忆力。

即使是书本上的学习，我们也可以按照这样游戏的方式来到达目的。卡尔在学习乘法口诀的时候，开始就显得非常吃力，总是学不好，还产生排斥的现象。后来我们采取游戏的方式学习，效果就很好了。我把乘法的口诀全部制作成卡片，然后不停地让孩子抽出来，马上告诉我们答案。开始的时候，他并没有表现出很大的积极性，但是为了在游戏中与我决一胜负，他就开始认真地学习了。

很多游戏都可以锻炼孩子的记忆能力。比如：把功课中的知识分别做成不同的小卡片，卡片游戏是从纸牌游戏中发展来的，这类游戏既能提高孩子的记忆力，又能使他动作敏捷。和孩子一起来记忆这些知识点，就显得非常容易。

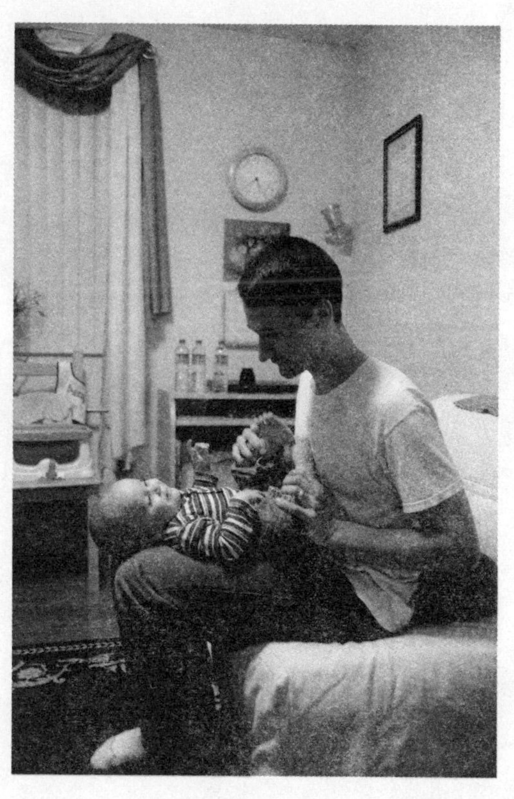

肌肉锻炼、热爱劳动等有利于孩子健康成长的因素都可以在游戏中学会。为了锻炼卡尔的身体平衡性，我时常和卡尔一起比赛做“金鸡独立”的姿势；为了让孩子学会控制自己的身体，我们一起玩“木头人”游戏，当一个人喊出口令的时候，就必须保持当时的姿势，而且在规定的时间内不能动。渐渐地，卡尔就学会了如何控制自己的身体。我还教儿子搞园艺，在卡尔刚会走路的时候，我就给他买来小铲子等工具，在院子的一角开辟一个小园地，教他播种、栽花草、除杂草、浇水的方法。这些简单的劳动，在儿子眼中也是一种极为有趣的游戏。通过搞园艺，使他产生新的兴趣并养成劳动的习惯。这样不仅使他高兴，而且可以促进他的智力发展和身体健康。

在与孩子一起做的游戏中，父母要给孩子购买对孩子的发展有益的玩具，了解哪些玩具能带来最长时间的、最大的好处，如积木。积木是必备的玩具，它有各种形状和大小，搭积木时需要手和眼的协作。积木还提供了孩子与他人合作的机会。随着孩子的成长家长可以给他增加积木的数量。此外，还要带领孩子学会整理玩具，并在游戏以后把屋子收拾干净。

卡尔箴言

不要小看一些小游戏，他对开发小孩的智力和创造力是具有极大作用和意义的。比如：把功课中的知识分别做成不同的小卡片，和孩子一起来记忆这些知识点就显得非常容易。孩子的判断能力、身体素质、热爱劳动的积极性、智力等都可以在游戏中提高。

第六章

教孩子怎样与人交往

Jiao HaiZi ZenYang YuRenJiaoWang

人们已经把与人交流沟通的能力提升到与智力同等重要的地位。几乎所有成功的人之所以成功，是因为他把人际关系处理得非常好。一个社交能力低下的孩子，比没有进过大学的孩子具有更差的社会适应力。

——菲律宾儿童心理学家　马·劳迪斯·卡兰丹

第一节　理解是最基本素质

人活在这个世界上就无法避免地要与其他人相处，所以培养孩子如何与人相处是教育中值得重视的一个环节。孩子出生之后，对整个世界都是陌生的，最先熟悉的就是自己的父母，与父母的相处是他进入社会后人际交往的基础。作为孩子的启蒙老师，父母有必要让孩子去渐渐学会如何与人相处，走出对父母的依赖，独立去进行交际。

相互理解是人与人交往的基本条件。人与人之间正因为能够相互理解，才不会出现每个人都固执地站在自己的立场，认为自己永远是对的，而别人永远是错的。

倘若一个人可以轻松地跟别人交流，不仅做事会顺利而且还会得到快乐。所以，愉快地交流是每个孩子都应该学习的事，不会跟别人交往的孩子是非常孤独的。交际是孩子从小在家庭中就潜移默化地去学习的能力，只要他能和家人很好地交流，那么当他步入社会之后，也可以轻松愉快地与其他人交流。

理解是交流的基本原则，一切的交流都应该建立在理解的基础上。假如一个人总是狭隘地从自我的角度去思考问题，不肯站在别人的角度理解别人，就不会发现别人的优点和能力，也就无法与人进行正常的交流。

现在的小孩认为他们在家庭中处于被动地位，是接受者，认为和父母之间不

存在平等的地位，父母不理解他们的想法。这样，就容易养成很多不好的习惯，比如猜疑和撒谎。

卡尔就是这样，他总认为我们偏爱他的堂弟，无论堂弟做什么，我和他妈妈都会袒护堂弟。这样他就很容易心理不平衡。这个时候我们会努力引导他，让他调整心态，让他对事情做正确的了解和认识，是学会理解和宽容，消除对他人的敌意。这样跟别人才能更好地交往，更好地处理各种人际关系。

在家庭中要积极创造出一种平等和谐的环境，不要让孩子永远处于被动地位，相互理解、相互尊重才能建立一种和谐的家庭关系。想要建立这样一种关系，最好的方法就是时常进行角色互换：让孩子参与到成人的讨论中来，父母也站在孩子的立场上思考问题。这样做父母就可以及时地认识到孩子的优点与缺点，从而获得宝贵的教育反馈信息。

当我发现卡尔存在问题时，我希望他能自己认识，并去改正这个错误。于是我就扮演一个疑问者的角色去和他讨论，让他自己来做决策者。我总是问他的意见，让他告诉我应该怎么去解决。这样做的好处是：孩子亲自参与了这个问题，他就会从不同角度去思考这个问题的可能性，以后遇到同样的事情中，他就能自觉地按照正确的方法来处理，自觉地按照自己的规定去做。

和孩子共同商量一件事情，让孩子懂得尊重、理解、信任等这些观念的重要性。父母对孩子的错误若只是一味采取严厉的批评方式，往往会收到相反的效果，孩子有可能越来越不听大人的话，不能真正理解父母的苦心。

卡尔做出的家庭决策，我总会给予支持，他总能在我们的协助下完成一些家庭活动。每个周末我们都要进行一次野炊，活动的每一个环节都由他自己完成，而且他完成得非常好。在他的主持下，家庭会议也成了我们家庭成员情感交流的桥梁。我和妻子只是做一些协助工作来推动孩子计划的实施。对于不同意见，我们用婉转的方式让卡尔做出正确的决定。我们创造环境让孩子在家庭中发挥他决策者的功能，让孩子深切地感受到我们对他的尊重，这样我们都能做到相互理解，交流就变得很简单。

家庭成员是否能友好地沟通，孩子能否处理好人际关系，往往取决于他是否能真正理解他人，尊重、信赖、关怀、接纳他人。

随着年龄的增长，孩子生活的环境会逐渐发生改变，从家庭到学校到社会，孩子接触到的信息也在增多。社会上一些假恶丑的东西不可避免地进入他们的眼帘。许多父母为此感到担心，害怕孩子会受影响。每位父母都希望自己的孩子健康成长，所以这种担心是可以完全理解的。

不过我认为，对于这个问题，父母不必过于担心。孩子的想法和大人有很大的差异，我们不能用大人的视角、标准去判断孩子。其实孩子在提一些涉及到社会阴暗面的问题时，往往出于好奇，父母大可不必给孩子贴上什么不好的标签，甚至批评、指责。

这当然不是说，遇到这类情况，我们父母就撒手不管。毕竟孩子的理性辨别能力是有限的，如不加以引导，就有误入歧途的危险。“引导”而非“隔离”，隔离根本没有触及问题的核心，只会激起孩子更强烈的好奇心，况且父母也不可能做到真正的隔离。

注意正确引导孩子认识社会现实及未来，让孩子对未来充满向往，不要使他们害怕未来甚至企图逃避现实。

很多父母总是认为成人的世界还是让孩子长大成人之后再去了解，孩子们处于幼年时期就应该生活在他们自己单纯美好的世界中其实并不是这样，让孩子早一点接触到真实的生活，培养孩子的交际能力，对于孩子将来正式步入社会是很有帮助的。

卡尔箴言

无论一个孩子拥有多么卓越的才能，无法处理好人际关系将是他人生的绊脚石。要让孩子成为一个全面的人才，交往能力的培养是不容忽视的，而理解他人则是一切交往的基本素质。尊重、信任、关怀、接纳等品质是让孩子学会理解他人所必需的重要因素。

第二节　倾听是与孩子沟通的桥梁

人际关系状况影响着一个人的生活质量，一个人如果拥有融洽和谐的人际氛围，他就会变得幸福，他的个性也会得到健康发展；而如果一个人生活在紧张的人际关系中，他的幸福感会下降许多，伴随他更多的将是孤独、寂寞、自卑和疑虑。

我很重视对卡尔人际交往能力的培养。我给他提了一些必须做到的行为准则：自尊自爱、自信开朗、活泼大方、责任心与组织能力。用这些准则和别人相处有利于孩子成为广交朋友、受人欢迎的人。

如果一个孩子只生活在自己的空间，不善于与人交往，那么他所学的知识也会停滞不前，视野也会越来越狭小，而他的潜能也无法正常地发挥出来。渐渐地他就会变成一个孤陋寡闻、性格孤僻的孩子。这对孩子的成长和发展没有一点好处。

作为一个称职的父母应学会倾听并乐于倾听，才能学会从孩子的倾诉中感受和把握孩子的喜怒哀乐，真正了解孩子在想些什么，要求什么，希望什么；才能真正领会孩子的思想意图，分享孩子的快乐，真诚地为孩子的进步而高兴，为孩子的成功而喝彩；才能有效地用父母的体贴去化解孩子的烦恼，营造出充满爱意的温馨家庭环境；也能赢得与孩子的真诚友谊。只有当孩子把你当成可以信赖的倾诉对象时，你才能和孩子进行有效的沟通。

家庭会议是实施这种教育方式的最好方法。

我的朋友就是在我的建议之下，时常举行家庭会议，家庭气氛变得浓厚多了。家庭会议之前让所有家庭成员在自己的笔记本上写上对其他人员的意见和建议，选出一个父母来安排所有的家庭事情。

通过语言交流，我和孩子的感情，与妻子的感情，与兄弟姐妹的感情都变得更加深厚了。他们都很喜欢这种交流方式，没有不平等的地位，没有父母的严厉，每个人敞开心扉畅所欲言，所有的矛盾都逐渐得到化解。

我们应该更好地利用家庭会议这一方式进行感情沟通和实施教育，心平气和地交谈可以更好地解决家庭矛盾和消除家人之间的心理隔阂。

我们就时常举行这样的家庭会议，并且让卡尔积极地参与进来，让他学习别人处理问题的方式和态度，让他讲述自己发生的事情，并让他自己评价哪些事做得好哪些又做得不好。我和妻子充当听众的角色，细心地倾听，适当地给出一些建议。我们得到了孩子的信任，他对我们总是无所不言，他也愿意让我们帮他分析事情。对于他的错误，我给他的建议他也能接受。

除了开家庭会议，我们还一起去户外活动。田野、树林这些轻松的环境会让我们的交谈更愉快、更自由。孩子所讲的事情不仅能引起我的关注，他自己也因为能够平等地讲述，得到一种尊严和满足。

要让孩子多与人交流，当孩子在别人面前，要多鼓励孩子，表扬孩子，树立他的自信心。如：带孩子到亲戚朋友家游玩，或者让孩子邀请小伙伴到家中做客又或者到同学家做客等。此外，家长也要有意识地教会孩子掌握一些与人交流的技巧与方法，这样，孩子自然而然会变得喜爱与人交流。

卡尔箴言

当你认真倾听时，讲述者就得到了尊重，在尊重的前提下，交流和沟通会变得简单。及时与孩子沟通，会获取到孩子的准确信息，让一切教育变得轻松。学会倾听孩子的心声，教会孩子怎样去倾听别人的心声。不过，父母首先学会倾听孩子的心声，才能赢得孩子的信任，确保交流友好地进行。

第七章

不会让孩子受到伤害的教育

BuHui RangHaiZi ShouDao ShangHai de JiaoYu

把“德性”教给你们的孩子：使人幸福的是德性而非金钱，这是我的经验之谈。在患难中支持我的是道德，使我不曾自杀的，除了艺术以外也是道德。

——德国音乐家 贝多芬

第一节 孩子也渴望被尊重

孩子小的时候总是容易被宠坏，大人总是以他还小为借口而放纵他，这样做是不对的，这样的结果是使孩子养成一辈子也改不了的坏习惯。我的邻居告诉我，他们家的小孩就是因为在小的时候疏于管理，导致现在脾气暴躁，自私贪婪。无理取闹、不尊重父母、行为粗鲁，这些小毛病似乎危害不大，殊不知，孩子长大后就会变本加厉。

有一次，卡尔想吃一块点心。我没有给他，因为我们刚刚吃过晚饭，过多的吃喝会影响他的健康。不到2岁的卡尔就发起脾气来，他又哭又闹，还躺在地上打滚。卡尔的母亲看不过去了，为了哄他不哭不闹，不再打滚，她拿出那块点心，答应了他的要求。通过这样的方式，他取得了胜利，得到了那块美味的点心。

孩子的哭闹对父母来说，是一种对权力的挑战，孩子往往都会在这类挑战中取得胜利。若是在第一次发生这样的情况时，父母不加以阻止的话，孩子就会养成任性的习性。我当时并没有说什么，但我已经意识到了这个问题的严重性。面对卡尔的这种哭闹式的挑战的方式，父母本身就不应该答应他的要求。卡尔还小，我的妻子还看不出来这种恶果，但却已经为滋长不良习性埋下了很深的隐患。我不禁深思，如果卡尔长到了十四五岁，我们依然以这样的方式对他，必然会引来无限恶果，卡尔会变成一个蛮横无礼的人。

因为孩子知道哭闹一番，就能够从父母那里得到他想要的东西，只需遇到事情，他都会采取这样的方式挑战父母。若是父母满足了第一次，第二次、第三次，他还会以同样的方式继续哭闹。长大以后，他索取某些东西的方式就不仅仅是哭闹了。那种无礼的索取，则就不仅仅是针对他的父母了，他还会以这种方式针对其他人。他会以无礼的方式要求其他人也来满足自己的要求。许多事例都证明了，父母与孩子早期养成的关系会直接影响到孩子将来与其他人之间的关系。所以我对卡尔严格要求，其实也是在为他以后的健康成长奠定基础。

对于这样的事情，我是不会让孩子得到满足的。我要让他知道，所有的一切无理取闹都是徒劳无功的，我也告诉妻子不要再娇惯孩子。要知道，这种娇惯对孩子的成长没有任何意义。通过教育，我们让卡尔明白了这个道理，不能要的东西，即使是哭闹也无济于事。此后，遇到这样的情况，即使卡尔再哭再闹，他也得不到他不应该得到的食物和玩具。

因为卡尔具有卓越的学识和优秀的品德，所以，常常有人来向我请教怎样教育孩子。一位邻居告诉我，他觉得他的儿子糟糕透了。在孩子还小的时候，他们忽略了对孩子品德方面的教育，致使孩子不懂得尊重父母，把整个家庭搅得一团糟。他的妻子认为孩子还小，长大了自然会明白尊敬父母的道理。可是事实并没有按照他们预想的那样发展，他们的孩子变得越来越坏，自私贪婪、自以为是、脾气暴躁。孩子做错了事情，邻居都不敢说。现在他们的孩子十二岁了，已经变成了脱缰的野马，时常对父母发脾气，没人能管得住。

我告诉我的邻居，父母想要孩子尊重自己，自己也要学会尊重孩子。如果孩子犯了错误，也必须在相互尊重的前提下，给孩子正确的建议，让孩子认识到自己的错误，然后去改正自己的行为。一味地迁就，一味地满足孩子的要求都不是尊重孩子的表现。父母自身必须具备优良的品德，在言传身教中影响孩子。父母首先要清楚什么是对错是非，要知道采取什么样的方式去纠正孩子的过失。

只有父母尊重孩子，才能培养孩子的自尊心和积极乐观的态度。如果不尊重孩子，那么很可能导致孩子行为不良、自卑、退缩等不好品质。

尊重孩子，首先要接纳孩子。父母首先要无条件地接纳孩子，不管你的孩子是否如你期望般听话，是否淘气，都应该尊重孩子。尊重孩子，要表扬孩子的一些正确的决定，比如孩子做出某一你认同的决定，得到你的赞美时，他就会感觉

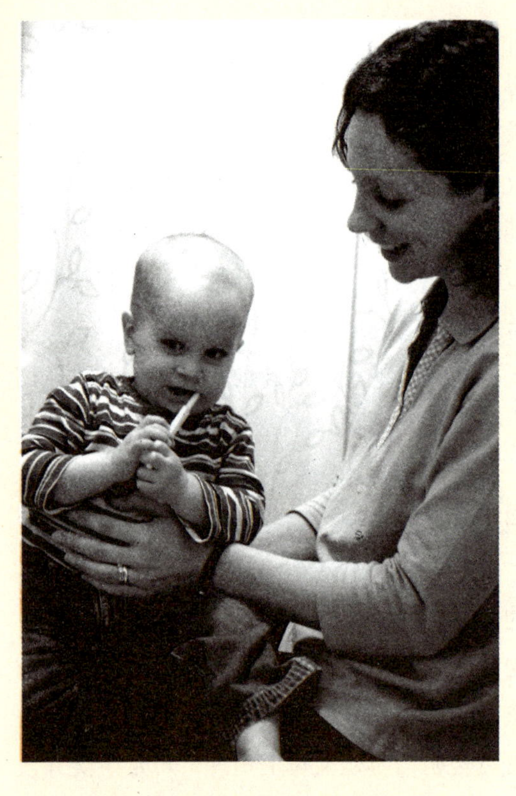

到他受到了尊重。尊重孩子，父母也要学会征询孩子的意见，比如晚餐时间，你可以询问他是想吃胡萝卜还是想吃黄瓜？同样孩子也会感觉到他受到了尊重。不要持批判的态度对待孩子，对孩子过多指责，就会失去很多和孩子在一起的乐趣。

尊重孩子，就不要在公众场合羞辱孩子。

父母不能当着孩子和他人的面说：“这孩子真傻！”孩子做错了事情，要批评孩子时应当批评所做的事情，父母可以说，“孩子，你今天做的事情让爸爸很生气……”而不能说“你是个傻瓜……”等这些损害孩子的人格，摧残孩子的自尊心的话。在公众场合，若需要孩子服从决定时，必须向孩子解释理由，才能让孩子心服口服，而不要武断地决定一些事情。

尊重孩子对于孩子形成健康的人格是很重要的。尊重孩子就不能纵容孩子和不管孩子，不能一味地迁就和满足孩子的要求。

卡尔箴言

孩子的内心是渴望被尊重的，在平等的前提下，孩子也会按照家长的要求来规范自己；尊重你的孩子，就是教会孩子怎样尊重他人。父母要明白，一味地迁就，一味地满足孩子的要求都不是尊重孩子的方式。父母首先要具备优良的品德，才能言传身教给孩子。

第二节　让孩子懂得诚实的重要性

诚实是一种美德，父母应该在孩子很小的时候就给他灌输这种基本常识。每个孩子小时候都会撒谎，但需要注意的是，不要让他养成这种坏习惯。

卡尔两岁的时候，有一次，我不在家，卡尔的母亲去了一会儿别的房间，就发现餐桌被卡尔打翻的水杯弄湿了。

“小卡尔，是你弄翻了水杯吗？”母亲问他。

卡尔使劲地摇头否认。

卡尔的母亲明明知道是儿子弄翻了水杯，但看到他紧张机灵的可爱样子，于是就忍不住笑了起来，因此也并没有责备他。晚上卡尔的母亲把这件事情像一件平常事告诉了我，她的表情告诉我她并不在意这件事。但是，我仔细想了想，认为虽然今天我不在场，但还是有必要和儿子谈一谈。

“小子，昨天是你弄翻了水杯吗？”第二天，我严肃地问卡尔。

卡尔仍然摇头否认。

我板着脸对卡尔说：“儿子，我们不会惩罚你的，但我希望你说实话。我和你妈妈都不喜欢撒谎的孩子。不管是不是你干的，一定要说实话。”

卡尔听了我的话就低头认错了，但是我并没有责怪他。因为我认为让卡尔懂得诚实的重要性比惩罚他更重要。

这件事情让卡尔明白，没有一个人喜欢说谎的人，父母不喜欢，朋友不喜欢，因为得到了及时的引导，卡尔从2岁后就再也没有说过谎，和他交往的人也都说他是个诚实的人，这一点让我非常欣慰。

孩子的谎言大多是没有恶意的，我认为他们撒谎主要是用来躲避家长的责罚；但是很多父母觉得孩子的谎言没有多大的坏影响，还觉得他们很可爱，并不重视这个问题，这是不对的。孩子的习惯就是从小的细节中养成的，孩子幼时养成撒谎的习惯，也许就会变成他日后犯罪的根源，到那时就很难再去改变了。

父母应该针对孩子的谎言去细心了解孩子的内心世界，找到他们撒谎的根本原因，然后采取合理的方式纠正他们的行为。在孩子小的时候就要时时刻刻告诉他们："撒谎是不好的行为。"等到孩子慢慢长大后，父母再慢慢给他们讲解更深层的道理，告诉他们谎言会影响人们之间的感情，让人与人之间产生隔膜和猜疑，是不利于人际交往的。慢慢地，孩子就自然明白了诚实的重要性。他一旦明白了，就会在日后的生活中身体力行。

不要小看孩子的理解能力，不要以为他们还小，其实只要你耐心地给他讲解，他们就会明白。品德教育都是从小开始进行的。

卡尔箴言

不要以孩子还小为由错过孩子品德教育的最佳时期；不要小看孩子的理解能力，父母的谆谆教诲将让他们受益终生。孩子要比我们想象的明白事理。父母发现孩子撒谎，不要训斥和指责孩子，要用心了解孩子，找到撒谎的真正原因，才能合理而及时地纠正这种不良行为。

第三节　孩子不是出气筒，要正确对待孩子的错误

每个人都会犯错误，孩子更是如此。那么，在孩子犯错的时候，你是怎样处理的呢？对孩子的批评是不可避免的，但是怎样的批评才能取得好效果呢？我认为让孩子感到心悦诚服最重要，不过要做到这一点却非常不容易。

每个父母都有望子成龙的迫切心情，这是可以理解的，但是批评孩子并不是把孩子当成出气筒。

假如卡尔学习不专心的时候，看见他心不在焉地翻弄书本，我的心情就莫名其妙地烦躁，走过去直接给了他一巴掌，还对他大声吼叫："你这个孽子，你就这样学习吗？你到底在想什么？"

卡尔当时肯定会被我的行为吓呆了，哆嗦着什么话也说不出来。

我若是继续向他发火，"你自己想想，你怎么对得起我们？我们真是白费心机了。你没听见我的话吗？怎么不回答？你在想什么呢？"

"我，我，我在想我学习这些知识有什么用处？我，我想不明白。"

我听了儿子的话又给卡尔一巴掌，阻止他继续说下去，卡尔就一直伤心地站在那，再也不说什么。

不称职的父母才会用这样粗暴的方式对待孩子。这种方式伤害了孩子的自尊心，甚至会给孩子留下心理阴影，造成无法挽回的后果。这样的教育是不可能培养出优秀人才的，甚至会在那一瞬间扼杀孩子本来的求知欲望和热情，优秀的孩子也就可能变成一个暴力凶残的人。

一旦发现卡尔学习异常的时候，我每次都耐心地询问他原因。

卡尔的疑问是：学习语言和艺术知识没有学习技术知识好，因为他现在不知道语言、艺术还有历史知识能带给他什么。

我很高兴也很惊奇，因为卡尔已经在思考这些深层次的问题了，但是这个问题，需要用一些深奥的知识去回答，而这些回答他是没有办法理解的。于是这时候我就要采用他能接受的方式来讲解这个道理。

“如果做技术的人不懂这些基本的原理，他们怎么会知道这个东西该怎么样去做呢？铁匠和木匠就只有看着一块生铁和一棵树木发呆了。”

卡尔似乎也同意这样的说法，我就接着告诉他：“语言和艺术这些知识是人类智慧的遗产，是最美的东西。学习的目的是为了更好地了解人类的发展，并且你自己也从中得到最大的快乐，这就是人生最完美的境界。你还不感到满足吗？”

孩子学习的关键就在于：求知欲望的满足和在学习中得到的快乐。

作为孩子的父母，有义务去给孩子解释他的一切疑问和困惑，给予他们耐心正确的回答，要知道家长的一言一行都可能对孩子产生永久的影响。要是父母自己都不了解一些事物的本质，怎么可能去给孩子讲解清楚呢？给孩子讲道理的时候首先要用孩子能理解的语言和事例来解释事情的本质；在尊重孩子的前提下对他的错误提出批评。

同一件事，用不同的方法往往会收到不同的效果。孩子的心灵是幼小脆弱的，一味地责怪和打骂是收不到任何教育效果的，相反会把孩子推上一条危险的道路，这种教育方式还不如没有的好。

卡尔箴言

人人都会犯错误，关键在于怎样去纠正孩子的错误。帮助孩子改正错误是家长的责任，但是怎样纠正要讲究方法。孩子不是家长的出气筒，也不是父母权威的体现者，面对孩子所犯下的错误，要真正走进孩子的内心去关爱、尊重他，理解他就可以让他心悦诚服地接受管教。

第四节　永远不要伤害孩子的自尊心

作为一个成人，我们都知道自尊心对于一个人来说是多么重要，自尊心影响着我们每一步的发展和行为，所以，我们也要这样看待孩子的自尊心。家庭应该是孩子成长的乐园，孩子应该在健康的环境下茁壮成长。父母从小就应该教育孩子树立起做人的尊严，但是家长的错误教育，很可能让孩子失去信心和尊严。

很多父母把孩子当成自己的宠物，怕他们摔倒，怕他们受到伤害，严格限制他们的自由活动，这样孩子就没有机会自己锻炼身体、锻炼意志。有的大人甚至担心看书影响孩子的脑部发育，就阻止他们学习。这样的父母总是为孩子包办了一切事情，孩子连自己动手的机会都没有，最后孩子自己都会怀疑自己的能力。他们会认为自己根本没有能力去做一些事情，因此而养成依靠父母的习惯，最终成为一个无所事事，对社会没有作用的人。

在卡尔很小的时候，我们就教育他动手做一些力所能及的事。比如：帮妻子扣衣服上的纽扣，让他自己学习脱衣服，让他自己刷牙洗脸。这样做的好处是，锻炼了孩子的动手能力，养成孩子自己照顾自己的好习惯。就算离开父母，孩子也能自己生存下来，慢慢就相信自己的能力。

这是对孩子的一种信任，信任比任何说教和管束都起作用，信任可以保持孩子的自尊心。我始终认为保持孩子的自尊心是非常重要的一种教育方式。

我一直都把卡尔当成成年人来对待，我们在用餐的时候谈论他可以理解的话题，我们一起讨论各种有趣的事情，这使我们的用餐时间非常愉快，同时也增进了我们的感情。我无法理解有的家庭在餐桌上教育孩子的话题，让孩子感受不到吃饭的乐趣，这不仅会影响孩子的心情，还会影响孩子的食欲。不愉快的话题导致孩子消化不良而引发疾病，甚至会让孩子变得越来越自卑，他们会认为自己一无是处。

当然，对孩子的严格教育也是不可少的环节，但我认为严格的教育过程中应该以尊重孩子的自尊心为标准。有的家长为了让孩子服从自己，故意用严厉的方法使孩子害怕自己，这种方法最直接的影响就是把孩子变成胆小怕事的懦夫！懦弱的孩子要想再变得信心十足就非常困难了。

很多父母对孩子总是保持高高在上的姿态，对于孩子的一些问题从不放在心上，他们认为孩子可笑幼稚、不懂事；他们不听孩子的陈述，就直接否决了孩子的看法，甚至还会嘲笑孩子。这样的嘲笑容易使孩子觉得非常难为情，从而变得胆小。父母的捉弄会让孩子得不到应有的尊重，渐渐变成粗鲁不知羞耻的人。

对于卡尔提出的问题，我都仔细倾听，详细解答。如果是我也无法回答的问题，我会查阅书籍来帮助他。不敷衍孩子，不戏弄孩子，这是我教育卡尔的准则。要是父母也欺骗孩子，那么我敢肯定，这个家庭的孩子绝对会是个爱撒谎的人。有的父母喜欢讲恐怖故事吓唬小孩，这样做很容易造成孩子精神错乱、心理失衡。孩子一般很相信自己的父母，父母所讲的他们都认为是正确的，家长失去了孩子的信任是一件非常严重的事。

我也给卡尔讲远古的传说和神话，但是我会告诉他，这些故事都是不存在的；我讲的目的是让他学习故事中英雄人物的精神和一些人生哲理，并不是让他产生害怕和恐惧的心理，用此来吓唬他。吓唬很不利于孩子的健康成长，我认为，这是错误的教育方法。

卡尔箴言

信任比任何说教和管束都起作用。不要敷衍孩子，不要戏弄孩子，不要欺骗孩子。耐心倾听孩子的想法，把孩子当成自己的朋友来对待。相信孩子的能力就是尊重孩子的自尊心，就给了孩子自信心，孩子就可以独立勇敢地去面对社会上所有的事，从而获得成功。

第五节　鼓励让孩子更有信心

信心是使人上进的源泉。怎样才能让孩子充满信心呢？孩子随时都需要父母的鼓励和支持，也就是赞美，孩子需要这些来证明自己的能力，父母的鼓励就是孩子获得信心的最好方法。

对于孩子的各种尝试，父母都应该给予最耐心最温柔的鼓励，因为孩子在刚开始接触这个社会时都是幼稚而弱小的，家长应该正确看待孩子所犯的错误。经常给孩子一些鼓励，能树立起孩子的自信心，孩子就有信心把事情做得更好一些。

我记得卡尔刚刚学习写作文的时候，对自己非常没有信心。他把文章交到我手上的时候能看出他的紧张和恐惧，他害怕自己写得不好而受到我的责怪。那的确是一篇很糟糕的文章，错别字加上语法错误，根本让人没有办法连贯地看下去。但是，我一点也没有责怪他，因为我知道随便说出“不好、不行”的时候会对他造成多么大的伤害。

我告诉他，他已经写得很好了，比我第一次写的要好得多。卡尔听了这话立即高兴起来，再也没有紧张的表情了。从此之后，经过反复的练习，他的写作水平慢慢提高，一次比一次好。

我给了他信心，他就有可能更好地完成这件事情。相反很多父母永远高高在上，总是以成人的标准来要求孩子，看不到孩子的进步，对孩子取得的成绩从不鼓励。他们不知道孩子虽然年龄还小，但懂得什么是尊重和自信心，他们能够很敏锐地感知父母对他们的态度。父母对他们友好，他们也会以微笑来回报；父母对他们冷漠，他们则回报以无理取闹。

因此在教育过程中，对孩子的进步进行鼓励是很重要的。给孩子鼓励，他就可以得到信心。只要对自己充满信心，无论做什么事，他都会勇往直前，直到取得成功。如果丧失了信心就必定不会成功。

就卡尔第一次写作文为例：如果我看到他那篇糟糕的文章就开始责骂他，甚至嘲笑他，就把他的劳动成果否定了，他的自尊心肯定会受到伤害，以后再也没有兴趣写文章了，这样就扼杀了他的写作才能。

我时常对卡尔的进步适时鼓励，帮助他树立解决问题的信心。孩子在成长的道路上肯定要经受无数的挫折和困难，作为父母，我们应该竭尽自己所能去帮助他们，而鼓励就是最好的方法。孩子只有不断得到父母的鼓励才能对自己充满信心，才能有勇气去面对生活，创造美好的未来。

为了不让孩子丧失信心，即使他做得真的很糟糕，你也要对他取得的一点成绩进行鼓励；也许就是因为你的这一句话，就让他重新找回了勇气和动力；就算是做得不对犯了错误，也千万不要对他进行挖苦和讽刺，而要帮他找到错误的根源，让他拥有再次尝试的动力。

美好的东西总会给人留下美好的回忆，让人永远怀念；痛苦的事情则会产生一辈子的阴影。所以，你是想让你的孩子在健康中成长，还是让他在阴影中痛苦地生活呢？给孩子多一些鼓励吧！

卡尔箴言

孩子身心健康成长，需要父母的适时鼓励，帮助孩子建立起父母的适时鼓励信心。仅仅一句简单的鼓励之言，就会让胆小的孩子变成英勇的英雄，所以，不要小看你的一句鼓励的话，它给予孩子自信心，是获得成功的原动力。

第六节　随意赞扬容易使孩子骄傲自满

骄傲使人落后。这是一句非常正确的话，很多天才到最后都陨落了，就是因为骄傲使他们逐渐变成了一个平凡的人。我时常对卡尔说一些赞美的话，那是为了鼓励他。但是我还是要提醒各位家长，对于孩子的赞美要适可而止，过度的赞美会让孩子产生骄傲的情绪，人一旦骄傲就离失败不远了。

我听说过一个天才最后沦为酒鬼的故事：

有一个从小就很有天赋的孩子叫莱恩，凡是接触过他的人都认为他是一个神童，人们都认为他将来绝对是一个了不起的大人物；还有人说这孩子绝对是个伟大的艺术家。这个孩子在2岁的时候表现出超常的音乐天赋，所以，他的父母就对他进行音乐方面的培养，还专门聘请了家庭教师。

莱恩在四五岁的时候就通晓了基本的乐理知识，而且能够熟练演奏很多乐器，尤其精通钢琴和小提琴，他成功地举办了个人音乐会。在当时来说，这一切是多么令人不可思议，大家都夸奖他是个音乐神童，甚至有人说他像历史上那些最伟大的音乐家一样出色。就连他的父母也到处这样说，他们总是见人就夸奖他们的孩子是如何的聪明，他们打算把莱恩培养成一个伟大的音乐大师，他们相信自己的孩子绝对会成为一个像巴赫那样的音乐大师。

莱恩的父母把所有的精力都放在了他身上，请最好的教师来教育他，给他最好的环境，然而这些夸奖已经让这个孩子飘飘然了，他开始变得骄傲自大起来，对于其他人的劝告根本不放在心上。

他的家庭教师是一位很出色的老师，老师告诉莱恩：“听我说，孩子，我认为你的音乐表现力需要再加强一点，因为仅仅凭技巧很难抒发出音乐情感。”

老师本来是好心提示，却让莱恩大为冒火：“你认为我不知道这些吗？你认为我只是会技巧这些东西吗？”

“可是，我已经在你身上发现了这些。”

但是这孩子根本听不进去，他认为他就是一个伟大的音乐天才，根本不需要

别人的教导。结果老师被他的无理和嚣张气走了，任凭父母怎样挽留，老师也不肯留下来。

后来这位老师见到我并和我谈论起这件事，他显得忧心忡忡，他说他认为人们对莱恩的看法是错误的，经过他的亲自接触之后发现很多对莱恩的预见都是不可能的。一个孩子如果不懂得虚心求教，那么他永远都只能停留在原地无法前进，如果一个人骄傲自满，那么他将永远无法取得成功。

后来的事实证明这位老师说得并没有错，我听说在此之后，莱恩总是以音乐神童自居，常常随意改动那些优秀的音乐作品，还到处说“这些作品根本不值一提”、“这些大师也不过如此”，并要求父母不要再给他找家庭教师了，他认为自己的才能已经超过所有人，那些老师的资质都太平庸了。

后来我听说，这个孩子终日光顾酒吧，变得穷困潦倒，谁也无法想象一个昔日的天才会沦落成这个样子。但是他依然没有认识到自己的错误，总是告诉别人，是世人无法理解他的才能，他是个被埋没的天才等等。

我想，现在恐怕他连最简单的曲谱也演奏不出来了。

我时常把这个故事讲给卡尔听，让他明白骄傲的人会落得这样悲惨的结局。我总是不轻易奖励孩子，给他的赞赏也是很有节度的。我要让他明白，我的奖赏和赞美是不那么

容易就得到的。我想让卡尔懂得：行善的最好回报就是行善过程中带来的喜悦之情！

但是很多父母和我的想法是相反的，他们总是害怕别人不知道自己孩子的优秀之处，他们喜欢到处去夸奖孩子，完全不知道这样做的后果就是有可能把一个孩子本身的潜能扼杀掉，可能因为这样就毁掉一个孩子的前程。

教育过程中最害怕的就是孩子产生自满骄傲的情绪，我为防止卡尔形成这样的情绪花了很多时间和精力。因为我深深地知道，孩子一旦养成了这样的坏毛病就很难再改正过来了。

卡尔箴言

赞美会使孩子拥有信心而不停地前进，但是过度的夸奖会起到反作用。骄傲使人落后，孩子可能仅仅因为这样就丧失掉本身的才能，变成一个碌碌无为的人。当孩子正在做或已做完某件有意义的事，就应当及时给予适当的赞美，如一时忘记了，也要设法补上。赞美要掌握时机、坚持原则，但不要重复赞美。

第七节　表扬要恰到好处

赞美人也是一门艺术，也许很多父母对此并不认同。但是，的确是这样，赞美一个人并不是讲几句好听的话就可以的，也不是用一些夸张的话语去让别人高兴。给予孩子的夸奖绝对要掌握好尺度，适度地夸奖孩子会给予他们信心，但是过度地夸奖就容易让孩子养成骄傲自满的习惯。

在对卡尔的教育过程中我很少称赞他，也不会让别人来称赞他，就算有人表示出对卡尔的赞赏，我也不会让他听见这些话。有的人就表示不能理解我的做法，他们总说我是个老顽固。但是，最终证明我的方法是正确的：在卡尔取得各种成就的时候，他依然保持最谦虚的态度，没有一点骄傲自大的坏毛病。

卡尔小时候我就告诉他，只有永远保持一颗谦虚的心，人才能不断地前进。喜欢听别人赞赏的那些人其实是很容易受到伤害的，因为他们会因为别人的评价感到欢乐和忧愁；有人因为别人的批评而伤心，有人会因为别人的夸奖而显得得意忘形。但是世人的赞赏是不会长久的，因此没有必要把别人的称赞放在心里，只有真正行善的人才会得到人们发自内心的赞赏。

塞恩福博士是我们这里很受尊敬的人，他也认同我这样的教育方式。

他来我们家做客，他对卡尔的情况很了解，所以他认为卡尔或多或少都有一些骄傲的情绪，但是我告诉他，这是不存在的；当然，没有人会相信。于是，他又开始和卡尔进行了交谈，又出了一些习题来测试卡尔，卡尔都表现得非常出色。

博士就不由自主地夸奖起卡尔，我连忙拉了拉他的衣袖，他才明白过来。他走的时候，对我说："请接受我真心地夸奖，您把您的孩子教育得这样优秀，还没有一丝自大的情绪，这才是难能可贵啊！"

一个朋友的亲戚叫克洛尔的督学官，从外地来到哥廷根，他专门邀请我们全家去做客，并表示在此之前就已经听说了卡尔的事迹。他请求我允许他测试卡尔的才能是不是传说的那样出色。我接受了他的请求，但是依照惯例，他必须答应我，事后不能对卡尔表现出一丝赞赏。

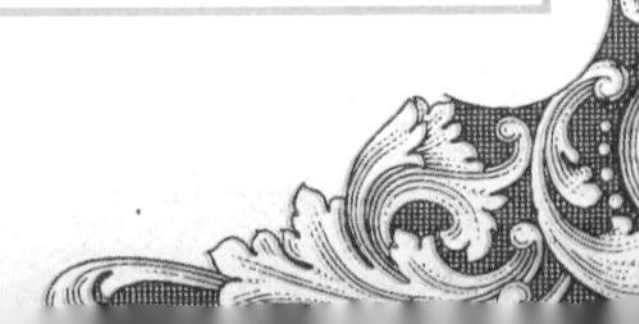

克洛尔先生对数学很擅长，所以一开始就测试卡尔的数学能力。我想考什么都无所谓，只要他能遵守我们的约定就好了，因为我对卡尔的才能非常有信心。

他们开始交谈一些人情世故，然后测试数学才能，卡尔对克洛尔先生的提问都给予了非常满意的答复。卡尔也很精通数学，一道又一道习题并没有难倒卡尔，他甚至还想出了另外一种不同的解答方法，这让克洛尔先生感到非常吃惊；他不由自主地说起了一些赞美的话语。

在我的暗示下，克洛尔先生停止了夸奖，他们又接着往更深奥、更复杂的领域讨论，最后卡尔难住了克洛尔先生。克洛尔先生连连说："不得了，不得了，这孩子已经超过我了。"

我只好出来打圆场，"卡尔这段时间都在学习数学的知识，只不过刚好碰上他知道的罢了。"但是克洛尔先生的兴致越来越高，他对卡尔说："我再出一道习题，你要知道，这是当年欧拉先生思考了三天才找到解决方法的复杂数学题，你要是解出来，那你就太伟大了。"

此时，我已经变得神情紧张了。我并不害怕卡尔解不出这道题目，而是害怕他解出来之后会欣喜若狂，因此骄傲。但是，我已经无法阻止这件事了。

克洛尔先生先把这道题目讲述了一次，确定卡尔在此之前没有听过类似的题目，他告诉我："这是很复杂的题目，您的孩子还那么小，肯定无法解答出来。"可就在这时候，卡尔兴奋地告诉我们，他已经解答好了。克洛尔先生根本无法相信，拿着卡尔的答案看了好几遍才完全相信，卡尔的数学才能真的已经达到一个很高的程度了。"哦，孩子，你实在是太聪明了，是我见过最聪明的孩子。你真伟大，和欧拉先生一样伟大。”我实在无法在听下去了，就很不礼貌地打断了他的话：“那只不过是碰运气罢了，怎么能和伟大的欧拉先生比较？”

克洛尔先生听了我的话并没有生气，他立即明白了我的意思，转身向我说到：“您才是最伟大的人，把孩子教育得这么优秀，你看，他一点也没有感觉到骄傲。”此时卡尔早就忘了这事，和另外的人谈论其他的事情去了。

卡尔能做到这样不骄不躁，我非常欣慰。看来，他完全理解了我的话，他已经明白世人的夸奖都是暂时的，人们只有对学识丰富的人产生永久的尊敬。

卡尔箴言

表扬要及时，但不要过滥，对应表扬的行为一定要表扬。表扬和肯定孩子的点滴进步是巩固孩子的好行为，形成良好习惯的重要手段。

第八章

培养孩子的心理素质

PeiYangHaiZi de XinLi SuZhi

> 世界上的聪明人何其多，但是很多聪明人也会做一些阻碍自己发挥的事情，其原因不在智商，而在于心理素质。心理素质不仅是一个人成功的基础，更是使一个人一生富有的资本。
>
> ——美国投资专家　沃伦·巴菲特

第一节　培养孩子的勇气

我一直推崇英国人那种教育方式，他们总是在孩子还很小的时候就锻炼孩子的生存能力，训练孩子的勇气。他们经常带领孩子去野外探险，让孩子们在险恶的环境下学会生存。我还听说，英国的瓦伊河畔专门有一所河流探险训练中心，专门为孩子提供探险活动的机会，以此来锻炼他们的勇气和意志。那里的专业人士来教他们划船和游泳，每一次的训练都是艰苦而残酷的，总会有孩子掉进河流中，也会有人受伤；但是他们依然坚持到底。英国其他地方也有很多这样的活动场所。这样的活动不仅让孩子们学会了相应的技能，而且锻炼了他们的意志和勇敢精神，为他们日后的生活做好了充分的准备。

勇气是战胜一切困难的动力，胆小懦弱会被人欺负，勇敢和坚韧的人会得到他人的尊重，更好在世上立足。

我一直很重视培养卡尔的勇气，同时也很欣赏那些和我有一样想法的父母们。一些事情在大人看来是很危险的，其实孩子是完全可以胜任的，只是由于家长害怕孩子受到伤害就一味地阻止和劝说。我也认为父母这种害怕孩子受到伤害的做法其实是非常自私的，因为孩子受到伤害的话他们的感情也会因此受到一定程度的锻炼。以后他们会避免自己再次受到伤害。他们会产生一种自我保护的意识。

卡尔很小就懂得了勇气的价值。他与小朋友一起玩耍的时候总是表现出自己

最大的勇气，有时候甚至忍住眼泪和疼痛，也不会让其他小朋友看到他软弱的一面，他认为那是懦弱的表现。

我时常鼓励卡尔："你一定可以的！"我和妻子都赞成他去做一些我们看上去很危险的事，实际上他做得很好。那些过度呵护孩子的大人之所以不知道这样做，是因为缺少对孩子能力的了解，他们阻止了孩子去探索新的事物和环境，剥夺了孩子锻炼自身的良好机会。在这样的家庭里成长起来的孩子可能缺少勇气去面对困难，形成胆小懦弱的性格，这对他将来的发展影响非常不利；孩子也会认为自己的能力本来就不行，从而变得会过分依赖家长。

很多家庭的教育方式是"先入为主"，认为孩子的年纪还小，总是把什么事情都安排得妥妥当当，或者代替孩子去完成。然而这样做的结果是：孩子丧失了自己探索的兴趣，对自己失去信心，失去锻炼自己能力的机会。他们没有考虑孩子以后总是要一个人在社会上生活的。独立生活的能力，是从小就应该培养的。

父母应该大胆地让孩子去做他们自己的事，要让孩子意识到他自己有这个能力去完成一件事情，不要养成依赖父母的习惯。身体的一点点创伤是很容易医治好的，如果孩子失去信心和锻炼的机会，则是很难弥补回来的。

我对卡尔的要求一直是"力所能及"、"竭尽全力"、"试试看"，我和妻子从来不会主动替他做好每一件事，就算他碰到困难，我们也只是辅助性地给予帮助而已。我们这样做的目的就是为了增强儿子的独立能力，培养他敢于挑战的勇气。

总有父母来请教我，是如何培养卡尔勇气的，我给那些父母们的建议是：

一、保护孩子的自尊心

有的父母从来都是坚持用刺激的方式让孩子获取进步，总是在孩子面前夸奖别人，打击孩子的自信心，或者见到亲戚朋友也是一味抱怨自己的孩子怎么怎么不懂事，不听话，在众人面前数落孩子是对孩子自尊心的最大的打击。其实这样更容易让孩子丧失信心，变得更加怯懦和羞涩。对于孩子的错误和不良习惯，要耐心地去引导，让孩子勇敢地去面对困难，教给孩子正确的方法去克服困难，和孩子一起去解决问题，才是家长的职责所在。

二、欣赏孩子

孩子的行为和语言未免还有些稚嫩，但是对于孩子的进步和创意，都要给予适当的夸奖和赞美，让孩子感受到父母的支持，这会让他们更加充满信心。不能一味地责怪孩子甚至讥笑孩子，对于孩子的问题应该尽量站在孩子的立场上去思考，不能只用成年人的标准去要求孩子。应该花一定的时间听孩子说话，或者和孩子一起阅读、听音乐、做游戏，这样做有利于和孩子相处。做家务事的时候让孩子帮助自己，也是一种锻炼方式，让孩子这些他力所能及的事情，使他从中获得信心。只要他认识到自己有能力完成一件事情，他就会开始尝试做事情，胆子也会越来越大。

三、鼓励孩子

一个胆小的孩子，其实更需要别人的帮助，但是这种帮助并不是事事包办。作为家长，应该鼓励孩子，让孩子自己去尝试。就算孩子第一次失败了，或者遇到了困难，也会想到与家长商量，寻求大人的帮助。其实他们需要的仅仅是大人们的精神支持和鼓励。父母的鼓励就是他们的“强心针”，促使他们不停地尝试、不停地前进，而所谓的胆小渐渐就改正过来了。通过后天的教育，一切不良习性都可以改正过来。

有的家长害怕孩子受到伤害，禁止孩子与其他孩子接触、玩耍，整天把孩子关在家里。他们认为自己的孩子胆小懦弱，在外边玩耍肯定会受到别人的欺负，所以，他们宁愿把孩子放在家里，也不会冒险把孩子放在陌生的环境里。这样做的结果是孩子的性格变得更为内向胆小，长大之后也注定一事无成。

在温室中长大的孩子无法独立生活，也没有勇气面对现实社会，这就是家长溺爱的结果。无论孩子存在性格问题还是存在生理缺陷，家长都应该鼓励他们进入正常的生活圈子中去适应，慢慢地尝试，让孩子自己“摸着石头过河”，父母只需要在他们身边陪伴他们成长就可以了。

只有孩子亲自去尝试了，他才能体会到其中的辛苦和快乐。要注意的是在这个过程中，父母只要做好“引导者”的工作就好了，对于孩子的行为不要给予过多的干涉。也许父母认为的保护措施，在孩子看来是极其多余的，而且会招来孩子的反感。正因为父母过分地保护，让孩子低估了自己的能力，长久下去，孩子也会依赖上这样的保护而不想自己做任何事情了。

但是有的孩子面对父母的过度保护，会产生强烈的对抗情绪，越是危险的越是父母禁止的，他们就越要去尝试，这样是很危险的。所以，父母对孩子的爱也

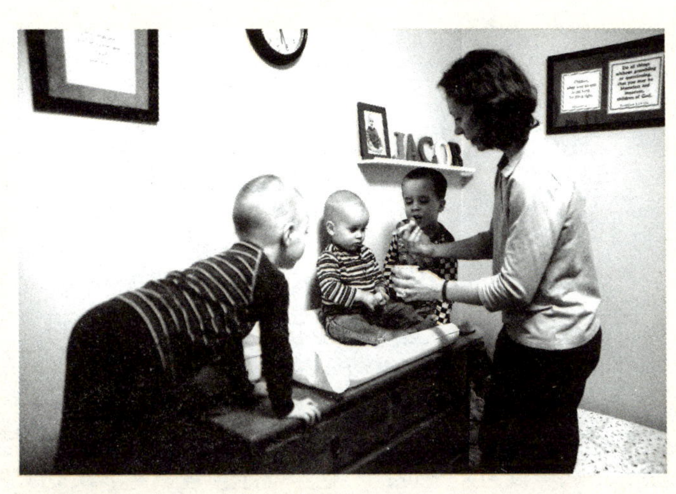

要适度，太苛刻、太顺从都是不对的。很多孩子就是因为从小受到了不好的家庭教育走上了犯罪的道路。

我们应该都要明白，在孩子的成长过程中总是会碰到无数挫折的，意外伤害在日常生活中也是不可避免的，越是这样越是要让孩子积极地去面对困难，忍受伤害。这些不过都是为了他以后进入社会，更加独立和勇敢地生活而已。

卡尔箴言

父母要时常对孩子说：“你能行！”这就是鼓励他充满自信，让他有勇气去做一切他想做的事。尤其在处境困难的时候，自信心显得特别重要，而是否有勇气往往决定事情的成败。在给孩子的教育中，家长要掌握分寸，该争斗时要争斗，该谦让时也让孩子学会谦让。要让孩子勇往直前，自己做主，父母的怀抱不能成为他们退缩的天堂。

第二节　培养孩子的独立意识

有这样一位母亲，她独自抚养着自己的孩子，因为她的丈夫很早就去世了。她对孩子非常疼爱，所以这个孩子都4岁了还要让母亲给他喂饭，甚至不会自己穿衣服和鞋子；但是和他差不多大的小孩子都能把这些做得非常好。有位邻居劝说这位母亲，对自己的孩子不要过分地好，这样会妨碍孩子的正常发展。这个母亲却不这样认为，她说："这个孩子现在就是我一切，我愿意把自己所有的东西都给他，何况照顾他呢？"

其实，这样的母爱并不值得歌颂。从某种程度来说，她算不上一位合格的母亲。也许，她把自己最大的爱都交给了她的孩子，但是，结果却使这个孩子连一些基本的技能都不会。她的孩子只会玩耍，将来她离开以后孩子怎么能在这个社会生存下去呢？这样的孩子过分依赖大人，觉得自己就是个没用的人，这样的孩子必定是个性格自卑的人，将来无法适应社会。

这样的爱是自私的爱，不是负责任的爱。大人事事代替孩子去做，这是对孩子积极性最深的打击，孩子因此丧失锻炼机会，也就是大人对孩子的不信任和否定；这会让孩子自觉地削弱自身的能力，并承认大人是伟大的，自己是渺小而无能的。

妻子一直很重视卡尔独立能力的培养。在卡尔很小的时候就开始让他自己学习穿衣服、扣纽扣，她则只是在旁边指导并鼓励儿子一步一步地去做好。如果儿子用哭闹来反抗，妻子也不会心软，不会让儿子养成依赖的习惯，直到卡尔把这些事情都一一学会。

具体分析孩子的性格特点和能力范围，然后给孩子制定适合他的锻炼方式，让他去挑战困难、锻炼胆量，以此来培养孩子的独立能力。我一直很推崇这样的教育方式，我也是这样去教育卡尔的。

一个对自我意识有强烈需求的人，才是真正具有独立精神的人。他们几乎不会去考虑借助外力或者依靠别人来解决问题，他们总是可以自己做出决定来指导自己

的行为。所以说，伟人们立志都是为了满足自己的需要，并不是为了满足别人。

这样的人其实也是有依赖意识的，但是由于自身拥有很强的独立能力，就把这种意识克制下去了，这样的人必定是小时候受到了锻炼。

相反，很多孩子一遇到困难，本能的反映就是向大人求救，寻找帮助。他们明白总会有人来帮助他们，他们已经养成了这样的习惯。

这样的人其实存在心理障碍，他们在情绪上高度依赖别人。他们没有独立意识，总是在思想上依靠别人的帮助，他们无法为自己创造心理上的满足，并且他们的思维模式和处理事情的方式都是参照别人的。那么，假如他所依赖的对象一旦倒塌，他们就很容易陷入一种绝望状态，形成消极的人生观。

每一个父母都害怕自己的孩子受到伤害。但是，过度干涉孩子的活动或者代替安排好孩子的生活，甚至代替孩子做好事情，都会造成更大的危害，后果将是无法挽回的。阻止孩子的尝试和探索，都会削弱孩子的兴趣和锻炼的好机会；父母如果把什么事情都处理得井井有条，会严重打击孩子的自信心。父母在对孩子的教育中，要注意以下几个方面：

一、鼓励孩子大胆尝试

孩子的独立意识萌发得很早，大概在1岁的时候，孩子就有了强烈的独立意识，主要表现在他想要自己做一些事情，拒绝别人的摆布，比如吃饭、穿衣服，这些日常技能。家长应该懂得这是他们独立意识的萌发，应该尊重他们的独立意识，尽管他们还没有办法做好这些事情，但是要鼓励他们去做，教给他们正确的方式帮助他们完成，而不是直接打击他们，根本不让他们去尝试。

二、为锻炼孩子的独立性提供条件和机会

父母在教育孩子的时候，应该培养孩子的独立性，不要什么事情都去包办操劳，而是必须解放孩子的手和脚。习惯指手划脚，以担忧的目光注视孩子，总是怕孩子摔倒而提醒帮助孩子的方式，在孩子成长的世界里，是不受欢迎的。为孩子扫除障碍、铺平道路的父母，实际上已经束缚了孩子的手脚，阻碍了孩子养成独立的好习惯。

三、教会孩子独立做事的知识和技能

独立意识是培养孩子独立性的关键和首要步骤，而要真正养成独立性，还需要父母教会孩子独立做事情的知识和技能。比如怎样洗手洗脸，怎样洗菜择菜，怎样扫地擦桌子，怎样脱穿衣服，这些生活小事情，孩子会表现出想积极参与的意识，但正确的技能还是需要父母教给。所以，独立性的培养，实际是一个不仅仅需要孩子自己愿意做事情，还要教会孩子自己做事情的过程。当然，独立性还表现在学习和交往等方面，父母要有耐心一件件教会孩子完成游戏和学习任务，让孩子主动参与到与同伴的交往和自己的生活学习中去。当孩子的学习出现了疑惑，与伙伴发生了纠纷时，也要教会他们各种有效的处理方式，引导他们去自己解决难题。

四、把决定权交给孩子

让孩子自己去决定事情，才算是真正独立发展的表现。人的一生需要决策的事情多不胜数，这是人必须具备一项能力。在孩子小时候就应该培养孩子的决策能力。首先，让孩子自己思考自己的事情，开动脑筋，运用一切可以利用的因素去解决问题。父母只能适当地帮助，引导孩子，千万不能任意打断孩子的思维，干涉孩子的想法，包办孩子的事情。

作为父母应该时刻记住：培养孩子的独立能力是很重要的，没有独立能力的人进入社会之后，就会感到束手无策。因为那时候再也没有人让他们去依靠，也没有人能再尽心尽力地去照顾他们。

卡尔箴言

独立性是一种积极的心理特征，独立性强的孩子总是自信，乐观进取，并积极主动地学习和接受新事物。独立生活能力是竞争的基础，没有独立性就不可能有竞争意识。而独生子女最大的弱点就在于独立性差，依赖性太强。父母必须树立孩子“我自己来”的思想，必须培养孩子能够“我自己来”的能力。培养孩子的独立意识，首先要尊重孩子，让孩子成为孩子自己，而不是你的小影子。父母不是孩子的“手”，也不是孩子的“脚”，更不是孩子的“脑子”，父母要做孩子独立意识的“保护者”。

第三节　让孩子学会自己的事情自己处理

孩子来到这个世界，对于这个陌生的环境无能为力，但他们仍然有勇气和耐心来学习各种本领融入这个社会，所以，不要以为孩子的年纪还小就去怀疑他们的能力，他们终有一天会变成强者，立足于这个世界。

有的父母总认为，孩子到达一定阶段才可以学习一件本领，他们把孩子学习的进程都完美地安排好了。他们并不懂得很多事情是要敢于尝试的，只有尝试过了才能判断孩子的接受能力。

卡尔2岁的时候我就让他帮妻子收拾饭桌了。那时他可以收拾盘子和小碗，朋友们都会说："会打碎的，这么小的孩子，怎么能做这些事呢？"但是我已经证实卡尔是可以做这些事的，如果我也和这些朋友们一样的想法，那么卡尔就真的要长大后才能做这些事情了。

在卡尔很小的时候，我就开始培养他过有规律的生活，让他自己安排学习时间和任务，让他尽量地发挥他的爱好和特长，这些在别人看来是不可思议的。

孩子开始学习的时候往往显得幼稚而笨拙：把衣服穿反了，房间收拾得乱七八糟，打碎盘子和碗等等，但是只有让他亲自参与到事情中来，亲身去探索和锻炼，他才会成长为一个真正有所作为的人，学习到真正的本领。

很多父母都认为这样做"不行，不可能"，否认了孩子的一切可能性，也推迟孩子潜力发展的时期，甚至在孩子心里留下永久的阴影。

独立性，就是指孩子能自己思考判断，会自己整理玩具，自己安排游戏等。独立也有助于创造力的发展。父母在教育的过程中，可以让孩子尽情地玩，给孩子分配任务，给孩子冒险的机会，给孩子决定权，告诉孩子如何表达自己的意思等等，而不是帮助孩子去完成一些事情。

相信自己孩子的能力而不随波逐流的父母，通常本身的观念是健康的，唯有父母本身的态度如此，才有可能教育出有自信心的孩子，因为父母的行观、观念，永远是直接反映给孩子的。

要知道，让孩子亲自参与事情，比父母帮助而取得成功更为重要。而且他们的不成功也仅仅说明缺乏技巧和经验，并不表示孩子本身无能。对于孩子在尝试中犯的错误都应该以宽容的心态去面对，而不是嘲笑和奚落。

不要小看孩子的能力，不要总认为很多事情必须得等到孩子长大之后才能学习。孩子的学习能力、接受能力都很强，只要家长能给予适当的帮助和引导，孩子依然能够把事情做得很好。只要孩子能够经常做一些自己力所能及的事，他们的自信心也会越来越强，等到长大成人之后，就能独立去面对社会。

卡尔箴言

孩子的思维模式和成年人是不一样的，孩子们自己的事情最好由他们自己去处理，这也是独立能力的锻炼；父母应该学会把事情的主动权交给孩子。也许孩子的处理方法更简单，当他们自己处理事情的时候表现得更认真，达到的效果有可能更好。那就请把有限的权力交给孩子，这样他们才会成长得更快。

第四节 让孩子学会坚持不懈

我一直认为：只要你认清了自己的目标并坚持不懈地努力总会取得成功！我也把这一信念教给我的孩子。

我的妻子也是这么教育卡尔的。她总是在一些细微的游戏中锻炼卡尔的耐心。例如：在卡尔学习爬行的时候，她拿一个玩具放在远处，然后鼓励卡尔慢慢地爬过去够玩具。当卡乐想放弃的时候，她就帮着卡尔，让他一定要拿着那个玩具为止。这样的游戏循序渐进，难度慢慢增加。这样做不仅可以培养孩子的耐心，又锻炼了孩子的爬行能力。

妻子总是对卡尔说："加油！再坚持一下，坚持一下！"这就像一句充满力量的口号，一直陪伴着卡尔的成长。

我记忆中有这么一件事：我找了一道远远超出他能力的数学题让他练习，我只是想借此来考验一下他的毅力。

卡尔一直把自己关在房间里思考这道复杂的数学题。等我走到他房间叫他去吃晚饭的时候，他还在冥思苦想，非常专心。他甚至没有注意到我的到来。

"是不是太难了？明天再做吧！"

"不，爸爸，再给我一点时间，我一定会解答出来的。"

我知道这孩子的性格，这是他思考问题的关键时刻，我不能再打扰他了，就到客厅去等他。可妻子沉不住气了，"还是先吃了饭再做习题吧，去把他叫出来。"

这时候卡尔兴奋地跑出来说："我想出来了，我终于想出来了。"

在饭桌上，儿子一直给我讲述他思考这道习题的过程，他还想到了另外的方法来解答。这无疑是个非常辛苦的过程，我问他为什么没有放弃？他说："在困难时我也想过放弃，但总觉得有个声音在告诉我'坚持一下，再坚持一下'，因此我发誓再怎么困难，我也要把它解答出来。"

从这之后，卡尔的答题能力又有了很大的提高，每一道题目都能想到不同的方法来解答，而且解法都很巧妙。这种坚持不懈的毅力，是他成功的最大动力。

父母应该时常给孩子讲述一些伟人就是因为坚持不懈取得成功的故事，这样激发他们的决心，让他们真正懂得坚持不懈的重要性。坚持就是胜利！坚持就能成功！做事最忌讳的就是半途而废。再有天分和能力的人，只要无法坚持到底，就不会取得最终的成功。从小孩子时候开始，父母就应该有意识地去培养他坚持不懈的精神。对于孩子能够坚持完成的事情，父母一定要给予适当的夸奖，鼓励孩子继续下去。

培养孩子坚持不懈的精神，不是一蹴而就的事，而是需要一个漫长的过程。父母要帮助孩子制定出详细的计划和安排，而且要舍得让孩子吃苦，不能溺爱孩子。无论做什么事情，最重要的是让孩子坚持。不要让孩子养成“三分钟热度”的习惯。只要家长有足够的决心和恒心，监督好孩子的行为举止，就算成功了一半。

如果父母对孩子制定的教育目的和任何目标，低于或者高于孩子实际的承受能力和范围，则不利于孩子坚持到底等良好品质的培养，从而达不到预期的目的。因为孩子太小，处于具体形象思维阶段。家长在制定教育目的和任务时，要尽量与孩子的实际活动能力匹配，同时还要考虑到要与孩子的身心发展一致。

卡尔箴言

任何一个人的成功，任何一件事情的完成，都不可能是一蹴而就的。只有经过长久的坚持，战胜一切困难，才能取得最后的胜利，父母应该从小就给孩子灌输这种做任何事都要有始有终，学会坚持的精神。因为只有这样，才能真正有所收获。只要选择好了一件事就一定要竭尽全力，教育孩子，只要能坚持下去，任何困难都可以迎刃而解。

第五节　让孩子学会面对失败

谁能说的清楚，人一生要遭遇多少次挫折和失败呢？但是可以肯定的是，每一个人都无法避免地要遭遇这些不幸的事情。很多家长在孩子小的时候就想法设法地让孩子一帆风顺地成长，但是孩子总是要自己去面对人生的。我们谁也无法躲避这些困境，但是我们可以培养孩子怎样去面对这些灾难，这才是最重要的。失败是我们无法预知的；所以，培养孩子乐观向上的精神是非常有必要的。教会孩子怎样去面对失败，让孩子受益终生。

现代家庭中独生子女多，孩子受的挫折少，心理承受力差。因此，做父母的不能让自己的子女事事顺心，样样得意，而应有意识地在日常生活中创设挫折情境，有效地进行挫折情境训练，提高孩子心理承受力。如有时早晨突然不叫孩子起床，让其错过了上学时间，看孩子如何应付等等。

孩子在小的时候有父母帮他们遮风挡雨，孩子不可能永远生活在父母的保护之下。只要离开父母的保护，习惯被保护的孩子就没有办法独立的生活下去，因为他没有机会学会去如何面对困难，当没有人再能帮助他的时候，孩子就会感到绝望；只有让孩子从小就学会直面打击、失败，直到能够独自承受所有的困难，才是真正地爱护孩子。

那么如何对孩子进行挫折教育呢？

一、带孩子体验社会的真貌

父母应该经常带着孩子去体验社会的真实面貌，让他们明白这个世界上还存在着贫穷、疾病，还有很多和他们一样的孩子正在经受着痛苦、饥饿，从而让他们珍惜现在的生活。让孩子参与到贫困家庭的生活中去真实地体会，别人怎样坚强、困难地生活。让孩子与同龄的贫困儿童作朋友，加深对贫困家庭的了解和认识，学习他们吃苦耐劳的精神。

在这一过程中要让他们知道，生活的苦难随时都存在，这就是生活的现实，无论做什么事情都是会碰到困难和挫折的，但是只要具有坚强的心灵和刻苦拼搏的精神，就能够战胜一切艰难困苦。提前了解到这些现状，就等于告诉孩子要提前做好心理准备，从小就应该具有这样的承受能力，减少对挫折大小程度的主观判断，改变他们对生活的不良态度和看法，增强挫折承受力。

除此之外，父母也可以时常给孩子讲述在困难和逆境面前依然顽强不息、乐观上进的英雄事迹，用此来激发孩子战胜困难的决心：困难来临是不可避免的，但是困难并不可怕，可怕的是在困难面前一蹶不振。只要能够乐观积极地去面对，一切问题都会解决。我告诫卡尔：一定要做一个意志坚强的人！困难和挫折是人生无法避免的事情，但是我们要明白，只要有坚强的意志和承受能力，一切困境都只是暂时的，并且可能在困境中找到成功的途径；在困境中被打败的往往都是那些意志薄弱的人。

失败给人的心理带来的打击是无法估量的，很多人就是因为一次小小的失败就放弃了整个人生的奋斗，这是非常可惜的。孩子小的时候面对困难的心理状态会影响到他长大成人后的态度。

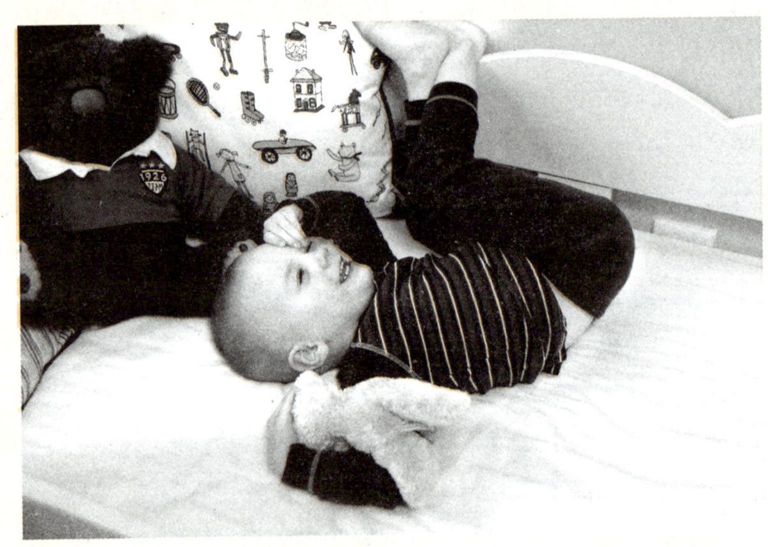

二、告诉孩子不要逃避现实

孩子因为害怕而产生巨大的心理压力，即使那些容易做到的事情，也会变得极其困难。由于失败让孩子对自己的能力产生怀疑，不想重新尝试，一直处于无能为力的状态。他们认为不去做就可以避免失败。

在这方面，我总是以一颗宽容的心来对待孩子。我告诉他要抱着不去计较成败的心理去做事情，这样无论成败都是可以接受的；这样也就有勇气去再一次尝试。我们都不清楚，一个孩子成长的路上到底会碰到多少挫折，我们只有一次一次地去鼓励他们，通过他们不懈的努力到达最后的终点。

有的孩子在遭遇了失败之后就一蹶不振，对任何事情都失去信心，也没有胆量再去尝试一次。这时候就应该竭尽全力地鼓励和引导他，只要孩子能战胜这种心理，不再害怕失败，就可以做成任何事。

但是，如果你正确地面对这些困境或者失败，就不会有无法摆脱的痛苦的感受。人在面对失败的时候都会本能地选择逃避，但事实上只有你正面面对现实，才能更好地解决困难。有的孩子用逃学旷课来避免考试，还为自己不正确的行为找无数个冠冕堂皇的理由，这些理由用来说服老师和家长也说服他们自己，给自己营造一种虚假的气氛。比如他们会说："我不喜欢这样做。"或者去攻击和贬低那些勤奋的学生，他们总是会自我安慰，根本不会去证实自己的错误。

父母不要觉得孩子年纪小，就限制他的行为。只要不违反基本规则，对自己和他人不会产生什么危害，父母都应该鼓励孩子亲自去尝试，支持孩子做一些自己力所能及的事。家长把所有的事都给孩子安排妥当，这样孩子很快就失去自主能力，养成依靠父母的习惯；甚至对一切事物都失去兴趣，不与外界接触，性格变的内向忧郁。这样，孩子的一生怎么可能快乐美好呢？

失败本身其实并不可怕，可怕的是，在失败的阴影下，一直过着颓废忧郁的生活，再也不敢轻易尝试和开始。对于失败的真正含义应该让孩子做一个本质的了解，失败并不是决定性的宣判，它只是一次失误，每个人都会犯错误的。

三、利用孩子的强项提高他的心理承受力

家长从小就应该培养孩子坚强、勇敢、乐观的心理素质；正确地对待失败，把失败和挫折看成财富，让孩子明白"失败是成功之母"的道理；帮助他们在逆境中坚强成长。

可是，很多家长没有教会孩子这些，反而让孩子学到了不敢面对现实的毛病。由于这些家长害怕孩子受到伤害，总是规范好孩子的言行，这样的做法无形中就强化了孩子们的逃避心理，其实这是一种不负责任的行为。

在孩子的成长过程中，家长应该以现实为基础来进行教育。要教会孩子按照世界真实的模样来认识这个世界，并且做出适当的反映和决定。整天沉迷在幻想中是不现实的，人只有面对现实才能有所作为。

四、做孩子的榜样

很多父母本身就是乐观的人，在这样环境下长大的孩子，也会受到父母的一些良好习惯的影响，这样的父母就是孩子的好榜样。最好能够在一定时间给孩子讲述自己怎样经历失败，又怎样战胜困难又重新获得成功的故事，这样的现身说法，能让孩子更真实地感受到故事中的寓意。告诉孩子，“失败和错误总是在所难免的，它们会让人沮丧、哭泣甚至绝望；但是只要具有良好的心态，坚持不懈、克服艰难困苦，就可以战胜一切，获得想要的东西。”

孩子在遭遇失败之后，首先应该对孩子的心理给予安慰和谅解，但是最重要的是引导孩子，避免孩子一直纠结于痛苦和后悔之中，应该及时帮助孩子分析，找出失败的原因。有的原因是客观原因，无法改变，而有的原因则是人为造成的，对于人为原因要表示谅解。不能责怪孩子，但是要让孩子意识到错误，帮助他进行改正，最后不要忘了鼓励孩子下次做得更好。

卡尔箴言

孩子的“挫折抵抗力”有多强，有时候取决于家长自己面对挫折的态度。一个人要经受过多少次失败才能真正成功，怎样去面对一次又一次的失败，才是能否成功的关键！从小就要对孩子进行这样的教育：失败并不可怕，可怕的是永远不再去尝试。如果不想再次失败，关键在于怎样从摔倒的地方重新站起来。

第六节　让孩子学会争取与放弃

争取和放弃恐怕是人一生都要面对的问题，其实在孩子小时候就应该培养取舍和选择的能力。如果孩子很早就拥有这些能力，那么长大后他的生活会变得更加顺利。

我一直想把卡尔教育成全面发展的人才。只要是卡尔愿意去学习的，我都尽量去满足他的要求，想方设法为他创造良好的环境让他学习。经过我的早期教育，卡尔学会了很多知识，也形成了很多兴趣爱好，这些都是他主动要求去学习的。他有强烈的学习兴趣和求知欲望，学习起来也特别努力和投入。他在学习中找到了童年的乐趣，这才是最重要的。

我也并没有要求他把这些都学到登峰造极的程度，这也是不现实的，而且是没有必要的，全才并不等于无所不会的超人。音乐和画画可以培养孩子的想象力和创造力，我就会鼓励他去学习，这些对于他后来的发展都是有好处的。我鼓励孩子学习艺术仅仅是因为这个，我并没有想过要把他培养成一个伟大的艺术家。

孩子们喜欢弹琴，父母应该全力支持；在卡尔学习演奏乐器的时候，我们只想通过这种学习，让他的手指变得灵活，这样也可以进一步开发他的智力。我们不会因为他弹错几个音符就去责怪他。

有的父母自己喜欢艺术就逼着孩子去学习艺术，让孩子帮助自己完成年轻时的梦想，丝毫不去考虑孩子的感受，当然也就没有用适当的教育方式去教育孩子了。我看见很多小孩被强迫着学习钢琴和小提琴，他们根本就没有一点享受的感觉，更像是在受折磨。其实，家长这样做，会引起孩子的反感，他们带着痛苦的心情来学习，也不会有什么成效。

这样的父母总是按照自己的意愿去决定孩子的前途和专业，仅仅依靠自己的爱好来规划孩子的人生，这是很不称职的，是极为不负责任的行为。

在孩子面对众多兴趣和爱好时，父母要做的不是干涉，而是帮助他们选择适合他们的，有利于他们发展的。因为有些孩子会沉迷一些不良的爱好而无法自

拔；有些孩子则不懂得事情的轻重缓急，他们总是按自己的想法去设想事情，很多都是不现实的想法。这时候父母就要充当最冷静的舵手，帮助他们选择人生的方向！

我经常告诉卡尔，在遇到困难时，事情如果还有转机，能争取的就要努力地争取，但是事情已经到了无力回天的境地就不用来浪费时间去做一些徒劳无功的事了。我们应该教会孩子不要在毫无希望的事情上浪费时间，这样做是一种智慧的体现。大多数人都会面临这样的选择，这也算是人生的一大考验。

卡尔8岁多的时候突然告诉我，他再也不想学习了，他的梦想是成为一个英勇的侠客去救济世人，并且马上就要去实现这个梦想。对于孩子这个不切实际的幻想，我也不想当场就泼他的冷水，那样的话，孩子也不会相信你说的话。

“可是，你现在什么都不会，也没有高强的武艺，怎么能去帮助别人呢？”

卡尔似乎很早之前就对这些做了了解，他马上兴奋地告诉我：“要先去拜师学艺，要不了多久就会武功盖世，就可以去行侠仗义。”

“那些武士很早就开始拜师了，要经过很多年的训练，才能到达一定的程度。那是一个极其艰苦的过程，不是一般人可以坚持下来的，需要忍受很多常人无法忍受的东西。”

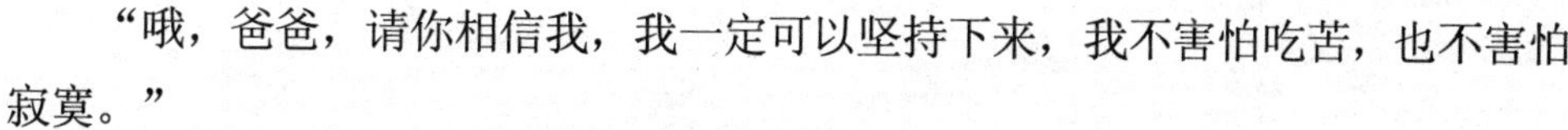

“哦，爸爸，请你相信我，我一定可以坚持下来，我不害怕吃苦，也不害怕寂寞。”

“当然，我相信自己的儿子。但是，你到哪里去找武艺高强的师傅呢？”

“肯定是去东方，中国吧，听说那里有很多武功超凡的人。”卡尔的眼睛里已经散发出耀眼的光芒了。我知道只有循循善诱地去劝解，才不会使他会做出更出格的事情。

“孩子你要明白，就算你去了中国，也不一定就会遇到那样的高人啊！再说去中国也不是一件容易的事。之前我给你讲过的故事其实都是虚拟的，那些英雄也是人们虚构的，世界上怎么会有那样的超人呢？我只是希望你能学习到他们的勇气和正义感。”

卡尔已经渐渐泄气了，他很失望地对我说：“真遗憾，我无法成为一个英雄了，再也没有办法去帮助其他人了。”

这就是问题的关键，孩子有这样的想法仅仅是想去帮助他人，他认为只有侠客才能救济世人。我们要让孩子正确理解英雄的含义，不要做一些不切实际的幻想。

“孩子，你要知道，每个人都有自己的长处，都有适合他的方式去帮助他人。你的文学、数学、语言都很出色，就应该去发展它们，将来如果成为一个文学家或者发明家，都可以造福人类。英雄是存在于各行各业的，只要你将自己的才能发挥好，在任何领域都可以成为一个英雄。对于不适合你的事情就应该早点放弃，要学会放弃。因为英雄最大的特点即在于懂得放弃和选择。”

卡尔听懂了我的话，对英雄也有了更深刻的了解，也懂得了人生必须懂得放弃的道理。所以，在以后的道路上，卡尔把类似的事情处理得很好，成了一个真正懂得放弃和争取的人，一个充满智慧的人。

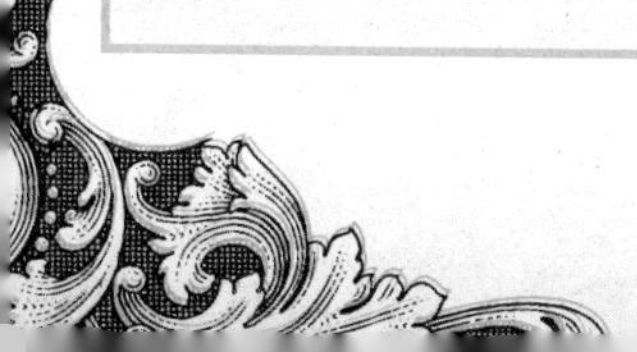

卡尔箴言

孩子在幼年时期对任何事情都可能产生兴趣和学习的欲望，但是每一个孩子的天分和兴趣爱好其实是不一样的。父母应该仔细观察自己的孩子，看他到底在哪一方面更有特长，孩子更喜欢哪一方面的学习。不要被孩子的一时兴起所迷惑，或者为了赶社会的潮流，让孩子学他们并不喜欢的事情。这时候就面临着争取和放弃的选择，父母要让孩子充分认识他们自己的才能和爱好，帮助他们分析，让他们学会对自己喜欢的就要努力争取，不喜欢的就要果断地放弃。争取和放弃的选择贯穿了人的一生，从小就应该培养孩子的选择能力，才能避免在人生的道路上少走弯路。

第九章

天才卡尔的教育

TianCai KaEr de JiaoYu

培养人就是培养他对前途的希望。

——前苏联教育学家　马卡连柯

第一节　用合理的方式对卡尔严格要求

世界卫生组织给健康下的定义是：一个完全健康的现代人，除身体健康外，还应包括心理健康、社会适应能力良好和道德健康。

孩子不像大人有很强的自律能力，他们很多时间都要依靠父母的约束。但是这种约束是有限制的。我主张严格的教育方法，严格并不等同于专制，专制的父母不可能培养出优秀的孩子；而优秀的孩子大多都是被严格要求的。

所有的人都是平等的，不分贫贵，不分男女，不分老少。所以，人与人之间的相互尊重是极其重要的。我在对卡尔的教育中也一直坚持这个原则。无论我对他的管教多么严格，都是在尊重他的自尊心的前提下进行的。

当孩子拥有一定的自学能力的时候，他还是避免不了疏忽、懒散这些坏毛病，从而会产生更多的不良习惯，所以父母要时时注意孩子的状态，帮助他们做到精益求精。这就要求用我们严格的教育方式来对待孩子。

很多父母仍然认为严格教育就是专制，从而无形中给孩子留下暴君的形象，孩子会变成无条件服从的弱者。这样的家长常常对自己的孩子呼来喝去，行为举止都很粗暴。其实，这样更容易让孩子产生厌恶情绪，厌恶父母、厌恶学习。

让卡尔去做某件事之前我会给他讲清楚做这件事的必要性，让他知道这件事是应该由他去做的，而不是强迫他服从我的命令。对于他犯下的错误，我要求他主动去跟别人道歉，而不是粗暴地责骂他。

有很多事实证明，严格教育和专制教育是完全不一样的，收到的效果也会不同。

某天卡尔正和伙伴们玩侠客游戏，他挥舞着长剑，看起来真像侠客一般英勇。也许是他太投入了，一不留神就把邻居的花盆打碎了。闯祸后他看上去非常焦虑不安，想悄悄地逃跑，但是我把他叫了回来，让他承认了自己的错误，并主动给邻居道歉。邻居原谅了他。

我并没有强迫他，只是循循善诱让他自己承认了自己的错误，并为此负起责任。

我曾经给卡尔讲过这样一个故事：小孩的家里有一只羊，小孩负责这只羊的看护工作。他很喜欢这只羊，像朋友似地对待它，可是有一天由于他实在太困了，就在草地上睡着了，结果这只羊丢了。

他很着急地跑回家告诉他父亲，并想让父亲帮他快点找到这只羊，他是多么伤心和着急啊！可是，孩子的父亲狠狠地打了他，还骂他，并威胁他说，如果找不到羊就不让他回家。

孩子太意外了，他以为父亲会帮助他，结果因为他做错事情，父亲打了他。他被赶出来，很长一段时间后，才找到了那只羊，可是后来他却亲手杀死了他曾经的朋友。为什么会这样呢？

这就是那位父亲的粗暴行为给那孩子留下了不可磨灭的阴影。一个小小的细节，由于处理得不当，就让一个孩子从善良的“天使”变成了一个恐怖的“魔鬼”。

要想孩子成才，父母就必须从小对孩子严格要求。第一次发现孩子的不良行为、不良思想，父母一定要加以重视，绝不能姑息，直到孩子改正缺点为止。

父母教育孩子，绝不能以为只要出了状况时抓一下，平时就可以撒手不管；一旦发现孩子有缺点，又采取急躁、粗暴的态度处理事情。父母教育孩子，始终要坚持“动之以情，晓之以理，导之以行”，使孩子逐步增强自我管理的能力。

父母爱孩子，是人之常情。必须提倡理智的爱，也就是说，对孩子正确的、合理的要求，应该给予满足；对不正确的、不合理的要求，不仅不能给予满足，而且还要加以指正，不能因孩子吵闹而加以迁就。

要让孩子做到精益求精，父母的严格要求是不可少的；这种严格教育是一种监督和考察。随时这样要求孩子，他就不会因此放松对自己的管理，在学习上也不会因为疏忽而导致成绩下降。这种严格的要求需要渗透到孩子的各方面。

卡尔箴言

人的个性、品德是从小开始形成的。但幼年时期，孩子的思想、行为等都还没有最终定型，可塑性很大。孩子身上存在的一些不良习惯、消极因素，都很容易在这个时期加以矫正，使孩子逐渐形成良好的个性和品德。严格的要求会让孩子对待事情更加精益求精；在相互尊重的前提下，严格要求孩子的一言一行都是非常必要的。

第二节　孩子良好的行为源于父母的培养

我对卡尔的任何教育都是以尊重为前提的，从不会强求他做任何他不愿意的事情。每一件事，我都要先让孩子感受到其中的乐趣。只要他感受到了其中的乐趣，他就自然而然地愿意去自己尝试，随之也可以做得更好。让孩子体会到一件事情的乐趣不是一件容易的事情，这需要家长极度耐心地去培养。

卡尔很小的时候我就让他懂得：做一个品德高尚的人才是最重要的，只有这样的人才能得到世人真正的尊重。我强调的是品德的重要性，并不是把这一点作为对卡尔教育的唯一重点。只有品质、才能、健康各方面都全面发展的人，才是真正的人才。要是仅仅只注重孩子的身体状况，那他将来即使身体非常健康，也只是一个没有智慧和思想的粗人。当然，如果只注重孩子的品德，孩子很有可能成为书呆子。这样的人是不健全的，将来对社会做贡献也会受到自身的限制。

我一直喜欢教卡尔学习一些道德诗歌，基本上每个国家都会有很多这样歌颂仁爱、友情、勇气方面的诗歌，这些都是对孩子行进品质教育的珍贵教材。我详细给卡尔讲解这些诗歌的具体含义。这些诗歌对卡尔产生的影响是非常巨大的，他很小的时候就能够流畅地背诵这些诗歌，并能深刻地体会其意义，认真地去实施。

所有的父母都希望把自己的孩子培养成全面发展的人，至少是一个正直善良、有责任心的人。但是，孩子能否对善良和正直做出正确的理解，则决定着他是不是可以成为这样的人。

良好的行为也是家长一点一点地培养出来的。有不少的家长却只会向别人抱怨自己的小孩“为什么不听话，为什么调皮，为什么不诚实，为什么不善良……”这些困惑让深爱孩子的家长非常痛苦，他们不知道怎样去对待孩子的这些行为，对自己和孩子都没有太大的信心。

一个没有道德心的孩子，也就不会有责任心和爱心，将来有可能成为不法分子去危害社会、伤害他人。那时候，父母们肯定会痛心疾首，但是再也无法改变。其实，只要采取合理的教育方式，孩子的不好习惯都是可以纠正过来的。

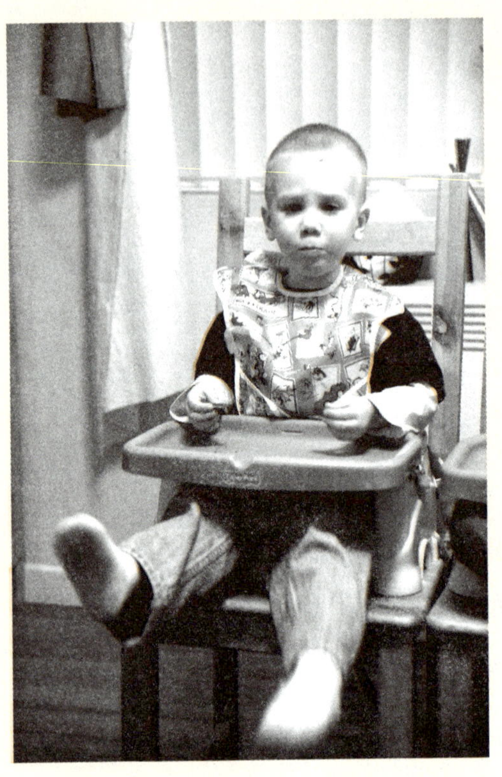

父母是孩子最好的老师，孩子的模仿能力最先用于模仿自己的父母。所以，父母的一言一行都影响着孩子，孩子在一定程度上等于是父母的复制品。父母的品质决定着孩子的道德修养，父母的约束能力甚至比社会的约束能力对孩子的成长还要直接和有效。

我建议父母适度地夸奖孩子，父母的赞赏是孩子们前进的动力，是孩子信心的来源，但是有的家长把握不好这个度。有的父母过度赞扬孩子，有的则习惯严厉地惩罚孩子。这样的做法都是不对的，这只能说明家长并不愿意在教育方面花心思。因为这样做根本无法真正让孩子明白事理，他们也不会通过这些奖赏和惩罚手段就能明白是非。

当孩子掌握了父母的心理之后，就会想出办法来对付。奖赏和惩罚都只是一时的办法，或许能起到一时的效果，并不适合作为一种教育方式来教育孩子。我对卡尔的教育就不会这样做，我要他自己去明白其中的道理，自己学会规范自己的行为，达到长久的作用。我也时常审视自己的言行举止，随时提醒自己要做孩子的好榜样。

世界上最可恶的应该是懒惰的人，懒惰的人将一事无成。我很注重对卡尔勤奋好学习惯的培养，因为勤奋也是人最美的一种品质。除了勤奋之外还有勇气，要有足够的勇气去面对所有困难，绝不要溺爱孩子。乐于助人也是人必须要有的一种素质，劝解孩子多做好事，让他明白这也是一种快乐。

卡尔箴言

父母是孩子最好的老师。人常说，子不教，父之过。就是这个道理，先天素质再优秀的孩子，也需要父母的精心培养，更何况我们的孩子并非天赋极佳，所以作为父母更要细心教导、精心培养。

第三节 最有效的教育方法

每个孩子在成长过程中，多多少少都会养成一些不良习惯，这是无法避免的。父母在面对这些问题的时候一定要冷静，及时发现及时处理，采取适当的方式，这样才会收到良好效果。家长要时常记住的是：在对孩子的教育和管理上，要尽量做到制止他们的不良行为，又要能减少或不产生负面影响。

过分地管理会让孩子变得中规中矩，丧失活力，丧失创造力和想象力，但是任其自由发展又会让孩子沾染很多不好的习惯。所以，在教育方式上，我们都要找到适合孩子的，最有效的方法。

卡尔小时候特别喜欢在墙壁上乱写乱画，妻子劝说了很多次，我也给他买来了很多画画用的器材，但是他依然无法控制自己的行为。他常常趁我不注意的时候就在墙上画画。如果刚好被我看见了，他就会把画笔藏在身后，遮遮掩掩地不想让我发现。我假装不知道，问他："孩子，你在做什么？"

这样，我就阻止了他继续乱画的想法。我让他自己先到房间去想一会，再把他叫出来问："为什么你总是喜欢在墙壁上画画呢？我给你买了专门画画的工具和纸张，你为什么不用呢？是不是不喜欢？"

卡尔经过反省之后主动跟我说："我知道我做错了，这样乱写乱画破坏了墙壁的清洁和美观，我应该用专门的纸张去练习画画。我这样随便弄脏东西，是不对的。爸爸，你可以惩罚我。"

当然，我并不会惩罚他。因为，他已经懂得了这个道理，就表示在今后的生活中时刻都会注意，不会犯相同的错误。让孩子真正意识到自己的错误，比父母苦口婆心地去重复讲道理更有效果。如果，我什么也不说就把他责罚一顿，也许他爱在墙壁上画画的习惯永远也改正不过来。

让孩子有时间安静地自己待一会，这并不算是惩罚，只是让孩子立即停止不好的行为，平静下来，让他有时间去反思自己的过错。假如孩子不会听从你的建议，就算是强行也要把他拉到安静的房间里，一定要让他单独待一段时间，这样

有助于他的思考。

当孩子之间发生争吵的时候，父母也可以这样做。孩子都是争强好胜的，吵架的事情往往不是谁的劝说就会起作用的。他们相互攻击，相互告状，使情况越来越糟糕。真到了这时候，大人的任何说教都是没有用的，或许还会让事情火上浇油。其实这时候父母只需要把他们分开，先停止这些无休止的争吵，让他们单独分开一会儿。待他们冷静下来之后，任何事情都可以解决了。小孩子之间的争吵都是一时的不合，根本不会有什么无法化解。

孩子在小的时候，做很多事情都是一时兴起，并不是真正地想搞破坏，也不是想真正地去犯错误。也许，他自己也很明白这个道理，只是无法控制自己罢了。家长们要理解这些状态，清楚孩子的真正想法，才不会在教育中犯下过错。

我一个朋友的儿子，见过他的人都说这个小孩特别让人讨厌，连朋友都说他的儿子“不仅爱欺负小朋友，嘲弄他人，还在吃东西的时候出花样，处处让人生气，都不知道该怎么去管教他了”。

这样的孩子倒是让我觉得非常奇怪，于是，我去他们家观察了他的具体行为。吃饭的时候，我们一起共进午餐。我发现这个孩子喜欢把面包皮撕下来，然后使劲捏成一团再吃掉。同时他还会得意洋洋地对其他人说：“你们看，我是这样吃掉面包的！你们可以吗？”

这时候，他的母亲就责骂他，说：“你这个孩子真不懂礼貌，当着客人的面也这样本性难改！真是太不像话了。”这时候他的父亲也要发火了，我连忙使了个眼色，制止了他。我悄悄告诉朋友：“如果下次他再这样做的话，你们应该谁也不要搭理他，假装没有听见他的话或者只需要很平静地说一声‘知道了’就可以了。”我要求朋友一定要按照我说的去做。

晚餐的时候，这个孩子照样把面包皮剥下来，依然用他认为很淘气的语气跟他父母说：“看，我又是这样吃面包了！”朋友听了我的建议，只是很随意地说了声：“我们已经看见了。”结果这孩子非常惊讶地问：“难道你们都不责怪我吗？”

是的，我分析得没错。这个孩子只不过是用这些行为来引起父母的注意，哪怕是责骂他也觉得是一种关注。只要别人来关注他，他就觉得受到了重视。他常常自以为是地去理解一些他本身的恶习，以此得到自我感觉良好的鼓励；家长的责骂对他来说就像是一种奖励，他表现出这些不良行为仅仅为了得到他想要的奖赏。家长对他们的行为一旦漠视他的行为，他就会感觉到乏味；家长的不理不睬则会让他失去继续下去的兴趣。

这样的情况表现出来的症状很多。有的小孩从身边的人那里学会了很多不良用词，他们把这些不良用语天天挂在嘴边，不分时间、不分地点地去给别人说这些不文明的话语。家长听见了自然要去反对，极力劝阻孩子改正这些不良习惯。但是，家长的劝说根本不起任何作用，他会把这些词语改编成新的词语，时时说给别人听，孩子只会变得更加肆无忌惮。

其实这些都是孩子为了引起的注意而做出的种种行为。他有的表现出骄傲任性，有的表现出喜欢捉弄他人，有的表现出无理取闹，有的甚至会毁坏财物。家长面对他们的时候，都应该采取适合的方式去解决。

在教育过程中要明白，孩子是不会这么轻易就服从家长的劝说，不会乖乖地听从家长的命令。他们还会用藐视的态度对待家长的命令，教育孩子是一个艰难的过程。

父母一定要重视培养孩子自我反省的习惯。个人在做事的时候都要持有自我反省、自我修正的态度，并以不断地追求去实现自己美好的愿望。一个善于自我反省的人，往往能够发现自己的优点和缺点，并能够扬长避短，发挥自己的最大潜能；而一个不善于自我反省的人，则会一次又一次地犯同样的错误，不能很好地发挥自己的能力。

父母应该在孩子成长的过程中，带领孩子学会接受批评和自我反省，这是孩子成长的强有力的秘诀。自我反省可以帮助孩子塑造完美的人格，健康成长，成就以后的事业。因为学会自我反省的孩子，能够及时修正错误，不断地调整精神系统接受信号的灵敏度和准确度，以便确保信息系统不会出现紊乱。通过自我反省，能够及时修正错误，不会自我反省的孩子，是不会自我完善和健康成长的孩子，也不会在其他方面取得好的成绩。

卡尔箴言

能够反躬自省的人，就一定不是庸俗的人。一个人之所以能够不断地进步，在于他能够不断地自我反省，找到自己的缺点或者做得不好的地方，然后不断改正，以追求完美的态度去做事，从而取得一个又一个成功。让孩子学会接受批评是培养孩子自我反省的最好方法。

第四节　教孩子学会花钱

很多人不知道如何和孩子谈钱。如何教导孩子，培养孩子正确的金钱观呢？给零用钱有用吗？人的一生都要和金钱打交道。一个人要想在社会上独地生存，理财是一项非常重要的能力，所以，理财能力也需要从小就开始培养。越早教育，收到的效果也越好。对孩子进行理财教育，目的不仅仅是为了让孩子学会储蓄，而是为了让他们成为一个真正有能力的人，这是关系孩子人生幸福的重要因素。

儿童时期是孩子很容易犯错误的一个阶段，孩子们没有经济来源，根本没有金钱意识，大脑里不存在金钱概念。也许他们有自己的储蓄，他们有花钱的欲望和需求，但是不懂如何去管理自己的钱，这就很容易导致孩子养成乱花钱的不良习惯。比如：乱花大人的钱，有奢侈的习惯，喜欢到处赊账；没有想过钱的来源，没有节约的意识，不懂得储蓄；总是在拥有金钱之前就已经想好要买什么东西，感觉这个世界上只有消费才能让自己得到快乐；认为金钱仅仅是用来吃喝玩乐的工具。

正确的金钱观念是培养孩子理财能力的出发点。孩子们在花钱上都容易犯这些错误，家长应该及时地帮助他们去改正这些缺点，这也是父母的义务和责任。所以正确的引导对父母来说，是非常必要的。

首先，父母要以身作则，让孩子看到你用现金而非支票购物，这样会对金钱有更具体的认识。其次，父母要培养孩子的责任感：零用钱应依据各阶段的需求来决定多寡，不宜一下子给太多。再次，父母要引导孩子做好预算、投资与捐献计划：教孩子将零用钱分成三份——一份零用，一份储蓄，一份捐给慈善机构。

卡尔5岁就已经有了他自己的储蓄，当然是我们帮着他存起来的。于是，我就开始教他怎样去使用这些钱，而不是像其他小孩那样，养成一些用钱的坏习惯。我从不会随便给孩子钱，只用奖赏的方式把钱给他。这样的话，他就可以凭自己的能力，选择做好事来换取这些零花钱。要让他知道如何合理地花钱，并且让他深刻体会到金钱的来之不易，让他明白这种付出和回报之间的关系。

一般来说，孩子在3岁的时候就开始有了自我意识，表现欲望就已经开始很强烈了，也会无形之中有了自己的要求。所以这时候就要开始对孩子进行理财方面的教育。

有些父母总是害怕自己的孩子比别人吃的差、穿的差，总是给孩子非常充足的零花钱，满足孩子的各种消费要求。这样无限制的物质欲望很容易使孩子滋生恶习。这样下去的结果是，在孩子长大成人之后，独立生活的时候，丧失自我供养的能力，为自己的经济境况而困窘。

首先孩子必须要有诚实的品质，这种品质决定着孩子将来用怎么样的态度去面对钱财和工作。诚实是一种美德，影响着孩子将来的健康成长和前途，以及社会和他人对他的各种评价。一个人一旦不诚实，那么造成的不良后果是很可怕的。

我深深明白父母对孩子的影响力，所以我时常审视自己的言行，看看是否会给孩子造成不好的影响。我总是时刻检查自己，以便更好地完善自己。在孩子面前也要表现出诚实的品质，让他明白诚实的重要性。我时常给卡尔讲那些有关于诚实的故事，让他在故事中去理解诚实的含义和真谛。因为诚实，人类社会才变得如此美好，故事的结局才会那样完美。生活中的点点滴滴都可以作为培养孩子诚实的教材。

诚实地对待自己对待他人，诚实地对待一切事情；学会用正确的道德标准去分析事情，做出判断和分析。

勤俭节约也是理财能力中不可少的一个教育环节，这也是人必须要有的美德。对于一个家庭来说，勤俭节约也是很重要的。我要求卡尔绝不能浪费有价值的东西，哪怕是破坏和丢弃也不可以。家长有义务让孩子去了解每一件物品的价值和存在的意义，让它们养成爱护和珍惜已经拥有的物品的习惯。

我时常教卡尔做一些简单的家务事，让他认识一些生活用品，了解珍惜物品的作用和意义。例如：金属和木材是怎样形成的？这个地球上资源的分布和稀少，人类创造生存环境是多么辛苦。

要培养孩子的勤俭节约精神并不是很容易的事，这是一个漫长的过程。只要父母时常给孩子讲解这些道理，时常作为监督人来监督和提醒孩子，孩子就会渐渐地养成勤俭节约的良好习惯了。

孩子是一个国家的未来，是国家最主要的主力军，孩子的素质决定着一个国家的素质和国力。所以，如果对孩子的教育疏忽了，那将影响到国家的前途。如果孩子从小就养成奢侈贪婪、沉迷享乐的习惯，那么等他长大成人之后也是一样的生活态度，孩子自己则毫无前途可言，国家也可能日渐衰落。

人如果过度贪婪，就会对生活提出越来越多的要求，为了满足自己的物质欲望，也许什么事情都可以做的出来。一个人如果自己都会无法控制自己，到最后会失去所有的一切，包括尊严。

人活在这个世界上最重要的是活得要有尊严。在金钱面前，更要保持自己的尊严。钱是不可缺少的，但万万不能为了钱财而失去自己的尊严。可是，从古到今，最容易让人丧失尊严的也就是金钱的诱惑了。很多人都无法抵挡这样的诱惑，最后身败名裂，前功尽弃。只要一个人能够做到在钱财的诱惑下，依然保持崇高的信仰和坚定的意志，他就会受到世人的尊敬和赞赏；只要坚持自己的信念，拒绝诱惑和腐化，到最后金钱也会听从于他，他的前途也将是一片光明。

我们要让孩子明白：爱财之心人人都有，但是也要有个限度，我们要用正当的手段去得到钱财。在日常生活中，家长最好多和孩子讨论一些精神层面的话题，讲类似的故事让孩子懂得在这个世界上精神的富有比物质的丰富更有价值。

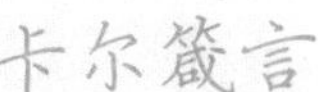

金钱贯穿着每一个人的一生，是没有办法回避的东西；让孩子从小就学会如何花钱，是一种明智的做法。因为“如何花钱”也是一门最基本的生活技能，这是一个人在社会上必须学会使用的技能。让孩子过早地接触金钱并不会污染孩子幼小纯洁的心灵，只要他懂得了金钱的真正含义，学会使用就可以了。渐渐地们会明白，金钱并不能买到所有的东西，世界上有比金钱还要值钱的东西。

第五节 让孩子成为快乐幸福的人

这个世界上没有绝对完美的人，但是我努力把卡尔培养成一个精神和身体都全面发展的人，这也是我认为最理想的教育。让孩子的一生幸福快乐，我想这也是每个父母的愿望。

一个人的生活应该是丰富多彩的，不然枯燥的生活会让人失去生活的热情。所以，孩子不仅仅要学习各种各样的实用知识，还要学习艺术，学习文学。孩子应该具有一定的艺术鉴赏能力和文学、音乐的欣赏能力。我在对卡尔的教育过程中，十分重视他的身体和品德以及修养各方面的全面发展。

我们可以想象：如果一个人只具有丰富的知识，不重视身体的锻炼，他必定是个弱不禁风的书呆子，是成不了大器的；但是一个人如果只有强健的体魄，没有任何知识和品德，那他也只是个四肢发达的粗人。

所以，一个人必须有强健的身体，在此基础上，学习大量的知识和塑造高尚的品德，还必须有其他方面的发展，培养不同的爱好。

卡尔小时候在各方面都做得很好。他正是在我的教育之下，慢慢发展成我期望的完美状态。

卡尔在很小的时候就表现出对音乐的敏感。他出生不久，他的母亲就经常唱着歌哄他入睡；母亲这样的习惯一直保持到卡尔2岁的时候，她还会给孩子跳舞。儿子一听到母亲的歌声就显得很兴奋，他还学着母亲的样子舞动手脚。他似乎能听懂母亲给他唱的歌谣，当然这只是孩子对大人行为的一种天然的模仿能力。但是模仿往往可以提高孩子的创造性，只要父母做适当的鼓励来增加他的兴趣，提高他的信心，就必定可以更好地发掘孩子的这种潜力。

卡尔也很喜欢画画。有一次我看见他一个人蹲在院子里认真地在地上画画，他画了树、云朵、房屋还有远处劳作的农民。一个小孩子靠他自己的能力画了这么一幅完整而且好看的图画，当时，连我都非常惊讶。

我就问他："卡尔，你喜欢画画吗？"

卡尔回答说："当然了，爸爸，这是一件很有意思的事情啊！"

我忍不住好奇地问他："你怎么想到要这样画呢？谁教了你吗？"

"不，还没有谁教过我画画，我只是觉得这样的景色很美，就想把它画出来。"

绘画能够培养孩子的想象能力和观察能力，虽然并不是喜欢画画的孩子，都有可能成为艺术家。卡尔喜欢画画，我很高兴。于是，我给他买了画笔、颜料和纸张，给卡尔提供了一个全新的画画儿条件。我问卡尔："卡尔，你希望长大成为一个画家吗？"卡尔告诉我，他不知道，他真的不知道要不要成为一个画家，只是现在很喜欢画画而已。卡尔说他愿意把他看到的、想到的都画下来。

所以，尽管孩子最后并没有成为一个画家，这也不是他的理想，但是在绘画方面他还是有一定的基础和能力。到现在我依然保存着他小时候的那些作品，那是他儿童时期创造力的体现，是卡尔成长的纪念。

我一直认为一个人不能没有文学修养，这和文化修养一样重要。因此，我尽力去培养卡尔的文学爱好。从小时候起我就给他讲有趣的故事，朗诵优美的诗歌。等他学习了文字之后我又选择一些适合他看的文学作品，让他自己去阅读。所以，卡尔年纪很小的时候，就已经具备了一定的文学修养，会背诵很多著名的篇章，对一些优秀作家的作品都很了解，并且在此基础上自己学会了写作。

我让卡尔观察天空、云朵、风、影子，他对这些现象也很感兴趣。有一次，他把手掌放在阳光下，不停地晃动，他看得极有兴趣，还让我一起来观察。这些小事情其实都可以培养孩子的想象能力，提高他的学习兴趣和求知欲望。

就连房间这种生活空间，我都力求做到和谐完美。对家里的装饰和摆设，例如墙纸和挂饰，都必须要富有情调和品味，那些不符合欣赏水平的东西我从不摆放出来。我在住宅的四周修筑了一个很雅致的花坛，我们全家一起在里边种上不同品种的花草。那些植物也都必须是具有一定美感的，粗枝大叶的植物我绝不栽植。在不同的季节我会都保持这个花坛的协调，我们全家对自己的装扮也都是朴素高雅，绝不花哨奢侈。

艺术带给人类的快乐和财富是无法去衡量的，享受艺术的乐趣真是人一生最大的幸福，这一点谁也无法否认。

因为艺术是不带任何功利性的，它最大的特点就是它的纯正性和抒情性。在有些人看来，也许艺术是些没有用处的东西。但是，在孩子童年时期，能让他学

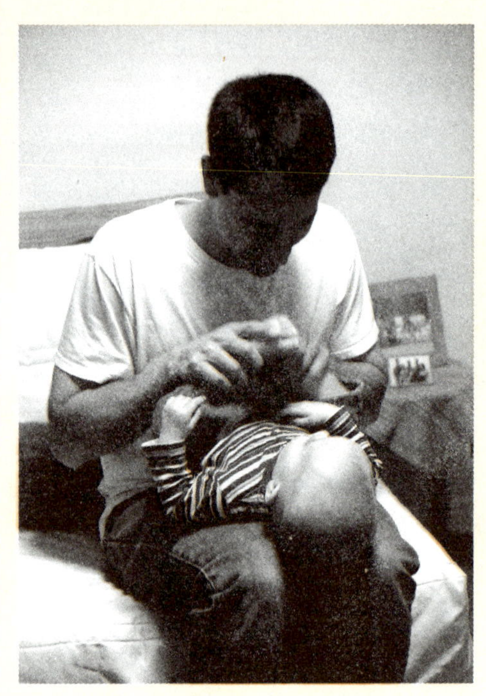

习的东西都尽量让他去学习，对他的将来总是有好处的。尽管他并不会成为一个伟大的艺术家，或许他也不会从事类似的工作。

我一直这样认为，也这样去实施对卡尔各个方面的培养。我这么做并不像有些人说的那样：为了向别人炫耀自己孩子的才能。才能是孩子学到手的技能，这并没有什么值得炫耀的，我只是想让孩子一生都生活在充满情趣的幸福当中，让自己的孩子成为一个快乐幸福的人。这也应该是所有父母的希望吧。

没有谁不愿意看到自己的孩子通过学习成为一个相对完美的人！

卡尔箴言

一个人应该有自己专门从事的事业，但是一个人也不能仅仅只有一种用来谋生的手段；业余的兴趣爱好，也许更能接近一个人的本质，在各方面都有所长的人，才是幸福的人。所以，在孩子小的时候就应该努力挖掘孩子的各种潜力，使之发挥到最好。文学、艺术、音乐这些都是每一个人都应该具备的修养。虽然，这世界上并没有完美的人，但是作为父母依然在为培养一个完美的孩子而努力。

第十章

卡尔是世界上最幸福的人

KaEr shi ShiJieShang ZuiXingFudeRen

幸福不在于拥有金钱，而在于获得成就时的喜悦以及产生创造力的激情。

——美国前总统　罗斯福

第一节　7岁10个月的卡尔做出了令人惊异的事

1808年5月，在卡尔7岁10个月大的时候，我答应了琼斯·兰特福克先生的要求，他是梅泽堡一所中学的教师。他要求当着他学生的面来测试卡尔，用来激励学生们的学习热情。

刚开始我很担心这样会引起卡尔自满的心理，我犹豫再三，但最后还是答应了琼斯·兰特福克先生。不过我有一个条件是，因为卡尔还很小，所以关于考试的事情，希望琼斯·兰特福克先生事先不要告诉卡尔，此外也要叮嘱他的学生们不要随意表扬和赞美卡尔。琼斯·兰特福克先生答应了我不会随便夸奖卡尔。

于是，当一切谈妥后，在琼斯·兰特福克先生的正式邀请下，我带着卡尔参观了他的学校。到了学校后，琼斯·兰特福克先生把我和卡尔带进了教室，我们坐在了教室后面。当时正好是在上希腊语课，因此琼斯·兰特福克先生的测试就从希腊语开始。

学生们都很头疼学习希腊语，他们所用的教材是《波鲁塔克》，老师让卡尔来回答那些同学们弄不清楚的问题，卡尔对答如流，这让学生们都大开眼界；接着老师又把拉丁文《恺撒大帝》递给卡尔，针对这本书又提了很多问题，卡尔也非常轻松地回答了老师的各种提问；然后老师把一本意大利语写成的书给卡尔让他朗诵，卡尔朗诵地非常流利，发音也非常准确。这期间，我也用意大利语向卡尔提出了一些问题，卡尔对此也都做出了完全正确的回答。

随后，老师还用法语和卡尔交流了很多问题，卡尔也得到了老师的赞赏；期间穿插了很多历史和地理问题，虽然老师在不同的方面提了很多相关的问题，卡尔都做了相应的回答。最后他测试了卡尔的数学，最终也得到了圆满的答案。卡尔的回答让老师非常满意，让学生们异常惊讶。

我当时坐在教室后边看着自己的孩子如此优秀，也不由得高兴起来。这么多年的教育总算有了成果，从而也证明了，我对卡尔的早期教育方法是正确的。这种幸福的情形让坐在教室后面的我充满了激动和骄傲之感。

没过多久，卡尔的事迹就被很多媒体报道出来，其中《汉堡通讯》上详细地报道了这件事情。我清楚地记得，报道开头这样写道："前几天，本地教育史上发生了一起让人惊异的事情"，而结尾是这样写的："但是这个出色的少年并非少年老成，他十分健康，看起来活泼可爱，一点年少轻狂的傲气都没有，就像从来不曾意识到自己与众不同的才华一样。这位天才少年就是卡尔·威特，他的父亲是洛禾村的牧师威特博士。"

"一个人能够取得这样理想发展的样子，不论是从精神方面，还是身体方面，他所受的教育方法绝对是非常独特而有趣的，遗憾的是威特博士并没有在这方面谈及。"

于是卡尔的名字传遍了整个德国，很多人从此认识了卡尔。慕名前来的人络绎不绝，还有很多专家学者纷纷来测试卡尔的各种能力。这些专家都是当代一流的学者。

卡尔对任何访问、任何来者都表现出了成年人才有的风度和礼貌，这让所有来访者都为此惊奇和赞赏。在任何情况下都表现出谨慎和稳重的卡尔，没有一点骄傲和自满，他把我的教诲一直记在心里，这让我感到无比欣慰。

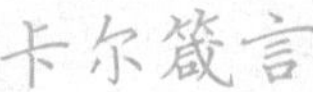

聪明并不等于天才，关键要看父母在孩子身上所付出的努力有多少，也要看孩子对父母的教育吸收了多少。要知道最美的花是用最多的汗水、泪水甚至鲜血才能浇灌出来的。当然适合孩子的教育“肥料”才是让孩子成长最好的养分。

第二节　9岁的卡尔被莱比锡大学录取

卡尔学识过人的事迹很快被传开，他也成了一个家喻户晓的明星。于是有一位在莱比锡大学任教的教授建议卡尔去莱比锡大学念书，他们尽力劝我委托本市托马斯中学的校长劳斯特博士来对卡尔进行测试。

劳斯特博士是一位可亲的学者，让他来测试卡尔我感到非常放心。本来一开始，我并不愿意让他们对卡尔进行测试。我担心他们会胡乱出题，影响卡尔未来的发展，就坚决地拒绝了。但看到劳斯特博士并不是我想象的那种不通情达理的人，我就决定接受他对卡尔进行测试。测试的时间是1809年12月12日，测试的方式是自由交谈。劳斯特博士尽量不让卡尔觉察到他们是在对他进行测试，因此选择了这样根本让人感觉不到的考试方式。考试结束后，博士给莱比锡大学写了一封关于证明卡尔才能的信：

“今天，在我的要求下，对年仅9岁的卡尔进行了考试。我们的考试是以谈话形式进行的，抽查了卡尔意大利语、法语、希腊语、拉丁语的掌握情况。希腊语测试是从《伊索亚特》中选出的段落，拉丁语是从《艾丽绮丝》中选出来的，意大利语是从伽利略的作品中选取出来的。另外还在一本法语中选了几段。我出的都是比较深奥的问题，但是卡尔回答得非常流畅。

当然，卡尔不仅在语言方面非常出色，而且在其他方面，比如地理、历史、生物学都有很深的造诣。他拥有渊博的学识，很强的领悟能力和理解能力。卡尔是由他的父亲威特先生精心培养出来的。我认为威特先生的这种教育方法非常值得人们重视。这个德才兼备的优秀少年完全具备进入贵校的资格。为了进一步研究早期教育方法，我认为这是非常有必要的。”

劳斯特博士的这封证明信送到了莱比锡大学，校方很快就同意接受卡尔入学了。学校的回复是，让卡尔在第二年的1月18号就去学校报道。在入学那天，我带着卡尔，见到学校的校长居思博士。校长和我们交谈了很久，从谈话中他自己又对卡尔进行了一些详细的了解。最后他决定以学校的名义给市政府发出一封信件。信件是这样写的：

“卡尔·威特是洛禾村的牧师威特的儿子，他虽然才9岁，但其智力和学识已经超过了十八九岁的普通年轻孩子。这些优秀的教育成果要归功于他的父亲威特对他施行的早期教育。

卡尔能熟练地使用法语、意大利语、拉丁语、英语以及用希腊语翻译诗词和文章。最近有很多学者对他进行过测试，全都惊异于他渊博的学识。他还接受过来自国王的亲自测试。由此可见，对儿童进行适当的早期教育，可以让他的智力发展到令人难以置信的程度。

在威特先生的教育下，卡尔熟悉了人类有史以来在文学、历史和地理等方面所积累的知识。由此可见，威特先生在教育儿童方面所取得的成就非常令人惊叹，丝毫不亚于少年卡尔的学识。

这个让人钦佩的少年非常健康，与其他许多神童不一样的是，他不仅乐观天真，而且丝毫没有像其他神童常常所表现出来的那种傲慢，这种可贵的品质是非常难得的。只要以后继续对这个孩子进行培养和教育，他以后必定会大有作为。

卡尔以前的教育全是由他的父亲威特负责的，可是现在卡尔的父亲对孩子的教育工作感觉到无能为力了。因为，卡尔的父亲收入微薄，农村孩子的学习环境也很糟糕，难以对卡尔进行更好的优质教育。他的父亲很想到城里，让孩子既能上三年的大学，学习文化知识，又能在自己的身边，继续对其进行教育。可事实上，卡尔的父亲仅仅是一位并不富裕的乡村牧师，如果再放弃牧师职务到城市里来教育孩子是很不现实的。因此，现在我向各位有识之士深情地呼吁，只要大家每年捐献4个马克，卡尔的父亲就能住到城市里来教育这个能在大学里继续学习的天才了。为此，我希望大家踊跃捐款，每年只捐4个马克，捐助三年，帮助卡尔完成学习生涯。

德国从古至今都非常尊重有学问的人。因此，这也是我们国家能国富民强，繁荣昌盛的重要原因之一。这是世界上最有爱心的事业，我相信大家也不愿意看到一个优秀天才被无情地埋没于世。能将卡尔培养成天才的父亲，他来本地居住，还能对其他小孩进行同样的早期教育，这对教育研究工作也是非常有益处的。总而言之，这是一项高尚而又美好的事业，我诚恳地希望各位积极参与。”

校长居忠博士在信件中详细地描写了卡尔的各种优秀才能，他呼吁莱比锡

市的各界人士能够对“卡尔现象”重视，帮助卡尔完成学业。

由于校长的信件在社会上引起了巨大的反响，市民纷纷自愿来帮助我们，虽然预定每年筹款4个马克，但是实际上却筹集到了8个马克。我想这是最早的爱心公益事业了。在卡尔9岁的时候进入莱比锡大学念书，除此之外，我也得到了我的新工作，当地的领导人聘请我去从事牧师职业，给我后，维斯特法利亚国便彻底崩溃了，于是学校就将卡尔推荐给了布朗斯维克、汉诺威、黑森三国政府。

此后，一直处于战乱时期，每个国家的经济都很萧条，国家有规定只要是不着急需要的事情就不能用钱。但是我非常感谢的是，在战乱纷争的年代，各个政府还是愿意继续支付卡尔的学费。在艰苦的年代，人们还是很重视卡尔的才学，这一点让我非常地感动。

卡尔箴言

一个好的计划，应该劳逸结合、有张有弛。时间就像弹簧，但是要有效地学习，就必须学会有弹性地安排时间。安排的太满，让孩子一直处于紧张劳累的状态并不利于学习；不过太松的话，孩子又很容易养成懒散的习惯。怎样才能做到张弛有度地安排呢？这就需要家长的帮助，在了解了孩子的学习进度的前提下，按照孩子的学习进度制定出适合孩子的学习计划表。家长不能操之过急，也不能降低孩子的学习速度，这样的计划表实际上也就是在计划时间。

第三节　10岁的卡尔进了格廷根大学

要去莱比锡大学报到之前，我带着卡尔去拜见国王，顺便办理一些手续，同时希望国王批准我辞职。当时的国王是维斯特法利亚国王杰罗姆，是拿破仑一世的弟弟。我们抵达卡塞尔后，正巧国王罗杰姆出去旅行了，不在宫中。

1807年，拿破仑一世在易北河西建立了维斯特法利亚王国，杰罗姆担任国王。洛赫村和哈雷等地方都属于维斯特法利亚王国管辖的范围，而莱比锡大学却处于维斯特法利亚王国外的范围了。地域管辖是如此，但在政治上却是由法国和德国共同管理。

第二天，我携带着卡尔去拜访拉日斯特大臣，这位大臣对卡尔进行了一番小测试。他听说过卡尔的故事，于是想通过测试看看卡尔到底有多大的能耐，最终他们相信了媒体的报道，并认为把这样的人才送到其他国家去实在是一种损失，就极力劝说我们留在本国。他说，我们可以在国内选择上格廷根大学或者哈雷大学。

但是我不能辜负莱比锡市民的好心，委就婉地拒绝了大臣的提议，依然前往莱比锡市。过了几天，我们在途中接到大臣的信件，信中是这样写的：

“已经向尊敬的国王陛下禀报了您的辞意和您儿子的杰出才能，酷爱人才的陛下让我传达他的命令。允许您在今年圣诞节后辞去职务，等您儿子大学毕业后再为您重新安排牧师的工作。

陛下下旨让您儿子进入格根廷大学继续学习，认为你们不必去国外求学，国内也有很优秀的大学，所以您儿子应当在国内就学。您也不需要接受外国的资助，在您儿子求学期间，每年赐予您60个马克。

能向您传达御令我十分荣幸，并愿意为您的儿子的教育献出微薄的力量。从现在起至圣诞节的两个月期间，您可做迁往格廷根的离职准备。”

国王命令我们留在国内，卡尔就这样进入了格廷根大学学习了四年。在校期间他系统地学习了古代史、物理学、植物学、数学、博物学、应用数学、化学、解析学、微积分、实验化学、矿物学、测量学、光学、实用几何学等课程。

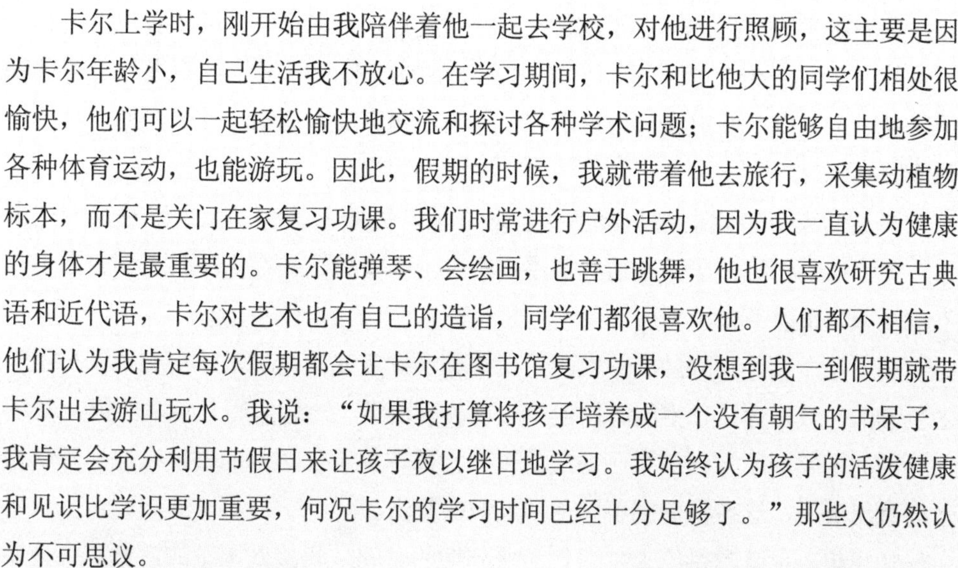

卡尔上学时，刚开始由我陪伴着他一起去学校，对他进行照顾，这主要是因为卡尔年龄小，自己生活我不放心。在学习期间，卡尔和比他大的同学们相处很愉快，他们可以一起轻松愉快地交流和探讨各种学术问题；卡尔能够自由地参加各种体育运动，也能游玩。因此，假期的时候，我就带着他去旅行，采集动植物标本，而不是关门在家复习功课。我们时常进行户外活动，因为我一直认为健康的身体才是最重要的。卡尔能弹琴、会绘画，也善于跳舞，他也很喜欢研究古典语和近代语，卡尔对艺术也有自己的造诣，同学们都很喜欢他。人们都不相信，他们认为我肯定每次假期都会让卡尔在图书馆复习功课，没想到我一到假期就带卡尔出去游山玩水。我说：“如果我打算将孩子培养成一个没有朝气的书呆子，我肯定会充分利用节假日来让孩子夜以继日地学习。我始终认为孩子的活泼健康和见识比学识更加重要，何况卡尔的学习时间已经十分足够了。”那些人仍然认为不可思议。

在卡尔的求学过程中，我对他的健康依然十分重视，无论天气怎样恶劣，我都要儿子坚持做体育运动。人们经常能看见我们在风雨交加的天气里做运动的身影。

第二学期的时候，国王杰罗姆来格廷根大学视察工作，国王陛下参观了学校里的很多地方，然后来到了植物园。

年仅10岁的卡尔这个学期正有植物学课程，所以他与同学们一起在植物园听老师讲课。国王的大臣拉日斯特在植物园中一眼就认出了正在听讲课的卡尔，并向国王杰罗姆做出了介绍。

国王听了很高兴，一定要跟这位小神童进行一番谈话，并要求我也去进见。于是随从就将我们父子一起叫到了国王陛下的面前。国王与我们进行了一番畅谈，鼓励卡尔以后要更加努力地学习，并表示国家会永远给予孩子帮助，希望卡尔能安心学习。

谈话结束了，我们刚从国王那里退下来，贵妇人纷纷涌上来兴奋地拥抱卡尔。为了避免伤害孩子，最后不得不由两个卫士将孩子护在中间，直到将国王陛下送上车才平静下来。

第五个学期，12岁的卡尔发表了一篇关于螺旋线的论文，这篇文章获得了学术专家的一致好评；13岁的时候他一边攻读政治学，一边撰写三角术的论文。

期间他发明了方便简单画曲线的工具，那本关于三角术的书也在他离开学校之后就出版了，这些都受到了国王和人们的赞赏。

1813年，也就是供给卡尔三年学费到期的时间，我接到国王的旨意，说他愿意再继续供一年，给卡尔提供第四年的学费，并允许孩子任意选择他想去的学校继续学习。

卡尔箴言

一个好的计划，应该劳逸结合、有张有弛。时间就像弹簧，但是要有效地学习，就必须学会有弹性地安排时间。安排的太满，让孩子一直处于紧张劳累的状态并不利于学习；安排得太松，孩子又很容易养成懒散的习惯。怎样才能做到张弛有度地安排呢？这就需要家长的帮助，在了解了孩子的学习进度的前提下，按照孩子的学习进度制定出适合孩子的学习计划表。家长不能操之过急，也不能降低孩子的学习速度，这样的计划表实际上也就是在计划时间。

第四节 14岁的卡尔获得法学博士学位

1814年7月，卡尔正好14岁，在这一年。我们去了维茨拉尔旅行，参观了吉森大学。吉森大学所有的师生都热烈欢迎我们的到来，他们和卡尔一起讨论了很多学术上的问题，最后大家都认同了卡尔在1812年公开发表的学术论文。所以，赫拉马莱校长亲自给卡尔授予了哲学博士学位。

接着卡尔去访问马尔堡大学，受到师生们的热烈欢迎。该大学的校长也想要授予卡尔哲学博士的称号，但是却被吉森大学抢先了一步。

卡尔在格廷根大学最后一个学期的学费是由三国政府资助的，因此，我们去布朗斯维客领取学费的时候，政府人员将我们介绍给布朗斯维克公爵认识。当时公爵正要外出旅游，但是他依然接见了我们，经过一番谈话，他提议让卡尔去英国留学，并热心地表示只要卡尔想去，他本人愿意资助孩子的学费，并将我们父子推荐给他英国的亲戚。

1814年8月，我带卡尔去汉诺威领取学费时，当局聘请卡尔作报告。由于卡尔以前在萨尔茨韦德尔曾作过数学报告，受到了人们的好评。卡尔问汉诺威的人员自己要演讲什么选题时，他们仍然希望儿子讲数学方面的问题。第二天，卡尔就在当地中学的大礼堂里作了一次报告。

那些听众大多都是市内的知识份子，卡尔面对他们时从容自在地用德语讲述得清晰流利。有些人看到整天休息得很晚的卡尔讲演得如此流畅，很怀疑孩子用了演讲稿。其实卡尔整天忙于奔波交际，每天总要到深夜才有休息的空闲，根本就没有时间准备讲演稿。当这些猎奇者看到儿子真的没有讲稿后，不禁大为惊讶。

儿子也觉察到了人们对他的怀疑，为了消除人们的疑惑，卡尔就有意识地离开讲台走到场中继续讲演。当听众们看到两手空空的孩子时，顿时爆发出一阵热烈的掌声。卡尔在热烈的鼓掌声和喝彩声中结束报告后，政府不仅仅认同儿子的才学，而且还给他资助了比以前更多的学费。

还有肯布里基公爵也愿意资助卡尔学费，并推荐孩子去英国留学。我们去黑

森时也受到了同样的热烈欢迎，还经常被请到宫中。

我在考虑卡尔从格廷根大学毕业后的出路。倘若要让孩子成为名人，最好的方法就是让卡尔钻研以前所获得的成果的某个领域。但是，我通过慎重考虑还是放弃了这条成名的捷径，我觉得这样做只会让孩子成为局限在一个领域里的学者。为了能让儿子得到更多的知识，我最终还是决定让孩子去学法学。当一位数学教授知道这件事情后，感到特别遗憾，他好奇地问我："你为什么决定让孩子去学法学而不是继续学习数学呢？"

我对这位教授说："孩子18岁以后才适合决定他的专业方向，18岁以前应当学习所有的知识。如果卡尔到了18岁仍然很喜欢数学的话，那就让他继续钻研数学。"

从此，卡尔就进了海德堡大学专门学习法学，儿子非常受老师和同学的欢迎并且成绩依然很优秀。

卡尔箴言

对于孩子的爱并不仅仅体现在舒适的生活上，更重要的是为孩子提供良好的教育。良好的教育就是为孩子将来的美丽人生铺路建桥。但是所谓的教育并不只指学习的教育，还包括父母在家庭环境中给予孩子的教育和培养。在早期教育中，父母是最重要的老师，孩子的性格、品质、习惯、学习能力、兴趣爱好基本上都在早期教育中形成；父母自己的言行举止也是重要的教学课本，在家庭生活中千万不要忘记，大人的一言一行直接影响着孩子的将来。

下　篇

第十一章

天才的成长秘密

TianCai de ChengZhang Mimi

> 所谓天才人物，指的就是具有毅力的人、勤奋的人、入迷的人和忘我的人；天赋就像深藏在岩石底下的宝石，没有艰苦的发掘，精心的雕琢，它自己不会发出光彩来；天才免不了面临逆境，因为逆境会创造天才。
>
> ——英国剧作家、评论家　萧伯纳

第一节　天才就是身心健康、德才兼备、谦逊而快乐的人

从1853年开始，霍耶斯特教授开始进行关于“天才”的研究。他经过长期的调查和测试后得出结论：人的大脑功能都是完全一样的。这中间不存在国别、男女、老少、人种的区别；如果有人真的一定要说什么不同的话，也只存在于“正常人”与“痴呆儿”之间的差异。

霍耶斯特教授特别指出：“从学习的能力上来说，任何一个孩子都是天才。能力真的是他们在短时间内能记住很多复杂的词的要素，而且是在非常混乱的词语中找出了一些线索，再把它们一一归类。也许很多人没有亲自去尝试过这样的事情有多么困难，在短时间内记住非常繁杂的文法形态，对于很多成人来说都是很困难的事情，而对于学习语言阶段的幼儿来说却非常容易。孩子的学习能力让人惊叹！”

这一点我本人是可以证明的。

我并不是天生的天才，按照父亲的说法，我是个早产儿：不仅只是天生的智力，大脑比同龄的孩子还要发育得缓慢，甚至村子里很多人都把我当作白痴看待。所以我在天赋上并没有什么优势，和大多数孩子一样，格拉彼茨牧师说我甚至比其他孩子还要“稍逊一筹”。

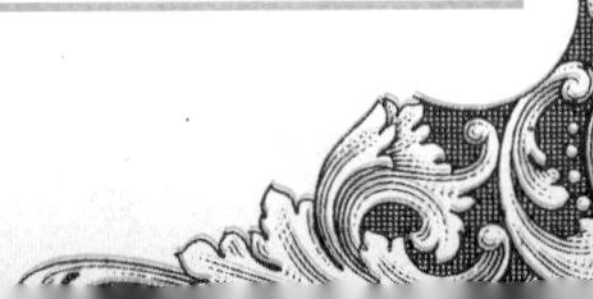

也许正是因为大家对我的印象是这样的一个人，所以，后来我取得一些成绩的时候，他们才会感到那么惊讶。于是对我的看法就直接走向一个极端，他们都认为我是一个天才，我所取得的这些成就都归功于我过人的天分。

父亲告诉我，在我很小的时候就有多很多教授和学者对我进行各种各样的测试，有很多慕名前来邀请我们去做客的人，都对我的才能表示出惊叹和佩服。

我9岁考时入莱比锡大学，12岁发表了数学论文，并且被授予了哲学博士学位，14岁又被授予法学博士学位，并被聘为法学教授。

这些在知识领域取得的成就，让所有人开始关注我，他们都认为我就是一个神童，从来没有人在意过我的教育方式。但是我明白，我之所以有现在的成绩和父母的教育方式是分不开的，所以我非常感谢我的父亲。

虽然这些成就在别人看来是很不可思议的事，但是，我并没有觉得自己有多么不同。因为，在我童年时期很少听到过别人的赞扬和夸奖。父亲认为过多的赞扬和夸奖会让我产生骄傲的情绪，养成自满的习惯就容易影响到我的前进，他总是不让别人当着我的面来赞扬我。虽然，这些都是父亲后来才告诉我的。所以，我也从来没有认为自己和其他孩子有什么不同，我一直认为这是自然的。清楚事情的原由之后我终于理解到父亲当年的良苦用心。

霍耶斯特教授已经证明：人的大脑生下来并不能发挥作用，人的大脑是具备一种转化功能的。这种转化功能把一切外部作用，在孩子出生之后转化为他们的自身能力。

既然所有人的大脑功能天生都一样，孩子进入学校接受教育的时间也都差不多，为什么会出现参差不齐的状态呢？特别是在小学毕业后，很明显就可以看出：有的孩子十分优秀，而有的孩子在每一方面都会落后于他人。事实上，这正是问题的关键！关键是在入学之前的那段时间，孩子的大脑是否得到了有效的锻炼。也就是说，在入学之前的时间里，父母是否尽到自己的义务和责任去开发孩子的脑部智力，挖掘孩子的潜力。

所以，父亲曾经的观点是十分正确的：决定一个人一生的道路，并不是天分，而是后天的教育。普通人和优秀人才的差别就是因为教育方式的区别造成的！在几十年后，他的这一论点得到有力的证实，并得到学术界的认可，成为教育人士的共识！

智力的高低并不是靠遗传来决定的，因为每一个孩子都有着让人惊叹的天分。孩子在幼儿时期所接受到的信息量是成人无法计算的，但是他依然能很好地处理这些信息。可以这么说，在这个世界上找不到像孩子一样善于动脑的聪明人了。

一个人所接受的教育决定着他的前途，特别是学前教育，这是人最重要的一段时期。父亲教育我的目的并不是要把我培养成知名的学者，他只是想让他的孩子成为一个身心健康、才德兼备、乐观善良的人。至今，我仍然按照父亲的期望去走，用我自己的方式不停地完善自己。我和父亲的理解一样：每一个孩子都可以成为天才，天才就是一个身心健康、德才兼备、谦逊而快乐的人。

卡尔箴言

天才，并不是天生的“神童”，并不用带着羡慕和崇拜的目光去看待每一个“天才”，他们并没有什么和常人不同的地方，只要抱着让“自己的孩子能够快乐地学习，幸福地生活”的观点去教育孩子，那么他也可以成为一个天才。

第二节　孩子1～8岁时接受能力最强

霍耶斯特教授进行的音乐测试表明：孩子在音乐方面的创造才能，从1～5个月时出现，在8岁时结束。霍耶斯特教授的说法和我父亲的观点不谋而合。孩子写诗和绘画的才能也是如此。霍耶斯特教授还在画家的协助下进行过美术教学研究，最后得出结论：孩子年龄越小，就越容易具备天才的素质。

父亲一直认为对孩子的教育开始得越早越好，1～8岁的时候是孩子接受能力最强的时候。孩子一出生就具有自身的学习能力，但是基本上这种能力会随着孩子年龄的增长逐渐削弱。

这样的自身学习能力是成人所不具备的，孩子来到这个世界之时，就像一张纯洁的白纸，为了适应这个陌生的世界，而且孩子自身有了对世界认知的需求，所以他就会利用这一本身的能力去感受、摸索、认识、学习；这是人的一种本能。这种本能在生活中通过与外界的接触、交往慢慢显现出。

这种自身具备的能力包括：注意力、记忆力、知识整合能力、思维反应能力。这些能力并不需要文化修养和知识背景，而在此基础上发展起来的理解力、意志力、分析判断能力则需要后天的培养，需要文化知识、经验的积累。

所以说，如果能更大程度地挖掘孩子的天生能力，使其发挥到最大，为孩子后天的成长打好更坚实的基础，对于孩子的成长和发展都是有利无害的。人类对于幼年时期的生活记忆是最深刻的，不仅仅是玩耍和游戏带来的欢乐会让人永生难忘、就是在幼年时期所学到的知识和能力也会印象深刻。

不要忽视孩子的接受能力，在教育过程中一定要保证知识的正确性，似是而非的知识将来在社会上都是无法使用的，也就是毫无用处的技能。父母教授这样的知识无非是浪费孩子的时间。

孩子到了6岁，大脑的发育已经完成了80%。如果一个孩子在七八岁的时候还没有接受到适当的教育，那么，其潜能发展的可能性几乎完全消失。在这个时候再去实施“天生能力”的训练，可以说已经没有任何作用了。孩子在之后的“后天能力”的学习上就显得非常吃力，也不会有好的教学效果。

卡尔箴言

机会总是稍纵即逝的，任何好的时机都是这样，教育孩子的过程中，依然存在这样的说法。只要父母能够真正抓住孩子学习的最佳时期，那么所有的过程都会显得轻松简单，效果也会事半功倍。

第三节　天才的培养，早期教育是关键

从种种事实来看，是天才还是庸才，与其说是与先天的遗传、禀赋等因素有关，莫如说是由后天的环境影响和教育等因素所决定的。早期教育就是一个事实根据。

孩子生来都是天才，所谓天才并不是少数人才会拥有的禀赋，其实每个人都有着无限的天才潜能。

孩子的天赋虽然千差万别，但他最终会成为天才还是庸才，并非取决于天赋的多少，而是取决于孩子生下来以后的教育方式。即使是那些表现得非常一般的孩子，只要教育得法，也能成为非凡的人才。

40多年前，父亲对当时流行的教育方式作了归纳和总结，那时候的教育专家认为：过早地对孩子进行教育会让孩子失去童年的快乐，是不人性的教育方式；一个人的才能和性格都是天生的，根本没有办法再做改变。

父亲认为这些教育理念根本不科学。他是从雅典人那里了解到“早教”理念，并通过他自己的整理和探索，得出更新颖的教育方式，并在我身上得到了验证。虽然当时那些人更愿意把我看成天才或神童。

我和霍耶斯特教授也一直致力“早教”的研究。几年来我们

对上千名孩子进行了调查和研究。实验一次又一次地证明了，接受过早期教育的孩子与其他孩子相比，智力都要高出15～30分。绝大多数孩子智力处于较高的水平，无论是学习成绩还是生活表现上都非常优秀。

我们的试验对象不仅包括正常的孩子，也包括先天不足的孩子和孤儿院的孩子，在他们身上得出的结果是一样的。因此孩子出生之后，父母为他们实施早期教育是很必要的，这关系到孩子的将来是不是可以拥有一个美好的人生。

有些父母对这个观点持反对态度，因为他们所坚持的还是以前那种陈旧的教育模式。他们认为过早地给孩子实施教育，会让孩子失去童年的快乐。

我们教幼儿简单的字词，并不是要把他们培养成语言学家；让孩子欣赏音乐，也不一定要使他成为音乐家。早期教育应本着兴趣、需要的原则对孩子实施启蒙教育，使幼儿的各项潜能得到最大限度地发挥，是为培养孩子体格健康、智力发达、品质和个性良好打基础。孩子的每一个生活活动都是课程的一部分，孩子和别人的交往、进餐、体育活动、区域活动等等都是学习。

孩子会用他的感觉器官去认知事物，先把认知无意识地保存在大脑中，同时吸收语言，为下一步形成概念做准备。孩子只有通过自己的努力，才能把对这个世界的认知创造成为个人的知识。家长对孩子的早期教育不能仅仅限于知识的学习，同时还应该培养孩子的心理、人格、个人行为模式、思维模式、对事物的热情、对这个世界的热爱这些都是人生存在的支点，也就是精神的支点。

在早期教育中，父母要仔细观察孩子的性格特征，发掘孩子的兴趣爱好；再根据孩子的兴趣和爱好，激励孩子的学习；一个和谐的家庭就是孩子学习的一个好环境，这对于孩子的良好性格的形式也非常重要。

对孩子实施早期教育的时候，父母必须切记早期教育的目的不是枯燥地向孩子传授知识，而是激活孩子的脑神经细胞，拓展他的脑神经网络，开发他的大脑潜能。

如果不能正确地理解早期教育的意思，一味向孩子灌输各种知识，强制孩子记忆、背诵、绘画、学习、听说，不顾孩子的兴趣、爱好和特长，父母对孩子过多地干预，反而会使孩子智力发展的速度降低，特别是创造性智能的发展将停滞，对孩子的成长是没有任何帮助的。

我和霍耶斯特教授的试验调查结果表明：很多成功人士成功的主要原因就在

于从小接受了父母的早教培养。他们在小的时候就接受了知识与技能的学习，锻炼了身体素质、意志力、想象力、创造力、勇气，才让他们对自己的事业拥有巨

大的热情以及战胜困难的勇气。这些对于一个人的成功来说都是非常重要的。

很多成功人士都表示，小时候父母对他们实施的教育，主要在于启蒙，并不是很多家长强制性地“填鸭教育”。他们在学习的过程中主要采取的是“兴趣激励法”、“奖励法则”、“灵活选择法则”，父母在尊重他们的前提下，实行的鼓励、奖励、帮助和引导才是他们学习的方法。而他们学习的目的并不仅仅是为了成才，快乐和幸福的人生才是他们终生所追求的。他们也认为，这样的教学，让他们在学习中体会到了人生的快乐，他们并没有失去童年的乐趣。

我只是一个身体不健康、智力低下的早产儿，但是父亲并没有放弃我，他相信：“一个平凡的孩子，只要从婴儿阶段开始得到合适的教育，就一定会成为一个不平凡的人。”

卡尔箴言

早期教育并不是利用孩子的童年时光，来完成沉重的学业任务；所有的教育都应该建立在自由、快乐、自愿、尊重、信任的基础上；在保持孩子天性的前提下，对孩子的各种能力进行培养与锻炼，为孩子将来能够取得成功做好准备。

第十二章

父母的责任

FuMu de ZeRen

我认为今天有些父母所犯的最大的错误是，忽视了对孩子的关心与照顾，以及鼓励孩子们认识到自己的责任感和自我价值。一般而言，缺乏父母支持的孩子，往往自我价值感较低，这妨碍了他们建立良好的品行和取得较高的成就。这不但影响孩子个人和家庭，而且对国家也不利。

——美国前总统　里根

第一节　父母影响孩子的一生

父母把孩子带到这个世界上来之后，对孩子的义务和责任还包括：教育、培养、照顾、关心、爱护、帮助。只有真正完成这些任务的父母，才算是称职的父母。父亲的手稿中记载着他发现的一些疑问，他在阅读历史书籍和伟人文献的时候，注意到了伟人的孩子往往没有多大的作为，大多都很平庸。从遗传的角度来看，伟人的孩子多少都应该遗传了父辈的优良品质，至少会和普通孩子差不多才对，但是为什么会出现这样的情况呢？父亲经过多方面的查证认为，这其中的主要是因为伟人大多忙于自己的事业，从而忽略了对自己孩子的教育。由此，他得出结论：孩子是不是能够成为一个优秀的人，最重要的是取决于父母为孩子做了什么。

一、母爱伴随孩子一生

能有现在的成就，我一直感谢我的父母。虽然，对我实施正确教育方案主要的人是父亲，但是谁也无法否认母亲在一个孩子的成长过程中的重要作用。一个孩子的成长肯定离不开母亲无微不至的关怀，母亲的关爱让一个人在人生的旅程中充满着幸福之感。母亲的教育是无声的教育，她的言行举止从一个人出生那一刻起就深深影响着孩子。我一直认为是母亲让我学会了爱与智慧。虽然，母亲总是关注着孩子的生活细节，但正是因为这些细致入微的照顾和关爱，孩子心中充满了无穷的力量；母亲的关心、爱护和鼓励，会让孩子直接感受到来自父母的信任和关心。为了不让母亲失望，孩子都会非常努力地提升自己，让母亲放心。

其实，孩子还没有出生的时候，孩子就与母亲紧密相连了。孩子和母亲一起共用一个身体，吃一样的食物，吸收一样的营养，彼此的生命是紧紧相关的，再没有一种感情能这样紧密了。当胎儿形成那一刻起，女性的母性特征就自然而然地散发出来，怀孕中的女性浑身都会散发着这种慈爱温婉的气质。她们不再仅仅考虑到自身的需求，为了孩子，她们会去牺牲很多东西，她们所做的一切都是为了孩子。所以，这样无私博大的爱，是由母亲传递给孩子的。

玛格丽特曾对我说过，当她看见小威廉睁开眼睛那一刻，她就对上天发誓，要一辈子爱这个孩子，只要自己还活在这个世界上，就不会不爱这个孩子。当时玛格丽特和我结婚才仅仅一年的时间，我都很惊讶她发生的变化。母爱真的是女人伟大的天性，完全不用去学习，只要有了孩子，从那一天起，她就蜕变成一个成熟的女性，一个伟大的母亲。

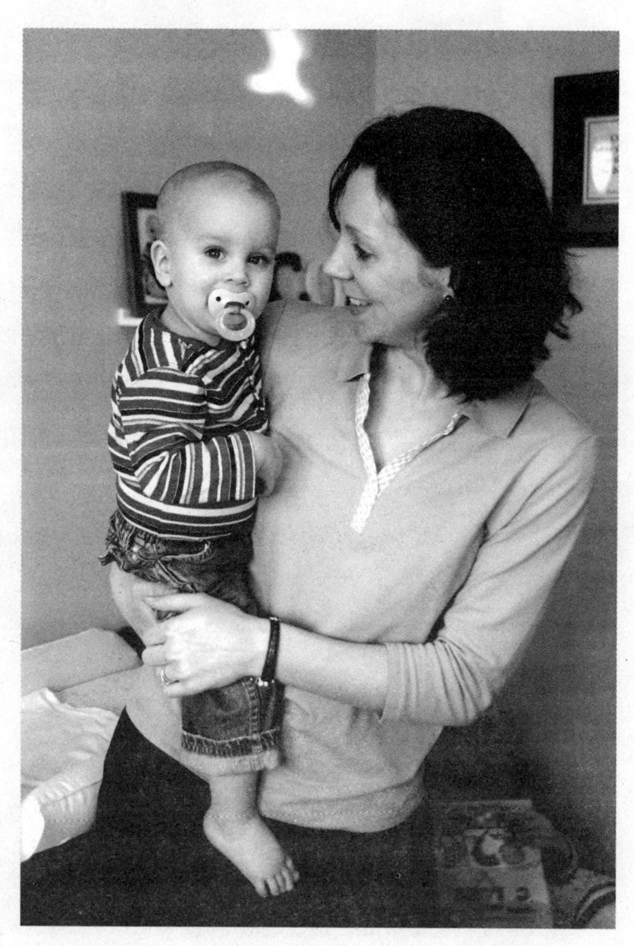

很多人都承认，母亲是孩子成长中不可少的角色。还有一位女性作家甚至认为“一个女人只有做了母亲之后才算是真正的女人，孩子的一切都应该让母亲来负

责”。也许，她的观点太过于极端，但是无法否认，母亲在一个人的生命中所起到的作用是任何人都无法取代的。母亲的任务不仅仅是抚养孩子，还要为孩子的生活创造出一个安定平和的环境。

对于刚出生的婴儿来说，母亲就是他认识的全部世界，而母亲的安抚和温暖让他感受到前所未有的安全。当孩子受到惊吓和外界环境的刺激之时，没有比母亲的身体更舒适的地方了，孩子喜欢躺在母亲的怀抱里，那是因为他认为在此找到自己需要的安全感和舒适感。不仅仅如此，母亲还要给孩子提供乳汁，乳汁是孩子婴儿时期最好的食物了。

对一个人来说，母亲是和他接触最亲密的人了。从婴幼儿时期甚至从孩子在母亲的身体形成那一刻起，母亲就与孩子亲密地紧紧相连。科学研究表明，胎儿在母亲的肚子里就可以听见母亲的声音了，所以在初生之后就能马上听出母亲的声音，记得母亲说话的节奏。母亲的声音是孩子最喜欢听到的声音，母亲的每一句话都能帮助孩子了解这个世界和他自己，母亲充当着孩子和这个陌生世界的桥梁。孩子们最先是从母亲那里了解到什么事情能做，什么事情不能做，谁是友好的，谁又是邪恶的。母亲还要指导孩子如何去正确的表达自己的情感和需求，教会孩子形成乐观自信的性格，培养各种各样的爱好。

由于这样亲近的关系，在孩子心里母亲就是善良和美好的代表，因此在无形之中他都会习惯性地模仿母亲的行为，母亲的言行将对一个孩子的人生产生深远的影响。所以，母亲应该用足够的时间去陪伴孩子，和孩子一起度过他的童年时光，母亲的素质和修养影响着孩子的基本人格。

之前我们的先辈总是过分限制女性的自由，认为女性生来的主要任务就是生养孩子，认为女性只能待在家里处理各种家庭事务，否定了女性在这个世界上存在的其他意义。这样的观点持续了几个世纪。

随着社会的发展，男女在分工上就不再那样严格了，从前那样“男主外，女主内”的格局已经完全发生变化：女性们纷纷积极投身到社会建设中间，甚至有些母亲在生产半年之后就很快地投入到工作中；至于孩子的一切事物都由雇用的保姆去打理，父母与孩子的关系仅仅是生活在同一个屋檐下而已。母亲忙于工作，根本就没有时间去孩子相处，实际上孩子无形中就失去了母爱。

人们过于看重事业上的成功，而忽略了下一代的健康成长，很多人都认为对孩子的爱就是为孩子创造一个舒适的生活环境，给与孩子物质上的满足。

女性应该正确地认识自己的母亲角色，认识到母亲对于孩子和家庭的重要性。母亲要负责对孩子的心灵进行滋养，让孩子看到外面的世界，这是多么重要的责任，并且这些在孩子成长过程中是不可缺少的。女性要正视自己作为母亲的职责，像前辈的人那样温柔贤惠，参与到孩子的成长中去，这样做并不需要完全放弃自己的爱好和工作，她们可以在孩子稍稍长大之后再去从事自己喜欢的事业，或者在事业稳定之后再考虑迎接孩子的降临。参与到孩子的教育中去，这是除了母亲以外其他人无法代替的职责，并且母亲可以学会在这中间得到快乐。

我的表妹凯瑟琳娜在她女儿出生三个月后就回到了工作中，我们都劝说她不要这么做，但是她那时正好处于事业的高峰期，她说她需要这样做，这样做才能证实她自己的能力。随后，她雇用了一个十分善良的保姆来照顾她的女儿。

事后她时常告诉我她一离开女儿就非常得想念她。我就对她说，玛格丽特在威廉出生之后就安心在家抚养孩子，等孩子长大一些，她仍然还是要回到工作岗位上工作，事业和家庭两不耽误。

但是凯瑟琳娜依然坚持自己的决定，哪怕她因为思念女儿而悄悄哭泣，她还是坚持工作，因为从小她就是个争强好胜的人。幸好凯瑟琳娜雇用的那个保姆是个很细心和善良的人，她在照看凯瑟琳娜的女儿时用照相机记录下了孩子第一次快乐的叫喊，第一次品尝酸果汁的怪模样，第一次撒娇的样子，第一次生气的丑样，这些照片凯瑟琳娜随时都带在身上，工作再繁忙她都要对着这些照片思念孩子。

“我看见这些照片觉得很开心，但还是很遗憾自己没有亲自参与到这些过程当中，没有亲自与她分享这些动人的时刻。如果再重新选择一次，当时我绝对选择留在孩子身边陪伴她，把工作和事业都放在一边。这些东西随时都可以得到，可孩子的童年再不会回来了。”

一个称职的母亲首先要懂得怎样满足孩子的基本生活需求。母亲照顾孩子是很辛苦的事，再加上要担负教育的责任，母亲就显得更不容易。所以，在照看孩子的过程中，母亲是极其辛苦的，但是照顾孩子是件幸福的事。

首先，母亲要拿出足够多的时间给刚刚出生的婴儿。女性刚刚担当母亲的角色肯定有很多不适应的地方。所以，只有用足够多的时间来和孩子相处和习惯这个新身份，与孩子相处久了就能靠第六感来判断孩子的需要。就像很多母亲说的那样，她们在孩子哭泣的前一秒钟会自然醒过来，她们知道孩子不同的哭声所代表的需求，她们认为母亲和孩子之间存在心灵感应。孩子有了母亲的陪伴就显得特别高兴，很多小孩子在小时候根本不愿意离开母亲，看不见母亲的身影都会哭闹、纠缠，或者找借口把母亲留在自己身边。照料孩子是一件需要极大耐心的事情，到底是劳累还是一种幸福，这完全取决母亲自身对这件事的看法。

第二，为了让自己精力充沛，及时调整自己的身心也是重要的，所以母亲一定要在适当的时机让自己离开孩子休息一段时间。母亲有双重身份，她不仅仅是孩子的母亲，还是一个妻子，是一个家庭的半个主人。可以想象，一位母亲整天忙碌于各种琐事之间，很快就会疲惫不堪，这样下去不止是身体应付不过来容易出现各种病症，而且心情也容易变得急躁、烦闷，情绪无法得到控制。在孩子的成长过程中，母亲也需要别人的帮助和支持，母亲要懂得在必要时向其他家庭成员寻求帮助，孩子有着大人无法想象的旺盛精力，照看过小孩的人肯定很清楚，特别是孩子可以自由行动之后，到处奔走，还要不停地惹麻烦，这给所有母亲带来很多麻烦。

第三，母亲不要认为尽心照料孩子是自己的天职，不要处处苛求自己，因为现实生活中总是充满各种各样的问题和困难，每个人都无法承受太大的压力，经

济问题、健康问题、邻里关系、家庭关系都困扰着每一位家庭主妇。有的母亲根本不敢管教自己的孩子，就是因为她们从不相信自己的能力，她们害怕自己把孩子教育不好，总是怕自己会犯下什么错误。很多伟大的母亲培养了伟人，但是她们仍然不会承认自己是一位称职的母亲。

称职的母亲并不是指完美的母亲，只要是时刻关心孩子，能及时发现孩子的错误并帮助孩子改正的母亲，就算是一位称职的母亲了。孩子并不需要一个完美的母亲，因为完美的人规矩也就相对较多，孩子会变得性格内向，不敢明确地去追求自己的人生理想，凡事都犹豫不决，胆小怕事。作为母亲，更重要的是教会孩子形成乐观向上、勇于面对困难的品质。

母子之间的相互依恋也是慢慢产生的，如果孩子与母亲之间的相处时间很少的话，就很难建立起亲密的关系，但是一位母亲如果把所有的时间都用在了家务事上，很容易产生疲惫感，这对母亲的身体健康也有影响。所以，母亲对于孩子的照顾，还是要量力而为，必要时候要寻求其他人的帮助。

二、父爱不可缺少

和母亲相比，父亲在孩子的成长过程中就明显没有母亲那样直接的作用。在现实生活中，父亲的首要任务就是养家糊口，如果一个男人待在家里照看孩子就会被人认为没出息和没有事业心。所以，大多数男人都是把事业看得比家庭还重要，他们认为只要给家庭必要的生活条件，他们的任务也就完成了。

很多男性都表示，在妻子有事情的情况下，他们不得不去照顾孩子，但是妻子不会信任他们的能力，对他们的耐心表示怀疑，所以出门之前总是把一大堆事情写在便笺上边，还要不停地打电话来提醒他们什么时间该做什么。男性在家中的时间是很短的，更不要说陪孩子玩耍了，.所以他们自然认为，这就是女性的分内事，也只有女性才做得好。

其实在孩子心中，父亲和母亲一样重要。但是，父亲们都不这样认为，他们总是觉得孩子更喜欢跟着母亲生活，并不需要自己去照顾孩子。也许父亲不能像母亲那样给孩子无微不至的关怀，但他们可以用独特的方式参与到孩子的生活中去。劳伦兹博士通过调查得出的结论是，父亲参与孩子的日常生活，可以极大地促进父亲与孩子之间的情感发展；而时常与父亲在一起生活的孩子长大后更富有同情心，心理也更为健康。

在我们上一代，男性是一个家庭的权威，主要负责家庭之外的一切事务，和女性有明显的分工，男性在家庭中有极其高的地位，但是现在这样的格局发生了变化，越来越多的男性丧失了这样中流砥柱的地位。社会上还有人认为，男性也应该像妻子那样去关注自己的孩子，至少要为妻子分担一点沉重的家务。

要父亲像母亲那样去照顾孩子，是不可能的事情。所以，这让很多父亲无所适从。劳伦兹博士的研究表明：一个男性如果真的像女性那样参与孩子的生活，很快就会产生心理上的障碍，要不了多久的时间，就会自动从这一个角色中消失，退出孩子的生活。所以劳伦兹博士建议，父亲们应该做父亲应该做的事，按照自己的性格去和孩子相处，根本不必像女性那样温柔体贴。父亲和母亲本来就是不同的角色，由于性别的不同肯定没有办法产生同样的效果，对孩子表达爱的方式也是不一样的。但是，这两种爱缺一不可。

劳伦兹博士的研究表明：对于孩子来说应该接受这两种完全不同的爱。母亲主要起促进和安慰的作用，母亲温柔的爱是能抚慰孩子不安的情绪，母亲温柔的声音也能让孩子得到内心的安宁。所以当遇到困难的时候，孩子最希望得到母亲的抚慰，来调节紧张的情绪；而父亲则可以用自身的活力让孩子感受到生活的激情，让孩子学会热爱生活，父亲健康开朗的形象和乐观积极的生活态度，则可以影响到孩子性格，使他形成积极进取和敢于负责任的品质。由于母亲比较柔弱，母亲可以帮助孩子建立丰富的感情世界，而父亲是威严和充满力量的，父亲所带来的安全感是任何人都无法比拟的。

父爱代表着进取和刺激，母爱则代表着温情和舒适。所以在孩子的世界里，虽然母亲会对孩子产生巨大影响，但父亲的作用也是不可缺少的，作为父母都应该尽量陪在孩子身边。孩子在与父母的相处过程从会在父母身上吸取不同的优点，形成稳重又灵活的性格。懂得以自己的方式积极参与到孩子的整个成长过程中的父母，才是称职的父母。

卡尔箴言

男女的性别差异，决定着父亲和母亲扮演着不同的角色，父亲和母亲在一个人的成长中都有着不同的作用，二者也是无法完全被取代或者替换的。孩子在父母身上学到不同的品质，所以无论是父亲还是母亲都需要积极地参与到孩子的成长过程中，陪伴孩子成长。给予孩子教育才是称职的父母。

第二节　孩子出生之前，母亲要身心健康

父亲一直强调，人的一生始于胎儿形成之前，所以他认为早期教育，也要从那时开始进行。他认为父母的先天素质决定着这个孩子的综合素质，因此只要是已经结婚的成人都有义务为自己的下一代创造一个好的生活环境，甚至要考虑到下一代的身体健康，约束自己。

在孩子出生之前，父母一定要保持自己的身心健康，这包括健康的体魄和心灵。结婚之后，父母就要开始学习一些育儿的经验，参考一些相关的资料。因为生理学研究已经证实：胎儿的健康很大程度上取决于父母的健康状况，特别是母亲怀孕后的饮食起居。我的父亲也认为，先天的一些因素会对孩子产生一生的影响，在孩子出生之前就做好充分准备的父母，才能算负责任的父母，这样的父母才能更好地对孩子实施完善的后天教育。

父亲一直很重视这个问题。为了让生活有规律，父亲在母亲怀孕之后就制定了一系列严格的规定。他和母亲都认真遵守这些规定，包括作息时间、食物搭配、运动量。父亲作为一个乡村牧师，生活极为清贫，虽然他的收入不高。但是为了母亲能在怀孕期间保持要的营养，他减少了家里的其他开支。由于我的哥哥不幸夭折了，母亲一度陷入悲伤和抑郁之中，即使怀上我之后，她还是时常处于焦急和担心的状态。为了让母亲做一个快乐的妈妈，父亲煞费

苦心，他给予了母亲更细致，更多的关心和爱护，他耐心地担负起母亲的心理医生的职责，开导情绪化的母亲。他说，母亲的情绪会影响到胎儿。

这些都是很多年之后我在父亲的手稿以及他们的朋友那里了解到的，而在我面前他们从来没有提起过为了养育和培养我所付出的辛苦。当我的妻子玛格丽特怀孕之后，父亲马上给我写信表示祝贺，还给了我们很多宝贵的经验和意见。

父亲得知玛格丽特爱好喝红酒，而且有每天晚上都要喝一杯的习惯，他就给我们提出了十分有益的忠告："母亲自身的营养影响着胎儿的营养，烟、酒、不容易消化的东西、生冷硬质的食品，绝对不是孕妇应该吃的东西，这样做无疑是在给胎儿输送有害的物质。"

父母的责任不仅仅在于把孩子带到这个世界上来，更重要的是培养孩子，让孩子接受到全面的教育，帮助孩子立足于这个世界。所以，给孩子一个健康的身体仅仅是培养孩子开始的第一步。母亲告诉我，有了自己的孩子将是最幸福的人，孩子是父母最大的财富。但是一个孩子的成长过程是极其艰苦的，所有的父母都要有足够的信心和耐心去面对困难，这样才能做一个称职的父母。

孩子的教育必须由父母亲自进行才能收到最好的效果。尽管我们现在的经济状况已经得到很大的改善，有条件来雇用一个人来帮我们照看孩子，但是我们依然接受了父亲的建议，亲自照料孩子。父亲不止一次告诉我，孩子的言行举止最开始来自于对亲近的人的自然模仿。父母就是孩子模仿的对象，父母的一言一行、性格、习惯都会影响到孩子。

首先，要给孩子一个温暖、漂亮的房间，这是他的生活空间。我希望他一出生就能看到这个世界的美好，我相信孩子在这样一个环境下生活，自然会受到美的熏陶，在欢乐的气氛中度过宝贵的童年时光。在孩子出生之前我就把自己的书房改装成婴儿房，因为这个房间位置最好，空气新鲜，阳光也充足。我还对墙壁上的装修花了很多心思，颜色、图画、样式都依据孩子的生理条件和爱好来布置的，我认为这样可以培养孩子的欣赏水平和鉴赏能力。

其次，孕妇要时常保持一种心情，愉快的心情比营养更重要。一个平和的心态决定着一个人的行为。玛格丽特学着母亲以前那样，总是在心中想象美好的事物，尽量调整好自己的心情，她认为这样可以无形之中就把美好乐观的情绪传达给胎儿。

我们所做的这一切，和父母一样都是为了还没有出生的孩子，父母的责任和义务是从结婚那一刻开始的，每个成人都应该有这样的责任心。为了孩子的健康，我们保持健康；为了孩子的素质，我们提高自己的素质。某种程度上来说，孩子就是父母的复制品，打算让孩子成为一个怎么样的人，首先父母就应该严格要求自己成为那样的人。

卡尔箴言

孕妇的健康状况会给孩子带来最直接的影响。怀孕后的作息时间、食物搭配、运动量等方面一定要规律，这样才有利于孩子的健康发育。在孩子出生之前，父母一定要保持身心健康。在孩子出生之前就做好充分准备的父母，才能算负责的父母，这样的父母才能更好地对孩子实施完善的后天教育。

第三节 母乳喂养，让孩子更健康

不用怀疑，每一个父母都是爱自己的孩子的，但是很多母亲却会为了保持自己的身材，拒绝给孩子哺乳。母乳是孩子婴儿时期最好的食物，母亲也是这样告诉我们的。而且我和霍耶斯特教授通过对一些新生儿的追踪调查，也得出了这样的结论。母乳喂养的孩子身体更健康，情绪也更稳定，更容易与母亲及他亲人相处。很多母亲都表示，坚持给孩子喂养母乳，自己更容易得到幸福，更能体会到作为母亲的快乐和感动。

玛格丽特也是这么认为的，她告诉我，孩子在吮吸她乳汁时，她感觉非常幸福，每天心中都充满喜悦，孩子也是如此。

在儿子出生3个月后，我们就开始给他喂一些果汁，有的时候加上肉汤、土豆泥、蔬菜碎末。儿子进食时，总是特别兴奋，还会手舞足蹈。这说明他喜欢我们给他的食物，他吃得很开心。我和玛格丽特从来不会担心孩子的饮食问题，因为我们已经做得很科学、很正确了。

在我小时候父亲就严格限制我的进食，哪怕是我饿得已经大哭大闹了，他都不会让母亲给我喂食物，因为还没有到规定的进食时间。他认为这样有利于我养成有规律的饮食习惯，而且对我的将来是有很多好处的。不过，父亲这种做法也太过于死板了，婴幼儿和大孩子以及成年人的生理需求是很不一样的，不能太死板地对待婴幼儿。

玛格丽特在给小威廉喂奶的时候，特别注意孩子的需求。无论是白天还是夜晚，她都会认真观察孩子行为，留心孩子发出的每一个信息，保证孩子能及时吃到东西，小威廉享受到了充足的母乳，所以，他一直是健康的孩子。

有的父母会以食物来对孩子进行奖赏和惩罚。有些父母总是害怕孩子吃不饱，就想法设法哄孩子吃很多东西，这样孩子就容易把吃饭当做一种负担和义务，从而对食物产生抗拒和反感。而且这样做不仅会影响到孩子的食欲，还会给父母带来很多不必要的麻烦。

我的邻居杰克逊太太常常为孩子的进食发愁，因为她的儿子小汤姆总是不肯吃东西。因此这孩子面黄肌瘦，性格内向，根本没有这个年龄孩子应该有的活力。杰克逊太太知道我们家威廉的胃口一直很好，且健康活泼，就专门来请教我孩子吃饭的问题。我详细了解了小汤姆的情况，终于找到事情的根本原因。

小汤姆之前是个非常顽皮的孩子，杰克逊太太为了让他变得听话，就时常让他站在墙角反省并且不准他吃饭。有一次小汤姆把一桶油漆打翻了，杰克逊太太非常生气，就惩罚他不准吃晚饭，但是汤姆实在是太饿了，他央求母亲给他一点吃的，但是杰克逊太太还是狠心没有给他拿吃的，硬是饿了小汤姆一整夜。到了第二天她亲自做了很多小汤姆爱吃的饭菜，但是小汤姆一点胃口也没有了，什么也吃不下去。

这就是小汤姆没有胃口的症结所在，母亲的教育方式给他造成了严重的心理阴影，影响了进食。我建议杰克逊太太带着小汤姆去找我的同事罗伯特教授，他是一位专门研究儿童行为的专家。在罗伯特教授的治疗之下，小汤姆又恢复了食欲，但是用了将近6个月的时间他的厌食症才完全被治好。

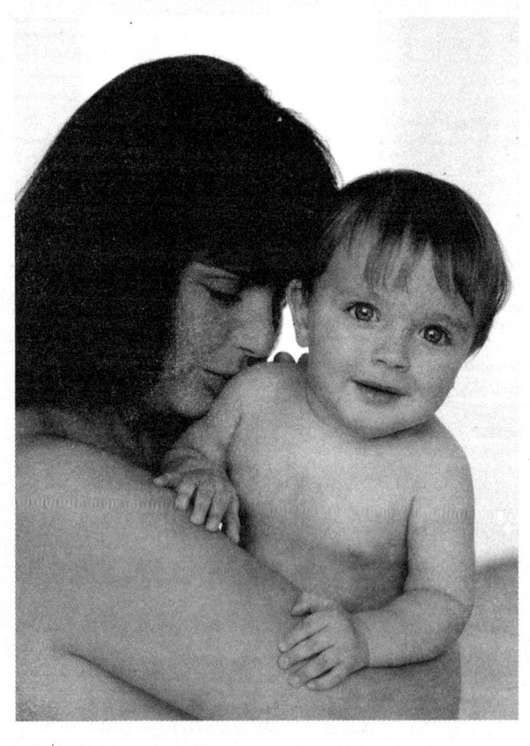

像杰克逊太太这样采取不合理的方式去惩罚孩子是非常愚蠢的，这叫得不偿失。不让孩子吃饭不仅会损害孩子的身体健康，更严重的是这种做法很容易给孩子的心灵造成长久的伤害。

父母应该给孩子创造出一个轻松愉快的进食环境，让他们带着愉快的心情进食，这样有助益孩子的食物消化，心情也会愉快。

威廉小的时候不习惯用餐具吃饭，喜欢用手抓着吃，但我们也不会去责怪他，因为他用手抓着吃的时候，显得非常愉快和开心。在孩子吃饭这件事情上，我和玛格丽特

都认为给孩子轻松愉快的环境很重要，同时我们也不会干涉他的食量。威廉很小的时候，我们就鼓励他自己吃饭。通过各种游戏，我们教会威廉使用餐具的正确方法。

很多经验都告诉我们，只要有足够的食物，孩子就不会挨饿，所以父母只要给够孩子足够的食物，就不用时常去关心孩子是不是够吃，是不是吃得太多。这是科学的观点，并不是漠不关心。

在孩子的营养方面，我们一直尽力做到全面，任何一种营养的缺乏都可能影响到孩子的神经发育。科学已经证明，合理的营养搭配，可以帮助孩子提高智商。营养是孩子智力发展不可少的物质基础。在现实生活中有很多这样因为营养不良而引起大脑功能损伤的真实事例。想让孩子发展成一个健康的人，在将来的生活可以从事脑力劳动，就必须要给孩子安排合理的饮食，满足孩子自身的营养需求。

我和玛格丽特特别重视这一点，吃饭的时候只要孩子不挑食，我们就尽量满足他的需求，如果他有什么不对，我们也只是给他一些建议，并不会去责怪他。

我们在威廉断奶之后，就以牛奶代替了母乳，这时候牛奶就是孩子的主要食物。在正餐之间，我们给孩子喂一些肉汤、鸡蛋、水果、面包、蔬菜和各种豆制品。父母都应该清楚，孩子往往在这个时间段是非常不愿意去吃蔬菜的，但是蔬菜的摄入对维持孩子的生理平衡很有好处，蔬菜中所含的营养也是其他食品中不具备的。针对这个情况，我和妻子玛格丽特专门设想出了一个游戏来改变这种状况。

孩子总是喜欢去模仿大人的行为，所以我们在餐桌上就不停地夹蔬菜吃，并且对蔬菜赞不绝口，还假装表演争抢蔬菜。威廉看见我们的“表演”之后，就开始学着我们的样子专门夹蔬菜吃，加上玛格丽特总是把饭菜做得很可口，威廉的兴趣果然被激发起来了，从此再不拒绝蔬菜了。

威廉5岁时，乳牙已经长齐。我认为这时候他已经完全可以吃成人的食物了，但还是注意不能给他吃刺激性强的食物。所以我们为他准备了杂粮、细粮、蔬菜和肉类，再把这些进行不同的搭配，提供给孩子不同但是很丰富的营养。

当然，每个孩子自身的情况是不一样的，对孩子采取的教育方式也要因人而异。不是每一套模式都可以照搬去实施的，在训练孩子的饮食习惯上也是应该有所区别的。但是总的原则是不会变的，所谓万变不离其宗：以引导代替责骂，以趣味性消除对立。

在饮食训练中，营养肯定是最重要的，婴幼儿时期一定要母乳喂养，这样有利于增强孩子的智力发育。在孩子断奶之后要辅助性地让孩子进食一些营养搭配得当的食物。另外我也同意我父亲的观点，他认为孩子进食的环境也是很重要的，用餐的环境最好以安静为主，如果孩子不太听话，喜欢在吃饭的时候大喊大闹，家长就应该做一些小动作来转移他的注意力；如果孩子吃饭总是太快或太慢都是不好的现象，家长应该正确引导。一定要保持轻松愉快吃饭的气氛，父母的责骂都会让气氛变得严肃，会让孩子产生紧张的情绪，这样对孩子的注意力、消化功能、心情都会产生不良的影响。

卡尔箴言

母乳是所有孩子健康生长发育的理想食物。母乳含有足够的营养，有预防许多常见疾病的抗体和白细胞，保护婴儿不致发生感染，母乳易消化、吸收，可以使排便通畅，不易便秘。最重要的一点是，喂养母乳能够加强母子之间的交流，促进婴儿的信任感和安全感。

第四节　管理好身体这笔财富

人们见到我常说："这孩子体格太好，不像天才。"看来他们仍在坚持"才子多病"的旧观念。然而，这是毫无根据的。有句谚语"健全的精神寓于健全的身体"，这是有根据的。

的确，有的天才体弱多病，但并不是天才一定病弱。那些病弱的天才如果健康，一定会是更加伟大的天才，而且身体健康的天才人物也并不少，。

我的健康一再使人们惊异，这是因为从婴儿期父亲就对我进行体能训练。

愉快是健康的关键。父亲把我周围的环境布置得很好。父亲认为周围的气氛阴郁，孩子必然会消化不良，身体不健康。因此，孩子居住的房间从最初就应让人感到心情愉快。

天气晴朗时，父亲和母亲把我带到田野里，让我眺望绿色的原野。父亲注意让我的身体能自由自在地活动，他从不把我包起来，以免妨碍我手脚自由活动，他也不给我围围巾，以免把嘴和脸藏起来。天气好时，父亲经常让我在屋外睡觉，以便接受阳光浴，呼吸新鲜空气。当我在屋内睡觉时，母亲在洁白的床上铺上鸭绒褥，以便我的手和脚可以自由活动，因为这种活动就是婴儿特别的运动。所以婴儿睡觉时，决不能像布娃娃那样把他裹得紧紧的。

父亲把我是否能自由自在地活动看得非常重要，有一次甚至为此还大发脾气。

有一天，父亲和母亲外出，家中只有女佣柯蒂太太和我。柯蒂太太是个非常善良的女人，她总是很细心地照顾我。

可是，当父亲和母亲回到家看到我时，简直气极了。因为我被严严实实地裹在被子里，满脸通红，"哇哇"大哭着。

"这是怎么回事？"父亲急忙问，"柯蒂太太，小卡尔生病了吗？"

"没有，"柯蒂太太说，"今天天气这么冷，我害怕他冻着，所以不光把家里的炉火生旺，还给他裹上严严的被子……"

"喔，我的上帝，你真蠢！"父亲忍不住大声嚷嚷起来。

“怎么？我做错了吗？”柯蒂太太不解地问。

“天哪，你没见小卡尔不喜欢这样吗？”父亲说，“这样他会很难受的。”

说着，父亲便把裹着我的被子打开，让我自由地活动。

“这样他会生病的。”柯蒂太太焦急地说。

“你别把孩子冻坏了。”母亲也连忙出手制止。

然而，父亲不顾她们的阻拦，依然让我在床上自由自在地活动，只是又在壁炉里多加了一些柴火。

这时，我不再哭了，父亲非常高兴，非常满意。

我相信世上大多数人都是疼爱孩子的，然而懂得如何疼爱孩子的人并不多。我知道柯蒂太太是一番好心，但她的做法完全错了。因为一个健康的人需要的是自由而不是束缚，哪怕这种束缚看起来很舒适。

我6周时，已经长得像4个月的孩子。这是父亲让我经常呼吸新鲜空气，进行运动的结果。这里所说的运动是从我两三周时开始，让我在光滑的木棍上作悬垂运动。生物学的理论说，“个体发育是整体发育的短暂重复。”所以婴儿是可以像猿猴那样在木棍上作悬垂运动的。当然，不可勉强地做。

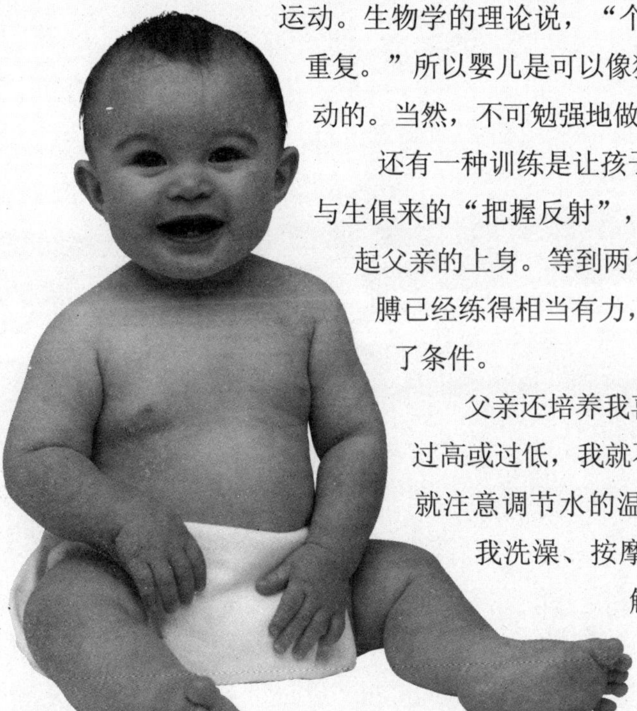

还有一种训练是让孩子抓住我的手指，由于婴儿与生俱来的“把握反射”，我就像吊单杠一样用力拉起父亲的上身。等到两个月大反射消失时，我的胳膊已经练得相当有力，为提前进行爬行训练创造了条件。

父亲还培养我喜欢洗澡的天性。如果水温过高或过低，我就不愿洗澡，所以父亲一开始就注意调节水的温度。父亲和母亲每天都给我洗澡、按摩手脚，这样既能发展我的触觉，又能促进血液循环和肢体的灵活。从我1岁时起，父亲就教我洗脸、洗手、刷牙，一天要洗几次，早起和晚上睡觉之前都要刷牙。我吃完东西后，也让我刷牙，并且从小时起就教我用手绢擦鼻涕。

正是因为父亲在营养和体能两方面对我进行的精心培育，使我从出生时体弱多病的婴儿长成了一个健康活泼的孩子。

卡尔箴言

身体是工作、学习和生活的本钱，父母除了要带领孩子每天进行必需的体能训练以外，还要适当地让孩子多晒太阳、多呼吸新鲜空气。

第十三章

天才的语言训练

TianCai de YuYan XunLian

语言绝对是发展智力和社交能力的核心因素。

——美国生育问题专家　伯顿·L·怀特

第一节　语言的学习影响着孩子的智力

语言是一种社会现象，是人与人交往的最直接和必要的工具。人类之所以能在大自然中站住脚跟，在动物界脱颖而出，其中最主要的一个原因就是人类掌握了完备的语言，语言能力是人类最值得骄傲的一种能力。我和霍耶斯特教授在研究过程中发现：古往今来的天才都有一个共同的特点，他们的教育经历非常相似，就是在学前就已经受到了良好的语言教育，而且基本上都是在5岁之前。

父亲一直提倡早期教育，而且他认为对孩子的教育开始得越早越好，他认为孩子的语言学习能力从3岁以后会逐渐减弱。人类在幼年期的成长学习中，语言学习对人的影响最为深远。因为语言学习可以同时提升孩子的智力和其他人生所需要的能力，父母一定要善于利用孩子幼年时期学习的黄金时期。如果能够把握这段脑神经可塑性最强的时期，对孩子进行正确的教育特别是语言教学，将对孩子的智力和脑部发育都有很大的促进作用。父亲的这一教育观念在我身上得到了证实。

多年之后今天，大量的研究学者一起置身于孩子教育的研究中，长期的试验和大量的事例已经证明，父亲当时的观点都是正确的。如果父母在孩子幼儿时期就开始实行语言教育，给孩子创造良好的语言环境，让孩子在婴儿的时期就时常受到语言的刺激，这将会对孩子的一生产生至关重要的影响。

慕尼黑大学的马里奥教授是一位专业的语言学家，他曾经对200名条件相仿

的孩子做了试验。试验的形式是：把这200名孩子平均分成两组，其中一组孩子的父母在教授的指导下经常和孩子们交谈，另外一组则完全按照父母的一惯方式去和孩子相处。这个试验一直延续到了孩子上小学的时候，两组孩子便有了明显的区别：第一组孩子的平均智商都要明显高于第二组孩子，而语言表达能力更是遥遥领先。

所以，马里奥教授对父母们给出了慎重的建议：要经常和婴儿说话，虽然婴儿还不会说话，但是不能小看他们的感知能力，他们会对你的话也会做出相应的反应。其实这就是一种交流。这样的交流每天争取保持半小时，可以提高孩子的智力，他们会变得越来越聪明。

在英国，有一些生理学家针对这一现象也做了长期的研究试验。在对全国不同地区、不同性别的4万名儿童做了长期的追踪调查后，他们的结果和慕尼黑大学的马里奥教授的研究结果是一样的：从婴幼儿时期就开始习惯和父母交流的孩子，无论是在智力还是在心理素质上都高于其他孩子。

所以，5岁之前的语言教育是非常重要的。尽早学习语言的意义不仅仅在于让孩子早点学会说话，更重要的意义在于这样做能促进孩子智力的发育。无数的试验已经能够证明，说话越早的孩子在思维能力、表达能力、想象能力上都会明显高于其他孩子，我想这是所有家长都乐于见到的结果。

在人的成长过程中，语言能力的获得有一个适宜的年龄阶段，我们把这个时期称为关键期。1～3岁是孩子学习语言最关键的时期，父母利用好这个时期对孩子进行教育，开发其语言学习能力，孩子除了能很容易掌握母语之外，还可以快速掌握另外一种语言。研究表明，幼儿在3岁时期已能基本掌握母语的简单语法和基础口语，而对于人类基本交流的精确语言，还需要在以后的成长过程中逐步掌握。

正是由于父亲对我实施这样的教育，我的智力才得到了最好的发展，从而超过了同岁的孩子，父亲抓住了我智力发育的最佳时期。正是由于他重视了早教中的语言教育，我才得以从一个平常的甚至被人认为是“傻子”的孩子，拥有了现在的成就。

语言的教育当然不是随便说话，毫无选择地去和孩子交流，也就是说语言训练也是要讲究技巧的。首先，父母最好用温和的语调去和孩子交流，轻声细语地和孩子讲话，给孩子听优美的歌曲。这样孩子感受到的不仅仅是关爱，还有韵律与音乐的美感，这些都会为孩子以后的语言学习打下很好的基础。其次，家长在和孩子的交流中一定要口齿清晰，让孩子掌握到准确的发音，还要用循序渐进的方式让孩子去理解词语的真正含义。

父亲也极力反对教给孩子不完整的语言和方言，他认为这样会使语言教学出现副作用。在我学习语言的时候，父亲甚至辞掉了我家的老仆人，仅仅是由于他只会用方言交谈。因为，孩子的模仿能力非常强，良好的语言环境有利于孩子在2岁左右学会规范的语言。

所以，当我的孩子——小威廉一出生，我就和玛格丽特按照父亲的方法来教育他。我们不厌其烦地和他说话，特别是玛格丽特时常抱着孩子走来走去，不停地讲话，还给他唱歌。无可否认，在孩子的成长过程中，孩子与母亲的接触更多一些，所以母亲能更好地对孩子进行语言教育。

当然，语言教育也有其独特性，每个孩子都有学习语言的独特方式。有些孩子刚刚开始走路就能快速掌握大量的词汇，年纪不小，词倒不少，令亲戚朋友啧啧称奇，印象深刻。毕竟，再也没有什么能比从孩子的嘴里蹦出一个很难的词语更能令人惊讶的了。而其他有些孩子，无论你怎么努力，就是不肯开口说话，嘴里说的永远就是那么几个基本词汇，靠着这几个词对付日子，没兴趣去掌握更多的词汇。还有一些孩子，虽然开口说话迟了一些，但突然之间进步神速——词汇量迅速增加。因为早期语言学习方式因人而异，而且大多数孩子都能掌握他们所需的语言技能，所以这些孩子都能沿着学习语言的正确道路走下去。他们中的任何一个都有望成为一名了不起的读者、作家、词汇专家或演讲者。每一个孩子都是以自己的速度、自己的方式学习语言，这真是段惊人的旅程。而事实上，语言

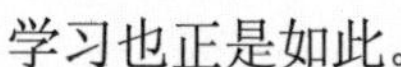

学习也正是如此。

环境决定语言潜力能开发到何种程度。如果一个环境充满了说话声（如对话、描述、解释和问题），这种语言环境就能刺激幼儿在早期开始学习语言，并能伴随孩子成长的整个过程，不断提高其语言学习的能力。而日常环境中的语言学习很随意，不利于孩子掌握语言的规范性，生动、活泼、形象、直观、趣味十足的童话剧是寓教于乐的好选择，童话剧深受孩子喜爱。能满足孩子的好奇心，可以起到启蒙教育的作用，父母在利用童话剧对孩子进行教育的时候，要全方位挖掘美的意蕴，真正给孩子带来愉悦的感觉，从而促进孩子学习语言的积极性。

总之，语言是我们学习其他知识的一种主要工具，为了让孩子更好地掌握这种工具，最好的方法就是父母要尽早对孩子进行语言训练，更早地开发孩子的智力，为孩子将来的发展打好基础。

卡尔箴言

语言在早期教育中占据着最有重要的地位，语言学习是交流最为关键的一步，但语言教育不是一个枯燥的过程。孩子是最令人新奇的一个群体，为了调动其积极性，父母可利用玩具设计情境，对其进行施行早期教育，设计一些让孩子意想不到的特殊情境，吸引孩子的注意力。同时，有策略地提问，启发孩子回答。在孩子感兴趣时就多教，无兴趣时即停止等等方法也能更好地发展孩子的语言能力。

第二节　如何开发孩子的语言能力

我与霍耶斯特教授在调查和研究中发现，几乎所有的孩子都有强烈的表达欲望，孩子的学习能力其实是一种天性，哪怕是婴幼儿时期的模仿也算是一种学习。家长在对孩子进行教育的时候，只要好好利用孩子的这些天性，就可以达到事半功倍的效果。

父亲对我的教育也是按照这种方式去进行的。当我还是个婴儿的时候，父亲和母亲就常常教我正确的德语发音，慢慢地我学会一些单词，父亲总是说母语是一个人最重要的学习工具。所以，教孩子开始发音的时候，一定要保证发音的准确和清晰。

很多父母总是认为孩子小的时候不容易学会规范的语言，他们和孩子说话的时候总是习惯把很多词语简化，他们认为这样更有利于孩子的学习。他们总是喜欢把一切水果无论是苹果、樱桃、梨子、橘子统称为“果果”，把一切玩具统称为“玩具”，他们从来不仔细去教孩子认识这些事物，结果等孩子进入学校之后又得全部抛弃这些词语，重新花费精力开始学习正规语言。不规范的语言在社会上没有任何使用价值，家长们总是本末倒置地在孩子学习能力最强的时候教孩子学习这些将来没有任何用处的东西。其实，孩子在学习这些不规范的知识时也是需要花费很多时间和脑力。孩子真正需要学习的东西却没有教给他，实在是一种遗憾。

孩子的习惯养成了就很难改变，这些不规范的用语只是一种没有任何意义的技能，孩子天天学习这些东西，很容易影响到将来的智力发展。孩子入学之前特别是5岁之前，是学习语言的最佳时期，这时候父母就要尽量避免教给孩子这些毫无用处的知识，不完整的句子、发音不标准的词汇、语义表达不清楚的词语都会成为孩子以后学习的障碍。

我的父亲为了让我学到标准的德语，经常抱着我到各个房间走动，向我介绍各种各样我能看见的物品，父亲总是用标准的德语说出那些物品的名称。

尽量多和孩子说话，可以在一定程度上丰富孩子的词汇量，先让孩子听说这些词语，等孩子稍稍长大就要开始训练他们，让他们自己说出来。早点学会说话，对孩子是大有好处的，父母作为监督者要及时纠正孩子错误的发音。

威廉出生之后，我和玛格丽特严格按照父亲的建议去教孩子，很多方法都是当年用在我身上的办法，我们也常常抱着威廉到处走走看看，或者专门给他讲故事，在此过程中我们都是用标准的母语清晰而缓慢地讲述给他听。我和玛格丽特都知道，应该教给孩子准确的书面用语，这不仅是为了让孩子拥有更强的阅读能力，更是想让孩子及早、顺利地理解书本上的知识。

在威廉小的时候，他也被旁人认为是“天才”，因为我一直表现出天才的特征，人们自然认为威廉会遗传我的天分。事实并不是这样的。我的实际事例已经证明，后天的培养远远胜过所谓的天赋。

我的父亲总是在强调，对孩子最有效的教育方法就是抓住孩子学习的最佳时期，语言的学习也是这样。一个孩子来到这个世界上对于一切都是充满好奇心的，每个孩子都有强烈的好奇心和求知欲。他的这种好奇心和求知欲正是促进他学习的出发点，只要父母在孩子身旁给予正确的引导，孩子就会像热爱游戏那样热爱学习。

由于我和玛格丽特对威廉的教育不遗余力，在他还是婴幼儿时就抱着他到处走动，让他注意看一些生活用品，我们指着一件物品的时候他就会很专注地观察，我们就会把这个物品的名称说给他听，长此以往威廉就记住了这些词语。等到威廉能说话的时候，他就能非常容易地讲出这些词汇，而且发音标准。当他才6个月的时候，我和玛格丽特听从了我父亲的建议，在威廉的房间的墙壁上粘贴了很多字母卡片，我们还专门把卡片的颜色涂得很鲜艳，以便他随时都能看见这些字母卡片，从小对文字留下深刻的印象。生活中点点滴滴都可能是孩子要学习的知识，从周围的事物中学习知识是孩子小的时候最习惯、最容易采用的方法，也是最有效的方法。

威廉在3岁的时候就表现出惊人的语言能力，他对词汇的熟练使用和超强的逻辑思维能力都超出了同龄人，不仅在词汇量上达到了5岁孩子的程度，而且发音的准确性和流畅度都已经远远超过了同龄孩子。很多孩子因为家庭教育的原因，到了3岁还在讲一些被大人简化的词语，而且说得都是一些意义模糊或者毫无意义的词汇；而威廉已经能说一口字正腔圆的德语了。所以，威廉表现出来的才华，再一次证明科学的教育方法才是最重要的。

我认为，家长在教孩子单词的时候，必须注意自己的方法和态度。威廉在语言上进步得这样快，我觉得和他的母亲甜美的嗓音是分不开的。威廉小的时候，玛格丽特时常抱着他观察、认识一些生活用品，总是用她极富磁性、悠扬而柔和的语调教孩子读那些物品的名称。威廉从小就在他母亲优美的声音中学习，他会认为这是一件愉快的事。

快乐是孩子学习的动力。只有处于一个快乐的气氛当中，孩子才有兴趣继续学习下去；只要他感到语言文字的学习是一件很有意思的事，他就会很乐意学习下去，否则他就会把学习当作一门苦差事。

首先，父母应该让孩子养成学习的习惯，让他体会到学习是一件快乐的事。

在学习过程中，孩子最反感的就是父母强迫自己去学习。为了不让威廉产生这样的反感，我和玛格丽特在每一个细节都作了仔细的考虑。曾经有一段时间，我们把房间的每一个角落都挂满了大型的卡片，并将卡片做成动物、水果、汽车的模型，我们还给这些模型上涂上鲜艳的颜色，而且都是威廉自己喜欢的颜色。由于卡片显得特别醒目，威廉无论在哪个角度都能清楚地看见上边的词汇，每当他看到熟悉的词语的时候就显得特别兴奋，不由自主地就把词念了出来。在这样愉快的环境下，孩子学习就特别轻松，也愿意去学习。

学习并不是孩子一个人的事情，父母要掌握让孩子自觉学习的技巧。比如孩子不喜欢回家复习功课，家长就不要强迫孩子。这个时候，家长可通过与孩子进行沟通的方式，让孩子回忆当天的学习内容。你可以问他，今天学得怎么样？你今天经历了什么事？今天看的电影是什么内容？你是否喜欢同学的演讲？

其次，每次学习都给孩子留下足够的想象空间。

我们时常给孩子讲故事，每次都可在故事情节的高潮部分停下来，让孩子自己去想象。这样做不仅能锻炼孩子的想象力，还可以激发孩子学习的念头。孩子都有好奇心，喜欢追根问底。经常让孩子有一种意犹未尽的感觉，是帮助孩子学习的巧妙办法。

威廉刚刚学会说话的时候，我观察到他时常自己一个人坐在地板上念念有词。我仔细一听，才听见他说的是他已经学会的那几个词语。针对孩子这种本

身的表达欲望，我给威廉讲述了几个小故事，然后不停地鼓励威廉来复述这些故事。这样的练习让威廉养成了爱好讲故事的习惯，他时常把他从我们这里听到的故事复述给其他小朋友们听，有时候也讲给我和玛格丽特听。那些故事在他的想象和改变下，已经面目全非，完全成了他自己的创作。在讲述这些故事的时候自然就要用到很多他学习到的词汇和语句，这是最好的复习方式了，并且在故事中的运用会让他更加深刻地理解词语的意思。

即使早就能自己读书了，但晚上躺在床上听父母读故事仍是一桩美妙的事情，孩子们可以在故事中扮演想象中的各种角色。幻想展翅飞翔，词句印入脑海，因为它们没有竞争者——不会受电视节目、家庭作业或者其他游戏活动的干扰。主宰这段时间的只是语言、词句的抑扬顿挫和想象力。这个时候培养孩子的想象力，该是多么地有益！

我一直很感谢我的父亲对我的培养，我学会了多个国家的语言，这让我的学习和工作都得到了莫大的帮助。语言是学习其他学科的一门工具，对于一个人来说，在母语的基础上再学习其他语言，是一件很重要的事。只有了解和运用一个国家的语言，才能更好地去认识这个国家。

在威廉4岁的时候，他已经能够很好地运用德语了，这时候就可以给他教授外国语言了。根据父亲的手稿，我找到教授孩子外语的最好办法。我把威廉时常读的小故事翻译成外语并让他记忆，先是英语，然后是法语、西班牙语。我使用了一段时间之后，发现威廉很适合这样的方法，他对于用多国语言去读同一个故事的游戏很有兴趣。他认为这并不是在学习外语，只是一个好玩的游戏罢了。但是，在这个游戏中我完成了我的教育行为，威廉也学会了外语，这是一举两得的事情。

拉丁语是大家公认的难学的语言，据父亲说，我当时也是很不愿意学习拉丁语的，都是父亲的耐心教育，才让我对拉丁语产生了浓厚的兴趣。现在我很庆幸自己懂得了这门语言。威廉刚开始学习拉丁语的时候也是极度排斥它，根本不愿意花时间去学习这门语言。威廉对语言的学习一直很有兴趣，他这样的反应让我深感奇怪。我专门为此作了一个短期的调查，在调查中我发现，很多孩子一提到拉丁语都会眉头深锁，孩子们对拉丁语表现出一种深深的畏惧感，所以，很少人愿意自觉地学习这门语言。就算强迫学习的话，学生们也只是敷衍了事，应付完各种考试就再也没有人愿意去学习了。

而威廉告诉我，现在的学生都把拉丁语称作“瘸腿教授”，我根本无法理解这个名词的意思。经过我的查访，才知道所谓的“瘸腿教授”指的是拉丁语的应用范围狭小，是一种没有任何用处的语言；只有那些书呆子、老学者才会说这种古怪的语言。

我相信威廉就是受了这些谣言的影响，4岁的小威廉也开始在乎别人的眼光了，他相信了别人的一种错误观点。

我告诉威廉：“拉丁语有没有用处，看的是你是否需要用到它。平时的生活和交往中也许用到拉丁语的机会很少的，但是，孩子，你不是喜欢听故事吗？现在你听到的很多精彩的故事就是拉丁文翻译过来的，但是还有很多没有被翻译，难道你就不想亲自去看看吗？如果你自己会拉丁语，你就可以把那些故事翻译成德语，讲给身边的人听了。到时候他们都不会说你是‘瘸腿教授’了，都会感谢你带来精彩绝伦的故事。”

在我的分析下，威廉凭着对故事的热爱，冲破了所有的顾虑，认真学习起了拉丁语，而且进步非常快。在他5岁时，他就能翻译一些简短的故事给他的伙伴们听了。在我的帮助下，他还能查阅和运用我书房里的拉丁文资料了。

让孩子快乐地学习，语言的开发也有很多种不同方法，在快乐的氛围下学习，孩子也会体会到因为学习而得到的内心的快乐。

卡尔箴言

无论是口语还是书面语言，理解能力和表达能力是核心。孩子在不会说话前，就已有很强的语言理解能力。让孩子用不同的词汇说出相同内容的话，就能有效地训练其语言理解能力，培养孩子有目的、有条理地自我整理语言材料的能力。渐渐地，孩子的表达方式也会逐渐丰富起来，语言会变得灵活、生动、准确、充满智慧。父母切记，教孩子说话要趣味化、游戏化。家长在教育过程中不要用方言、土语，更不应说粗话，使孩子懂得举止谈吐要优雅。

第三节　早期阅读能有效提高智商

早期阅读是指0～6岁学龄前儿童凭借变化着的色彩、图像、文字或凭借成人形象的阅读方式来理解读物的活动过程。美国教育家霍力斯·曼曾说："一个没有书的家，就像一间没有窗的房子。"塑造阅读的环境，在家中随处可拿到书，随处可看到书，让孩子习惯与书为伴，让书成为孩子生活中不可缺少的元素。在这方面，父母更应该身体力行，做孩子的榜样。

刚出生的孩子，虽然听不懂书的"内容"，猜不透书里到底讲的是什么，但这个时候读书给他听，孩子却有着不可低估的吸收能力，他接受了各种各样的信息，为今后的阅读培养出了兴趣。早期阅读并不在于单纯发展孩子的阅读能力，好的图书内容再配上生动有趣的图片，对孩子品德、个性的形成发挥着重要的作用；丰富的语言对孩子的感官发展也有良好的刺激作用。

越早接受语言教育的孩子，他的潜力就越容易被发掘出来。所以，父亲主张在进行口头语言教育的同时，也应该教给孩子一些书面语言，因为孩子的智商已经达到了可以接受的程度，他可以更早地开始阅读。阅读习惯能有效地提高孩子的智商。

幼儿时期是让孩子养成阅读良好习惯的最佳时期，最好从一两岁就开始教孩子阅读，提前让孩子接触图书，会让孩子无论是从身体上还是智力上都明显优于其他孩子。近几年的试验已经证明，孩子过了两岁对语言文字的敏感度会逐渐减弱，与此同时，孩子对语言文字的记忆力也会渐渐下降。就因为这样，才要求家长能真正明白这一点，学会抓住孩子的最佳时期来培养孩子的阅读能力。

在发育早期，孩子的感觉器官需要接受种种刺激，特别需要语言的刺激。这个时候，让孩子接触到的语言应该是语音纯正，语句完整、规范，而语句完整、规范，这正是书面语言的特点。孩子需要的不是一般的 "说话"，而是要给孩子读书，让她接受优美语言的刺激。因此母亲温柔的朗读声是孩子童年最美妙的音乐。

父母抑扬顿挫、饶有兴致地朗读生动有趣、由浅入深的文学作品，可引导孩子集中注意力，诱发其阅读兴趣，更为重要的是可以使孩子逐渐领悟语句结构和词意神韵，为孩子今后的广泛阅读打下基础。父母要注意的是：孩子听读的训练越早越好，内容选择要适合各阶段孩子的发展。

早期阅读是终身学习的基础。假如一个孩子在两岁左右就养成了爱阅读的习惯和爱好，那么他就会把这个爱好延续到将来的生活当中，甚至会保持一辈子。阅读有助于提高孩子的学习兴趣，所以，只要孩子养成爱阅读的习惯，即使他进入学校之后也不会厌倦书本。随着阅读量的增大，孩子的学习能力和知识积累也在不断地增强，就更有助于他的学习了。阅读习惯还可以训练孩子的注意力和耐心，这正是学习能力中最主要的两大因素。

但还是有不少的人反对这样的教育理念。

第一，有的家长认为过早地教授孩子阅读，会不利于孩子将来的学习。

这种观点是非常不正确的，只能说这是人们的一种猜测。早期阅读不仅不会阻碍孩子将来的学习，恰恰相反，早期的阅读训练有利于孩子的注意力和理解能力的提高，更有利于将来的学习。这是经过无数次的试验和严密的研究证实过的结论。

第二，有的家长认为过早地让孩子学习阅读，会让孩子变成老气横秋的书呆子。

他们认为孩子应该拥有一个轻松而美好的童年，家长有义务给孩子一个快乐的童年。但是事实已经证明这样的说法是完全错误的，试验证明，从幼年时期就开始读书的孩子是快乐的，因为他们具备了更丰富的想象力，处理事情更有灵活和巧妙。这样的变化和优势让他们更容易得到快乐和满足，他们的脑子就更不可能像这些人想的那样已经变得僵化了。

我的父亲在我还躺在摇篮的时候就开始引导我去阅读了，到现在我一直都是一个幸福、快乐、健康的人。

阅读的好处不仅仅体现在这些正常儿童身上，就连天生有些智障的孩子也可以通过阅读来提高他们的智商。我和霍耶斯特教授对50名智障儿童作了为期5年的研究，在他们3岁或者在3岁之前就开始对他们进行阅读和语言的教学，结果在他们入学的时候，就有很多孩子的智商比其他没有参加试验甚至是很正常的孩子还要高。由于能力的提高，这些孩子的性格也变得开朗起来。

第三，有些家长认为孩子的年级尚小，大脑的容量是有限的，让他进行阅读和其他方面的学习就有可能让他对学习产生厌倦感。其实科学表明，孩子大脑的容量非常大，孩子本身就具有一种神奇的自学能力，这种能力在孩子8岁之前是最强的。过了这个岁数，这种能力就会逐渐减弱。所以，在8岁之前或者更早的教育中完全不用担心孩子的学习能力，因为这个时期正是孩子大脑最活跃的时期，是吸收能力和理解能力最强的时候。加上孩子幼年时期强烈的好奇心和求知欲，会让他们的学习状态处于巅峰，这个时期所学到的知识更为扎实、牢固、丰富。只要家长引导得当，孩子是很喜欢去学习的，不会厌恶书本。

第四，有人认为让孩子过早地学习阅读会损害孩子的身体。经过试验的证明，这个观点也是错误的。因为人人都可以想象，阅读和学习能够促进大脑的发育，根本不会造成什么不良后果。

在孩子学习的最佳时期，如果家长仅仅以自己的片面想法去限制孩子的学习，这对孩子造成的损失是无法估量的，对他来说将是人生中最大的遗憾。

家长了解到阅读的重要性就要不遗余力地去实施，为孩子选择适合的书籍是很重要的一个环节。

首先要考虑到的是孩子的学习都是以母语为基础的，阅读也是这样。所以，一定要考虑这个因素，给孩子购买母语读物。母语是一个人最基本的能力，人们总是以母语来思考问题，以母语为辅助来学习其他的知识。母语在一定程度上决定着一个人其他方面的能力。我的父亲就很重视对我母语的教育，所以在我5岁的时候，和我同龄的孩子只能记住250多个词汇，而我已经记住了3万个单词了；我用6个月学会了意大利语，3个月学会了英语，6个月学会了希腊语，就连最难学的拉丁语我也没有花费太多的时间。

当然，挑选的读物也必须是有趣的，最好是情节简单的故事书。

在阅读中，积极鼓励孩子根据自己的理解和思维，对故事中原有的情节进行改编。这样可拓宽孩子的思路，发展孩子的创造性思维，使孩子体验到成功的乐趣，由此来激发他继续阅读的兴趣。父母要小心呵护孩子的创造欲，不可打击孩子的积极性，如遇上孩子改编不合情理时，父母要耐心地对其讲清道理。

在我的孩子出生之后，我和玛格丽特严格按照我父亲的建议去培养孩子。在小威廉两岁之前，我们就开始对他进行母语阅读训练，我们选择的都是德语书，

阅读德语书成了小威廉幼年时学习的一项基本内容。

当父亲知道我的做法以后，又给了我更宝贵的建议。他说，让孩子学习阅读是很重要的，但是要想收到最好的效果，还必须知道，若想真正提高孩子的智力，就一定得让孩子理解阅读的内容，这样才能收到理想的效果。如果只是单纯的阅读，那么仅仅会让孩子积累到很多词汇和知识点，孩子不理解就不会产生任何反应，到最后，这个孩子最多变成一个知识储存库而已。

所以，要在理解的基础上进行阅读，阅读的重点在于理解和接受，那种只讲究数量的阅读是收不到任何效果的。

卡尔箴言

早期阅读是终身学习的基础。0～3岁是培养阅读兴趣和学习习惯的关键时期，阅读对孩子潜力的开发有着不可估量的作用。睡前10分钟，父母读书给孩子听，或者让孩子自己阅读，不仅可帮助孩子入睡，还对孩子的免疫系统、倾听的技巧及想象力的发展都有益。

第十四章

让孩子登上快乐学习的高峰

Rang HaiZi DengShang KuaiLe XueXi de GaoFeng

宽松和生动活泼的气氛，可以使情绪具有动机和知觉作用的积极力量，它组织并指导行为。

——美国心理学家　利珀

第一节　快乐学习的效果最好

威廉一出生，我和玛格丽特就为他制定了详细的教育计划。和每一位家长一样，我们对孩子的培养还是颇费了一番心思。孩子的可塑性很强，家长平时注意哪方面的培养，孩子往往会在这一方面表现得更出色一些。当然，方式、方法必须适合孩子的特点，尽量不要让孩子在学习的过程中感到厌烦，在轻松、愉快的氛围中慢慢达到教育的效果。

为了提高孩子的学习成绩，家长们可谓想尽了办法，有的家长用高压政策，有的家长用怀疑政策，有的家长用软硬兼施的政策，也有很多家长用过利诱的政策——物质的鼓励、金钱的奖赏。

我也时常给威廉奖励和赞赏，但是我并不赞成用物质的手段来鼓励孩子取得好成绩，我想这总是会带来负面作用的。我偶尔也给威廉金钱方面的奖励，但是我要让他明白得到这样的奖赏是非常困难的事。

家长是孩子的榜样，“言教不如身教”。因此，以身作则让孩子在学习的环境中成长，是一种很好的教育方式。我一直爱好广泛，我在父亲的培养下，已经养成睡前阅读的习惯，而玛格丽特喜欢唱歌跳舞、烹饪、设计。威廉一出生就生活在这样的环境下，对他以后的生活产生了深远的影响，他的性格和爱好都明显受到我们的熏陶。

父母应保证一天中有和孩子一起阅读的时间。由于现在孩子还不能自己阅读，因此，家长要抽出时间给孩子讲故事、念儿歌。如果每天都能坚持，孩子就会养成一个好习惯。家长需要克服懒惰和懒散的习惯，这样也能和孩子在共同的阅读中寻找乐趣，因为孩子在阅读过程中是快乐的。

不要强迫孩子做他不想做的事情，要注意方式、方法，达到自己的教育目的，不要总把学习制定成任务，让孩子不情愿地去完成。我们在教威廉识字的时候，我就和他玩“卡片识字”的游戏。我总是把单词写在卡片上，教他看图画，然后让他听我准确的发音，在散步的时候看见一些简单常用的单词我也会教给他。等他积累、认识了一定量的词汇后，我开始让他自己阅读字体较大，较简单的故事书，他也很有成就感。现在他一有不认识的字，就会问一问，于是我又给他买了一本字典，有时和他一起查对，这在一定程度上也可以培养他的阅读兴趣。

关于孩子的培养，有很多的设想，每位家长的做法也不相同，但一种适合孩子的特点、让孩子在快乐中得到培养的方法是不错的选择。将学习当成游戏，孩子就会学得高兴又轻松。试着把学习当成一件有意思的事，把不喜欢的或者讨厌的事情变得有趣味。要想真正快乐一些，就要发自内心地去学习，去做事，而不是在压力和被迫的情况下去做。当孩子发自内心地想做一件事情的时候自然就会有快乐。如何快乐学习，这是一个值得我们探索的话题。

有人说，学习就像游戏一样。让孩子把成功当作是奖励；把思考当作做游戏的过程；把他人的回答当作是自己的心理挑战，这样只要赢了这场游戏，孩子也就快乐了。

有人说，要快乐地学习，就应合理地安排时间。除了学习之外，还要利用时间与同龄人玩耍，这样不仅在学习上得到了快乐，还可以培养自己的身体素质。

有人说，让孩子们快乐地学习，就应该给孩子树立一个学习的目标，为了这个目标不断向前，在承诺中发展、坚持。这样达到了这个目标，家长们也就开心了。

学习已经成为孩子们通往成功的一条道路，随着社会竞争的越来越激烈，家长们为了孩子的学习想尽了各种办法，但是正由于这样，孩子和大人的矛盾却日益激化：家长抱怨孩子不懂事，孩子则抱怨家长太专制。

家长的教育方法层出不穷，每个家长都在为自己的孩子做最好的打算，但是，很多人的出发点都是错误的，当然收不到期望的效果。

很多家长认为，孩子接受教育的目的就是出人头地、光宗耀祖，当然这也是无可厚非的事。但是每个人都应该明白：一个人接受教育的最终目的并不仅仅在于此，拥有一个快乐幸福的人生才是我们所要去追求的。

其实，学习的意义并不在于取得优秀的成绩，在学习过程中获得的那种快乐才是人生最美妙的感受。

在父亲对我的教育中，我很早就学到了很多让我感兴趣的东西。我觉得我是一个幸福的人，比任何一个儿童都要幸福；而且，并没有人用“书呆子”来形容我。甚至我比其他的儿童有更多的时间来玩耍，并不像很多人猜测的那样，我天天坐在书桌前，日以继夜地学习。多亏了父亲的教育，我才能这样学习和游戏两不误。

由于父亲对我的培养，我很早就通晓事理，知道很多其他孩子所不知道的事，而且对每件事都有成熟的看法，所以孩子们和我一块玩时都感到愉快。因为父亲采取了有效的措施，我并没有养成骄傲自满的不良习性，也没有觉得自己和其他孩子有什么不同，也决不嫌弃和看不起其他孩子。

不仅如此，由于我的性格深受父母的影响，亲切温和、平易近人，所以和我一起玩的孩子们总是感到亲切、愉快，他们都很喜欢我。即使有的孩子无理取闹，我也会圆满处理，决不同他们争吵，我

时刻谨记父亲所讲的“理智”。

所以，我非常感谢我的父亲，他让我通晓一切我想知道的知识，让我拥有了一个幸福快乐的人生。他的教育让我在学习中找到了快乐，在学习中我并没有感觉到任何的枯燥乏味，相反我认为学习的过程是一个寻找快乐的过程。

威廉出生以后，我也一直秉承父亲的“快乐学习”方法来教育我的孩子，因为我想天下所有的父母都是一样的，都怀着最真挚的心来爱自己的孩子。我认为，具有优秀的成绩和快乐的心情就是完美的人生。

也许有人会说，快乐学习？孩子们真的在快乐地学习吗？要学习，必须要拥有“勇气”。在自己学习的过程中，遇到比较难的题目，不应马上放弃，而是认真思考。如果实在不会做的话，可以向他人请教。如果说连向他人请教的勇气、诚意都没有的话，自己又如何能进步和发展呢？

学习的苦与难只是体现在学习的过程中，当真的学到了知识，掌握了知识，并运用了所学的知识，那么学习自然会变得有乐趣了。到时大家肯定会以“蔑视”的态度对待困难，换句话说就是有一种克服困难的自豪感。对学习的兴趣需要一点一点地培养，需要营造通向快乐的氛围，需要忽略不愉快的因素，而这些都不是孩子自身可以选择的，只能是家长和老师共同努力的结果。

学习的乐趣是要主动去寻找的。教孩子把注意力放到快乐的一面，学会忽略一些失败带来的沮丧，这是人生能继续前进的重要诀窍。后来我发现，原来学习是需要兴趣的，兴趣是学习的动力。

学习的感觉是美妙的，学习是快乐的。我觉得对孩子来说应该提倡“快乐学习”。因为我通过学习掌握了我想要掌握的技能，在学习的过程中体现了自我的价值，不再没有人生目标，不再迷茫。通过学习也可以更好地了解自己，了解自己的能力……学习对于我们真是太重要了。

我记得一位名人曾经说过：“很多成功人士之所以能成功，靠的是两点：对事情的兴趣和自身的努力。”

学习也许是痛苦的，但当你领悟了学习的真谛后，就会发现学习真的是一件能让人感到快乐的事情。

卡尔箴言

高尔基说：“谁最爱孩子，孩子就爱他。只有爱孩子的人，他才可以教育孩子。”居里夫人也说过：“兴趣是最好的老师。”家长要积极培养孩子的学习兴趣。

第二节　学习也要尊重孩子的天性

孩子与生俱来的好奇心，使孩子有着强烈的学习和探索欲望。好奇心驱使孩子一次又一次地尝试和探索，跌倒了也不怕，爬起来继续探索。所以，当孩子开始学走路的时候，父母绝对不要因为害怕孩子摔倒而永远牵着孩子走。孩子勇于探索的精神是天性，父母在对其教育的过程中，应该保护和尊重孩子的这种天性。

孩子喜欢自己动手做事情，他希望通过自己的眼睛和双手去感知这个世界，在感知的过程中，他寻找答案，并把接受到的信息储存在大脑里。比如惹恼了小狗是要咬人的等等，这样的信息越储存越多，孩子各方面的智力水平也会越来越高，同时，他学习的能力也就越来越强。所以在孩子自己探索的过程当中，父母不应该怕他摔着，而是要鼓励孩子去挖掘知识，引导孩子去探索。

尊重孩子的天性非常重要，这会促使孩子逐渐形成健全的人格和学习的能力。父母要让孩子从小事做起，逐渐发掘孩子的这种天分，让其潜力得到最大程度的发挥。

我做了父亲之后才发现：孩子会对一些细微的小事情表现出非常大的兴趣和热情，在父母看来这也许微不足道，甚至十分可笑，但在孩子看来，那是值得去探索的东西。往往这种时候，孩子需要的是家长的鼓励和引导。从一件细微的小事开始，积少成多，就会使孩子不断地积累经验，丰富知识，从而培养孩子的认知能力和各方面学习的良好技能。

家长常常会在孩子的口袋里发现几颗小石子，几张揉皱了的画片，这些都是孩子所独有的兴趣。甚至有一天，孩子带回来一只流浪猫，抱着小猫睡觉，给小猫用自己的碗吃饭。这个时候，家长要做的就是与孩子一起参与，帮助孩子为小猫建筑一个新的家，慢慢引导孩子对弱小动物有爱心，也要注意讲卫生。与孩子一起分享快乐，孩子会感到更快乐。

学习固然是重要的事情，但在孩子的成长过程中，家长要细心观察孩子的心情变化，避免孩子出现厌倦、发脾气、对身边事物极度冷漠、攻击性强等不健康的心理表现。家长要带领孩子走过单调而乏味的学习历程，教孩子热爱生活和周边事物，积极参与到孩子的认知范围里去，帮助孩子形成健全的人格。

我的父亲总是在生活的一些小细节上让我获得知识和智慧，现在我有了孩子，父亲就时常把我之前的故事重新讲给我听。我认为值得给我的孩子讲述这些故事，我认同父亲的教育方式，我也希望能尽自己最大的努力去培养威廉，让他拥有属于他的幸福人生。

卡尔箴言

尊重孩子的天性，父母要放手让孩子去探索和学习。父母在这个过程中只需要引导、鼓励、尊重和相信孩子，而不是什么事情都包办。

第三节　大自然是孩子最好的老师

通过父亲的描述，大家可能觉得我不过懂外语、懂乐谱，闲暇的时候读读书而已。其实不然，我和别的孩子一样活泼好动，一年之中大部分时间是在田野间玩耍和运动。不过，我这种玩耍和别的孩子不一样，其他孩子就是在田野里疯跑，而我不是。大自然哺育了所有的生命，它是我们最好的老师。在玩耍中，孩子在轻松愉快的氛围中学到知识。

在对威廉的教育时，我基本上是按照父亲的建议进行的，因为父亲的教育理念已经在我身上得到了验证，我完全认同这种教育方式，是一种很有效的教育方法。

我带着威廉走在田间小路上，威廉一路活泼乱跳，他对大自然的一切都很好奇。他有很多问题想要弄清楚，一路上不停地问我各种问题。有时他站在一朵花前使劲地叫我："爸爸，快来看，这朵花，我从来没有见过。"这时我们一起来讨论这种花，我给他讲解花蕊、花萼和花粉等方面的知识。我还会顺手抓住草丛中东奔西跳的蚱蜢，头碰头地和孩子一起研究。在清风和鸟语花香中，威廉了解到了有关生物学、动物学的知识，这种方法不是比学校里那些死板僵化的动植物课程有趣和直观得多吗？有时候我还会把岩石砸碎，给威廉讲地质学知识。摘下一朵花，拔下一棵草，砸碎一块岩石，使动物学、植物学、矿物学、物理学、化学、地质学和天文学等学科中的复杂概念变得简单、具体，我们怎么能不感谢大自然呢？有段时间威廉喜欢上了植物学，他为此采集了很多标本，这些标本堆积如山。他还学会用显微镜观察各种东西，甚至写了一些有关各种植物的精美散文。很多父母都埋怨孩子太好动了，总是调皮惹祸，其实我觉得这都是孩子的精力过于旺盛而无处用的结果。这其实是在浪费好东西，为什么不把孩子引到大自然中去呢？我不但常常带威廉到田野里去，我还会每年夏天带威廉到森林附近住一阵子。我并没有阻止他在家里搞园艺，他很喜欢做这些事。他每天给花浇水、除草，观察它们的生长情况。除了种植物，他还养过小猫、小狗、小鱼等。

对威廉的这些个人爱好，我和玛格丽特从来不插手。无论他是栽培植物还是饲养动物，我们都给予帮助和鼓励，这样孩子专注的精神和慈爱之心也得到了培养。大自然是我们最好的老师，田野和森林是最好的教育场所。非常遗憾的是，很多父母都没能好好利用。其实只要有心，一草一木、一石一鸟都是教育的素材，自然界所诞生的一切都能够成为孩子认识的对象。

大自然能教给人无穷无尽的知识。接触自然，不仅可以增长孩子自然知识，还会让孩子呼吸到新鲜的空气。

最重要的是，接触大自然会使孩子的心灵高尚。大自然中蕴藏着很多深刻的道理。我给威廉讲了我小的时候对于毛毛虫误解的事。我一直认为毛毛虫非常恶心和恐怖，但是父亲告诉我美丽的蝴蝶正是由毛毛虫演变而来的时候，我就不再害怕甚至敬佩起了毛毛虫，因为它们要经过一段辛苦的历程才能变化成美丽的蝴蝶。

我把自己为此写的一篇童话《美丽从哪里来》拿给威廉看。和我小时候一样，威廉对于很多事物都不了解。有一次，我让威廉来看一群蚂蚁，但是威廉说：“蚂蚁是弱小的。”

我就给他讲蚂蚁之间如何交流，它们的信号怎样发给对方，这些激起了威廉的好奇心，他对蚂蚁这样的小昆虫，产生了浓厚的兴趣。后来他也学着我，写了一篇关于蚂蚁的童话《蚂蚁搬家》，讲的是一只蚂蚁在下雨天来临之前，帮助全家搬到安全地带的故事。故事表现了蚂蚁的聪明才能，高度赞扬了蚂蚁们团结一致、不畏艰险的精神。威廉还说：“这样的精神值得我们每一个人去学习。”

从这些小故事中可以看出，孩子渐渐在长大，明白了

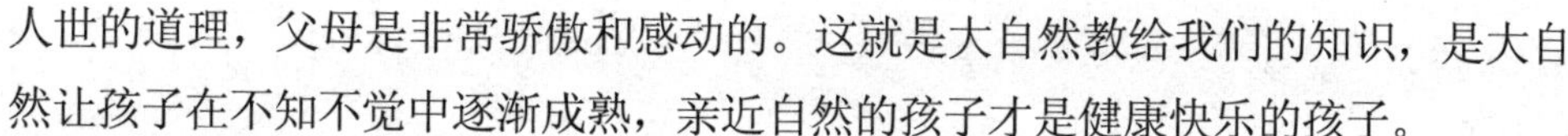

人世的道理，父母是非常骄傲和感动的。这就是大自然教给我们的知识，是大自然让孩子在不知不觉中逐渐成熟，亲近自然的孩子才是健康快乐的孩子。

卡尔箴言

大自然是孩子最好的老师，它让孩子健康和快乐。大自然教给孩子各个领域的知识，有助于孩子的成长。

第四节　让孩子在游戏中学习

游戏是小孩子的“工作”。

父亲认为最佳的教育方式是游戏。而这种教育方法，让我受益终身。

父亲说，因为从婴儿期就开始对我教育，我显得比同龄的孩子更聪明，更机灵，反应更快，各方面的能力也更强。当他认为我在智力上已经准备好了的时候，就开始教我认字，但这绝不是强迫性的。“不能强迫施教”，这是父亲主张的教育法的一大原则。

父亲说不管教什么知识，首先必须努力唤起孩子的兴趣。

兴趣是开启一切真理之门的钥匙。而孩子对于陌生世界的兴趣比成人更强烈，兴趣是孩子天生就具备的一种能力。当孩子对学习有了兴趣的时候，学习对于他来说就显得异常容易，教育就会取得事半功倍的良好效果。可是，如果家长没有对其进行引导，孩子的兴趣就可能产生偏差，所以，对于孩子的兴趣要正确而及时地引导。

唤起孩子兴趣的最好方式就是游戏，在孩子的早期教育中，游戏是最有效的学习方法。

父亲对我采取的教育都是采取“游戏”的方式进行的，而这种方式被证明是有效的。在威廉出生之后，我对儿子的教育也采用游戏的方式进行。

首先，当他满6个月时，我就在他的房间四壁大约一米高的地方贴上厚厚的白纸，在白纸上贴上用红纸剪下的文字和数字。在白纸的另一块地方，有秩序地贴上简单的单词，如：猫、狗、老鼠、猪、兔子、帽子、桌子、椅子等等。请注意，这些单词都是名词。在另一处并列贴上1～10的行数字，在有空的的地方画上乐谱图。

因为婴儿的听觉比视觉发达，我决心教威廉学字母。我妻子就像唱歌似地将字母念给儿子听。但是，威廉毕竟只是6个月大的婴儿，所以对此他没有任何反应。但我们不泄气，天天念给他听，给他看，终于奏效了，威廉对字母有了深刻

的印象，这使他后来非常轻松地学会了认字。由于有了前面的经验，在教威廉认字时我也采用了这一套方法。　首先，为了唤起威廉识字的兴趣，我使用了一些小技巧。

我给威廉买来很多儿童书和画册，讲给他听，用一些鼓励的话语来激发他幼小的心灵，像“如果你能认字，这些书你都能明白”之类的话语。有时，我则干脆就不讲给他听，故意对他说：“这个画上的故事非常有趣，可爸爸现在很忙，没有功夫给你讲。”

这样一来，反而激发和唤起了威廉一定要识字的想法和愿望。待到他有了这种强烈的认字欲望以后，我这才开始教他识字。接着我就用前面用的那种方法教他。我先去买来十厘米见方的德语字母印刷体铅字、罗马字母和阿拉伯数字各十套，再把这些字都贴到十厘米见方的小板上，以游戏的形式教学。先从元音教起，接着以游戏的形式在玩耍中教儿子组字。具体教法是这样：首先用画册让他看小狗的画，同时教“狗”这个词的拼法，然后指着墙壁上的词，反复发“狗”的音给他听。接着从文字盒中选出组成这个词的所有字母，用这些字母拼写出“狗”这个词。

当然，这些游戏都是由我和威廉一道以游戏的方式进行的。在威廉学习时，我在边上给他以表扬和鼓励，为了使他学会这些单词，我让他适度地、循序渐进地反复练习了好几天。我还制作了许多小卡片，在上面我画上憨态可掬的小动物、房子、树木等，在画面下标出名称。我把这些卡片贴在餐厅、厨房、客厅和儿子卧室的墙壁上，让威廉可以常常看到，以加深印象。我们还常常利用这些卡片和威廉做游戏、编故事。每次出外散步，不论看到什么，比如马车、教堂、河流等，我看到了就要儿子说出该怎么念、怎么拼。这些方法很有效，儿子认识的字越来越多。

儿子很快就学会了读，也就是说，他在没有学习所谓读法之前就掌握了读。而一旦掌握了读法，他就能掌握更多的词汇，再加上他学的是标准德语，所以他很容易就能读书了。

有的父母认为，学习就是孩子的任务，但是这样的说法也未免太过于片面和极端。让孩子学习的目的是培养孩子的综合能力，是对大脑发育的一个促进过程。大脑并不是简简单单地做机械运作，而是需要接触大量的不同信息，刺激大脑的不同部位，从而使脑部神经产生兴奋而发布指令。如果我们只要求孩子学习的话，孩子会觉得枯燥、单一，很容易造成孩子大脑疲劳甚至产生厌恶心理。

所以，我们应该找到更适合孩子学习的一种方法。我父亲就一直提倡让孩子在玩耍中学习，父亲也是按照这样的方式来培养我的，我不仅度过了一个快乐的童年，同时学到了很多有用的知识。

玩是孩子的天性，几乎没有一个孩子不具备这样的天性。一个人的童年如果没有欢乐，就像一瓶淡淡的水，没有色彩；更像枯萎的花朵，没有芳香。学习本来是一件快乐的事情，但是很多家长让孩子陷入枯燥、乏味、紧张的学习状态中，把孩子的童年变成一段没有快乐、没有自由的时光。这样做不仅没有让孩子快乐地度过童年，而且让孩子厌恶学习，甚至埋怨父母。在玩耍中学习，一是能随时掌握孩子对所学内容的理解程度和心理状态，发现问题及时加以解决和引导；二是能让孩子在玩耍中喜欢上学习，对学习产生真正的兴趣；三是能让孩子在学习的过程中获得人生的快乐，而不是厌恶学习。

孩子幼年时期需要同时锻炼、协调很多器官，才能思考、判断和决定。孩子在玩的过程中，一直处于兴奋和精力集中的状态，由于这种兴奋刺激了大脑细

胞，脑部神经就相对产生很多关联的兴奋。

让孩子既学习又玩耍，是一举两得的事情。但是有的父母非常讨厌孩子玩，他们认为玩既会浪费时间，又会让孩子玩耍成性，养成贪玩的坏毛病。

尊重孩子，允许孩子有玩的权利是人类进步的标志，也是一个有修养的父亲的自觉行动。父亲一直认为，成才始于摸爬滚打。让孩子在玩耍中学习，既可以做到寓教于乐，又可以消除在学习中产生的压力，使孩子不会感到精神紧张。当孩子玩性正浓时，我们不应打断，应支持孩子探索，让他去发现、去思考。尊重孩子，让每个孩子获得一个完整的体验过程。

孩子在玩耍中学习收到的效果是非常好的。在玩耍中，孩子的伸、抓、爬、跑、攀以及平衡、协调都得到了发展，从而锻炼了身体运动技巧以及孩子的灵敏性。

孩子通过玩耍增加与其他孩子的交流，从而使孩子的语言能力得到大力发展。我和玛格丽特从威廉出生以来，就时常和他“交流”，等到威廉能够说话之后，我们又一起玩讲故事、比赛说笑话的游戏，一般从简单到复杂递进。玩耍中的交谈对孩子的语言发展起到了很好的促进作用。

孩子们一起玩耍的时候，避免不了需要合作、协助，还有可能认识新朋友。通过这些模拟类型的游戏，孩子们开始了解一些社交角色和社交规则，而亲切、友好、互助、协商、遵守规则，则算得上是孩子在早期游戏中学习到的重要技能。

在孩子们玩耍的过程中不可避免地会发生一些矛盾，出现这样那样的问题，但是在游戏中，他们需要自己去解决这些问题。随着玩耍中不断地解决这些问题，孩子们对周围世界的理解也在慢慢加深。在不同的游戏中，解决不同的问题，促使孩子的思维能力逐渐朝着更高水平去发展。

通过对威廉的教育，父亲的教育方式再一次得到了验证。我发现玩耍对孩子来说不仅仅是兴趣，更重要的是在玩耍之中可以逐步开发孩子的智力。威廉的注意力、观察力、记忆力、想象力、操作能力都是通过游戏训练出来的。

在孩子玩耍过程需要注意的问题：

首先孩子玩耍的，必须是孩子喜欢的游戏。父母不能为了自己的一些目的，强迫孩子去做他不喜欢的事情，即使是做游戏也应该听取孩子自己的意愿。快乐玩耍是首要原则，父母不可以自私地把学习目的强加于游戏之中。

在孩子做游戏时父母不要充当指挥官，对孩子指手画脚。孩子需要独立玩耍，也许他需要自己去思考一些问题。在保证孩子安全的前提下，不要去干涉孩子，应支持孩子的探索，让他去发现、去思考，尊重孩子，让孩子获得一个完整的体验过程。

玩耍和游戏不要仅仅限于一个模式。应该根据孩子的爱好和特征，鼓劲孩子创造出自己喜欢的游戏。

不要忘了鼓励、夸奖、赞美孩子，哪怕他今天在游戏中只学会了一句有意义的话，都不应该吝啬你的赞美之词，并给孩子一定的奖励。

父母是孩子的第一个玩伴，也是最好的玩伴。不要认为只要给孩子买好玩具就可以了，买玩具不是最重要的，重要的是父母参与到孩子的游戏中去。研究表明，那些极具创造力的孩子在玩的时候都有大人参与。

我和玛格丽特时常带着威廉一起玩耍，我们一起玩“棒球”游戏。我们玩的并不是真正的棒球比赛，只是模拟场景而已，威廉做我们的裁判和记分员。在这样的游戏中，威廉了解了棒球的比赛规则和作为裁判需要有的能力和素质。记分的工作让他对数字特别敏感，他渐渐喜欢上了数学这门学科。

父母应该时常和孩子一起玩耍，玩耍并不仅仅只是为孩子提供玩具或者对孩子下达指令，父母应该积极配合孩子，让孩子玩得尽兴。

父母参与到孩子的游戏中来，同时要仔细观察孩子的兴趣爱好以及能力，及时为孩子做出合适的学习计划。

孩子在玩的过程中体验到了成功感、能力感；学习到了很多不同的知识，锻炼了孩子的各种能力，培养了孩子多种优良的品格。父亲常告诉我，孩子是在玩中学习积累经验的，孩子学习不仅仅是为了生存，更重要的是为了提高智力，促进大脑的发育。学习知识只是手段而不是目的，获得生命的智慧，获得人生的快乐才是我们学习的最终目的。

卡尔箴言

玩耍也能让孩子学到东西，并且取得的效果更加直接和有效。在玩耍中可以培养出孩子的多种能力，比如注意力、观察力、记忆力、想象力、操作能力等。所以说，有的父母认为“玩物丧志”是错误的。只要父母掌握好孩子玩耍的度，适当地给孩子时间，你会发现，在玩耍的过程中孩子学习的知识要比坐在书桌前学习的效果好得多。

第五节 培养孩子广泛的兴趣

兴趣是孩子主动获取知识形成技能的重要心理活动。作为父母，应该善于激发孩子对于某种事物，或者从事某种活动而产生浓厚的兴趣和求知欲，从而达到获得知识、培养思维能力、发展智力的目的。

由于竞争越来越激烈，孩子的文化学习任务相对变得很重，学业成为孩子成功的必经之路，因此，父母给孩子空闲的时间不多。但小孩子的天生活泼好动，喜欢玩耍，若一味强调学习，反而造成孩子的厌烦情绪。让孩子有一个丰富多彩、长大后值得回忆的童年，应该是父母的义务。

因此，对于孩子课外的兴趣和爱好，父母一般情况下应该给予支持和鼓励，并且在孩子身边帮助、引导他们的兴趣。通过父亲对我的教育实践，我觉得课外活动和业余爱好不但没有影响我的文化学习，甚至对学习还有所帮助。孩子通过参加各项丰富多彩的活动，具有了广泛的兴趣。孩子不光对玩感兴趣，逐渐地对文化课的学习，像语文、数学、科学和英语等，也容易产生极大的兴趣，而父母也会感觉到孩子把做作业当作一种乐趣，而非负担。同时，通过各项活动也增强了孩子的体魄，激发他勇敢、进取和乐观的精神。相信等他长大后回首童年时，看到的一定是一个色彩丰富、使他感到骄傲的童年。

有的父母在对孩子进行严加管教的同时，忽视了孩子的快乐与兴趣。除了学习，其他任何事情都不允许做，在这样环境下成长的孩子是很难快乐起来的。如果一个人的爱好广泛，他就可以从很多方面得到不同的快乐。所以，对于那些仅仅在其中一方面表现很优异的孩子，父母更要引导他们多方面的爱好，发掘他们不同层面的兴趣。那些只把精力放在一个特定领域的人，不容易得到快乐。

有的孩子只对一个方面感兴趣，而往往忽略了其他方面，因为兴趣并不只是指学习兴趣，还包括各方面的兴趣。这时，父母要引导孩子去吸取各种知识，接触各种事物，获得对这些事物的成功体验。这一过程不仅活跃了孩子的思维，还培养了孩子的兴趣。

孩子的潜能是否能最大限度地得到挖掘，关键在于父母而不在孩子。只要父母能够及时发现并合理开发他的天赋，孩子就可能做出一番成绩。

孩子一生下来就在学习，并逐渐形成了自己的长处和短处。扬长避短，优先发展孩子的特长，是每一个父母的神圣责任。孩子的天赋是方方面面的，父母要善于发现并为他提供良好环境。只要父母能够发现并孩子的天赋，孩子都是大有可为的。在对儿子威廉的教育中，我深深地体会到了这一点。

与威廉一起进商店、逛公园，或到树林里散步时，我都会留心他感兴趣的商品、书籍、景物等。此外，我还跟威廉一起写字、画画、读书、做纸工、修理日用品、做家务。在与威廉的共同活动中，威廉兴趣和爱好逐渐展现出来，而我也及时发现了威廉的天赋。

绘画是早期教育中的一个重要内容。孩子的语言发展尚不够完善，绘画是他们能够进行自我表达的一种很好的方法。绘画有助于孩子思维、感知和观察能力的发展，以及孩子热爱大自然等美好情感的培养。如果孩子喜欢绘画，就应该首先培养孩子的观察能力，让孩子走进大自然、走进真实的生活，观察自然景观、人文风景，学会分辨各种不同的颜色。这样的观察不仅陶冶了孩子的情操，更让孩子养成专心致志的好习惯。为了配合孩子的兴趣，父母应该积极给与孩子相应的环境，准备绘画的工具，这都能让孩子感受到父母对他的支持，从而让他们的学习更有热情。

孩子容易被色彩鲜艳的画面，各种奇特的、不规则的图案所吸引，他们把所看到的、感觉到的和体验到的东西往往汇集在了一起，表现出特定表情、姿态、动作和声音。他们的思维因为绘画而奇迹般地活动起来，这是一件好事。

如果孩子对音乐有天生的兴趣，从小听优美的乐曲可以使大脑得到有效的训练。如果孩子对音乐节奏十分敏感，又对音乐十分入迷，那么这个孩子可能有音乐天赋。父母应该提供更多的条件让孩子去学习，家里常播放好听的音乐，看关于音乐的电视节目或电影，听音乐会，买关于音乐的书籍，结交懂音乐、爱音乐的朋友。更重要的是，父母应自己喜欢上音乐，和孩子一起享受音乐之美。不一定要把孩子培养成音乐家，但是只要孩子表现出了这方面的兴趣，父母就应该用各种方式进行支持。

有的孩子喜欢背诵、说话、讲故事，这是具有语言天赋的表现。孩子小时候说话多，长大了肯定能言善辩。说话特别早的孩子尤其应该引起父母的重视。孩子的语言天赋除了天生之外，很大程度上是后天训练而成的。经常与婴儿“说话”，尽管他可能不会说话，但至少可以激起他对语言的兴趣。语言能力是人的一种最基本的能力，因此，父母对此要特别加以训练，从而诱导、启发孩子发挥潜能。

无论是哪一种兴趣爱好，孩子都能在其中获得知识和快乐，想象力、创造力、意志力和恒心都能得到很好的锻炼。我常常与威廉一起玩“故事接龙”的游戏，我们看了一个故事的开头之后，就按照自己的想法去改编这个故事。通常我们都会让玛格丽特来做裁判，看看我们谁改编得更好一些。在这个游戏中，孩子的想法和大人的想法时常发生碰撞而产生新的火花。威廉有时候会虚拟一些故事情节，我并不认为这很荒诞，相反我认为这是孩子富有想象力的一表现。

很多孩子的想象力并不能被父母所理解，还时常受到家长们的限制，父母这样做扼杀了孩子的思维能力和创新能力。而我从不限制孩子的想象力，一个人的想象力是非常重要的，无论是生活还是工作都离不开。

卡尔箴言

兴趣是孩子最好的老师，培养孩子的兴趣可使孩子对各种知识进行有效地吸取。对于孩子的好奇心，父母不能感到厌烦，而应该加以保护，并且善于引导。

第六节　让孩子体会学习的乐趣

父亲对我的教育，让我真正体会到了快乐。每当我找到了问题的答案，就能感觉到学习所带来的乐趣。我认为学习与快乐是不冲突的，我对威廉的教育也秉承这一原则。

我除了教给儿子书本上的知识，还注意利用一切机会来丰富儿子的知识。比如，看到建筑物，就告诉他那里面有什么，坐落在什么地方；看到古城等，就告诉他这个城的历史，以及关于这个古城的种种趣事。一个只拘泥于书本知识的人，会变得目光短浅、头脑狭隘，不可能成为有创见的学者。不仅如此，如果我们仅仅停留在书本而不直接走入生活当中，那么就连书本上的知识也不可能充分地掌握。我相信一个书呆子式的人在这个世界上不可能有任何作为，所以便尽可能地让儿子从生活中学习知识。有一次，我给威廉讲伽利略的"两个铁球同时落地"的故事，他便问我："爸爸，两个不同重量的铁球真的会同时落地吗？这怎么可能呢？明明一个重一个轻，应该重的先落地才对。"

我想很多父母都给孩子讲过这个故事，但是很少有孩子对此提出疑问。父母也会认为这是科学家做的试验，没有必要给孩子讲解得太详细。大人和孩子都会想："书上已经这样说了，肯定就是这样的。"

由于平时对威廉的培养，威廉形成了自己独特的思维方式。他从不轻信书本，他认为，最重要的是自己要去亲身体验，才能得出更准确的答案。在他的请求之下，我们决定亲自做一次"两个铁球同时落地"的试验。伽利略的原理已经被证实是正确的，但是威廉认为有重做这个实验的必要，我就支持他。

周围的人都觉得我们父子两人简直疯了，但我并没有理会别人的议论，最终还是和威廉一起成功地做了这个实验。做完实验后，威廉觉得这太神奇了，便下决心一定要弄清"两个铁球同时落地"的原理。于是，在那一段时间里，威廉津津有味地研究起他原先觉得很枯燥乏味的物理学。在威廉的幼年时期，这样的例子还有许许多多。从某个方面讲，威廉的学习热情正是在这种亲身体验、接触实物的过程中一步步培养起来的。

为了让儿子接触更多的人和事，儿子两岁以后，不论走亲访友还是买东西，也不论参加音乐会还是看歌剧，去哪儿我都带着他，让他从小就与身份各异的各阶层人士交往、谈话。这样做的结果是，儿子具有很好的社交能力，从小到大从不怯生、不怯场，越是人多或越重要的场合，儿子就发挥得越好。

我见过一些在学问上十分优秀的人，他们因为缺乏经验，出入这类场合时就显得畏缩慌张。只要有空，我就带儿子去参观所有的博物馆、美术馆、动物园、植物园、工厂、矿山、医院和保育院等，以开阔他的眼界，增加他的见识。在参观前，儿子都要先阅读大量有关的书籍，对参观对象有一个大体的了解，然后再通过自己的眼睛实地接触这些事物，获得大量与直接感知相一致的信息与知识。这时，儿子的脑子总是转动得特别快，心里充满寻根究底的疑问。面对儿子源源不断的问题，我总是尽我所能给他解释，并做到深入浅出，决不随便敷衍。因为我知道，这样教授知识最自然而且有效。

快乐童年，离不开游戏。游戏不是瞎玩，而是要讲科学，要玩出效果来。要根据孩子年龄和发育特点来选择难度适宜的游戏，使孩子不会因游戏太难而产生畏惧心理，也不会因为游戏太简单缺乏挑战性而失去兴趣。这就是做游戏的原则。

孩子应多进行户外集体活动。有的孩子很孤独，哥哥姐姐都去上学了在家里没有玩伴，更需要家长。家长要为孩子创造与同龄人交往的条件，让他在游戏中接触新东西。据调查，很多成人回忆起自己的童年时，都觉得过得并不快乐。我也对身边的孩子作了调查："你觉得你的童年快乐吗？"绝大多数孩子的答案是否定的。一些孩子说是过得不好；一部分孩子说父母总是逼着他们学习，不让他们和同学、朋友交往，因此他们在家里的许多时间不是阅读就是书写或者计算；还有的孩子干脆抱怨他们的童年大多数时间用来学习而夺去了他们的快乐。

游走观光能让孩子了解到大自然的奥妙，欣赏到优美的自然风光，学习到各个地方的人文知识，增长许多见识，陶冶孩子的情操，从而提高其审美情趣、智商以及情商。

在自然景观中让孩子感受到各个地域的差异，帮助孩子去了解各个地方不同的风土人情、历史地理都是一种很好的学习方式；在山水里尽情畅游时，一起沉醉在蓝天碧海的大自然美景中，感受生活，寻找生命的真谛。带孩子游玩前，先有目的地让孩子参与到准备过程中，了解所到之处的相关知识。游玩时与孩子交流路途见闻，回来督促孩子写成日记等。

要让孩子学习知识，生活里的点点滴滴都是好的教材。不要因为沉闷的学习和书本，让孩子失去美好的童年。

卡尔箴言

学习并不是要求孩子死记硬背，也不是要求孩子整天待在家里和坐在教室里。我们要让孩子学习，但却不要让孩子因为学习而失去美好的童年。幼小的孩子注意力和耐心都不太集中，因此父母要多利用孩子自身的特点，对其进行适当的教育，比如带孩子参与丰富多彩的课余活动，在此过程中对孩子进行教育，能收到非常好的效果。

第七节　让孩子做一个全面发展的人

按照很多人的说法，我是个在各方面都有自己独特见解的人，特别是在数学方面的才能让很多专家和教授都为之赞叹。

我14岁的时候发表了一篇数学论文引起了数学界的重视，当时著名的数学专家米开斯维里看了我的论文之后，还专门来拜访了父亲。他和父亲谈到了关于我未来的一些话题。米开斯维里教授认为我在数学方面是一个天才，如果继续深造，将来肯定会成为一个数学家。他还热情地表示让我投身到他门下，他会对我进行专业辅导。但是，父亲并没有答应教授的建议，父亲一直表示，关于我的将来和选择都必须在我成年之后由我自己去思考。而我14岁的时候应该尽量学习各种不同知识，现在就去决定人生的大方向，会显得不太成熟，为时过早。

然而我在成年之后，选择了法学专业。这是一个我从来没有接触过的领域，拿破仑法典的颁布对人们的思想观念产生了巨大的冲击，也使我对法学产生了极其浓厚的兴趣。在我毕业要离开格廷根大学的时候，米开斯维里教授还来为我送行，他还是想邀请我和他一起研究数学，我只好对此表示歉意，但是教授又很理解我的选择，尊重我的选择，也很佩服我父亲的教育方式，并说："卡尔，希望你在新的领域创造出更好的成绩，在学习的时候，不要忘记对数学的研究。"米开斯维里教授是我见过的对数学最为痴迷的人了。

在进入海德堡大学之后，我如饥似渴地学习法学知识，几乎把所有的精力都投入到法学的学习上。这样一来，我很少有时间再去钻研其他的学科了。在假期里，父亲了解到这种情况之后和我作了长时间的交流。

"卡尔，如果仅仅因为你学习法学课程，就把其他的学科荒废了，那真是一件令人遗憾的事情。我当初培养你的各种爱好就是希望你成为一个全面发展的人。"

"但是真的没有办法，我也不愿意这样，我也很喜欢其他学科，但是我的时间实在不够用啊！法学对于我来说是一个全新的领域，我必须去看那些文献资料，只好把其他学科先放一放了。"

“很多文献？难道你学习法学最主要的就是去研究那些历史文献吗？你把所有的时间都用来研究文献？”

我无法理解父亲为什么在一瞬间变得很惊奇，我认为法学只能这样去学习。

“孩子，你总是在信中说你自己过得很好，但实际上这一年里你是不是觉得特别劳累，常常感觉自己无能为力，有一种从未有过的挫败？”

父亲说得很对，在海德堡大学学习的这一年的确让我疲惫不堪，我也无力应付。我知道这一切都逃不过父亲的眼睛，只好点头承认。

“卡尔，你随时都要记住，学习应该是一件快乐的事。你之所以这样疲惫，我想肯定是学习方法出了问题。法学对于你来说是一个全新的领域，开始的时候阅读一些文献是必要的。但是，学习任务并不能完全靠填充资料来完成，法学的学习也是这样。学习最重要的是掌握它的规律，这一点你应该很清楚。每一门学科都有它自身的规律，只有掌握了它的规律，摸清楚学科的脉络，学习起来才会相对比较容易。

法学的发展和人类的整个文化发展是紧密相连的，要掌握它的规律就必须站在这个高度上去思考问题，应该跳出法学本身的圈子去研究。如果，你仅仅局限在法学的范围里研究，不停地阅读和考究文献资料，那么我可以告诉你，这样做的结果就使你变成一个食古不化的老学究，不可能取得真正的成就，不可能对国家现在的法学做出一点真正的贡献。

你找不到有效的学习方法，并且学习效率很低，你牺牲了很多时间来做这样

徒劳无功的事，到最后会得不偿失的！每一种学科都是相互联系、相互融会的，疏忽了其他学科对你学习法学也是一种阻碍。”

父亲的话使我茅塞顿开。我找到了学习进展缓慢的问题所在，在以后的日子里，我在海德堡大学的学习渐渐进入正常轨道。在法学上，我找到了既实用又有效的学习方式，而其他学科和爱好也被我重新捡起来。我一直按照父亲的愿望去努力：做一个全面发展的人。父亲的这一教育理念，已经被我证实是非常正确的，我也将把这一原则运用到以后对儿子的教育实践中去。

卡尔箴言

偏科是孩子全面发展的大敌，语文、数学、外语、自然等等，每一门学科都是互相联系和融会贯通的，所以父母在平常施教的时候，要对孩子进行全方位的教育，让孩子能详实地学到各个领域的知识。

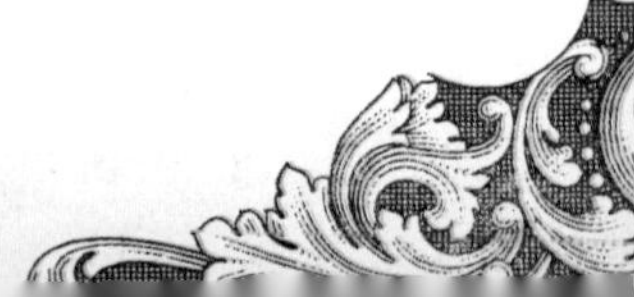

第十五章

美好环境造就完美孩子

MeiHao HuanJing Zaojiu WanMei HaiZi

人的生命似洪水奔流，不遇着岛屿和暗礁，难以看到美丽的浪花。

——俄罗斯作家　奥斯特洛夫斯基

第一节　良好的后天环境胜于天赋

父母要保证给孩子一个健康的身体。在孩子出生之后对孩子进行的一系列教育，也是父母必须尽到的义务。父亲时常说："教育孩子是成年人的义务和责任。"孩子一来到这个世界上最先接触到的就是自己的父母，每一个孩子的培养都离不开父母，教育孩子也是父母开始的职责。

所以，父母应该尽一切力量给孩子创造一个良好的生活环境，来帮助孩子成长。为了孩子的身心健康，为了孩子有一个良好的性格，父母应该让生活尽量充满欢乐、和谐。

一个人从事的工作影响着他的收入，一个人本身的修养决定着他的思想观念。天底下每一个家庭的情况都是不一样的，但是我认为一些基本设施是无论如何都不应该节省的。孩子的成长必须所具备的条件：

一、家庭生活要显示出规律和秩序

孩子在家庭中首先要学习的就是遵守规则和秩序，因为将来进入社会也是必须遵守社会秩序的，社会规则和秩序与家庭所有的规则和秩序其实如出一辙。

二、具备实用又必要的生活用品

家庭条件也许会限制父母的一些美好设想，但是父母必须给予孩子基本的生活保证。比如：孩子需要一个独立的房间，房间里摆放一个书柜以及一张书桌，用来摆放孩子的书籍和他们自己的东西，而且这些物品在设计上都必须符合孩子

的使用习惯；房间墙壁上挂一块小黑板，这样孩子就可以在上面书写画画；房间一定要保证有足够的新鲜空气和阳光，最好是有大窗户的，这样方便孩子观察外面的世界。除了卧室，就连餐厅也要考虑到孩子的兴趣特点，布置上应该显得活泼明亮一些，这样会让孩子的胃口变得更好。

三、要有足够的书籍和学习工具

书籍和学习工具是孩子教育过程中最重要的东西，阅读书籍或者在游戏中去学习，这些好的习惯都应该在孩子小时候养成；玩具不仅仅可以用来玩耍，它还可以让孩子用来学习，成为学习的工具。

四、孩子必须有自由的活动时间和空间

在条件允许的情况下，修建一个院子，让孩子在院子中自由活动。父母可以教他驯养小动物，栽植树木花草，在这些乐趣中让他学习爱护其他生命，热爱大自然。

在威廉3岁以后，我和玛格丽特就为他提供了这样一个环境，我们都认为这样做是值得的。我们为威廉布置了一个房间做书房兼游戏室，他可以在这个房间阅读、书写、画画、做手工、玩游戏。我学习父亲教育我的方法，让学习和游戏融合在一起。我们在他的书柜上放了很多适合孩子阅读的书籍，我时常为他朗诵优美的诗歌和有趣的故事，直到他自己学会。

平时的生活氛围也是很重要的。婴幼儿时期是孩子模仿能力最强的时期，家庭成员的一言一行都深深影响着孩子的将来。家庭成员之间的相互尊重和相互帮助，是孩子最早接触到的美德教育。孩子的大脑在一片空白的情况下更容易接收到大人发出的信息，再通过自己的整理后去记忆，所以孩子长期生活的环境和氛围对他的影响是非常深远的。

我们的孩子出生以后，我们并没有像其他家庭那样去雇请佣人来抚养孩子。玛格丽特亲自承担了所有工作，我们随时提醒对方保持最好的状态，努力让家庭气氛一直和谐温馨。孩子和我们待在一起，自然而然地效仿我们的言行举止，我们渐渐教会他怎样来适应这个陌生的世界。

在威廉还是个婴儿的时候，我们就给他听优美的音乐，观察颜色明亮的图画，带着他参加音乐会，参观博物馆，丰富的视觉和听觉刺激对他的智力开发起到了很大的作用。我们还有意地让他参与一些人际交往活动，从小就锻炼人际交

往能力，这样我们也可以观察到孩子的人际交往能力的进展。

婴儿时期的这些刺激都是单方面的，只能在一些细小的环节上看出孩子的表现和反应。过了这段时期就可以对孩子提出简单的问题，训练孩子的思考能力和想象能力。孩子的思维训练就是这样循序渐进的，在各个方面都可以达到训练孩子的目的。

我们时常带着孩子去郊外散步，这样既可以呼吸到新鲜空气，还可以让孩子认识到其他事物。对孩子来说，这不仅是玩耍也是学习。孩子总是对很多东西充满了好奇心，一棵小草，一颗石头都能让他兴致勃勃地观察很长时间，而这时我们就应该耐心地给他讲解相关知识。很多枯燥的知识就是在这样轻松愉快的时间里教给孩子的，孩子当然愿意接受。

良好的环境可以把孩子培养成优秀的人才，而恶劣的环境则会起到相反的作用。我出生之后大脑发育比其他同龄人要缓慢，但是我的父母并没有放弃培养我。父亲认为孩子就如一张白纸，最终会书写成什么样子，主要靠后天的培养。先天的天分并不能决定人的一生，就算我先天素质比其他人差，只要精心培育，依然可以步入正常的生活，甚至会超越他人。我后来的成就证明，父亲的教育理念是完全正确的。

良好的环境并不仅仅是为了让孩子生活得舒适，重要的是良好的环境也是孩子接受教育的必要因素。

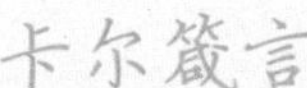

教育孩子是成年人的义务和责任，而要造就孩子良好的性格，是从父母创造的环境中开始的。这个环境包括：物质环境和生活环境。为了孩子的身心健康，应该尽一切力量给孩子创造一个良好的生活环境，以利于孩子成长。

第二节 给孩子一个和谐的家庭

孩子的成长需要一个和谐的家庭环境，对孩子来说，家庭就是他们的世界。在婴幼儿时期，家庭生活是为孩子将来进入社会做准备。家庭成员之间如何处理矛盾和如何达到和谐，是摆在父母面前的问题。所以，我认为家庭环境对孩子的成长有很大的影响。

每一个孩子来到这个世界上，都有属于他们的家庭。家庭不仅是孩子生活的环境，也是孩子最开始的教育场所。在这里，孩子度过自己的童年时光，接受最初的教育。家庭是每一个孩子心里最亲切、最贴近的地方，所以在每一个人心里，家永远是值得眷恋的地方，是最重要的地方。

孩子降临人世的时候，对于这个世界是一无所知的，他的心灵纯洁无暇、天真质朴，他对外界的认知仅仅来源于周围亲近的人和生活的环境。人们常说什么样的生活就会造就什么样的人。这话不是没有道理的，环境对人一生的影响是非常深远而巨大的。事实已经证明，家庭环境对孩子的成长有着决定性的影响，这是不能忽视的。所以，为了孩子的健康成长，为了孩子能得到更好的发展，父母应该竭尽全力地为孩子创造出和谐的家庭环境，所有的家庭成员也有义务去维持温馨祥和的家庭氛围。

父母的态度可以感染孩子。父母在接人待物方面的习惯，父母的人生态度都可以感染孩子，孩子也就自然而然地形成热情好客、乐观开朗的生活态度。无论是快乐还是痛苦，都是会传染的。营造出一个良好的家庭氛围，是每一位父母的职责所在。

良好的家庭氛围包括民主、自由的风气，亲情浓厚的气息。具有民主、自由风气的家庭，让孩子从小就知道勇于表达自己的想法和意见，能和父母融洽、友好地交流相处，敢于为了正确观点争论，甚至和父母辩论，对父母提出质疑和挑战。在这样家庭长大的孩子大多会性格外向，敢于自我表达，具有信心和勇气，具有较强的人际交往能力，能处理好各种矛盾与是非，不会让家长操心，有能力

进行独立生活。

从小就在一个亲情浓厚的家庭生活的孩子，很早就学会友好地与他人相处，懂得关心照顾别人，能够理解、尊重他人；明白相互帮助、团队精神的重要性。

对孩子来说，最有效的管理方式莫过于平等的交流和沟通。强硬的手段只会助长他们的叛逆情绪；如果父母能够平等地对待孩子，就不应该只抱怨孩子如何调皮，有多少坏习惯，要知道孩子模仿大人。父母要随时审视自己的行为是不是给孩子带来了不好的影响，这种随时反省的态度本身对孩子就是一种教育。

我从小就生活在一个温馨的家庭中，我的父亲是一名牧师，我的母亲也是一位非常善良、温柔的女性。他们的生活习惯、处事风格对我产生了深深的影响。我和父母像朋友一样和谐相处，我们相互尊重、相互帮助，彼此都能感受到对方无私的爱和关怀。

在威廉很小的时候，我和玛格丽特也非常用心地去给他营造良好的生活环境，我们都希望他在这个家庭中能感受到父母的爱以及接受更好的教育。在威廉很小的时候，我发现他特别顺从我们。我和玛格丽特更多的时候处于主动方，孩子是接受者。但是随着孩子渐渐长大之后，他的想法和观点越来越多，要想让他还像以前那样服从我们就非常困难了。孩子长大之后，就会嫌父母啰嗦；父母却觉得孩子不听话。这样的矛盾随时都存在，但是父母应该清楚，这样的矛盾并不是不可调和的。我和玛格丽特从来都不会强迫孩子服从我们，父母应站在平等的地位上去和他交流。这时的孩子不再像婴幼儿那样对世界很陌生什么都依靠父母，他对这个世界有了一定的认识，有了他自己的想法。

我的父亲一直这样对待我，他让我感受到了尊重、信任、平等，让我感觉到自己的重要性，作为一个自然人在这个世界存在的价值，从而树立了自信心。我认为这样的教育才是可行的。我和玛格丽特在对待威廉的教育上也力求做到这一点，孩子应该有着与成年人一样的待遇，父母不要常常用命令的口气对他发号施令。如果这样，我相信在父母的影响下，孩子将来长大成人之后，会和气有礼地尊重别人。要知道尊重别人，也就是尊重自己，只有这样人与人之间的交往也会变得相对简单、纯洁。

孩子的表现欲望非常强烈，所以他不仅仅在思想上而且在行为上也很容易和父母起冲突。

我记得威廉有段时间喜欢上了绘画，他的作品也受到了很多亲戚朋友的赞赏，于是他总是向所有人展示他的才华，家里的墙壁上他的画。对于这样的情况，我温和地劝说他，或者转移他的注意力，教他玩另一种更新鲜的游戏，让他对绘画的狂热冷却下来，因为这样的事情对于孩子来说很正常。

有一次，我从外地回来，看见我书房挂着的一幅名画，被乱涂乱画了，这是我最喜欢的一位法国画家的作品。看着那些五颜六色的线条，我就知道又是威廉在搞破坏。我当时非常生气，但是我给自己几分钟的时间来冷静，我不希望因为自己的冲动和气愤造成什么不良的后果。

第二天，我看见威廉在房间里认真地画画，他正在画一只小狗。

他得意地对我说："爸爸，你看我画的怎么样？"

"不错，不错，但是我觉得要是把尾巴加长一点就更好了。"

威廉真的就把小狗的尾巴又画长了几厘米，"现在呢？"

"应该再长点，再长点。"

"哦，是吗？我觉得已经差不多了啊！"威廉似乎不相信我的话，但是他依然再次把小狗的尾巴加长了。

"我觉得越长越好，你现在再加长一点，也许会更好点。"

"不，爸爸，真的不能再加了，你不觉得现在的小狗很难看吗？很奇怪！"

"是的，我也这样认为，最开始你画的就已经很好了。"

"那，那你为什么要让我不停地加长呢？爸爸，你是在故意捉弄我吗？"

"不，不是捉弄。我只是想你知道，别人把你不愿意接受的事情强加给你的时候，你是什么样的感觉？"

威廉很快就明白了我的意思，他显得有点窘迫，他一直低着头，"爸爸，对不起，我不应该在你收藏的画上乱画。我只是觉得那幅画如果加上一条河流更好看一点。"

"没有关系的，但是孩子你要知道，那幅画不仅仅是一件精美的艺术品，还是朋友赠送给爸爸的礼物，是一件很有纪念意义的东西。如果你觉得加上一条河流会更加动人的话，你可以自己重新再画一幅。你把自己的观点强加于别人的作品上，是很不礼貌的，就像我让你不停地加长小狗的尾巴一样，你也不会喜欢的。对于别人以及别人的劳动成果，我们都应该给予最大的尊重。"

威廉很容易就理解了我的意思，从此之后他彻底改正了乱写乱画的坏毛病，而他自己学习绘画更勤奋了。假如，当时我不冷静，冲动地责骂孩子，我们之间势必会爆发一场大的争吵。要改变孩子的不良习惯，最好的办法是让他从内心认识到他的行为是不正确的，不然就只能收到表面的和暂时的效果。

一个家庭的矛盾不仅仅存在于父母和孩子之间，家庭其他成员之间也存在一些无法避免的矛盾。丈夫和妻子之间的矛盾也是影响一个家庭和谐的重要因素。

有的家庭一直处于紧张的气氛当中，家庭成员之间关系恶劣，父母时常恶语相向、拳脚相加，孩子生活在这样的家庭中，精神一直处于紧张状态。而且这样的家庭环境对孩子的性格有很大的负面影响，容易使孩子养成语言粗俗、性情暴躁、崇尚武力的不良习性。由于从小就缺乏温暖和关怀，孩子长大成人之后也不会懂得尊重他人，关爱他人；孩子最终会形成孤僻、自私、玩世不恭等不良品性。

孩子的良好心理素质往往取决于家庭。每一个家庭都有属于自己的优良传统，这样的传统是先辈留下的宝贵经验和教训，需要好好学习。家庭成员之间的相处，要以尊重为前提。

和谐的家庭环境，不但让孩子学会了相互帮助的协作精神，懂得了理解他人的重要性，使孩子的思维意识和相关能力都得到了很好的锻炼，而且从具体的事例中学习到经验教训。相反，如果一个家庭总是充满了谩骂、冷漠、自私，会对孩子的心理造成永久的伤害，甚至会导致孩子的心理发育不健全，出现不同程度的心理疾病。这样的孩子即使长大之后，也难以改变他已经固有的心理定式，他们不懂得爱，不懂得宽容，更多的是冷漠和自私。

因此要大力提倡家庭美德的建立，让家庭的美德去教育孩子，是最形象生动、直接客观的方法。基本的家庭美德应该包括：友爱互助、礼貌有序、民主自由。通过建立良好的家庭规范、和睦的家庭氛围、民主平等的相处方式，孩子良好心理素质才能形成。

然而有的家庭实行的却是一些偏激、片面的教育方法，孩子在这样的环境下生活，接受教育，对孩子的身心健康都是不利的；

无法否认每一个父母都是爱孩子的，但是并不见得所有的父母都是称职的父母。有的家庭信奉“棒棍教育”，他们认为孩子要成才，就需要对他严厉。他们认为对孩子实行霸道的高压政策，这样才是对孩子好，才是真正为孩子的前途着想。其实，孩子长期处在紧张、高压、苛刻的环境之下，会有两种极端表现，一种是彻底地向父母屈服，形成幼稚、依赖、顺从、胆小、木讷的性格；还有可能孩子被逼得和父母搞对抗，形成急躁、蛮横的性格。

而有的父母则放任孩子，任由其发展，他们认为每一个孩子的能力都是天生的，根本不再需要人为的培养。也有父母认为，应该尊崇孩子的天性，不要给孩子任何约束；很多知识、技能的学习，都要到了一定年龄才可以学会，或者他们认为这些知识和技能根本就不需要学习，等时间到了，孩子也就自然而然地会了。

这些观点和看法都是片面而肤浅的，孩子长期处于放任自流的状态，得不到应有的关心和照顾，容易产生孤独感。孩子的性格会变得孤僻内向、冷漠、放荡，不懂得自我管理和控制，情绪不稳定、反复无常，行为变得富于攻击性。

父母良好的教养态度表现为以民主、平常的态度对待孩子。家庭中能互相爱护、关心，父母能多给子女鼓励和诱导，而对子女的缺点、错误能恰如其分地批评指正，提高子女的认识，帮其改正缺点。这样就逐渐培养了孩子自尊、自立，对别人热情友好，能接受批评，经受压力，有独立处事的能力。

父母首先要约束自己、管理自己。父母要富有责任心、耐心，具有坚持不懈的精神。只要父母的素质达到一定的高度，就是孩子的好榜样。父母的责任在于对孩子实施教育，培养

孩子的各种品质和能力，为孩子创造一个良好的家庭环境。

夫妻之间的关系，是家庭关系中很重要的一个部分，夫妻之间的相处，务必要做到和谐、和睦。父母与孩子的关系是家庭关系中另一个重要部分。父母应该利用更多的时间陪伴孩子，和孩子一起玩耍、做游戏，帮助孩子学习，父母应与孩子建立和谐的亲子关系，平等地相处，友好地交流，相互尊重，相互帮助。父母要多以鼓励、理解、尊重的方式与子女谈心，即使惩罚也要富于情感，要给孩子合理的解释。这种健康的家庭生活、和谐融洽的家庭气氛有助于孩子健康心理的形成。

卡尔箴言

一个健康孩子的成长，需要一个和谐、平等和充满爱的环境。父母是孩子的一面镜子，孩子是家长的影子。人的最初道德观念、为人处世的准则是从家庭中得到的。

第三节 给孩子真实表达的机会

大多数父母都承认孩子也应该得到应有的尊重，要极力消除大人与孩子之间存在的隔阂，让孩子与父母之间的沟通变得更融洽。他们在各种场合都表达这样的看法，他们表示要和孩子像朋友那样相处。但是事实上，很少有父母真正做到这一点，他们根本没有办法和孩子像朋友那样相处，不能以平等的身份去对待孩子。他们总是高高在上，有的家长甚至对孩子采取哄骗、教训、利诱、打骂的方式。

有的父母在与孩子的交流过程中，总是习惯隐瞒自己的真实想法。他们的观点是，大人需要保持严肃，保持大人的权威。当孩子成绩优秀的时候，或者进步的时候，他们总是板着脸说："知道了，下次要更好。"或者根本没有任何表示，其实他们内心深处是非常高兴的。也许在工作上，或者在社会上，有时候需要我们候保持严肃、沉默，但是回到家一定要给家人一种温暖的感觉；否则孩子长期在严肃紧张的气氛下生活，会对家庭产生厌倦，也有可能对家长表示不信任，并产生防备心理，在这种心态下根本就不可能进行良好的沟通。

但是我相信，所有的父母其实都希望能真正了解自己的孩子。但要想真正地去了解一个人却并不是一件容易的事情。和成人一样，孩子从小就已形成了自己的性格，他们有的生性羞涩，性格内向；有的活泼开朗，无所畏惧；有的喜欢户外活动，一直不停地打打闹闹、蹦蹦跳跳；有的性情温顺，喜欢在室内看书写字。

孩子性格不同，对他们采取的教育方法肯定也会有所不同。父母在教育孩子时，采取一些专家的建议是可以的，但是，对自己的孩子，肯定要做详细的分析后，才能制定一套适合孩子的教育方法。只有对孩子进行了深入的了解，才可以进一步掌握他的心理，这样就有利于消除父母和孩子之间的沟通障碍。

从生活中的一 些小细节就可以看出孩子的不同，但是真正的了解需要从内心的了解开始。走进内心最好的办法就是相互尊重和信任。

父母如果得不到孩子的信任，孩子肯定就不会对父母袒露心声，他也许会把自己的心里话告诉朋友和同学，但是永远拒绝跟父母进行真心地交流。孩子一旦对自己的家长产生了信任感，沟通和交流都变得非常容易，就可以像大人们所期望的那样，和孩子像朋友一样相处。

但是，这些问题并不是单独存在的，也许孩子很信任自己的父母，可是仍然不愿意与父母交流，这可能是他性格的原因，比如害羞或者胆小。他仅仅为了掩饰自己的不安和恐惧，才拒绝与大人交流。

父母不能完全靠自己的主观臆想去猜想孩子的内心世界。尤其当孩子犯了错误的时候，及时纠正孩子的错误固然很重要，但是在纠正错误时也需要了解孩子的内心世界，不然会造成很多误会。小小的误会也有可能演变成不可调和的矛盾。

孩子的思维能力肯定没有办法跟一个成人相提并论，所以他对自己无法理解的道理都会采取抵制态度。对于父母所说的道理，他只会感到枯燥和烦闷。有的父母就是这样，他们总是不停地给孩子灌输一些大道理，却从来没有给孩子讲解过这些道理的真正含义，没有让孩子弄清楚他为什么必须要那样去做！

在威廉很小的时候，他特别喜欢画画，这得到了我的赞赏。他时常约他的朋友一起来画画，他们总是相互比赛看谁画得更好一些。小汤姆就是我儿子的朋友，我记得那天他画了一幅山水画，画面上有一片蓝色的湖水。可是这个孩子竟然用两种不同的蓝色表示出了湖水的远近变化，这让我感到汤姆在绘画方面有天分。我热情地赞扬了他，并鼓励他朝着画画的方向去发展，说他将来一定会成为一个优秀的艺术家。

但是，汤姆走后，小威廉就表示出了他的不满。他故意把收拾东西的声音弄得很大，还把画板和画笔都扔在了地板上。我走过去问他："孩子，你怎么了？怎么乱扔东西？那不是你最喜欢的画画工具吗？"

威廉竟然气冲冲地说："不用你管！"

我从来没有见过孩子情绪这么激烈，当时我就非常生气地说："不捡起来摆放好，你就不用再学画画了！"

"不画就不画，我就不想画画了，这些东西也用不着了，我不捡！"

威廉的情绪越来越激动，我冷静下来，仔细回想了一下，我就明白了，原来我刚才只顾着夸奖他的朋友了，这让他倍受冷落，因此愤愤不平。任何事情只要找到原因就好了，我笑着对他说："威廉，你的画已经画得非常好了，我和你母亲不是时常夸奖你吗？你敢于创新，敢于想象，在这方面已经超过很多大人了；但是你的朋友汤姆，我觉得他的观察能力很好，有的地方画得很形象、很逼真。你如果在观察力方面学习他，你画得就会更好。”

“真的吗，爸爸？”威廉已经开始平静下来，也许他也觉得自己太争强好胜了。

“当然是真的，你画的每一张画，我和你妈妈不是都说过非常喜欢吗？我们一直收藏着你的作品。”

听我这样说他的心情好了很多，主动把画板和画笔收拾好，摆放整齐。

如果我一直和他争辩下去，我肯定还是不知道孩子生气的真正原因。只有找到了他生气的根本原因，才能对症下药。我只是理智地分析了他的长处和缺陷，并没有采取强力打击和大力赞赏的方式去处理。让他认识到自己的不足和价值，孩子就能心悦诚服。

我认为，要了解孩子的内心，父母只有用平等的、像对待朋友那样的方式去对待孩子，才能真正走进孩子的内心世界，才能顺利地与孩子进行交流。

卡尔箴言

像朋友一样，站在平等的立场上了解孩子内心想法的父母，才会被孩子喜欢。信任是相互的，父母只有相信孩子，孩子也才能相信父母，才能真正接纳父母，让父母了解真实的自己。

第四节　鼓励是使孩子进步的最有效方式

父母应该懂得，恰当、及时地表扬和鼓励自己的孩子，能使孩子以积极的态度去面对学习和生活。应该知道，孩子经常得到大人的鼓励，做起事情来就会劲头十足，不怕困难。

我和霍耶斯特教授曾经对50名学习成绩很差的孩子进行研究，我们利用“鼓励”的方式作为教育的主要方式。在这次试验中，我们先找出每个孩子的优点，经常加以表扬和鼓励，哪怕这个孩子学习成绩非常糟糕，我们还是会对他亲切地说：“孩子，你真的很棒！虽然还是有些缺点，但我相信你完全能够克服这些缺点！”

这次试验历时6个月，6个月之后奇迹出现了，这50个孩子的平均成绩都达到了中等水平，还有少数几个孩子甚至跃居全校前几名。我和霍耶斯特教的这个试验结果表明：只要不失时机地对孩子进行鼓励，就能极大地调动他们学习的积极性。

在教育中对孩子严格要求是很重要的，但是严格要求并不是让父母保持“严肃”、“严厉”、“板着脸面”，一直处于高高在上的地位。即使孩子表现得很好，有些父母也不会夸奖孩子一声，他们从来不对孩子做出肯定。这样的严格要求，并不会造就出杰出人物，相反这样的教育让孩子长期生活在压抑之下，很容易使孩子离家出走，变成让家长头疼的问题儿童。

有些父母从来不习惯去表扬孩子，他们的理由是，表扬会让孩子变得狂妄自大。他们认为孩子一旦骄傲了，就会产生自满情绪。但是我认为，不这样做才会产生更负面的影响。当孩子进步时，适当的表扬不仅不会让孩子滋生骄傲情绪，还会使他更加谦虚。孩子努力学习在某种程度上仅仅是为了得到父母的赞赏和肯定。在父母的肯定和表扬之下，孩子就会有成就感，这会促使孩子为取得更大的成就而努力。

我的朋友亚当斯对他的孩子非常严格，他认为只有这样才能让孩子保持不断前进的状态。他的儿子杰瑞是一个颇有音乐天分的孩子，在杰瑞4岁的时候，我听过他演奏钢琴。无论是演奏技巧还是对音乐本身的理解，他的演奏都让人感到无比的吃惊，他是一个非常有音乐天赋的孩子。

亚当斯希望把杰瑞培养成一个伟大的音乐家。但是时隔一年之后，我再次听到杰瑞弹钢琴的时候，却有了完全不同的感受。在杰瑞5岁的时候，他的父亲为他在家里举办了一个小型的音乐会。在亚当斯的催促下，杰瑞很不情愿地走到钢琴前边，为我们演奏钢琴曲。但是在演奏的过程中，他出现了很多次错误。亚当斯一直注视着自己的儿子，表情严肃。而我作为一个客人，都感觉到了杰瑞的紧张和不安。

我走上去，让杰瑞停止了演奏，这孩子现在需要的是休息和安静。

事后我和亚当斯谈论起这件事，他仍旧很气愤，他觉得孩子的表现实在太差劲了，辜负了他的良苦用心。他讲起平时和孩子相处时的情景，我才了解到他们父子之间存在着很大的问题。他从来都不会表扬孩子，他对孩子严格。亚当斯告诉我，他之所以不表扬孩子就是为了防止儿子骄傲自满，他认为只有严肃地对待孩子，才能够防止孩子松懈。

我想这就是问题的症结所在，杰瑞在父亲的高压教育之下，不仅变得痛恨钢琴，而且人也变得越来越呆板，几乎就是执行父命的机器。

我告诉亚当斯严格要求和轻松的气氛并不矛盾。父母采取幽默轻松的方式指出孩子的错误，孩子会更乐于接受。对于孩子来说，只要在学业上得到父母的肯定，就相当于心中注入了强劲的动力，他就会采取积极的态度来对待任何事情。只要有了这种心态，他就敢于向任何困难挑战。

如果父母总是命令孩子做事，孩子就会产生反感和排斥情绪；相反，如果是同一件事，父平采取鼓励的方式，则会让孩子变得高兴起来，对所有的困难都充满了克服的自信和热情。父母两种不同的态度，孩子的学习效果是截然不同的。

玛格丽特的表妹多莉告诉我们，她的儿子时常把房间搞得凌乱不堪，只有在她看见了的时候，儿子才会按照她的说法去整理房间，但是过不了几天又会变成乱七八糟的样子。

多莉就生气地责问儿子：“约翰，你为什么总是把房间搞得乱七八糟？我给你讲过多少次了，为什么你总是记不住呢？”

约翰很委屈地说：“妈妈，我以为你再也不会注意我的房间了。”

“怎么会不注意，你把房间弄得这样杂乱，我肯定要来看，不然你怎么会自

觉地收拾呢？”

“可是，妈妈，我把房间收拾干净整洁的时候，你从来就没有看到，看到了也不会表示什么，我就觉得没有必要去整理房间了。”

多莉这时候才意识到儿子的内心世界，作为父母的她一直给孩子传达批评的信息，这样做儿子容易产生反感情绪，更不愿意按照父母的意愿去做事了。

孩子很需要得到父母的鼓励和表扬，当孩子做错事之后，作为父母应该及时提醒、纠正孩子的行为。但是，一旦他改正了错误，养成了好习惯之后，只要做出一点点的成绩，大人就不应该吝啬自己的夸奖和表扬，让他们有热情和信心去把事情做得更好。

每一个人，包括成人，在受到责备之后都会心情沮丧，情绪低落甚至愤怒，带着这样的情绪怎么可能做好一件事情呢？由于家庭的地位决定孩子只能听从家长的建议，但是很多孩子都表现出对父母权威的反感。这样肯定不是我们乐于见到的的教育结果。

我记得在我刚刚学会加减法的时候，父亲专门给我举办了一场小型的庆祝会。母亲做了很多好吃的食物，邀请了一些邻居和亲戚，他们欢聚一堂为我庆祝。虽然，那是一个很平常的日子，但是我家欢乐得就像在过节一样。当客人们准备用餐的时候，父亲兴奋地告诉他们，我学会了加减法，客人都为我鼓掌欢呼。

他们每个人都出题来考我，我每一道题都回答正确了。我记得那天的聚会，每个人都很高兴，但是最开心的还是我，因为我生平第一次体会到了成功的滋味。正是有了父亲的鼓励，我又很快学会了更加复杂的运算，过了一段时间又学会了代数和几何。

在对威廉的教育上，我和玛格丽特尽量给他更多的鼓励。当小威廉有了什么进步时，我们总是先给予一定的肯定，让他感受到我们看见他的成绩是高兴的。威廉一旦受到了我们的鼓舞，心情也会处在愉快状态。当一个人有了愉快的心情，就会有更大的信心和热情去完成每一件事情。

做任何事情都要适度，所以对孩子的鼓励和表扬也要掌握好这个“度”。其中的分寸只有靠父母自己把握。一般来说，父母对孩子常见的夸奖都仅限于孩子的一些天生素质，比如“乖巧”、“漂亮”、“聪明”、“可爱”；但是我建议家长们对孩子的后天努力多夸奖下。夸奖孩子也要讲究时机，准确地抓住时机，才能达到最好的效果。

威廉小时候和其他小孩子一样，非常顽皮，他吃饭的时候经常把饭菜洒在餐桌上。我的妻子玛格丽特为此说过他很多次，但是都没有起到好效果。对此，我给他讲述了一个故事。这个故事的主人公是一位善良的公主，公主的父亲——也就是国王遇上了多年未见的旱灾，粮食紧缺，公主宁愿自己挨饿，也要把粮食省下来给急需食物的人。结果，她的善举感动了天神，天神为这个王国调来了雨水，让万物得以生长，这个国家终于又恢复了安宁祥和。

听了这个故事以后，威廉就不再乱扔食物了。他还让我们一起节约粮食，把节约下来的粮食送给需要帮助的人们。

他说：“我也想与公主一样，把自己的食物省下来给没有饭吃的人。”

我和玛格丽特都非常高兴，“太好了，孩子，假如每个人都像你这样做，那就再也没有人挨饿了。”

从此，威廉不仅自己不浪费粮食，还常常提醒他身边的朋友也不要糟蹋食物。这就是鼓励的作用，当孩子发现自己的好行为引起了大人们的注意时，就会形成自己的价值观，让良好的行为一直延续下去。因此，父母应该及时、恰当地表扬和鼓励自己的孩子。

卡尔箴言

有的父母奉行“棍棒下面出人才”的观点，他们认为孩子只有在打骂中才能成才；有的父母则认为只有不停地严厉管教孩子，让孩子认识到自己的不足，才能促使孩子不断地进步。这些观点都是非常错误的。对孩子严格要求是正确的想法，但是父母应该明白，有的时候，只需要一句鼓励就能让孩子信心倍增。父母应该站在孩子的立场上多为孩子考虑，放下“家长”的权威，对孩子少一些告诫，少一些劝阻，多一点夸奖，多一点帮助。有些时候，仅仅一句话，就可以影响孩子的一生。

第五节　平等沟通

许多父母认为自己说的孩子就得听，要求孩子做什么就得做什么。

其实，孩子也需要尊重，需要被尊重、被理解。但是，在大人面前他总没有平等对话的机会。他被动地接受父母的管束，有话不能说，有意见不敢提，久而久之自己有了想法也不敢或不愿与父母交流。这样做自然难以取得好的教育效果。父母不要将孩子仅仅看做孩子，还应将他看成是已经有独立意识，能独立分析和判断，有一定解决问题的能力，正在逐步成熟的人。父母应该是开明、民主、善解人意的，是孩子的朋友，是孩子的导师。

要充分地肯定孩子，公正地评价孩子。不要当着别人，特别是孩子同伴的面批评孩子，以免挫伤孩子的自尊心。在与孩子交流时，要遵循平等、欣赏、理解、鼓励、宽容的原则。

父母在给孩子提建议的时候，最好是孩子情绪好的时候，这样孩子不仅不会反感，还能够真正听从父母的话。为了更好地交流，父母首先要从孩子感兴趣的话题谈起，旁敲侧击地把要表达的观点传达给他。父母可以讲自己在这个年龄时的一些事情以及对某些事情的看法，或者提出一些问题让孩子讲该如何处理。父母不要急于发表意见，一定要等孩子把话说完。假如孩子的建议更好些，要及时给以表扬；即使孩子的建议与大人的意见有出入，可以用试探的口气说，“如果那样是否更好？”而不要说“你说的肯定不对。”

家长应该用更多的时间来听孩子倾诉，当孩子的忠实听众，这样做更能获得孩子的尊重和信任。如果父母只是一味地教训孩子，对孩子的生活指手画脚，孩子只会更反感和叛逆。孩子有时也避免不了对父母说一些刺耳甚至伤心的话，对于这些情况父母要抱着理解的态度去对待。

要相信鼓励带来的良好效果，孩子在面对失败和挫折的时候，最需要的不是你的指责和唠叨，而是安慰；但是他更需要你的鼓励，也许仅仅因为一句鼓励的话语，孩子下一次就会做得更好。

欣赏与赞美。随着年龄的增长，孩子的身体也在发生变化；孩子也形成了自己的兴趣、爱好、审美观，父母不仅要时刻观察孩子的这些变化，包括身体上和心理上的变化，而且应该站在客观立场上去欣赏孩子、赞美孩子，不要对孩子吝啬你的赞美之情，但家长在原则性问题上一定要坚持。

父母与孩子如果无法平等地沟通将将会产生很多问题。而有的父母对孩子永远都是不耐烦的态度，孩子提出了一些问题，他们也视为莫名其妙，从来不正视孩子的疑问，有的甚至直接拒绝孩子的提问。开始的时候就遭遇到这样的拒绝，对于孩子来说确实是打击，但是孩子天性中追求真理的精神仍然没有被泯灭，还是一次一次地向大人询问，希望能从父母那儿得到某些疑问的答案。在他的心目中，最值得信赖的人就是自己的父母，几乎所有的孩子都认为自己的父母是无所不能的。

有一次，一个孩子问父亲："爸爸，为什么太阳和月亮都是从东边升起而从西边落下去呢？"

父亲回答："问这个干什么？它们本来就是这样的。"

孩子又问："我想它们之所以这样，一定有什么原因。"

父亲不耐烦地说："没有什么原因，它们就是那样的。你没事管这么多做什么！"

孩子说："可是，我想弄明白……"

或许这位父亲认为孩子太烦人，便大声地向孩子吼道："你怎么这么讨厌？你不用弄明白，我说它们本来就是那样的，这还不够吗？"

我想，这种回答是所有孩子都无法接受的。从此以后，这个孩子不再向父亲问任何问题，常常独自一人坐在椅子上发呆。

如果无法确定问题的答案，应该查证后再告诉孩子答案，不能模糊地甚至是错误地给孩子解答。孩子的记忆力是非常强的，他对学到的知识记忆非常深刻。如果家长给予孩子错误的引导和回答，将会影响孩子对正确事物的追求。

我从不认为我比儿子懂得多，就有资格在他们面充当权威。当儿子问的问题我自己也不懂时，我会告诉他我也不懂。比如告诉他我也不懂，有一次儿子问到我天文学方面的问题，我就干脆老实地回答说："这个爸爸也不懂。"于是我们两个人就一起翻书，或者去图书馆查阅资料，一起把那个问题弄懂。最后我还向儿子表示感谢："今天如果不是你提问，爸爸至今也没弄明白这个问题呢。所以你以后要多多提问，我们一起来学习知识。"在这样的鼓励下，儿子的问题果然源源不断。等到儿子再大一点，他再提出问题时，我不再立刻给出答案，而是让他先独立思考一下，尽量让他自己找出答案，然后我们再在一起讨论。如果儿子给出的答案和我的答案不同，我也并不一口否定，而是帮他分析，找出错误。有时候我会说："其实你的答案也有道理，也许是爸爸错了，我们去看看书上是怎么说吧。"

在整个教育过程中，我都坚持将自己放在与儿子平等的地位上，从而也给儿子灌输不迷信权威、追求真理的精神。

父母对孩子内心世界的关注和培养也是很重要的一项任务。从幼年时期直到长大成人，父母对孩子都必须付出足够的耐心、爱心、理解、支持、帮助；避免造成孩子心理、生理、情绪出现问题，而友好地交流是心理健康的保证。

首先，要信任孩子。

孩子对这个世界的认知是单纯的，他以他仅有的认识来看待每一个人；他们所有的意识都来自于身边亲近的人的言行举止，如何接人待物，他都是参照着周围的人群，凭着自己慢慢摸索而学习的。所以，千万不要低估孩子的学习能力。有的家长总是一手包办孩子的所有事情，不相信孩子的学习能力，不相信孩子能够做好一件事情，对孩子的想法也是不屑一顾，拒绝孩子提出的任何请求。无法否认，父母对自己的孩子就是存在着不信任，无论是处于什么原因，都传达给孩子"你不行"的信息。孩子得不到父母的信任，就没有信心去尝试。父母对孩子的否定，给孩子幼小的心灵带来的伤害是无法估量的。

大部分父母爱自己的孩子，但不相信自己的孩子。大人总是觉得自己是按照自己的方式去爱孩子的，但是有的父母却能做到不仅从心里相信自己的孩子，还从行动上去支持孩子！

我在早教试验中也采访过10多名不同年龄的孩子，他们竟都有过被父母冤枉的记忆。他们说："最痛苦的事情就是被人冤枉了。虽然不是什么大事，但是一出现问题，大人们就变得不再相信我们，只相信他们自认为正确的'真相'，太让人伤心了。"

父母对孩子的不信任，有时会造成非常严重的后果。孩子的心灵还很脆弱，无法像大人一样去承担很多委屈。对于别人的不信任，他往往会采取很极端的手段，来表示不满和抗议。

信任一个人是非常重要的事，这也是对别人的一种尊重。无论是小孩子还是成人，都有这样的心理需求，这是作为一个人最基本的需求。家长一定要对孩子信任和尊重，才能孩子在一个和谐的环境中健康成长。

其次，与孩子建立平等的朋友关系。

家庭成员之间的关系是平等；既然是平等的关系，父母和孩子就要一视同仁，谁也没有特权。孩子也有权利发表自己的意见、见解，而家长也应该听取孩子的建议；即使父母犯了错误也应该主动向孩子道歉，尊重孩子。像朋友一样去和孩子相处，前提条件是最大限度尊重孩子，让孩子感受到你并没有因为他还是孩子就对他有偏见和看不起他。

威廉才5岁的时候就有意识地去帮家长做一些家务事，他喜欢跟玛格丽特一起待在厨房，并时常为他的妈妈提供一些简单的帮助，他认为自己非常能干。有一次家里来了客人，威廉照例去厨房帮助他的母亲。当玛格丽特做好几样菜的时候，威廉自告奋勇地去拿盘子，但是放盘子的地方对于一个5岁的孩子来说实在太高了，玛格丽特当时就拒绝了他的要求，但是威廉踮着脚尖去够橱柜，"放心吧，妈妈我可以的。"

结果他好不容易拿到一个盘子，却让另外的盘子掉在地上打碎了。

看着这一片狼籍，威廉非常尴尬地看着玛格丽特，但是玛格丽特已经生气了，"不怎么这么不听话，我让你不要去做，你偏要这样。看吧，现在怎么办？"

我听见玛格丽特的责骂声后来到厨房，看到地上的碎盘子，我就明白发生什么事了。我看见威廉不知所措地站在那里，我赶忙示意玛格丽特不要再责骂孩子，然后对威廉说，“我的孩子真勤劳，懂得帮助妈妈做家务了。”

这时候玛格丽特的情绪已经缓和过来，她也意识到自己不冷静，连忙说，“是啊，威廉帮了我很多忙，不然我都不知道该怎么办了。”

听了母亲的话，威廉终于恢复了笑容，摆脱了尴尬的处境。他很快收拾好了地上的碎片，继续在厨房当起了助手。如果当时我不阻止玛格丽特，她再继续责骂下去，肯定会伤孩子的自尊心，从此他也许再也不会帮妈妈做家务，甚至可能会对家长产生对立的情绪。

再次，父母应该帮助孩子建立起自信心，自信心是孩子成长的关键。

孩子在成长过程中，难免会遇到失误、失败，这是每一个人都无法避免的，比如考试成绩不理想，孩子就会很在意。这时候他心里也非常难过，会感到沮丧和悲观。在这个时候如果父母不去考虑孩子的感受，只是一味地批评他，会使孩子的情绪更加低落，从而丧失信心。如果父母能够理智地去帮助孩子分析失的原因，用积极的语言鼓励孩子走出阴霾，并且让孩子知道在父母心中他是优秀的，只要再努力一点就会取得更好的成绩；孩子的自信心也就找回来了，学习热情也会被激发出来，学习也就更有信心。

父母不仅要为孩子提供丰富的物质，同时也要给孩子提供一个宽松的环境，让孩子自由地学习。给孩子营造出一个良好的学习氛围，帮助孩子找到他们的人生目标，并为将来的生活打好基础，使他们成为一个有所作为的人。

为了让孩子实现自己的人生价值，父母要与孩子进行有效的沟通。

首先要平等地对待孩子，像对待成年人一样去对待、孩子。

家庭成员之间的相处，平等是首要前提。父母要改变自己的观念，将民主作风带到家庭中来，不要总是以家长自居，高高在上地对待孩子。在这样的家庭中，孩子没有发言的权利，更没有表达自己想法的机会。长此以来，孩子也就不会主动地去表达自己的想法，性格会变得内向腼腆。这样的孩子习惯将内心的想法闷在心中，不喜欢和家长沟通。

作为父母应该尊重孩子，仔细倾听孩子的想法和建议，允许孩子自己选择和做决定。对于孩子的建议，只要是正确的，家长也应该采纳和给予奖赏。

父母随时随地地关注孩子的成长，孩子是可以感受到的。平等地对待孩子，让孩子参与到家庭中的事物中来，孩子会感受到父母的重视，觉得自己是这个家庭中的一份子。无形之中，孩子就感受到了自己的义务和责任，渐渐地形成责任心、进取心。

家长与孩子交流需要一定的技巧。

并不是所有的孩子都能随时随地地与家长交流，有的孩子在一定的环境下才会与父母交谈。所以，父母与孩子沟通的时候，一定要注意时候和场合。环境影响着孩子的心情，轻松愉快的环境会让孩子心情放松，一吐为快。

要选择孩子感兴趣的话题，只有引起了孩子的兴趣，他才能积极地参与到话题的讨论中来；所以，父母要密切关注孩子的兴趣爱好，注意时下孩子喜欢的话题。

父母在与孩子沟通和交流中要注意发现一些新的动向。当父母从孩子的言行中发现一些不良习惯时，应引起注意。父母要正确引导，使孩子在人生路上保持正确的方向，而不至于走上犯罪道路。

父母可以定期举办家庭会议，促进家庭成员之间的交流。随时随地让孩子感受到家庭的民主，父母与孩子之间的相处是平等的，在这样的环境生活的孩子，必定会形成活泼开朗的性格。开朗的孩子对待他人也会热情友好、宽容大度，并具有积极乐观的人生态度。

父母不能以激将的方式

去刺激孩子进步。

我的同事怀特先生对待他的儿子非常严厉，他总是跟我说，他希望孩子能够成为一个很有作为的人。据我所知，怀特先生的孩子哈里是一个成绩非常优秀的学生，在学校和家里的表现都非常优秀，怀特先生对此出很欣慰。

我和霍耶斯特教授一直在进行孩子的早教实验和研究，我们最近的实验是在一所孤儿院实施的。由于接受了早期教育训练，很多孤儿院的孩子在学习上表现出了极大的灵活性和创造性。有一个年仅6岁的孩子已经完成了小学的全部课程。

怀特先生跟着我们了解到孤儿院的情况后，回家对哈里说："你知道我今天在孤儿院看到了什么吗？"

由于怀特先生的语气已经让小哈里有不好的预感，于是他就小心翼翼地问："什么？"

"你肯定不会相信，一个6岁的孤儿已经学完了小学的全部课程。"

"哦，我在学校听同学说了，我相信有这样的事情。"

"相信，你就不去想想别人是怎么做到的吗？不想想自己都9岁了，又学到了什么！你学什么都一塌糊涂！"

"爸爸，我的成绩在我们班已经是最优异的了，老师常常夸奖我。我并不是一塌糊涂。"

"和你一样大的人相比是那样，但那又说明什么？说明你根本就连一个6岁的孤儿也比不上。"

哈里听到父亲的挖苦之后，立即表现出强烈的反叛情绪，"是的，你说得对，我就是个白痴，以后你也不要再管我了。我也不喜欢有你这样的父亲。"

怀特先生并没有想到哈里的反应会这样强烈，于是父子两人发生了最激烈地争吵，直到哈里离家出走。

怀特先生对我说，其实他只是想让哈里明白，这个世界上优秀的人才有很多，要有危机感，他只是想让孩子更努力学习。这样的激将法，也许在有的时候有用羊，但是总是以这样的方式来刺激孩子，终有一天孩子会产生强烈的抵制情绪。

父母与孩子的沟通是一个长期的话题，要不断尝试，掌握更多的方法和技巧，使自己与孩子保持良好的感情。让我们共同品味与孩子的那份其乐融融的真情。

卡尔箴言

千万不要小看孩子。对于孩子们提出的问题，父母不能敷衍，也不要在日常的交流中武断地命令孩子，甚至让孩子无条件地接受自己的观点。培养一个心智健康的孩子，需要父母理解孩子，并且与他平等地交流。

第六节　父母的威信是以身作则树立起来的

作为家长，作为孩子在这个社会的监护人，父母必须树立自己的威信。这里所讲的威信并不是严肃、严厉，时常板着脸，过于严肃会让孩子紧张不安，这样做也没办法产生真正的威信；让孩子恐慌、害怕并不是真正的威信。真正的威信是家长通过自己以身作则树立起来的！在家庭教育中，父母威信的树立必不可少。威信这种无形的、潜在的教育魅力，无处不在地指引着孩子的成长；同时它还有着巨大的教育力量，指引着孩子的前行方向。

我认为父母首先应该注意自己在孩子心目中的形象，如果太随便就很难在孩子心中树立起威信。人们常说“父母是孩子的第一任老师”、“孩子是父母的影子”，也就是说，父母是孩子在这个世界上最先接触的人，自然而然地要对父母的言行模仿，父母的品行将会对孩子的一生产生不可估量的影响。我和玛格丽特在教育威廉的时候，一直非常注重这方面，我和妻子随时会审视自己的行为，为孩子作好榜样。

有的父母只知道一味地严格要求孩子，“好好学习”、“早睡早起”、“不准晚出晚归”、“严禁烟酒”、“禁止赌博”，孩子一旦触犯了这些规定，一阵责骂。但是有的父母自己却无法做到这些要求，他们在要求孩子时从来没有想过自己要不要遵守，这样的父母是不可能教育好孩子的。但等到孩子犯了错误的时候，就借题发挥，他们根本不承认自己的错误。

我的一位邻居，自己节衣缩食，生活上过得极为节俭，他还要求家里人也这样。他们把所有节约出来的钱都用在孩子身上，让孩子上最好的学校，对孩子的物质生活也给予最大限度的支持。看得出来，他们全家都对这个孩子寄予了很高的期望。在别人看来，他们这样全心全意地为孩子付出，孩子应该更加懂得珍惜才对，但是孩子却一点也不喜欢父亲，甚至经常为了一些儿鸡毛蒜皮的小事和父亲大动干戈，父子之间的矛盾和冲突不断。

这样的情况使得这位父亲无比的苦恼，他时常向我抱怨。

我看的出来，他是真的爱自己的儿子，于是我就找他儿子谈话，希望能帮他们。这个孩子单在独跟我交谈时告诉我，他不喜欢父亲总是自作主张地为他安排生活，父亲的行为举止都很粗俗，衣冠不整，经常酗酒，时常在校门口来接他回家。他也不喜欢他们总是把最好的东西都给自己，那样他学习的压力就特别大，他害怕犯错误，他时刻都要提醒自己不能对不起他们。邻居这样对孩子，反而使孩子觉得非常累，从而很难控制情绪，其实他也不想这样。我的这位邻居依然不相信孩子会对他产生不满的情绪，他坚持认为自己已经非常爱护孩子了，但是他忘记了自己平时的行为与给孩子的准则相差多大。自己都不能以身作则，就更不可能在孩子心中树立好的形象了。

孩子相对于成人来说是弱小者，很多事情不得不依赖、听从大人的安排；但是这并不意味着他们喜欢听大人发号施令。他们会反叛、抗议，和大人的权威作斗争。父母应该怎样管孩子，避免这样的情况发生呢？父母对孩子严格教育，想要达到良好的管理效果，就要在孩子心目中树立威信，让孩子服从这样的无形约束。因此父母首先应当以身作则，在要求孩子的同时，自己要率先垂范，身体力行，这是树立威信的关键。让父母的言行渗透到孩子生活的方方面面，在点滴的日常生活中潜移默化地影响孩子。

我与霍耶斯特教授的研究表明：在学习中或者面对任何事情，都不能用强迫的方式，这样的方式只能让事情朝着反方向发展。一名叫布伦迪亚的孩子，是个非常聪明的孩子，他刚刚6岁。布伦迪亚非常贪玩，每天都把大量的时间花费在玩耍上，常常忘记做功课。他经常都到了晚上才想起今天的学习任务没有完成，他要么熬夜学习，要么根本不做那些作业。由于经常熬夜，每天早上，布伦迪亚都起不了床，父母为此伤透了脑筋。

布伦迪的父母总是一边数落孩子的不是，一边继续让孩子养成更不好的习惯。父母的威信是父母与孩子之间达成的一种默契，一种积极、肯定的互动关系。布伦迪亚的父亲却并没有认识到这些，他严格规定了孩子的游戏时间，他坚信孩子总是服从大人的。开始的时候布伦迪亚的确遵守父亲的规定，有一天，布伦迪亚的父母都要出门办事，交代布伦迪亚必须把功课做好，不要出去玩，并答应他回来会买一盒巧克力作为奖励。孩子满心欢喜地答应了父亲的要求，答应完成作业，并保证不出去玩。

可是等到布伦迪亚的父母回到家的时候并没有发现孩子的身影。晚餐时间布伦迪亚回来了，一看见他，他的父亲就非常气愤："你这个混蛋，我看你是老毛病又犯了。为什么不把功课做好就出去玩？"

布伦迪亚非常不服气地说："你怎么知道我没有完成？"然后他到房间把写好的作业拿出来给父母检查。

父母仔细地检查了一遍，发现孩子已经把作业完成了，原来冤枉了他。但是父亲怎么可能去给孩子承认错误呢？所以，这位父亲依然气势凌人地说："但是，你出去玩总是事实，你不是说你不出去的吗？"

"可是，我把功课做完了，出去还不可以吗？"

"不可以，因为你说过你不出去的，你还信誓旦旦地向我们做了保证！"

这时布伦迪亚发现父母两手空空，说："那么你们呢？答应给我带回来的巧克力呢？不是也再三向我保证过吗？"

父亲终于知道孩子的一切毛病都是从自己身上学来的，他对此无话可说。但是能认识到这一点也是很重要的。据我所知，这样的事情在每个家庭都会发生。父母总是武断地去判断孩子的行为，就算发现了自己的错误也不会承认，这样的话，孩子就学会为他的错误找各种借口。如果父母喜欢为孩子制定各种规则，自己也要遵守规则，否则孩子对父母的任何要求都会说一句"你自己不是也一样吗"，这句话足以让父母哑口无言。也许到最后孩子会对父母的任何要求置若罔闻。父母对孩子不讲信用，怎么可能去要求孩子对自己坦诚相见呢？

父母能否成功地教育孩子，关键就在于自己的言行举止。

父母就是孩子的一面镜子，孩子是父母的"复制品"，说明父母的行为举止无时无刻不在影响着孩子。要更好地教育孩子，父母首先就应该以身作则，亲身示范，这样做形象生动，教育也能取得更好的效果。以身作则，身体力行是树立威信的关键，父母应该让自己的言行渗透到孩子生活的方方面面，在点点滴滴的日常生活中潜移默化地影响孩子。让孩子从小就养成积极乐观的人生态度，不怕困难的奋斗精神，培养孩子的优秀品格和卓越才能，为今后的生活做好充分的准备。父母对孩子的影响是非常巨大的，父母是孩子的启蒙老师；如果孩子是一张白纸，那么父母就是最重要的书法家。

父母信任孩子，孩子才能够信任父母。

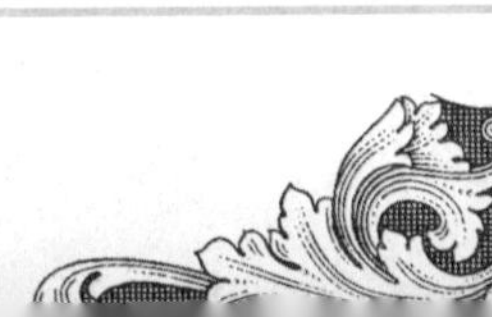

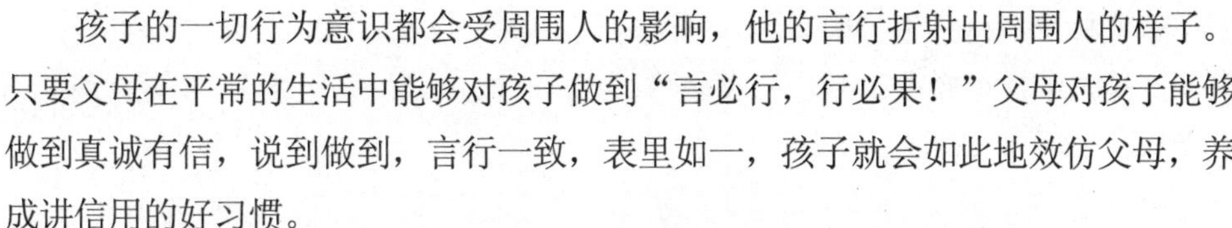

孩子的一切行为意识都会受周围人的影响，他的言行折射出周围人的样子。只要父母在平常的生活中能够对孩子做到“言必行，行必果！”父母对孩子能够做到真诚有信，说到做到，言行一致，表里如一，孩子就会如此地效仿父母，养成讲信用的好习惯。

但是假如父母言而无信，出尔反尔，那就无法要求孩子做到言而有信了。因为在平时生活中，孩子早已学着父母的样子，养成了不好的习性，要改变过来是很困难的；而且父母对孩子要求严格，自己却不遵守，这很难让孩子接受。如此，孩子开始怀疑父母的言行，不再信任家长，家长的威信也就荡然无存。

父母的严肃和慈爱对孩子的教育很重要。

作为父母有时候保持严肃是很有必要的，这也是一种威信的体现。对于孩子的品德教育、生活习惯、学习技能方面的培养都要严格要求，应该拿出家长的威严来督促孩子，使孩子做到最好。但是在平时的生活中，应该平等地对待孩子，即使批评孩子的时候，也应该以讲道理为主，不能一味地责怪和打骂孩子，要让孩子自己认识到错误，并心服口服。家长要用一颗宽容的心去对待孩子，避免苛刻地要求孩子，强迫孩子去做他不愿意做的事情；努力做到理解孩子、尊重孩子。

“知己知彼，百战不殆！”这是父母教育好孩子的必修课。

父母应当进入孩子的世界，和孩子做知心朋友。不仅在生活上周全地照顾孩子，学习中引导孩子，更应在思想道德方面严格地要求孩子。父母应深入了解孩子的心理状态，给予孩子关怀与抚慰。

父母的威信是在和谐的家庭环境和融洽的亲子关系中建立起来的。

和谐的家庭环境和融洽的亲子关系是父母树立威信的重要条件。如果孩子从小就生活在一个和谐的家庭之中，孩子与父母的关系相处得融洽，那么孩子自然就容易养成良好的性格和高尚的道德品质。父母的言行和教育使孩子不会养成偏离人生轨道的不良习性。

父母的观点一致，就不会在对孩子的教育中出现双重标准，让孩子不清楚谁对谁错。具有双重标准、双重要求的家庭，容易让孩子滋长侥幸心理，使孩子变成“墙头草”。而且在孩子心中，父母的威信也荡然无存。

除了父母的严肃之外，父母对孩子最多的还是“爱”。父母爱孩子好像是天经地义的事情，但是必须要让孩子懂得，父母的爱是无私的，并不代表可以随意糟蹋；要让孩子懂得父母的爱，体会父母的良苦用心。父母所做的一切都是为了孩子，让孩子懂得心存感激，心存敬畏。

卡尔箴言

作为父母，在孩子心中树立一定的威信是很有必要的，但是威信并不是严肃不可亲近，也不是对孩子大吼大叫地训斥和打骂；真正的威信是通过父母以身作则树立起来的！威信存在着一种无形但是有力的力量，父母的威信有利于督促孩子学习，指引孩子的成长。

第七节　给孩子一个自由的空间

父亲一直认为后天的教育胜过先天的天赋，这一观点已经得到社会和学术界的认同。我和霍耶斯特教授也一直在从事这方面的研究和调查。霍耶斯特教授访问过几十位“天才”家庭，发现大多数“天才”的父母对孩子的管教是非常严格的。父母总是不断地给孩子制定目标，并且督促他去完成。父母总是鼓励他朝着更高的方向前进。尽管如此，这些家长并不是专制的人，他们很少强迫孩子去做孩子不愿意做的事情。他们和孩子之间相处得很融洽，像朋友一样。他们都认为：尊重孩子就是尊重自己。他们尊重孩子的意见，希望以此来培养孩子的独立精神，任何事情都让孩子自己去做决定。很多父母都认为，要时常鼓励孩子进行探索。他们的观点是，只有勇敢、独立地去面对挑战的人，才会成功。可以说，大部分“天才”的父母都有一个共同特点，就是一方面对孩子严格要求，一方面又给孩子一个自由的空间，鼓励孩子独立自主。

很多父母都希望把自己的孩子培养成“天才”，为了实现这个目标，我相信每一个父母都不遗余力地对孩子进行各种各样的教育。我和霍耶斯特教授通过无数次的调查和研究发现，那些“天才”的父母既为孩子制定目标，又鼓励他们独立自主；既严格要求孩子，又能够宽容孩子的错误。这样的教育方式教育出“天才”的可能性最大，这样的教育方式值得所有的父母借鉴。

有的父母一心望子成龙，但是却以落后的教育方式去教育孩子，这样是得不到任何效果的。他们都喜欢限制孩子的自由，把孩子培养成只懂得服从、顺从的庸才。被父母限制自由的孩子，非常看重别人的意见，遇上事情和困难只想依靠别人的帮助，自己不会拿主意，不会做决定，独立生存的能力非常弱。

在我和霍耶斯特教授的调查对象中，有一个名叫克鲁的孩子，他的父亲是一位工程师。克鲁是一个从小就非常听话的孩子，他的父母把他照料得很好。他的母亲总是给他穿厚厚的衣裳，因为她害怕自己的儿子着凉，克鲁被这样厚重的衣服包裹着，无法活动。当别的孩子玩耍的时候，克鲁只有坐在家里看书。克鲁的父亲对他的各种行为都进行了严格的规定，不许吮吸手指、不许哭闹、不许喧哗、大人说话时不许插嘴、走路时不许声响太大、不许用手抓东西吃、每次出去玩耍不许超过半小时等等。刚开始，孩子总是不会乖乖地顺从，不愿意接受父母制定的条条框框。克鲁一直都喜欢吮吸手指，这已经成为他的习惯，所以，他根本没有办法放弃这个爱好。

克鲁的母亲为了抑制他吮吸手指，就在孩子的手指头上涂抹了辣椒水；如果他一贪玩，就会遭受到父母大声地训斥；如果他玩耍时不小心弄脏了衣服，母亲就会直接给他一巴掌。在这样异常严格的管教下，克鲁渐渐地完全按照父母的意愿去做事了。他现在随时随地都把父母的规定牢记在心，时时刻刻都按照父母的规定要求自己。

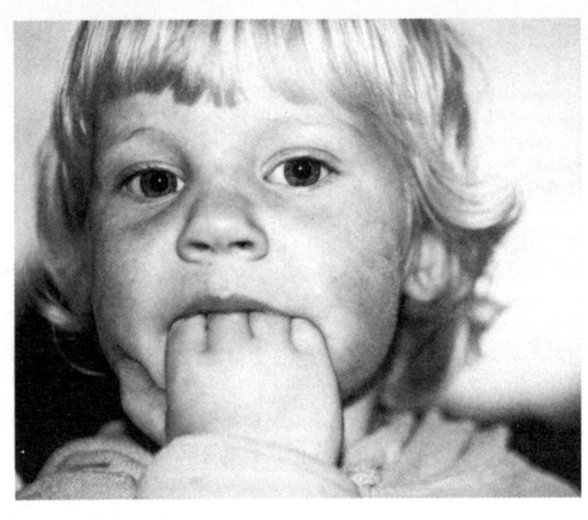

当然，孩子也有反叛天性，克鲁也用过各种方法来表示对父母的抗议，他哭闹、绝食、离家出走，但是这些一点作用都没有。相反，这些举动让克鲁受到了更严厉的惩罚。后来克鲁渐渐明白，他的反抗是无能为力的。

现在，克鲁已经是个大人眼中最听话的孩子。无论在什么场合下，他都能表现出自己良好的教养，得到了很多人的称赞；他的父母也显得颇为自豪。

这是一种极为传统的教育模式，大人极力把孩子教育成规规矩矩、老实听话的人，希望孩子长大后按照这样的人生态度生活。因此，这样的父母总是把孩子是否听话放在教育的第一位。

这样一来，孩子的自由天性和创造力就完全被束缚了，孩子很多有趣的想法和创意，都被孩子的教育方式生生扼杀掉了。孩子们一旦习惯在温室中成长，自然而然就变得毫无生气，没有自己的想法和观点，事事依赖别人，最终会成为碌碌无为的庸人。

很多孩子并不知道这一点，就像克鲁的父亲一样，他对自己的教育方式还洋洋自得。别人夸奖克鲁的时候，他感到无比骄傲。他还向我们介绍了教育孩子的方式，他希望更多的人把孩子教育成像克鲁那样，他说他很愿意和更多的父母分享自己的教育经验。

我们可以想象，克鲁在进入学校的景象，他也许是很听话的学生，不会让老师和父母操心；他也会很认真地去学习各种知识，但是只能被成堆成堆的知识填满，无法消化。要不了多久，他进入社会之后，也许早就忘记了自己当初的梦想。可能开始的时候，他梦想当一个艺术家、探险家、科学家。但是小的时候，他的想法就遭到了大人们的否定，父母总是以现实的一些事例去反驳他的观点；所以，我们可以预见，当克鲁从学校毕业之后，肯定听从他父亲的安排，找到一个大人们认为稳当的工作；根本不会去考虑自己真实的想法。他自己的想法早就被家长磨灭了。

而据我了解，克鲁在学习上非常用功，但是成绩一直平平，没有什么特殊的爱好和特长。而威廉大多数时间都用在了玩耍和游戏上，还花费了很多时间去学习业余知识。就是在这样的情况下，威廉几岁时就学完了小学的全部课程。更重要的是，威廉一直是个快乐的孩子，他在所有的学习中得到了快乐，拥有了非常快乐的童年时光。

这就是两种不同教育方式产生的结果。我和玛格丽特对威廉实施的就是我父亲提倡的那种教育方式：在严格要求中给予孩子相对的自由。我们很少限制孩子的自由和行为；如果他的行为超过了正确的规范，我们也不会不分青红皂白地责骂他，而是找到错误的根本原由，再去帮助他改正。

孩子迟早都要自己单独面对生活，让他从小就学会独立自主，是很有必要的。尊重孩子的观点和想法，让他们尽早学会自己处理事情，自己做决定。

卡尔箴言

孩子的自由天性和创造力如果完全被束缚，很多有趣的想法和创意都不会得到发展；父母要尊重孩子，要给孩子自由发挥的空间，让他有自己决定和实践事情的权利。

第八节　溺爱会导致孩子“无能”

天下没有哪个父母不爱自己的孩子，父母恨不得把所有的爱都交给孩子。父母给予孩子的爱是没有任何条件的，是世界上最无私的爱，无论是在孩子的幼年时期还是孩子已经长大成人之后，父母的爱都是永远存在的。

即使孩子还无法深刻地认识这个世界，但是出于一种本能，孩子对父亲和母亲的感受是不相同的。对于孩子来说，母亲代表着亲近、仁爱、宽容、无私；而父亲则代表着力量、严肃、坚强、严明。在孩子看来，母亲的爱是主动的，母亲无私地把自己的爱奉献给孩子，并且是自愿的；而父亲的爱似乎是有条件的，是需要孩子去主动争取的，只有通过自己的努力才能获得父亲的爱。在孩子们看来，父亲的爱和母亲的爱的不同之处就在于，母爱无法控制，父爱则可以控制。

孩子无形之中会对母爱和父爱有不同要求。母亲一般通过自己温柔的气质，向孩子传达着安全可靠的信息。女性特有的细腻情感，是孩子最有力的安全港湾。而父亲则身体力行向孩子说明力量、勇敢、冒险，无形之中去培养孩子的勇气、信心，让孩子学会如何面对挫折，战胜困难。父亲给予孩子的爱，往往没有母亲那样直接而浓烈。很多父母并不知道孩子的成长过程中到底需要的是什么样的爱。物质满足、生活舒适并不是全部的爱。

怕孩子受苦受累，什么事都替孩子办完，会造成孩子长大后的独立能力差。

父母如果总是无条件地满足孩子的所有要求，会造成孩子长大后好吃懒做，特别是导致孩子任性、缺乏奋斗精神。不恰当地表扬孩子，另养成孩子的骄纵性格。

对孩子的行为过分不放心，总担心这会出问题，那会出问题，总想时刻看住孩子、替孩子安排好一切，实际上会导致孩子产生逆反心理，孩子和父母的矛盾就会越来越激化；或者可能会导致孩子长大后自主能力很差。

没有原则的爱就是溺爱。

溺爱孩子的父母其实是在害孩子，是不称职的父母。被溺爱的孩子往往没有自我，这样的孩子几乎没有自信，没有独立生活能力，没有勇气，没有信心，这

些都属于不健康的心理。这样的孩子没有独立的人格，甚至可以说他没有自己，只不过是依赖他人生存着而已，这样的孩子也不会大的作为。

溺爱下长大的孩子，往往比其他的孩子更为懒惰和胆小，他们不愿意自己思考问题，有了困难和麻烦就希望依靠别人。溺爱中长大的孩子，内心缺乏安全感，但是又不愿意相信别人，也不轻易接受别人的帮助，更不懂得关心他人，帮助他人。

父母在给予孩子溺爱的同时也给孩子传递了一个错误的信息，那就是让孩子认为所有的收获都是理所当然的，都可以不劳而获。所以，他没有学会生存的技能，对自己没有任何信心，遇上一点困难就退避三舍，或者认为总是会有人来帮助自己；他无法独立处理任何事情，事事都依靠别人。这样的人，在社会上生存是极其困难的，他让父母在年老时还为他操心不已。一个负责任的父母应该在孩子小的时候就培养他的独立生活能力。让孩子在爱的关怀下成长是没有错的，但一定要控制自己的情感，多为孩子的将来作打算，应该让孩子在孩童时期就让掌握基本的生活技能。

玛格丽特的一个朋友巴尔逊太太是一个寡妇，她和唯一的儿子一起生活。由于她的儿子汤姆早早地失去了父亲，作为唯一的亲人，巴尔逊太太几乎把所有的爱都倾注到了孩子身上。汤姆从来不愿意和他的母亲分开，即使到了4岁依然不会自己吃饭和穿衣服，都需要靠母亲的帮助才能完成这些简单的事情。他性格也非常内向，害怕和陌生人接触，因为巴尔逊太太为了防止他发生什么意外，一直不允许他单独出门玩耍。我们这些朋友去看望他们的时候，汤姆非常害羞，不敢与我们交谈。

我认为这个孩子存在的问题非常严重，就建议巴尔逊太太把孩子送到幼儿园去学习过集体生活，这样对他会有很大的帮助。

但是没过几天，幼儿园的老师就请巴尔逊太太去面谈，老师对她说："汤姆的情况太特殊了，因为在我们这里学习的小孩子，都已经可以自己吃饭、穿衣了；但是汤姆到现在为止什么也不会做，而且就算老师教他，他也不愿意学习。"老师认为，汤姆之所以会这样，都是巴尔逊太太太溺爱的缘故。老师希望父母配合学校帮助汤姆。

但是巴尔逊太太根本不同意这样做，她说儿子就是她全部的生命，她是自

愿为孩子做那些事情的，她表示在有生之年都要这样去照顾孩子。所以，汤姆再也没有去学校，一直在家过着封闭的生活，他妈妈认为这样才是最安全的。

作为朋友我觉得有义务去帮助他们，我带着巴尔逊太太参观了我和霍耶斯特教授进行早教培训的孤儿院。当她看见那些比汤姆还小的孩子，而且是从小就失去父母的孩子们把自己的所有事务都打点得整整齐齐的时候，她觉得简直不可思议。当她看见很多小孩在自己做饭，自己种植花草的时候她说："这样太危险了，你们怎么能让孩子做这样危险的事？"

"这是我们考虑过的，这些事情的危险系数都很低。你看，他们做得非常熟练。"

这样，巴尔逊太太亲自感受到了自己的孩子与其他孩子的差距到底在哪里。

巴尔逊太太渐渐认识到了自己的错误，她请求我们帮助她，重新培养自己的儿子。我们一起带着孩子去野营，晚上睡觉时，汤姆很自然地走到巴尔逊太太身边说："妈妈，我们快睡觉吧！"但是巴尔逊太太这次并没有答应他，说："孩子应该都睡在自己的帐篷里。现在你赶快回到自己的地盘上，妈妈今天晚上睡在大人的帐篷里。"

"可是，妈妈，我害怕天黑，会不会有老虎和大灰狼？"

"没有。"

"但是我还是害怕，也许会有鬼怪来把我抓走。"

"汤姆，这世界上并没有什么鬼怪，不要吓唬自己，赶快去睡吧。"

母亲没有满足汤姆的要求，汤姆就一直撒娇哭闹。我们不让巴尔逊太太去安慰汤姆，最后他只好自己去睡觉了，因为他知道只有靠自己了。

我们帮助巴尔逊太太克服了心理上的压力，开始的时候她总是认为自己这样做太狠心了，对不起自己的孩子；但是当她看到汤姆的变化，就改变了自己的看法。现在，她也认为孩子拥有自己的幸福人生才是对孩子最真的爱。

汤姆也发现了母亲的变化，因为无论他怎么哭闹都起不到任何作用。他懂得了只有依靠自己。当一个人真正清楚地认识到了这一点，就说明他已经学会独立生活，可以自己去创造未来了。现在汤姆不仅独立能干，还能照顾好自己的母亲。

巴尔逊太太说，被儿子照顾是她一生最幸福的时光，她对孩子的将来充满了信心。

溺爱无疑是一种不负责任的做法，不仅阻止了孩子的健康成长，严重打击了孩子的自信心，也摧毁了孩子美好的未来，使孩子成为不能独立生活的人，将来很难在社会上争得一席之地。

卡尔箴言

没有原则的爱就是溺爱。溺爱是一种不负责任的做法，不仅阻止了孩子的健康成长，还严重打击了孩子的自信心，摧毁了孩子美好的未来。父母一定要知道，爱孩子，不是给他很多金钱，也不是给他足够的吃穿，而是要花时间在他身上，教会他独立生活，教会他良好品德和处事原则。

第九节　让孩子做力所能及的事

孩子刚刚来到人世间，相对于这个陌生的世界无疑是一个弱者，父母背负着帮助他成长，使他变成一个强者的责任。在孩子的幼年时期，毫无疑问，是需要成人帮助的。孩子在父母的帮助下去认识、了解这个世界。如果把人生比做航程，那么在孩子未成年阶段，父母无疑应该是一位优秀的船长，带领孩子顺利地绕过急流、暗礁、险滩，驶向成功的彼岸。

对于处于幼年时期的孩子，父母要明白，孩子需要父母的帮助，父母要很好地把握住孩子在成长过程中的若干个“第一次”。只有这样，家庭才能引导子女的生命之舟绕过暗礁，劈波斩浪，驶向理想的彼岸！

不过，很多父母把这样的帮助极端化地去理解了，孩子们是弱小者，但是并不代表他没有任何自理能力。随着孩子渐渐长大，他慢慢学会一些基本技能，他的学习能力是非常厉害的。而且为了孩子的将来，父母也必须锻炼孩子，使他撑握各种生存技能。

我的父亲一直都非常反对一些父母“一手包办”的行为，他认为孩子力所能及的事情一定要让他自己去做。

一、在日常生活中，培养孩子的自理能力

在我小时候，父亲总是鼓励我去做一些力所能及的事，他从来都不会帮助我；但是他一直都会在身边鼓励我，给我足够的勇气和信心。这让我找到了坚持的动力，父亲总是在我沮丧和挫败的时候，及时化解我的不良情绪，让我继续前进。

在我两岁的时候，父亲就决定让我自己学习做一些事情，当时母亲还极力反对。母亲认为我才两岁，根本无法做任何的事，而且她也不放心，她害怕对我造成伤害。

但是父亲认为他的决定是正确的，他告诉我的母亲：“卡尔虽然才两岁，但是他能做很多事情了，比如收拾自己的书桌，把书籍和笔摆放整齐；他还可以自己穿衣服，自己系鞋带，自己吃饭。”

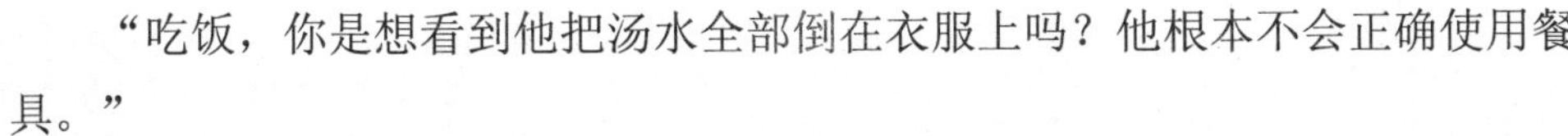

“吃饭，你是想看到他把汤水全部倒在衣服上吗？他根本不会正确使用餐具。”

“只有在吃饭的过程中，他才能学会如何使用餐具。早点让孩子养成独立的习惯，总比弄脏衣服重要很多吧！”

我是在两岁就开始接受独立能力的锻炼了。母亲说，我那时做的第一件事就是把父亲掉在地上的书全部捡起来，一本一本地放好，摆放整齐。母亲说，当时她都觉得这是一件不可思议的事。如学习自己擦嘴、擦鼻涕、洗手、刷牙、洗脸、系鞋带、穿衣服、整理床铺等。虽然这些看上去是很小的事，但实际上给孩子创造了很好的锻炼机会，锻炼了孩子的独立生活能力。当然，这时候父母的赞赏也是很重要的。当孩子完成一件事情的时候，给予适当的奖励就是给他增加信心，让他亲身体会到自己动手的快乐。

二、一定不能抹杀孩子的好奇心，好奇心和探索精神是孩子学习和独立思考的前提

任何一个孩子都是在父母的教育和成长环境的影响下，形成了不同的人格和性格。由于父母错误的教育方式，导致孩子的人生从此一片灰暗，这样的例子比比皆是。很多家长从不相信孩子的能力，任何事情都不放心让孩子去做。从孩子很小的时候就不愿意倾听孩子的疑问，甚至拒绝与孩子谈话。对于孩子好奇地提问，总是敷衍了事。正是这些原因，养成了孩子懒惰的习惯。

人只要一懒惰，就不喜欢自己思考问题，没有任何独立性，事事都需要别人的帮忙。这样的孩子长大成人之后，也无法在社会上立足，他们根本没有办法自己解决问题，也无法面对困难。

三、给孩子相对的自由和空间，鼓励孩子自己去创造、尝试，甚至在逆境中学习独立自主的能力

对孩子的一些看法和观点，父母不要还没有了解清楚就直接否定。无法相信自己的孩子，就是对自己的孩子没有信心。父母总是喜欢站在“大人”的立场上去看待孩子，认为孩子的一切想法都是幼稚的，认为孩子就应该听从父母的安排，他们从来不听取孩子的心声。实际上，孩子一旦有了他自己的想法，就说明他已经开始思考问题，父母应该抓住这样的时机，锻炼孩子的独立思考能力、解决问题的能力。缺乏自理能力的人，是无法单独完成事情的。

父母不仅不应该限制孩子的发展，还应给孩子创造机会，给予孩子相对的空间和自由，培养孩子自己做选择和处理问题的能力。让他在尝试的过程中感受失败，这样孩子就会从失败中吸取教训而成长起来。在生活中，要培养孩子的自我完善能力，要让孩子学会自我观察、自我体验、自我批评、自我控制，培养孩子的自我抉择、解决问题的能力。每个人都要自己独立面对这个社会，不能依靠任何人。

四、适应孩子发展的需要，适应未来社会的需要，培养孩子的自我服务能力

一个人不应只有渊博的知识，还要具有一定的劳动技能。劳动是光荣的，在幼儿时期就对孩子进行一些劳动技能的培养，实际上是为孩子将来的生活做铺垫。孩子通过劳动学习，就能了解生活的来之不易，就知道应该好好珍惜。而将来的生活打拼，离不开这些基本技能，只有通过自己亲身努力， 才能得到人生的幸福和快乐。幼儿在进行基本技能培养过程中，手臂肌肉也就得到了锻炼，促进了身体的发育，增强了身体的协调能力。身体素质的增强，也带动着孩子的脑部发育，也能促进智力的发展。孩子在“我自己做”的过程中，能不断增强自信心，提高独立思考、独立做事的能力。

五、父母对孩子是最直接的教育典范

父母是不是具有独立自主的习惯，直接影响着孩子。父母在平常的生活中要让孩子看到自己的处事风格，让孩子潜移默化地去学习父母身上优秀的品格，让孩子从小就养成“自己的事情自己做”的意识，而不是事事想着依靠他人。父母是孩子的榜样，所以，父母也要具有独立自主的做事风格，才有资格去培养孩子。

卡尔箴言

力所能及的事，就是依靠自己的力量去解决。不要小看孩子的能力，父母应该有意识地让孩子去做他们力所能及的事情。相反的，为孩子打点好一切事情的父母并不是真正地爱护孩子。父母包办会让孩子错过锻炼机会，会打击孩子的自信心。

第十节　与孩子争吵并不能解决问题

很多父母都会抱怨自己的孩子不听话、无理取闹，喜欢和大人唱反调，父母和孩子之间产生矛盾是常事。一开始只是因为不同的观点和意见发生争论，在争论中双方不能对彼此让步，结果争论会越来越激烈，不理智的时候，双方都会说出一些过于激烈的话，甚至有些父母会动用武力。而事后父母都会追悔莫及，都会表现出深深的自责："当时，我不那样说就好了。"

父母的一句话或者一种行为都会对孩子产生重大的影响，所以父母在处理此类问题时一定要慎重，并保持头脑的清醒和理智。争吵是没有任何好处的。

家庭成员之间的相处，永远是以尊重和信任作为前提条件的。特别是与孩子的相处，最忌讳大人永远高高在上，对孩子发布号令和布置任务。但对于孩子的建议和心里话，父母却充耳不闻。据我了解，多数父母最喜欢对孩子讲："听你的，还是听我的？""是不是想挨揍了？""就这样，不要再多说什么！""要是不把这件事情做好，看我怎么收拾你！"

对此，孩子只有两个选择：乖乖地顺从或者和父母对抗。

这两种情况都是父母不乐于见到的。孩子如果乖乖顺从，就容易失去个性，长期压抑自己，形成孤僻内向的性格，这并不利于孩子的身心健康；如果孩子直接反抗，那后果更是不堪设想，生气离家出走的孩子很多都会走上犯罪的道路。

有时候控制情绪是很困难的一件事，父母和孩子常常会因为对方的出发点和年龄原因发生争论，这也是正常的。激动时，双方都坚持自己的意见不做任何的让步。家长不理智说出了过激的话，心里又会后悔，但碍于面子又不好收回来，只好坚持到底。但是我认为，和孩子讨论的目的本来是为了教育孩子，如果发生这些不愉快的事，说了不该说的话，父母完全可以大方地向孩子承认自己的错误，这样做其实并不会损害父母在孩子面前的威信。

威廉从小就喜欢自己思考一些问题，也很喜欢和我们一起讨论各种各样的问题。当他渐渐懂事之后，他的想法和观点就更多了，时常与我们意见不合，但是我鼓励这样的争论，因为每个人都自由发表自己的观点和看法，有利于孩子的知识运用；但是我不会让争论发展到无法收拾的地步，那就背离我的初衷了。当争论越来越激烈的时候，我会采取“争吵降温”的方式，在冲突爆发的前一秒让事情慢慢冷却下来。这个办法一直都很有效，几分钟过后，双方的情绪都会有所缓和，从而问题得到更好的解决。

有一次，威廉和他的几个好朋友一起玩到天黑都还没有回家。这是第一次出现这样的情况，我和玛格丽特特别着急，出去找了很多次都没有找到他们，玛格丽特着急地坐在房间里不停地哭泣。直到吃过晚餐，威廉才回到家中。一看到他，玛格丽特就特别生气，明明是关心，说出来的话语却充满了火药味：“威廉，你还知道回来吗？为什么这样晚才回家？真是越来越不听话了！”

威廉自知理亏，看着生气的母亲，根本不敢说话。

见到孩子的沉默，玛格丽特气愤得不得了，声音也提高了八度：“你给我说话，说话！”

威廉还是没有做任何反应，玛格丽特又接着吼道：“既然外边这么好玩，就干脆不要回家，住在外边算了！”

这时，威廉也很生气地说：“不回来就不回来，我现在就走！”

我见矛盾一触即发，再这样下去就没有办法收场，于是我平静地对威廉说：“威廉，你先回房间待十分钟再出来吧！”

玛格丽特也忽然意识到自己的失态，于是对威廉说：“就这样，先按照你爸爸的话做，我们十分钟后再谈。”

就这样问题得到了“十分钟”的缓和，玛格丽特虽然特别累，但是还是去厨房为威廉做了他喜爱吃的食物，等威廉吃过晚餐后，双方的情绪有了一定缓解。玛格丽特是一位大度的母亲，她心平气和地对威廉说：“孩子，请原谅我。刚才是我太激动了，我肯定不希望你不回来，相反，我是多么想见到你，你不知道我们是多么着急，我很担心你，怕你出现危险。”

这时，威廉也平静下来，他对玛格丽特说：“对不起，妈妈，都是我让你担心了，我保证这样的情况再也不会发生了。你一定要原谅我！”

就这样，用了十分钟，一场差点爆发的争吵便避免了。假如玛格丽特和威廉都相互不让步，肯定还会说出更伤人的话；假如玛格丽特碍于母亲的身份，不先

给威廉道歉，威廉也许永远也不会认识到自己的错误。正因为玛格丽特勇于承认自己的错误，不仅缓和了紧张的气氛，还为威廉树立了榜样，威廉就能感受到：一个人应该要有承认自己错误的勇气，应该用理智冷静的态度来处理问题。

玛格丽特不再站在父母的位置上去责问威廉，而是向威廉表达了作为一个母亲的关心和感受，让他明白他的晚归造成我们的不安和担心是不对的。这样的交谈，会让孩子学习到如何理解和尊重别人的感受。

父母和孩子之间应该坦诚相待，让对方能在最短的时间内明白自己的感受，与孩子争吵根本不能角决任何问题。给彼此一点点时间，让大家的情绪都能得到缓和，之后，争吵可能变成讲道理了。父母有必要让孩子知道自己的内心感受，这样孩子不仅仅会反省自己的行为，认识到自己的错误，还会变得更加容易理解别人，自私的孩子也可能变得更加注意别人的感受了。

父母和孩子发生冲突是无法避免的，发生冲突时，与其花费时间和孩子争吵，还不如自己先主动出击，大胆地向孩子表达自己的感受，让所有的问题都在爱和理解的气氛中化解。

卡尔箴言

父母与孩子的矛盾在所难免，如何才能避免矛盾扩大？父母只有理解和尊重孩子才能获得孩子的信任。父母要明白，在每一次冲突中，与孩子争吵完全不能解决问题。只有控制好自己的情绪和引导孩子平静下来，真诚交流，才能真正地解决问题。

第十一节　相信自己的孩子

家庭成员之间总是会产生这样那样的矛盾的，夫妻之间、兄弟姐妹之间、父母和孩子之间各种各样的矛盾都是不可避免的。这时，争吵、责骂，甚至打架都是无法解决问题的，最重要的是要相互信任。人与人之间的交往如果都建立在信任之上，那么所有的问题都会得到很好的处理，一切复杂的问题也会变得简单。

但是做到这一点，并不容易。随着孩子的成长，孩子与父母的矛盾就会越来越多，其中原因是很多的，并不能单单去追究哪一方的责任。但是，父母和孩子都是平等的，父母并没有特权去责骂孩子，孩子也没有权利，不礼貌地对父母大喊大叫。父母与孩子要彼此信任，在此基础上，人人都是平等的。

埃德森先生总是给我们讲他和儿子的故事。埃德森先生是我的同事，他对孩子就非常不放心，常常担心他和社会上的小混混走到一起，他认为那是自毁人生，所以他对儿子的行为观察得十分细致，对孩子的房间、日记都要做严格的检查，这让儿子非常反感，但是儿子一直没有对他说明这一点。有一次，他在儿子的房间里发现了一把匕首，是小混混用来打架斗殴常用的一种短刀，埃德森先生非常生气。

儿子一放学回家，他就开始严厉地进行盘问，这让儿子莫名其妙。

“这是什么东西？”家人都看出来了，埃德森先生是多么地生气，他把那把匕首狠狠地扔在了桌子上。

“那，那是我在放学的路上捡到的。”儿子已经被父亲吓得不敢说话了。

“哪条路？”

“就是我放学都要经过的路啊，博拉姆先生的杂货店旁边。”

“得了，浑小子，休想再欺骗我，快点老实交代是从哪来的？是不是哪个小流氓给你的？他们给你匕首做什么？你们又要去做什么坏事？”埃德森先生以一种极其不信任的口吻跟儿子叫嚷着。

“不是他们给的，我根本不认识他们。”

“不认识？那个叫杰克的呢？你也不认识吗？上星期我可是亲眼看见你和他打了招呼的，还有什么波比和莱恩的吧？”

“您是说杰克吗？他是我同学的表哥，您若不相信去问问我同学。您说的其他两人我是真不认识。”

“同学，我看你同学也不是什么好东西！”

他们越吵越激烈，最后父亲打了儿子一巴掌，儿子跑出家门再没有回过家。更为严重的是，他真的就跟那些小流氓混在一起，抽烟、喝酒、甚至偷窃。

当儿子因为偷盗被抓进监狱的时候，他们父子又见面了，一见面父子两人就抱头痛哭，他们都认识到了自己的错误。埃德森先生把儿子领回家的时候，他们进行了长谈，大家把心中的说法说出来的时候，事情就算是真正的解决了。

首先，埃德森先生勇于承认他自己的错误，他早就意识到孩子的出走就是因为他的不信任造成的：“对不起，我的孩子，都怪我太冲动。我总认为你还太小，怕你跟着那些人学坏，所以做出了一些不理智的行为，你能原谅我吗，孩子？”

埃德森先生的诚恳态度，感动了儿子，也许儿子从没有见过父亲这样，于是激动地说：“爸爸，其实我早就不怪你了，离家出走以后我才知道你都是为了我好，和那些小流氓混在一起，其实我心里非常难受，我觉得非常对不起你。所以，我更不敢回家了，我和他们在一起做坏事，一点也没有觉得开心。我不喜欢那样的生活，现在我才知道还是父母对我最好，家才是温暖的地方。”

埃德森先生没有想到儿子会对他说这些话：“孩子，你早点告诉我这些该多好啊！”

“可是，爸爸，你当时根本没有给我解释的机会。”儿子委屈地哭起来。

“爸爸感到十分抱歉，都是因为我当时的态度，哦，不，也许是平时我就没有给你足够的信任。相信我，我保证以后再不会有这样的情况发生了。我知道，那把匕首是你从放学路上捡来的，并不是你的错。让我们重新开始吧，忘记那些不愉快的事！”

埃德森先生再次向儿子传递了歉意，也坦诚地表达了自己的爱与信任，父子之间的怨恨随之烟消云散了。这次坦诚的谈话，让父母和孩子都认识到了自己的错误，理解到了对方的真正用心。埃德森先生认识到，作为父母，应该信任孩子，不要以为自己是父母就代表着权威，就可以随便对孩子大呼小叫。儿子也认识到，虽然自己处于青春的叛逆期，但是也不能因为自己是个孩子就任性妄为，处处让大人为自己操心劳神。相互的信任在家庭人员之间是非常重要的，互相信任，才有可能做到坦诚的沟通，只要沟通的好，就不存在任何的误会，也不容易产生家庭矛盾。

父母如果不能以一颗坦诚的心来面对孩子，就无法消除孩子对他们的防备心理，因为只有让孩子消除了戒备心理，孩子才有可能对父母吐露心声，父母才能得到孩子的正确信息，家长教育计划才能顺利实施。孩子既使有什么不良的习性，也容易得到及时纠正。

在教育过程中，父亲一直注重对我的信任这一环节，他说这是很重要的。信任一个人就认可一个人的能力，他人的信任会激发自己无穷的潜力。信任孩子是教育的前提条件。在家庭教育过程中，父母要随时提醒自己，必须去相信孩子的能力和品质，只有这样，教育才有好的开端，也才能收到好的效果。

卡尔箴言

奥尔巴赫曾说，“不相信任何人的人知道自己无信用。”“人与人之间最高的信任，莫过于言听计从的信任。”培根也曾这样说。信任孩子是教育的前提条件。信任一个人就认可一个人的能力，他人的信任会激发自己无穷的潜力。在早期教育的过程中，家长要随时提醒自己，必须要相信孩子的能力和品质。

第十六章

孩子重要素质的培养

HaiZi ZhongYao SuZhi de PeiYang

> 我教育儿子的真正目的，就是要为他打开智慧的天窗，使他能够敏锐地观察到社会上的坏事，洞察出社会上的矛盾和缺陷。我们人类的理想，决不应当像亚当和夏娃那样，仅仅满足于在不知自己是裸露着身体的情况下过快乐的天堂生活。为此，我决不能让儿子成为精神上的盲目乐观主义者。
>
> ——德国教育学家　卡尔·威特

第一节　快　乐

大多数父母都希望自己的孩子能够拥有一个美好的前途、幸福的人生和美满的生活，而这些都是以接受良好的教育为根本的。所以，在孩子还小的时候，父母就想尽办法让孩子去接受最好的教育。现在，已经有越来越多的父母愿意去了解早期教育，也有更多的父母接受了早期教育的观点，很多父母都满怀希望地为孩子制定了详细的学习计划，甚至会在怀孕期间就让胎儿接受更多、更好的胎教。

但是，在早期教育研究过程中，我发现很多父母仅仅是出于望子成龙的急切心情，才积极地让孩子接受早期教育的。他们觉得这样做都是为了让孩子成才，将来能在社会上有一席之地。这种想法也是无可厚非的。不过，这并不是教育的最终目的。

人的一生是非常短暂的，每一个都要为自己的人生负责任。在我看来，我们不但要拥有美好的事业和生活，最重要的是要得到内心的安宁与快乐，这才是我们接受教育的真正和最终的目的。

学习各种知识和技能，或者学习这些知识和技能的过程，都是为了能得到人生的快乐。要让孩子真正地去理解学习的深刻含义，父母自己也要正确地认识学习的真正内涵。

有的父母一生含辛茹苦，自己省吃俭用，把所有最好的东西都给了孩子，不辞辛劳地为孩子安排好他人生中的每一步，自己不但过得非常辛苦，而且失去了太多的快乐，因为他们在教育孩子的过程中往往忽略了孩子最需要的东西——快乐！父母对孩子美好的童年时光的无情剥夺，甚至会给孩子的心理蒙上阴影。

作为孩子，他们是很容易得到快乐的，他们眼中的世界是单纯的，他们所需要的快乐也是很简单的：与大人和谐相处；与小狗一起跑步、游戏；整天看书，畅游在知识的海洋里；做事成功后的喜悦；参加比赛得了奖；把想要说的话都说出来；能好好地思考；交许多知心的朋友；爬上高山，俯瞰大地；付出爱心，帮助有困难的人等等。这些在大人眼里毫不起眼的小事情，都可能给孩子带来真实的快乐感受。

其实，孩子幼小的心灵是纯真的，所以他们看到的这个世界也是单纯美好的，他们的快乐是简单而直接的，这种快乐是无价之宝。快乐是孩子的天性，是孩子来到这个世界之时自身拥有的一种能力。然而父母的严格教育，繁重的学习任务慢慢地会把孩子的这种天性磨掉。快乐应该是每一个人都想追求的东西，人的心灵最需之物父母在追求快乐的同时，应该帮助孩子营造追求快乐的环境和拥有追求快乐的能力。

孩子快乐被剥夺，重要的原因就是家长不知道教育孩子的真正目的是什么。

我们的邻居福吐纳托太太就是这样一位典型的父母。福吐纳托太太是一位勤勉负责的好母亲，她在女儿刚刚出生之时就为女儿制定好一系列的学习计划，她总是对我们说她是一位非常认可早期教育的家长，她也听说过我的故事，一直希望她的女儿也能像我一样。

在我们的印象中，福吐纳托太太的女儿劳拉一直是一个刻苦学习的好孩子，总是奔走在各种教育培训的课程之间，福吐纳托太太还为劳拉聘请了很多优秀的家庭教师，我们从来没有看见劳拉玩耍过，就连星期天也不例外。

绘画、钢琴、数学、语言、地理都是劳拉必须要学习的课程，她真的很勤奋，她也能理解母亲的良苦用心，每一样知识都学习的认真也取得了好成绩。福吐纳托太太时常到处夸奖她的女儿，她说她自己感觉到非常欣慰，这让很多邻居都非常羡慕她，说她养了一个聪明的女儿。

但是劳拉私下向我表示过她很累，她很羡慕威廉能够自由自在地玩耍，她非常渴像那望那样疯狂地玩耍，哪怕只有一天的时间。但是母亲福吐纳托太太总是在不停地提醒她的任务，她是一刻也不敢放松。劳拉说，她没有一点关于玩耍的记忆。

福吐纳托太太听说音乐能开发孩子的智力，就把劳拉的音乐课程放在了所有学习的第一位，买了很名贵的钢琴，聘请了最有实力的音乐老师，还制定了每天的练琴制度。有一次，学校的功课任务实在是太多了，劳拉一直到九点钟都还没有完成，但是福吐纳托太太一直不停地在催促她，因为练琴时间已经到了，这时不练琴就会影响到睡觉的时间。福吐纳托太太一直在劳拉的房间外，不停地走动，不停地看表，不停地催促着劳拉："劳拉，你的作业做完了吗？练琴时间已经到了，不要打乱你的作息时间。"

"我知道了，可是这些作业真的很多，也很复杂，一时半会儿完成不了。"

"那你为什么不早点开始做功课呢？"

"开始不是去参加数学培训班了吗？回来就开始一直在做作业。"

福吐纳托太太只能焦急地等着女儿把功课做完，一看见劳拉停下了笔就忙着让女儿去练琴，劳拉却不紧不慢地收拾着课本，一点也不着急，似乎没有看见母亲的样子。

"你就不能快点吗？再过半小时就得睡觉了，你是不是不想按时睡觉，这样对你的身体可不好。"

"知道了，知道了。"

劳拉坐在钢琴前，没精打采地练习起来。

福吐纳托太太实在没有了耐心，就生气地说："这是在弹琴吗？这样的态度，对得起我吗？对得起这架钢琴吗？"

劳拉也生气了，但是她一直忍住自己的火气："妈妈，我自己可以，请你去休息吧！我练琴的时候不喜欢你在这看着我，我会认真练习的。"

福吐纳托太太看见女儿这样，明明就是敷衍她，眼看睡觉的时间又到了，就责骂着女儿的种种不是，还说不想练习就不练习了，以后再不要弹钢琴。

"不练习最好，再不弹钢琴最好，我本来就讨厌这个！"劳拉是再也无法忍受母亲了。

于是母女两人大声地吵闹起来，越来越激动的母女把许久以来的不满都讲出来，我们都能听见劳拉在伤心地哭，福吐纳托太太也哭了。结果就是两人闹得不欢而散，相互埋怨着睡了觉。她们都很难过，却没有人愿意先站出来道歉，她们都认为对方犯了不可原谅的错误。

福吐纳托太太非常苦恼地给我讲述了这些事情，我认为她就是典型的“为了让孩子成才而进行教育”的父母。她花尽心思就是为了让女儿成才，却不清楚成才本身并不是人生的目的，而她教育方式的不正确，使得女儿在学习过程中没有得到任何的快乐。学习对于女儿来说就是一件痛苦的任务，是母亲捆绑她的枷锁，母亲使她失去了玩耍的时间，失去了休息的时间，失去了交朋友的时间。所以福吐纳托太太怪女儿不懂事，女儿则厌恶学习、厌恶母亲。

教育的最好方法是保证孩子在快乐的心情下学习到知识。如果父母总像教官一样催促着孩子，孩子就像个陀螺一样不停地旋转，结果孩子并没有真正学习到什么东西，反而容易让孩子对学习深恶痛绝，孩子也不会健康快乐地成长。

心理学家的研究已经证实，假如一个孩子从小就被剥夺了享受生活的权利，他会过早地失去快乐的心灵，那么他的人格就得不到健全的发展，形成不完整的人格。很多父母非常重视孩子的学业，却忽视了孩子内心的感受。就算成绩再优异也只能算是一个只知道学习的机械。因为他们早已失去了感受生活的能力，他们体会不到人生的乐趣，生活的真谛，就算他们取得多么优秀的成绩，也不会有幸福可言。

很多父母根本不会认识到这一点，就算孩子已经长大成人，

在生活中处处碰壁，他们也不会去反思自己的行为。他们认为，把孩子带到这个世界上并给他们教育，使他们成人并获得成功，自己的义务就算是尽到了。教育孩子是父母的责任，要体现家长责任心的最好办法就是：严格要求孩子，随时督促孩子的学习。因为他们认为，孩子的自觉性很差，必须要家长提醒，刻苦的学习能使他们获得生活的技巧和能力，这当然是为了让孩子有更强的竞争力在社会上拼搏。

这些父母的话似乎也无可非议，他们说的也不是完全没有道理。我认为努力学习是件好事，因为现在的社会竞争越来越激烈，要想获得一席之地，勤奋学习也算是一条通往成功的道路；但是不能完全否定轻松的享受，生活是充满各种乐趣的，不能只让孩子感受到学习的枯燥，过单调乏味的生活，这样的人生是非常不幸的。

父亲一直告诉我，一个人最最重要的就是拥有健康的体魄和乐观的生活态度。威廉出生之后，我一直这样对待他。当然，我也希望他将来有所作为，但是我还是坚持像父亲教育我那样去教育我的孩子：拥有健康和快乐。

我和玛格丽特从不强迫孩子，我们只教给孩子喜欢的东西，只要是他自己喜欢并感兴趣的东西，我们总是想办法让他学会，我最在乎的是孩子以后有一个快乐幸福的人生。在教育威廉过程中我和玛格丽特一直都努力让威廉保持快乐的心态，无论以后他从事什么工作，会取得什么成绩，都是他自己的人生。要做一个幸福快乐的人，肯定首先要去追求幸福和快乐。作为父母我们无法保证孩子一生的幸福快乐，但至少我们可以让他学会去理解幸福快乐的真正意义；我能保证的就是让他拥有一个快乐的童年，形成乐观的人生态度。我相信这将让他终生受益。

有一天，我看见威廉一个人坐在那里显得无比困惑，我想他可能又遇见了麻烦的事情，就走过去问他：“威廉，是遇见困难了吗？需要我的帮助吗？”

“爸爸，你不是时常鼓励我要独立思考吗？我想先自己思考。”

“那好吧，我尊重你的意见，但是有什么不明白就来和我商量。”

过了几天，威廉主动到书房找我，“爸爸，我已经独立思考过了，但是我现在需要你的帮助，你不会拒绝我吧？”

“当然不会的，孩子。独立思考并不是说不需要别人的帮助，也许我无法给你一个正确的答案，但至少我们可以讨论，我也可以给你一些建议。”

“我怎么也弄不懂拉丁语的语法知识，我很着急。”

“拉丁语语法知识？你的学习计划中并没有这一项课程啊？”

“哦，是没有，但是我在说拉丁语的时候总是会犯语法错误，总是爱讲病句，别人都嘲笑我，所以我想尽快学会语法知识，这样就可以少出错了。”

“你能这样想我很高兴，但是你还是个孩子，依照我的经验，你现在不要去学习，对于你这样的孩子来说，学习拉丁语语法是非常困难的。”

“可是，爸爸，你不是告诉我，一个人不应该总是惧怕困难吗？为了真理和知识不是应该勇往直前吗？”

威廉这样想，我感到非常欣慰，但是学习拉丁语语法的确非常困难，对于他这样的孩子来说，是一件吃力不讨好的事。“当然，但是我们现在可以循序渐进地学习，先把词汇学习好，多说多练，在使用中慢慢总结它的语法。再说，我们身边很多人并不会一点语法知识，但是他们仍然能正确地交流。”

“你是说语法知识并不重要吗？”

“当然不是，语法肯定很重要，它是研究一门语言的重要手段，而且会让语言更加规范和准确。但是我希望你有能力学习的时候再去学习，我现在希望你做一个快乐的人，拉丁语真的让你感受到痛苦、不快乐的话，可以明年再学习。”

听了我的建议，威廉就放弃了马上学习拉丁语语法的念头，不再为此苦闷，又恢复了往日的快乐。

我的父亲也是这样教我的，很多系统的语法知识都是在我正式上学后才学会的，父亲说枯燥而复杂的语法知识会使人丧失学习的兴趣，并且学习语法需要花费很多时间，最后还不一定能学懂。与其痛苦地去学习，还不如把它放在一边，好好享受现有的美好时光。

让孩子随时都感受到快乐，是家庭教育过程中不可少的重要因素。保持孩子的天性，也是保证孩子学习效果的最佳方法。实践证明，父母要做到这一点其实是非常简单的，请从现在开始起，请按照下面的方法对你的孩子说话吧！

一、孩子，你要自己决定一些事情

让孩子感到快乐的方法，无非就是让孩子喜欢做某件事情，但父母首先要让孩子学会对自己的行为负责。

假如孩子和伙伴在客厅一直不停地吵闹，怎么劝阻都无济于事，这时你可以对孩子和他的伙伴们说：“你们来做决定，是想留在这里安静地玩，还是到外面去？”五分钟后，孩子们依旧大声喧哗，你就可以再告诉他们：“我知道了，看来你们是决定到外面去了。”

仅仅两句简单的话，你不仅制止了孩子们的行为，还让孩子们明白了前因和后果的关系，你也不会被孩子们看做是一个啰嗦的大人，限制了他们的自由，他们能很清楚地明白：你询问了他们的意见，他们感觉自己得到了尊重，充满了快乐之感。

二、孩子，我不喜欢你这样做

父母责备孩子，是经常会有发生的事情。但父母对孩子进行教育的过程中，要让孩子明白，你只是不喜欢他这个做事情，而不是你不喜欢他这个人。把事情本身和做事情的人分开，就事论事，会保护孩子做事情的积极性，让孩子不怕犯错，经历挫折越多，他们会变得越勇敢。

这样做也能提醒你自己，批评孩子的目的是帮助他分清对错，而不是处罚他。如果能这样想，你也就更容易在孩子的错误面前保持冷静了。愉快的谈话肯定比无端的责骂更让人心情愉快。

三、孩子，你的意思是什么

孩子生气或者激动时，情绪往往容易失控。孩子无法说清自己的感受的时候，只会对着父母大喊大叫："我讨厌你，我不要你……"这时，需要父母做的，并不是和孩子争吵、批评孩子，而是耐心地帮助孩子了解和表达自己的失控情绪。

除了温和地询问："你的意思是什么？"你还可以给他一些参考答案："你生气是不是因为表弟摔坏了你的玩具？"等孩子逐渐学会了解自己的内心感受时，即使你不在他身旁，他也可以清楚地向周围的人表达自己的感觉。因为幼儿时期他的能力是有限的，表达能力和叙述能力都还很欠缺，对于孩子来说如果他突然发现有人会像他自己一样了解自己，的确是件快乐的事。

四、孩子，你给我一些建议吧

孩子总是很顽皮的，有些坏习惯也不是一两天就能改正过来的，如果你的孩子做什么让你生气的事，如吃饭的时候不停地哼唱新学的歌谣，或者试图用手里的青菜画画，你就可以这样说，"你给我一些好的建议吧"，把问题都说成是出现在自己身上，然后和孩子一起讨论，让他给你想个好办法。由于孩子的表现欲望很强烈，他总是会认真思考你的问题，并且给你一个答案，你就可以用这个办法来阻止他的行为了。

对于孩子的错误，责怪和打骂都是不起作用的，与他平等地讨论，会让他感受到平等和尊重，而不会因为受到惩罚而心情郁闷，从而不把你看做是他的对立面。如果令你满意的唯一解决办法是让孩子完全停止自己正在做的事情，那么，你们可以一起想办法让孩子能记得什么事情在什么时间不能做。

让孩子一生都能拥有足够的快乐，这也只是相对的，因为人生中总是要遇见这样那样不同的困难，都要遭遇悲伤和忧郁。但是从小就对孩子进行快乐的教育，培养孩子形成乐观向上的性格，让孩子追求快乐幸福的人生才是教育的最终目的。

卡尔箴言

巴尔扎克曾经说：“恩爱夫妻的孩子，往往内心洋溢着温柔、活泼、快乐、高尚、热心。”身教重于言教。孩子积极乐观的心态有助于其智力和品德的健康发展，父母要注意培养孩子对快乐的体验。帮助孩子成为快乐的人，最好的办法之一就是父母自己生活得快乐。快乐的父母要将快乐的事讲给孩子听，这不仅使孩子明白快乐是我们追求的目标，而且会使孩子知道如何去制造和珍惜快乐。

第二节　自　信

刚出生的孩子对这个世界是完全陌生的，但是天生的好奇心，在婴幼儿时期，使他对所看到的东西都充满了兴趣；等渐渐长大有了动手能力之后，他就会模仿身边人的各种行为，凡事都希望自己能亲自去尝试。特别是，孩子两三岁的时候，是精力正旺盛的时间，他对任何活动都乐此不疲，总是要求父母让他做这做那，但是很多父母都会断然拒绝孩子的这些请求！这是不正确的教育方式，父母的拒绝实际给孩子传达了“你不行，你做不好”的信息，如果孩子长期都接受到这样的信息，他会怀疑自己的能力，渐渐对自己失去信心，这样的后果是很可怕的！

一个人要在这个社会立足，要想得到幸福的生活，除了要自己本身的能力作为基础之外，还必须要有足够的信心，信心可以说是一个人战胜一切困难的重要武器。

几乎很多父母都一致认为，在孩子成长过程中，父母教给孩子最重要的就是知识和生活技能，他们认为这才是孩子将来生活中最重要的东西，然而，很少有人去重视孩子人格的培养，孩子不仅要有健康的身体、卓越的才能，还要有健全的人格，这样才会有一个完整的人生。还有父母认为，只要拥有了足够的知识和才能，孩子就自然会充满自信，也就是说他们的观点是：信心是靠才能和知识带来的。

这种观点也不是完全正确的。虽然，卓越的才能会给孩子带来一定的自信心，但是他不会理解，信心也是可以培养出来的。

我和霍耶斯特教授调查访问过很多家庭，父母都认为自己的孩子成绩优异，但是在人际关系的处理上却显得胆小怕事，或者在遇到实际的困难之后，就会失去冷静，不能理智地处理突发状况，他们所学的知识和技能也完全发挥不了作用。

通过这些访问，我认为，造成这些问题的主要原因就是：孩子缺少自信。孩子缺乏自信，父母是要负很大责任的。在教育孩子的过程中，人格的培养也是很

重要的。所以，我建议父母应该用心去培养孩子的自信心。

威廉3岁时，有一天他主动要求洗碗，玛格丽特当场就拒绝了他。在她看来，一个3岁的孩子肯定是无法完成这个工作的，因此玛格丽特的拒绝似乎也合乎情理，但是威廉却因此一直生闷气。

等我回到家，听玛格丽特讲述了这件事，我立即对玛格丽特说："亲爱的，你错过了一个让孩子锻炼自己的好机会，你这样做也许会打击孩子的自信心，说不定他正在怨恨自己呢。他认为自己非常没用，连这件事都无法做好。"

玛格丽特马上明白了我的意思，说："你说的对，虽然洗碗这件事对于一个3岁的孩子来说还是太困难，但是即使他弄脏衣服，摔碎盘子，也没有关系。"

"对，就是这样。孩子一旦认识到自己有能力做事，他就会感到很自豪感；当他得到我们的肯定之后，他就会更积极主动地去做一些力所能及的事。"

所以，我们达成了协议，下次洗碗的时候，玛格丽特主动把洗碗的工作交给了威廉。说实话，威廉洗的碗根本等于没有洗，但是看着他认真投入的模样，玛格丽特说："就算是我帮他重新洗了一次，觉得自己再辛苦也值得。"对于威廉的第一次洗碗，我们给予了他重重的夸奖，然后接着第二次、第三次，威廉一次比一次做得好，后来甚至都不用玛格丽特再去重新洗碗了。

对于有些事情，孩子还处于摸索状态中，但是值得高兴的是，他愿意去尝试，他跟在大人后边，极力地模仿大人的行为，在好奇心的驱使下，他非常想学会大人能做的事情，这促使他总是一次又一次地去挑战自己的极限。这时是培养孩子自信心的最佳时刻，父母应该抓住时机，一件小小的事情可能产生巨大的影响。

但是很多父母拒绝这样的情况发生，他们只是轻轻的一声"不行"就拒绝了孩子的请求。他们拒绝的原因是因为：

第一，认为孩子年纪还小，根本无法做任何事情，而且肯定会把事情搞砸。他们总是认为孩子一定要到了某一个年龄才能做事，他们总是指出孩子的过错："怎么能这样做？我已经说过很多次了。"的确，孩子刚刚学会自己动手做事情，肯定不可能一开始就能把事情做得完美，就连成人也不能保证自己能在第一次就能完美地完成任务。孩子正处于积极学习的阶段，他模仿大人的能力，再加上自身的学习能力，是很容易学会做事的。父母千万不要小看孩子的学习能力，只要得到父母有力的帮助，多试几次他就把事情做得很成功。如果父母总是以年龄为借口，那么孩子就永远得不到尝试的机会，父母也没有培养孩子自信心的机会。孩子得不到父母的认可，就等于得不到父母的信任，长此以往他也会认为自己真的是个无能的人，然后对自己渐渐地失去自信心，再也不会去做任何尝试了。

第二，父母包办了孩子所有的事情，但却自认为这就是对孩子的爱。其实，这不是爱，过度的溺爱会毁了孩子的前途。当孩子认为他可以自己动手的时候，就会请求父母把一些事情交给他们自己做，比如学会吃饭的孩子总是想要自己去拿餐具，或者穿衣服的时候想自己扣纽扣，但是父母总是直接拒绝了他的请求，忽视了他的内心想法。父母无微不至的照顾，让孩子错过了最佳的锻炼时期，长期下去，孩子到最后还是学不会一些基本的技能，养成依赖他人的习惯，没有一点信心来面对今后的生活。

第三，总是不停地打击孩子，希望孩子放弃。每一位父母都应该知道，培养孩子自信心的最好办法就是鼓励孩子去大胆地尝试。但是，有的父母对孩子总是过于严肃。对于孩子一些行为，开始他们并不反对，等到孩子尝试了失败之后，就采取嘲笑和打击的形式逼迫孩子放弃。他们从不给予孩子奖赏和鼓励，其实鼓励也是一种帮助孩子培养自信心的重要途径。

如果当时，我们坚决拒绝了威廉要洗碗的要求，那么也许到现在他仍然不会洗碗，而且一定不会再想学做这件事；或者在他第一次洗碗的时候，我们就在旁边不停地劝阻："停下来吧，孩子，你会把盘子打碎的！"也许这样会保住了盘子，但是孩子的自信心却受到了打击！任何事情的成功都是建立在一次一次的失败之上的。

当孩子因为积极尝试而失败的时候，父母自己应该要具有足够的信心，帮助孩子去克服心里障碍，帮他们重新找回自信。

孩子做事效率很低，缺乏积极性，不愿通过积极参加来实现自己的价值，对于任何事都犹豫不决，这都是孩子缺乏自信的表现。作为父母有义务帮助孩子建立自信，鼓励是一个很好的办法。

威廉很小的时候，不会自己穿衣服，对于一个孩子来说最困难的就是扣纽扣，但是玛格丽特坚持让他自己做这件事。有一次他把扣子扣错了，费了很大的力气也没有能把扣错的扣子解开，正确扣扣子，直到最后他失去了耐心，坐在那等着玛格丽特去帮助他，当然玛格丽特帮助了他。最后他干脆自己再不去做这件事了，总是等着玛格丽特去帮他，他知道他最后总是会如愿以偿的。

不过玛格丽特并没有这样做，她总是在旁边不停地鼓励威廉自己动手。只要儿子稍稍有点进步，她就会毫不掩饰地夸奖孩子。这样一来，没过多久威廉就学会了自己穿衣服，连纽扣都能一颗一颗地扣好。

帮助孩子重建信心，其实并不是一件困难的事，作为父母关键是要深入地了解自己的孩子，每个孩子都有自己独特的性格，父母要找到适合自己孩子的办法来培养孩子的信心。只有这样，才能更有效地鼓励孩子，帮助孩子重新找回自信，让孩子正确地认识自己以及自己的错误，而不是常常怀疑自己的能力和价值。

对于“扣纽扣”这样的事，很多父母会做出不同的选择。只要孩子一出现麻烦，寻求大人的帮助，父母总是会选择帮助他，同时还会不停地责骂他：“你这个笨蛋！怎么还是学不会，看人家比尔就比你聪明很多！”家长的言语无形中会让孩子反思自己是不是真的很笨？而父母永远都是无所不能，孩子自己觉得却只能不停地麻烦别人，慢慢地，他开始接受父母的帮助，也认为自己是个十足的笨蛋。最后，孩子依然不会自己穿衣服，就连最开始学会的东西也完全忘记。家长无限制的帮忙，无形当中使孩子养成了惰性。

鼓励孩子可以帮助孩子恢复自信，但是这样做也是要讲究方式的。有的父母对事情本身还没有弄清，就强迫孩子按照他们的意见去实行，一开始就让孩子学习一些复杂的技能和深涩的道理，而难度太大的学习一般都会遭遇多次失败，这样会打击孩子的信心，结果导致孩子学习出现倒退。因为父母并没有采取循序渐进的方式教育孩子，正确的方法应该是把知识点分解成不同的部分，由易到难让孩子去学习，去接受和理解，直到完全接受，这是最有效、最节约时间的方法。

很多教育方法的实施，到最后并不能成功。如果孩子没有任何进步，家长就应该从自身找原因了，反省自己是不是太急于求成，用错了方式。我相信，不管是多么麻烦、多么困难的事，只要从简单的开始学习，孩子容易接受也容易学会，这也不止是技能的训练，更重要的是对自信心的培养，只要孩子在进步就不要吝啬赞赏之词。

卡尔箴言

自信是成功者最重要的心理素质之一，但它并非与生俱来，必须由家长对孩子从小加以正确引导，使孩子逐渐学会相信自己。所以，父母不要勉强孩子做他不能胜任的事。孩子的自信心，大半来源于做事成功。让孩子做太难的事，可能摧毁孩子的自信心。与此同时，父母一定不要吝惜你的赞美和鼓励，经常鼓励孩子，使其获得自信。

第三节 勇于探索

这个世界对孩子来说，是充满着神秘而未知的。只有具备了勇于探索的精神和敢于充当探索者的人，才能够探索到现在人类所生活的这个星球的秘密。探索精神是孩子学习各方面知识、发展各项能力的必经途径，是丰富孩子的精神生活、锻炼孩子的意志力、发展孩子的潜能和对孩子进行素质教育的重要基础。

当孩子有能力去思考问题的时候，他们总是对任何事物都充满了好奇心，总想弄个明白，他们思考的问题都是稀奇古怪的，这正是因为孩子用单纯的目光去看这个世界，他们想弄懂的事情正是看似简单、最直接的问题，“小鸟为什么会飞翔？”“玩具车中装着什么东西？”“妈妈和爸爸为什么不同？”“为什么会有白天和黑夜？”这些问题都充满着儿童独有的童趣，在大人们看来这些都只是一些常识，或者是常规，根本就没有“为什么”。这些类似的问题层出不穷，甚至会让父母也焦头烂额，手足无措。由于在大人那得不到他们满意的答案，孩子们就有可能自己去尝试，他们决定自己去弄懂一切疑问。然而这些行为更让父母提心吊胆，因为孩子们总是盲目行动，不是摔伤自己就是毁坏东西。

这就是为什么很多父母不喜欢孩子太好奇，因为他们回答不清楚孩子的问题，他们也害怕孩子发生意外，害怕孩子调皮捣蛋，他们不想没完没了地处理这样的奇怪问题。一旦孩子没完没了地问问题，父母就容易心烦意乱，于是大声呵斥孩子，阻止了孩子的提问，从而换得一刻的安宁。但是他们没有注意到，这样做的反面效果：多次这样训斥孩子，打断孩子的发问，就在无形之中扼害了孩子的求知欲望和宝贵的探索精神。

孩子的求知欲望是与生俱来的，强烈的好奇心促使他们不断地积极探索陌生的世界，对于一切问题的追根寻底是他们的天性。有位名人说过，探索真相和真理，是人一生最大的使命。

可是，父母的不耐烦严重挫伤了孩子的探索积极性，一旦探索精神受到了损伤，孩子就会变得胆小怕事，失去学习的兴趣，生活变得百无聊赖，不积极不上进，形成悲观懦弱的性格。

我想所有的父母都不愿意自己的孩子变成这样，所以，在孩子小时候，家长不仅要用心去保护孩子的这种探索精神，还应该在以后的教育中努力培养孩子的探索精神。家长要相信，孩子所有需要的能力都是可以在教育过程中培养出来的。

我和玛格丽特总是耐心地回答儿子的任何问题，当然我们得承认这些问题真的很麻烦，但是我和玛格丽特总是会相互提醒，用足够的耐心来倾听孩子的问题，尽可能地帮助他解决各种疑问。我们从不会表现出不耐烦、不专心的样子，更不会因为怕麻烦训斥他，因为这些情绪孩子都是能够感受到的。在任何问题上都不要小看孩子，他们有时和成人一样，最好在任何时候都把他们看做成人。

我永远不会忘记我和威廉的一次关于“猫和老虎”的提问和回答，那听上去更像是一场精彩的辩论，让我至今记忆犹新。

威廉拿着一本《神奇的动物界》，见到我就问：“爸爸，这书上说老虎是猫演变而成的，这是真的吗？我之前从未听说过。”

我知道那本书，偶尔会发表一些关于对动物界的猜测或者假象的文章。于是我说：“有这样的说法，但是到现在都还没有被科学家证实，但是我们都认为它说的有一定道理。”

“那既然猫都可以变成老虎，为什么现在世界上还有猫呢？为什么会剩下这些猫？难道它们不愿意当老虎吗？老虎多么厉害啊！”

“你认为呢？”我知道威廉既然这样问我，就说明在此之前他已经思考过这个问题了。

“我想，是由于剩下的这些猫太懒惰吧！它们太贪玩，没有及时变成老虎。贪玩可真是误事，不只一个好习惯，爸爸你说是吧？”

威廉把这样丰富的想象力结合到现实中来，我很惊喜，说道：“很好，孩子，你的回答应该很接近真正的原因，懒惰的确不是个好习惯，懒惰的猫现在都还只是猫。”

“那就是说会有不同的原因了，那爸爸你的答案是什么呢？”

“我想是这样的，有一部分猫为了适应新的环境，为了抓到更大的猎物，为了生活得更好，就必须去跟其他动物争斗，在不停的争斗中，过了很多很多年，

猫就变得异常凶勇，最后变成现在的老虎；然而有一部分猫，它们的生存环境相对安全和舒适一些，就不需要太费力的去寻找食物，抓老鼠就可以生活，不需要太大的力气，所以到现在就还是猫。”

“我想你的观点也是正确的，但是变成老虎能够吃到更丰盛的食物，那些猫是不懂得享受吗？如果是我，我就要努力地去变成一只老虎，威风凛凛的。”

“是的，你的想法是对的，但是动物的演变并不仅仅是为了吃得更好，也不是为了证明自己的厉害，它们只是为了适应新的环境。”

“对的，如果它们不努力就会被饿死的。”

“你也要想到，老虎抓到的猎物虽然大，但是它面对的对手也不好对付，需要更大的能量来支持，因为要得到一件东西总是必须先要付出的！总的来说老虎要吃到一只羚羊比猫抓到一只老鼠要困难得多！所以，很多猫选择变成老虎，也有的猫选择一直当一只猫，它们的理由都是充足的。就像我们人类有的选择当教师，有的选择当律师一样，都是被允许的，也都是正确的选择。”

“可是，谁不愿意变得更强大呢？”

“强大是需要付出很大的牺牲的，要和其他对手竞争。其实这也是环境所决定的，如果环境恶劣，就迫使动物必须变得强大，才能得以生存；如果环境舒适就不必要那样辛苦。”

威廉似乎很满意我的回答，但是他的好奇心实在太重了，马上又接着问我：“爸爸，那到底是人强大还是老虎强大呢？”

“当然是人类了。人类是最高等的动物。”

“可是人常常会被动物伤害啊，而且一个人肯定打不过一只老虎吧？”

“你说的对，人无法赤手空拳地打赢老虎。但是人类是最聪明的，我们会制造不同的武器来帮助我们战胜这一切。古代的长矛、盾牌，现在的火药、手枪都可以帮助我们。决定胜败都不光是靠力气来决定的，人类拥有非凡的智慧，所以才得以创造出今天的文明。”

“文明？什么是文明？”孩子的思维就是这样，他们想到什么就会问什么，对所有一切不懂的东西都保持着高度的热情；他们的问题总是一个接着一个，到最后估计是身体疲劳了，才心满意足地离开。

应对孩子的各种疑问首先要保持一定的耐心，然后真正地去和孩子讨论问

题。虽然孩子的一些观点和论断是幼稚的，但是他们看待问题是纯真的，所以孩子的回答显得可爱又宝贵。对于一些知识点的回答，最好给与准确的答案，如果问题本身就具有争议性的话，就要给孩子说明只是人们的猜测和推断，而大人讲的也只是代表本人的一些看法。不要仅仅因为要敷衍孩子就随便乱说，因为一旦答案被孩子接受的话，他们就会铭记于心，一辈子也不会忘记，所以，一定要避免误导孩子或者欺骗孩子。

孩子的探索精神就是这样一点一点培养出来的，虽然仅仅是认真解答孩子几个问题，或许那些问题真的毫无科学性，但是一定不能嘲笑孩子的幼稚，那正是孩子丰富的想象力和难能可贵的探索精神的体现。

如果孩子在大人那得不到满意的答案，依然无法解除他们的疑惑，就势必会自己动手去寻找答案。他们像是积极勇敢的勇士，朝着真理的方向前进。但是这样的行为，家长也是不允许的，因为这样的行为偶尔会带有危险性，会伤害到孩子自己。

威廉从出生以来都一直和我们生活在一起，但是我记得有一年，我去法国参加学术会议，而玛格丽特则到意大利去处理很重要的事情，威廉就只有拜托给玛格丽特的妹妹艾利斯了。

当我们与艾利斯商量完之后，艾利斯就开始为威廉准备房间。她是一个温柔细致的人，她非常疼爱威廉，害怕威廉出一点事故。据说她在威廉房间铺了地毯，墙壁上也挂着壁毯，房间里推满了专门为威廉买的各种玩具。

威廉刚刚住进这个房间的时候非常开心，而且表示出喜欢一直住在这样的房间里，但是没有过到一周，威廉就开始厌倦这样的生活。他总觉得自己像个女孩子一样被姨妈管束着，什么也做不了。原来艾利斯姨妈禁止他到外边去玩耍，姨妈总是在强调“安全第一”，他渐渐开始讨厌这样的日子，也开始厌恶艾利斯姨妈了。

有一天，他趁着艾利斯姨妈午睡的时候，悄悄爬到了院子里的大树上。他坐在树枝上看得见更远的地方，上边还有小鸟的窝，他认为这是件非常有意思的事。艾利斯起床看见威廉坐在那么高的树枝上，吓得惊慌失措，她只有不停地叫喊：“你怎么敢爬树，那是很危险的！怎么办，怎么办？你该怎么下来呢？威廉，威廉，你有没有事啊？”

威廉被姨妈大惊小怪的样子吓到了，他从来不觉得爬树这件事值得这样大喊大叫，不过当他看到姨妈的表情时，突然就觉得自己非常的勇敢，自己竟然爬到这么高的树枝上来了；可是现在，他想安全地下去时，才发现这是一件很困难的事。

不过，他仍然要靠自己，他想让艾利斯姨妈再次为他觉得不可思议，他认为这样更能证明自己的勇敢。但是，在中途他就不小心掉下来了。艾利斯姨妈立即被吓哭了，威廉看见姨妈的反应自己也陷入到无比的恐惧之中。

艾利斯以为经过这次的教训，威廉就会变得听话，结果威廉与艾利斯姨妈的矛盾越来越激化。艾利斯写信告诉我说，威廉的脾气变得异常暴躁，已经变成一个叛逆的不听话孩子了。所以，我急忙回到德国，把威廉接回了家。

我所见到的正如艾利斯所说，威廉发生了很大的变化：脾气暴躁，喜欢大喊大叫，喜欢和大人对着干，对大人的话置若罔闻。不过，我还是发现了，威廉最根本的变化是在家的时候，是个叛逆的孩子，走到外面却表现得规规矩矩，小心谨慎，既不活泼也不讲话，非常老实。

当听完艾利斯的讲述之后我就明白了。

其实很多父母都会遇到这样的情况，既不想阻止孩子独立思考，去发现，去探索，去寻找答案，却又害怕孩子受到伤害。这样进退两难的情况，让很多父母犹豫不决，而孩子的行为也变得古怪，人前人后判若两人。

不过，我认为世界上的事情本来就不可能处理得十全十美，我们应该综合考虑，全面地看待问题。孩子还没有形成很好的控制力，所以父母有必要作为一个辅助者站在孩子身旁。告诉孩子什么是危险的，什么是安全的；让危险系数最大限度地降低，让孩子自由地去探索他想知道的真相。

但是父母也要忌讳毫无根据地夸大危险系数，这样只会让孩子感到沮丧和无能为力，并渐渐失去学习的热情和探索的勇气。

威廉的变化并不让我担心，孩子的恢复能力是很强的，在他熟悉的环境下根本用不了太长的时间就能恢复过来。但是出乎我所料，他的行为却越来越危险。

有一次，我在院子浇花的时候，一抬头就看见威廉翻出了二楼的阳台。当时我的心已经被提到嗓子眼儿了，但是我一直不停地让自己冷静，以最快的速度跑到二楼去，“威廉，在那里做什么呢？”

“爸爸，那里有一只虫，是我从来都没有见过的虫。”

“哦，是吗？那好，你现在站在那不要动，不然它会被你吓跑的。现在就让我来看看，最好能把它捉住。”

威廉听了我的话，就一直待在那里。我轻轻地走过去，顺利地就把他抱到房间来了。

虽然我们并没有抓住那只虫子，不过，那天我给威廉讲述了很多关于昆虫的知识，他听得津津有味。当我解答完他所有的问题时，我才对他说：“看见没，这个栏杆被蚂蚁吃了很多，蚂蚁的力量很强大。你看现在这个栏杆都在松动了，不过幸好你让我发现了，我需要把这个栏杆加固。不然是很危险的，就连昆虫都会保护自己的安全，更何况是人类呢！”

刚才我就给他讲了穿着保护色的昆虫，威廉对此非常有兴趣，他说他又发现了一件有趣的事情。对于危险的事情，我也喜欢用温和的语气去告诉他，孩子虽然还小，但是他会了解的。完全没有必要大声地喊叫和命令，那样的话多半会使孩子更容易产生逆反心理，做出更加危险的事情。

家长都十分注重从小培养孩子们的科研能力和探索精神。孩子一般读到二三年级，就会在教师和父母的指点下参观市、区各级图书馆，熟悉里面的布局和运作规律。在图书馆，重点学习查找文字、音像资料，随后分阶段根据获取的材料确定自己演讲的主题。而孩子对于未知世界的强烈好奇心，也激发着他们的探索精神。越来越多的小发明家、小科学家的涌现，让每一个大人不得不为这些孩子竖起大拇指。

在孩子的成长过程中一定要给孩子一个自由的环境，让孩子有时间能够独立思考问题；引导幼儿提出问题，确定探索对象；个人探索和集体讨论相结合；学习科学家的探索精神；鼓励孩子多做阅读，增长见识；让孩子多多接触大自然，大自然是孩子最好的老师，也是一座最神秘的宝库，这样去激发孩子的探索精神，这些都是培养孩子探索精神的好方法。但是家长们需要知道的是，在培养孩子探索精神的过程中，下面的一些问题需要注意：

一、探索内容要与孩子的年龄、心理相匹配

幼小的孩子好奇心很强，脑袋里天天装的都是“为什么”，求知欲望也很强，他们最想知道“怎么做”，因此他们好问，也爱模仿大人的行为去实践。因此，对孩子进行探索能力的培养，其探索内容的选择应该与孩子的成长期相匹配。比如孩子所关心的“十万个为什么”，所熟悉的大自然和所能接受的周边事物与现象，同时，所选择的内容还要保持良好的趣味性，从简单到复杂，对孩子进行阶段式的培养。

二、探索过程要符合规律

事物内在的本质，不会很直接地呈现出来，而需要父母带领孩子通过大量地探索现象从中去寻找其规律。如父母只有先教会孩子认识植物的根、茎、叶、花、果实、种子各个器官外部形态后，才能进一步让孩子探索这些器官的生理特征。如根的吸收作用，叶子的光合作用等变化规律，从而最终研究和认识植物的生长规律。这是因为事物都是有规律存在的。

三、探索活动需要启发诱导

孩子学会了植物根、茎、叶、花、果实、种子等器官的辨别，了解了这些器官的生理特征和变化规律，此外还需要进一步探索因本地的自然环境和季节等情况的综合情况。探索活动是一个长期的计划，需要家长及老师给予孩子正确的启发及诱导。在整个活动中，可以让孩子根据自己的计划去决定方法、安排时间、注意安全等，通过讨论会、展览等方式组织孩子汇报研究成果，从而激发孩子的探索热情。

但在此过程中，对孩子的探索素质、探索能力和探索指导方面的教育依然势在必行。比如，要教育孩子不要到危险区域捉蟋蟀，不要私自到河边钓鱼，不要随意采摘鲜花等。

四、鼓励孩子坚持不懈

父亲常常告诫我：一个人无论在孩童时期还是成年之后，都会碰到无数种困难和挫折，但是我们只要能够朝着自己选择的目标勇往直前，最后总是会取得成功的。有了坚定的决心和顽强的意志力，任何困难都难不倒我们。

在我的学习过程中不知道遇到过多少困难，但是我凭借着坚持不懈的精神，战胜了一切困难。现在回想起来，依然觉得感慨万千，如果当时我没有坚持，那么现在肯定是另外一番景象了。我以自己亲身的经历懂得了，一个人只要坚持不懈，那么他就是强大的，没有什么可以摧毁的，这是一种力量。

所以，在孩子的日常生活中就应该培养他坚持不懈的精神，无论是什么能力、品质的培养，都需要父母的引导和帮助。

在对孩子坚持不懈精神的培养方面，父母要遵循以下原则：

制定出合适的目标。为了培养孩子养成坚持不懈的好习惯，首先就应该制定出一个适合某段时间内的具体目标，然后督促着孩子一步一步地去完成目标。只要明确了方向，一心朝着目标前进就可以了。

目标制定的要合理，不能好高骛远，希望一蹴而就。世界上是没有任何事情可以一蹴而就的，人要达到自己的目标，实现自己的梦想都要经历一个漫长的过程。所以，要按照目前的实际情况去制定目标。在制定目标时，可分为长期、短期，然后有条不紊地一个一个去实现。

让孩子从小就知道成功的道路上最忌讳的就是半途而废，不能善始善终。不能坚持到底的人，无论再有才能、再有能力，都不可能取得最后的成功；面对突如其来的困难，要做好去承受的心理准备。要让孩子有决心和信心去战胜一切困难，不能临阵脱逃。

如果孩子完成了既定目标，父母要给予孩子鼓励和夸

奖，毕竟完成目标也不是一件容易的事情。

父母作为监督者，应该做到坚持不懈，孩子如果要完成目标是一个极其辛苦和漫长的过程，父母千万不能一时心软，让所有的计划完全变为泡影，让坚持不懈成为一句空头口号。不要担心孩子会受伤，也不要害怕孩子吃苦，只有经过这些锻炼，他们才能变得坚强，为了孩子的将来，这一切都是值得的。

卡尔箴言

因为孩子用单纯的目光去看这个世界，他们学会了思考，所以他们总是对周围的事物充满了好奇，他们总想弄个明白。这些就是孩子探索精神的表现。这个时候，家长切记不要打击孩子的探索精神，要鼓励孩子勇于探索。环境是潜在的老师，适宜的、情趣化的环境更容易吸引孩子去操作、去探索。父母应该在平时的教育中，设置利于孩子探索的环境，激发他们主动探索的欲望。

第四节 承受力

心理承受能力是一种面对压力、困难和挫折时进行承担和化解的能力。孩子总是会长大成人的，总是要独立地去面对这个社会，人的一生充满了多少困难和挫折，他们总是要去面对的。所以，我认为教会孩子去面对人生中的困境，也是一项重要的生存能力。

随着社会的发展，个人生活方式和生活节奏也在快速变化，心理承受能力在人的心理生活和社会生活中的作用显得越来越重要。在早期教育中，存在这样的现象，父母对孩子的过度溺爱和娇惯让孩子心理承受力异常脆弱。孩子受不得一点委屈，吃不得一点苦，经受不了一丁点的挫折，父母一切都顺着孩子，孩子碰到了一点困难，承受了一点打击，听到了一点责备，他们就会觉得自己感情受伤了，尊严丧失了，很自然地向父母寻求帮助或者采取极端的方式报复父母的责骂。在父母的保护下长大的孩子，虽然思想成熟了，但心理承受力却不够强，经受不起打击和人生的磨炼。

心理承受能力应从小培养。

关心孩子的心灵不仅仅只是关心、了解他们在想些什么，而是要在平时生活中多多锻炼他们的心理承受能力，在生活中有意识地让孩子多吃一些苦，遇到困难不要事事包办代替，要多给孩子自己面对、解决困难的机会，让他们在困难中学会坚强不屈，在挫折中学会自己站起来。从小开始，让他们养成自己的事情自己做的习惯，锻炼他们自己的问题自己想办法解决的能力。心理承受力极差的孩子，也是缺乏独立性的孩子，这样的孩子没有战胜困难的信心和勇气，也不会有独立解决问题的能力和意识。因此，对父母来说，尽量让孩子学会独立处理事情和承受因此带来的一切后果是非常必要的。

此外，对孩子的表扬要适当。孩子做了应该做的事情，不能赞不绝口地表扬；孩子犯了错误，也不要因为疼爱而护其短。反之，则会让孩子处处自以为是，养成任性、虚荣、计较的坏习惯，从而不能在人生的道路上承受困难和挫

折。当孩子取得成绩时要适当地给他们出点难题，抑制孩子骄傲自满的情绪。

心理压力也同样存在在孩子身上，比如孩子成绩不好，被同伴欺负，单亲家庭或者父母关系不好等。父母一旦发现孩子存在上述问题，要及时地对孩子进行心理疏导，才能使孩子对成长中的每一次挫折有正确的认识和理解，从而提高心理承受的能力。父母在平常的生活中要有目的地对孩子进行心理训练，心理和身体一样，通过一定的锻炼可以促进其健康。当孩子失败、失意、心情不好的时候，父母要找出诱因，适当的给予鼓励，引导孩子用平和的心态去面对挫折和困难，经受成长路上的风风雨雨。

在逆境中成长起来的人更容易成功，就是因为他们心中坚持一个永久的信念，保持一种乐观的人生态度。要养成乐观向上的精神，就必须要学会面对困难，承受一切的艰辛和失败。

在教育中我一直用父亲教育我的方式去教育威廉。我特别重视培养孩子的承受能力，尽量不让孩子养成依靠别人的习惯，让他明白不能依靠别人的帮助和怜悯生活。

孩子在成长过程中，不仅仅是身体在日夜发生着变化，孩子的精神世界也在一天一天的发生着巨大的变化。很多父母对孩子的身体发育是非常关注的，也会及时的给孩子讲解一些类似的知识来帮助孩子。但是很少有人能真正关注到孩子的精神世界，也就是孩子的心理成长过程往往被忽略了。

孩子其实是很容易产生忧伤、苦闷、失意这些情绪的，这时候他们只想找个人聊一聊心里话，他们面对这样的情况也是手足无措；父母是他们最亲近的人，可是很多父母根本不相信孩子这么小就会有这些情绪，就更不可能陪孩子谈心了。久而久之，孩子也习惯把所有的情绪压制在心底了。很多在成年人看来不值一提的事情，用孩子的眼光去看却又是另外一种解释了；孩子的心灵是敏感而脆弱的，他们的情绪如果得不到及时排解的话，就会影响到他们的性格，很多孩子都是因为这样而变成一个性格内向、沉默寡言的人。

父母必须重视孩子的心理变化，他们也和成人一样，在失意的时候需要别人的安慰和帮助。

威廉小时候参加过学校组织的一次长跑运动会，但在运动会结束之后，就一直闷闷不乐，因为他在这次比赛中得了倒数第一名。他把这事看得很重，他认为全部的人都会因为这件事而看不起他，他自己觉得无比羞耻。

“威廉，难道你还在为比赛的事难过吗？”

“爸爸，我觉得自己特别无能，我得了最后一名，我肯定是我们学校最差的学生了。”威廉无比懊恼地说。

“的确，得最后一名的滋味真的不好受，但是孩子你分析过原因吗？”

“哦，是的，我肯定是身体素质不好，我比不上其他的同学。”

“并不是这样的，你不能这样片面地去看待问题，你的身体不比他们的差，是你的年纪比他们都小，你难道忘了你是你们班上最小的学生了吗？其他的同学差不多都大你三岁。你比他们年纪小，跑不过他们也是情有可原的；假如你和你的同龄人比赛的话，我敢保证你绝对是第一名。”

威廉的脸上终于渐渐有了笑容，慢慢地也就忘记了比赛中不愉快的事情。

我告诉威廉，每个人都有可能得倒数第一，只是情况不相同而已。人都是要自己去面对这些失败的，去找到失败的原因，并且勇敢地去面对，就能重新振作起来。

有的父母对孩子的要求太高，父母自己不切实际的要求常常让孩子面临着失败；失败之后，父母并没有给予相应的帮助，而是严肃地责骂，经常批评孩子，使孩子长期处于紧张状态。这样容易造成孩子的心理压力，并且损害孩子的自信

心。直到孩子的信心完全崩溃，再也没有能力重新站起来，那这个孩子的一生就彻底毁灭了。

父母给孩子制定目标无非是为了让孩子朝着更高的目标奋斗，激发他们的斗志。父母应该随时检查自己，给孩子制定的目标会不会好高骛远，是不是强加了自己的主观意愿在里边，是否已经给孩子带来了压力。所有的目标和理想都应该是以现实为基础的。如果已经影响到孩子的健康和情绪了，就应该及时调整自己的心态，并且帮助孩子早日摆脱悲伤的心情。

孩子学会了以积极的态度来面对失败和困难，他将来才能真正体会到生活中的欢乐，而不是仅仅只看到这个社会的阴暗面。孩子有了一定的承受能力，他就可以独立自主在这个社会上生存了。

卡尔箴言

要让孩子学会坚持不懈，首先父母也应该做好。绝不考虑失败，要让孩子明白，成长的字典里没有放弃、不可能、办不到、没法子、成问题、失败、行不通、没希望、退缩……这类字眼。引导孩子尽量避免绝望，一旦受到它的威胁，立即想方设法向它挑战。告诉孩子学会辛勤耕耘，忍受苦楚。放眼未来，勇往直前，不再理会脚下的障碍。也让孩子坚信，沙漠尽头必是绿洲。

第五节　勇　气

不害怕痛苦的人是坚强的。我们唯一害怕的敌人就是我们自己。

能在社会上立足，就是因为他具有了足够多的勇气来面对这个世界。人的一生要面临很多挑战和困难，这些困难可能是生活上的也可能是工作上的，比如突然袭来的灾难、疾病、危险、忧伤、打击、竞争等等。当我们要面对这些情况的时候，不仅需要想出应对办法，更重要的是要有足够的勇气，只要有勇气，我们就可以轻松地面对人生中这些无法预料的困境。

父亲总是说，一个人的勇气才是他最大、最强的武器。

父亲告诉我："真正的勇敢就是随时准备着应付各种各样的危险，不管遇到什么困难和危险，都要有应对的能力和勇气，要有冷静地解决问题的能力。

一个人的胆量和勇气不是天生的，不是像人们说的那样"生性如此"。在每一个人的天性中，都存在着两方面的因素，既有胆小怕事的一面，也有积极挑战的一面。一个人从小接受的教育决定着他是否会成为一个勇敢的人。也就是说，勇气也是可以培养出来的！很多父母总是在抱怨自己的孩子，"胆小怕事"、"畏手畏脚""没有一点出息"，却不知道在教育过程中，引导孩子去发展他内心最勇敢的一面，尽量把懦弱的一面降到最低。

很多家长一方面希望孩子勇敢面对生活，一方面又害怕孩子遭受意外伤害，什么也不敢让孩子亲自去尝试。错过这些锻炼孩子勇气的机会，是很可惜的。父母总是认为自己在保护孩子的安全，其实这样做根本无从培养孩子的勇气。

培养孩子的勇气，最主要的是让孩子明白事实真相。

小时候，父亲时常给我讲英雄的故事，他的用意就是让我去学习那些英雄的英勇精神，但是避免让我听那些恐怖故事，使我免受惊吓。即使故事中涉及到恐怖场景，父亲都会很耐心地给我讲解清楚，不会让恐怖的场景在我心里留下阴影。因为，一个人幼年时期对世界留下的印象会保留终生。

在我小时候父亲总是给我讲很多故事，却从来没有给我讲过任何关于鬼怪神

仙之类的故事。他还告诉我，那些魔鬼都是不存在的。但是我的小朋友们似乎都听到过这样的故事，他们会讲述给我听。在我4岁的时候，我第一次听到了一个关于“魔鬼”的故事。

我就好奇地问父亲：“这个世界上，魔鬼真的存在吗？为什么听他们讲的故事，我也觉得魔鬼是存在的呢？”

父亲却说：“可以说有，也可以说没有。”

我当时急需父亲给我一个确切的回答，因此父亲这样模棱两可的回答让我很迷惘！

父亲又反问我：“卡尔，你觉得存在魔鬼吗？”

“我觉得存在。”

“你看见过吗？”

“没有见过，他们说见过魔鬼的人都被抓走了啊。”

“既然你没有看见过，就不能过早下结论。”

“但是大家都这么说啊。可能真的有人看见过吧！”

“是的，也许魔鬼是存在的，你将来也许还会碰到。”

父亲的回答，让我非常吃惊，我以为父亲会一直强调这个世界上不存在什么鬼怪的，但是他竟然说我也会碰见魔鬼！我当时就下定决心非得弄清楚这个问题不可，“爸爸，难道你也相信这个世界上，魔鬼是存在的？”我从小就很相信我父亲的话，我总认为他是一个无所不知的人，无论我遇到什么疑难问题，都会习惯先请教父亲。

“卡尔，你要清楚，等你真正独立地去面对生活之后，会遇上形形色色的人。他们有的善良、有的邪恶，就看你自己怎么去分辨了。邪恶的人远远比魔鬼更可怕，所以我才说你将来会碰见魔鬼的。”

“爸爸，你现在所讲的‘魔鬼’和我讲的“魔鬼”不是一个东西嘛。”

“孩子，魔鬼到底存不存在并不是问题的关键。人们通常所说的魔鬼肯定是不存在的。孩子，你一定要谨记，如果一个人总是为自己打算，永远把自己的利益放在第一位，专门做损人利己的事情，那么这个人内心存在真正的魔鬼；相反，一个人假如行善积德的话，内心磊落，那么他可以说是一个纯洁的天使。”

我理解到父亲说的真正意思了，说：“放心吧，爸爸，我绝对不会让自己变成一个魔鬼去危害别人！”我就在那一瞬间把之前所疑惑的事情忘得干干净净，我也不会相信别的小朋友讲的“这个世界上有魔鬼，专门吃小孩子”的故事了。我应该像故事中的英雄一样，尽力去帮助需要帮助的人，做一个善良的人，做一个让人们喜欢的天使；绝不能成为一个人见人怕，人见人恨的魔鬼。

之后的生活中，只要遇见任何疑虑和恐惧，我就向父亲吐露心事，和他交换意见。父亲总是用这样的方式让我明白事情的来龙去脉，父亲的话总是能让我充满勇气和信心。靠着无穷大的勇气和信心，我战胜了很多困难。

父亲很重视培养我的勇气。父亲一直说，要想让一个人获得更多的勇气，要想让一个孩子变得越来越勇敢，就要不停地锻炼孩子。在不同的逆境中锻炼出来的孩子，绝对经受得住各种苦难和挫折。孩子的承受能力越强，就越勇敢。

我们村有一个叫埃德加的孩子，一直胆小如鼠，因此大家都叫他“小老鼠”。他从来不敢一个人走路，特别是天黑的时候。他从来不愿意离开父母，直到现在长大成人，依然需要别人的陪伴。在他的内心，世界是安全感的。这正是因为埃德加的叔叔从小就喜欢给他讲恐怖的鬼怪故事，用此来吓唬他，让他听话。埃德加的叔叔对他说：“这个世界上有很多专吃小孩的鬼怪，专吃不听话的小孩。”于是，埃德加一直认为鬼怪是存在的，所以，他不敢不听从大人的话。很多父母都用过这样的方法来达到让孩子听话的目的，孩子暂时安静了，但是这样会在他们幼小的心灵留下一辈子阴影，甚至会影响到孩子将来的人生观和世界观。

父亲对我勇气的培养，在其他人看来或许很残忍，但是我很清楚，父亲都是为了我的将来作长远的打算。父亲说，他希望我将来可以独立、幸福地生活。在我才开始蹒跚学步的时候，他就有意识地去锻炼我，就算我摔倒，他也不会怜惜我，而是鼓励我自己爬起来继续走。

记得在我5岁的时候，父亲带我去爬山，平时我们总是喜欢这些户外活动。当我们登上一个陡峭的山坡时，我开始感到害怕，我感觉到自己在颤抖，我的脚也不听使唤了，怎么也爬不动了。我请求父亲拉我上去，我对着他大叫：“爸爸，我害怕，我再也不敢往上爬了，你拉着我走吧！”可是父亲假装没有看到我的不安，也不理会我的求救，自己径直朝着前边走去。

他站在高处的石头上对我说：“孩子，我已经爬上来了，你也可以的。我们不是说好，要自己爬到山顶的吗？我相信你一定能上来，我在这等着你！”

“我真的很累，我的腿很酸痛，已经无法动弹了。真的，爸爸，求求你了，帮我一次！”

其实我走不动是因为害怕自己摔下去，但是我也不愿意让父亲看不起我。

可是，父亲却对我说，如果我真的感觉到累了，就爬在那休息几分钟，等腿的酸痛缓解了，再继续，他会等着我的。但是他提醒我，“在陡峭的山坡上休息的时间越长就会越危险，我还是建议你一鼓作气爬上来再休息。”

我已经清楚地知道，我胆小的事实已经让父亲发现了，他不会来帮助我，现在怎么办呢？我只有按父亲的建议一鼓作气爬上去。我只好先忽视那些恐惧的感觉，奋力往上爬。等到达山顶的时候，我已经完全忘记了所有的不安和害怕。站在高高的山顶上，我真是不敢相信自己竟然能爬上这么高的山峰，我的心中顿时充满了巨大的欢乐和自豪，我真想告诉所有的人，自己真的做到了！

父亲也被我的快乐感染了，不，他看起来似乎比我更高兴，“孩子，你应该很庆幸刚才我没有帮助你吧？如果是那样的话，又会是怎么样呢？”

“是的，爸爸，我很庆幸，也很感谢你鼓励我爬上来了，不然我就不会获得这样的快乐！爸爸，我现在心情好极了！”

父亲对于我的教育一直都是这样，他不会帮助我做我能够做到的事情。在很多别人看来是危险的事情，他都会鼓励我去尝试。这样好像是在冒险，因此很多人都无法理解。但是，父亲并不会拿我的生命去冒险，我知道他非常爱我。这些尝试，只是父亲对我的锻炼。所以，我现在有足够的勇气去面对人生的冷暖，包括“魔鬼”。

卡尔箴言

孩子的惧怕反应并不是天生就有的。孩子刚生下来，根本就不知道害怕，随着慢慢长大才会产生畏惧感。因此，孩子的勇气是与环境和教育有直接关系的。

第六节　想　象

想象力是一项很重要的能力。正因为有了想象力，才会有无数的发明和学术研究成果。在我小时候，父亲常对我说：“一个人无论遭遇到多么大的挫折和失败，只要他有想象力，那么他就不会感觉到害怕和绝望。”

想象力是创造一切的前提。

我效仿父亲的方法去训练威廉的想象力。讲故事时我总是先讲，然后让威廉去想象和猜测故事的结局。我时常给威廉强调想象力的重要性，威廉也总是按照我的建议去做。

有一天，威廉在发呆，显得闷闷不乐。我就问他：“嗨，孩子，你不是刚刚到你的朋友拉法埃特家玩了吗？怎么这么不高兴？”

“爸爸，拉法埃特的爸爸说我是个不切实际的孩子。我感到无比委屈，他说的是真的吗？”

“不切实际？”我觉得事情很蹊跷，因为在我的教育下，我的孩子并没有这样啊。我决定好好了解一下事情的整个过程。

威廉和拉法埃特都喜欢画画。这一天他们在描绘自己心目中的英雄。拉法埃特的父亲阿蒙先生对他们的画仔细看了看，然后作出评价说：

“威廉，你画的这个英雄拿着什么？”

威廉回答说：“是长矛！先生，你看他是不是特别英勇啊？”

“他的长矛也太长了吧！看上去不像，长矛哪有这样长的，再说你画的马是在天上飞吗？你见过会飞的马吗？世界上哪有长了翅膀的马？”

威廉却坚持自己的想法：“虽然我没有见过，但是在我的想象中，这样的英雄才是真正的英勇啊！我觉得这样很好。”

“想象？孩子啊，做事可不能只去凭空想象，要脚踏实地地去做，要符合现实的规律嘛！要把事实作为依据。只有脚踏实地地去做事，才能得到好结果。”

“但是，我爸爸说过的，人最重要的是要有想象力，想象力能帮助我们创造！”

阿蒙先生根本没有看出威廉已经不高兴了，还继续说：“孩子，我不想对你父亲的话作任何反驳和评价，但是你要记住，喜欢空想的人都不会有什么成就的。那些虚无的想象只会给人带来暂时的快乐，实际是浪费时间。”

威廉没有更好的语言来反驳阿蒙先生，只有闷闷不乐地回家了。我了解到整件事情之后，完全无法认同阿蒙先生的说法。我可以想象，他平时是怎样教育孩子的。他这样会扼杀孩子的想象力，也许他的孩子会成为一个好学生，但是绝对会有书呆子的倾向。

我告诉威廉人类没有想象的话就不会有现在这么多的创造发明，人类的想象并不像阿蒙先生说的是不切实际的空想，空想和想象是完全不同的概念。

做事情以实际为出发点是正确的，但是一个人做事总是这样，他就会被限制在条条框框之中，循规蹈矩地做事。这样的人肯定不会取得什么大的成就，只会平平淡淡地过完人生。

“孩子，你想这样过完你的人生吗？”

“不，当然不。我知道了，如果一个人没有想象力，我们就不可能进步？”

“只有大胆的想象一个人才能上升到另外一个高度去。”

生活中不可避免有很多像阿蒙先生那样的人。他们用最冷静、最理性的态度去处理一切事情，既没有想象力也不会有什么创造力。而且可怕的是，他们用这些清规戒律来教育孩子，总是规定孩子应该做什么、不该做什么、怎样做好、怎样做不对……他们还把这些观念和习惯教授给孩子，生生地剥夺了孩子的生活乐趣。

孩子对这个世界充满了好奇心，等他们会说话的时候，就会不停地发问，每天都有问不完的问题，面对孩子烦琐的问题，父母一定要耐心解答，千万不能表现出不耐烦，或者讥笑孩子所提的问题，但是最好的方法是引导孩子自己去找到答案，参与到孩子问题的讨论中来，引导、鼓励孩子自己进行思考从而解决问题。

当孩子获得答案时，他们的喜悦之情是无法形容的，而且通过这样的途径获得知识，能让孩子记忆深刻。父母引导孩子自己去寻找答案，可以适当地反问孩子，向孩子提问，鼓励他们不怕困难地去思考，这样有助于孩子思维能力的提高。

这种鼓励式的提问，一般在孩子能够说话的时候就可以进行了。如果父母对孩子提问，一定要掌握好问题的难易程度，必须选择接近孩子智力发育水平的问

题，不要让孩子觉得太深奥，因为一旦孩子无法作答的时候，他们的积极性就会受到挫伤，但是如果问题太简单，孩子又觉得没有意义，开始变得敷衍了事，不认真思考问题。

父母的发问最好能引起孩子思考又能激发孩子兴趣感，这样有利于孩子思考和讨论，他会饶有兴趣地跟你讨论，甚至在讨论结束后仍然兴致高涨。而父母的参与能帮助孩子拓展思维的空间，探索更多的未知领域。另外，孩子在思考这些问题时需要回想以前的经验进行推理，这能帮助他们提高独立思考的能力和学习能力。在孩子愉快的对话中，父母要指导孩子从已有的经验中产生新的想法。一旦他们可以“异想天开”，不按部就班地人云亦云，可贵的创造性思维模式就开始形成了。

无穷的乐趣蕴藏于想象之中，而且那些乐趣是无法形容的，只有亲身体验才能懂得。想象力会让孩子变得乐观，即使遇上困难，他们都可以靠自己的乐观精神战胜挫折。想象美好的未来可以给人以希望，当一个人有了希望的时候他很快就会忘记忧伤、忘记沮丧，重新振作起来。那些没有想象力的人，他们没有乐观向上的精神，并且很难在困境中找到希望，他们一遇上困难，就会一直处于忧伤沮丧之中，无法从自己的内心中找到快乐，因为他们无法尽快从痛苦中走出来，而且，沮丧的心情又会使人遭遇更大的失败。

卡尔箴言

俄国教育家乌申斯基说：“强烈的活跃的想象是伟大智慧不可缺少的属性。”鼓励孩子编故事、讲故事，引导孩子在故事里学会想象。孩子喜欢编故事、讲故事，有时讲给小朋友听，有时讲给爸爸妈妈听，有时还会自言自语。这是锻炼表达能力的好方法，也是发展想象力的好机会。父母要积极鼓励孩子，不要冷言冷语，更不能随便阻止孩子去想象。

第七节　健康是成功的保证

有的人常常问我父亲，我取得了这么大的成就，我的健康是否受到了影响呢？这的确是一个重要的问题。我长大以后，还有人经常问这样的问题。我长大以后也一直非常健康。

诗人海涅回忆道，“在卡尔10岁时，我考过卡尔。当时我不仅为卡尔非凡的语言学才华而诧异，同时也为他的健康、活泼、精神上的过人之处而惊讶。”

也可能有人会认为，我一定是天天坐在书桌旁啃书，从而在毫无乐趣的日子里度过了天真的少年时代。然而事实并不是这样的，父亲非常欣赏德来登在一首诗中写的那句话：没有比品尝真理的滋味更为幸福的事了，享受到真理的幸福是永生难忘的。

我认为，我从小就享受到真理的滋味，我比任何一个儿童都要幸福。而且，正如前面所述，由于父亲对我的教育，我单纯坐在桌旁专心致志地学习的时间是很少的，我有着充足的游戏和运动时间。

父亲的教育理念是，运动能使人的身体充满活力，每个人都应该拿出更多的时间来锻炼身体，这样不仅可以强健体魄还可以让大脑得到很好的休息。从小在父亲的影响下，我非常向往崇尚体育运动的希腊。我也开始让自己处处像希腊人那样，希望通过运动获得身体与大自然融为一体的感觉。

父母一直很重视我的健康问题，不仅科学地安排我的饮食方案，还安排好我每天的作息时间和锻炼时间。我从小身体素质就很差，父亲为了锻炼我的体魄，专门给我修建了一个小型的运动场所，放置了很多简单的健身器械。父亲还为我设计很多种不同的游戏那些游戏，不仅仅是游戏还是很好的体育运动，这样我身体的各个部位一直都得到很多的锻炼。后来，我还把这些游戏教给了我的孩子。

除了适量的游戏和简单的运动，我最重要的运动方式是旅行，尤其是徒步旅行，这样的运动不仅能使身体得到锻炼，还能磨炼人的意志和恒心。在旅行中学到的知识，是课本上学不到的，但又是最实用的知识。

我们周围很多人都惧怕路程的艰辛，更不要说是去徒步旅行了，他们旅行选择的方式都是坐车，在景点走马观花地看一遍，那根本就是一无所获的旅行。父亲一直鼓励和劝导我做一个真正的旅行者，不害怕路程遥远，不畏惧旅行的艰苦，他说只有这样，才能体会到大自然真正的魅力，从不同的角度去体会世界的神奇与美丽，领略到世界的千姿百态。

父亲喜欢给我讲他到处去旅行的故事。父亲爱好徒步旅行的习惯也是在他念大学的时候养成的，很多次在给我的信件中他都会提到这件事：

“大学时光是我一生中最美好的时光，因为我不仅有充足的时间来学习，还有时间去做长时间的徒步旅行。我喜欢这样的旅行，我在沿途不仅看到优美的风景，还学习到很多课外的知识，这是人生一笔宝贵的财富。我永远都记得自己第一次和几个朋友翻越布鲁斯山脉的情景。那时正下着大雪，我们刚刚到达洞口的时候，山下修道院的修士就告诉我们，我们即将要去的地方每年都会摔死一些记者或徒步来探险的人，他好心劝导我们不要去冒险，就算通过了山谷，还有大片的荒野，那里时常有黑熊出没。我和同伴没有接受修士的好心建议，那时我们都还很年轻，血气方刚，每个人都觉得自己完全可以战胜一切的困难，我们决心往前走，直到翻过这座雪山。

当然，那个修士说的话是完全正确的，等我们上了山才知道有很多的困难挡在我们面前。那天的风特别大，山路不仅陡峭而且还积着厚厚的雪。好几次，我们都差点滑下去，山下面全都是万丈悬崖，但是我们中没有任何人中途退缩。

当登上山顶之后，所有人都觉得先前一切辛苦和艰难都是微不足道的，因为我们亲自体验到了莫大的幸福感。山顶竟然是一片广阔的平原，狂风也停止了，脚下是白雪皑皑的群山，天空的云彩在太阳的照耀下呈现出五颜六色的景象，我认为那是我看到过的最美丽的景色了，既庄重又富有动感，而且极其庄严肃穆。那一刻，我的心灵受到了前所未有的震撼，并且心中充满了巨大的幸福感。那心情无法用语言来表达。

这就是徒步旅行的魅力所在，也许在途中会遇上很多艰难困苦，但是更多的是收获乐趣，在途中我们会结交志同道合的朋友，欣赏到超乎想象的美丽景色；也许还会看到很多社会的阴暗，但是这也可以说从另一个角度教育我们，怎样去对待别人、看待的这个世界。”

我也很羡慕父亲的旅程，听从了他的劝告，利用半个月的时间，我在意大利沿海做了徒步旅行，这也是一次非常有意义的旅行。和父亲的旅行一样，它改变了我的一生。沿途中我查阅到很多珍贵的历史资料，浏览了很多历史古迹，为我的研究获得了宝贵的一手资料，更重要的是，在这个旅途中我认识玛格丽特，她后来成为了我的妻子，所以我们也算是志同道合的朋友。

一个学生，肯定是把学业放在第一位的，但是如果整天都在学习书本知识，不愿意跟外界接触，那么他的视野只会越变越小。适当的旅行并不会耽搁学习的时间，反而对学习大有好处。对世界的探索是无穷无尽的，并不是仅仅在书本上就能找到答案的。很多科学的秘密隐藏在大自然中间，需要我们亲自去揭开谜底。常年埋头苦读的人，都会渐渐变得不与时俱进，他们专心生活在书本、文献、资料中间，长期过这样的生活，有一天就会发现：他们自己渐渐老去，而理想也离他们越来越远，舒适的生活会放弃年轻时的梦想。

利用假期和空余时间，去做一次徒步旅行，不论是对身体学习还是生活都会有很大的帮助，是会让人内心获得幸福感。

卡尔箴言

幸福不是你送给孩子的芭比，不是你给买的最新动画片，也不是你给他的漂亮衣服。孩子都喜欢被善待、喜欢长大。爱是一个大口袋，装进去的是满足感，拿出来的是成就感、幸福感。幸福很简单，但真正的幸福能给孩子自信、乐观，有控制世界的感觉、与世界融合的感受将是他一生受用的财富。让孩子感到幸福，这才是父母每天都应该送给孩子的礼物。

第八节　创造力

创造力，就是在原有的基础上，重新创造出新东西的能力。创造力是一种非常重要的能力，许多工作都需要具备创造力。创造力和人的智商有关，却又不完全由智商来决定，除了智力因素，创造力还包括敏觉力、变通力、想象力、精进力。虽然创造力在一定程度上有着想象的成分，却不是空想或者幻想，创造力要求必须是切实可行的。

当熟悉的环境一旦发生变化，哪怕是很细小的变化，能一眼看出改变的人，就表示敏觉力，当面对同一个问题时，在限定时间内，能够想出最多答案的人，就表示着有较强的敏觉度。创造力，是指能想出别人想不到的东西，而且不属于胡说八道，可以说，几乎所有的发明家，都具有高度独创力。

很多父母都知道创造力对于一个人将来发展的重要性，但是很多父母依然，过多限制孩子游戏的内容、时间和方式，不准孩子玩花样、犯错误，爱给孩子定各种各样的规矩，这些事情都无形之中影响了孩子创造力的发展。

因对孩子的期望过于急切而忽略了孩子在各个年龄段接受训练的能力，盲目地给孩子一大堆“智力测验”去“练习”，认为这样就是“动脑筋”；为求孩子取得最高荣誉、最优秀的成绩，处处为孩子安排，事事让孩子提前准备而令孩子失去“自己思考”、“克服困难”及“解决问题”的机会与能力。

其实，孩子本身就具有想象和创造的潜能，他们最喜欢在游戏中模仿成人的行为，从“想象”中表现，在行动中“创新”，父母要做的只是顺应孩子的这种潜能，尽量为孩子提供游戏的条件。

很多游戏中包含着对孩子创造力的培养，威廉出生之后我们更是这样的游戏更。比如说，树上停着8只鸟，被猎人打死1只，问还剩下多少只呢？一般的回答肯就是7只；但是仔细一想，就发现，既然猎人已经打死1只了，其他的7只都被枪声吓得飞走了，所以答案就是0只。

这样的游戏，不纯粹是智力游戏，它颠覆了孩子固有的思考模式，只有运用创造性思维去思考问题，才能更好地找到解决之道，这就要求孩子只有换位思考，全方位地分析，才能把事情的本质看得更清楚。

这种新颖的思维模式，可以让孩子用新的眼光去重新认识习以为常的事物，为培养孩子创造性思维打下基础。当孩子喜欢这种思维方式去思考问题时，无论什么问题他都会从不同角度去思考了。

一旦孩子接受这样的思维模式，他们就可能对同一个问题产生质疑，为了寻求真实的答案，他会不停地假设，得出结论，再推翻，再重新设定条件，直到推出最正确的方法。

在思考问题时，孩子学会站在不同立场去思考问题，可以使他们尝试不同的思维模式，这种的情况下，孩子并不会害怕面临新问题，也许新的问题才是他们认为刺激的事情。

新的研究发现，想象商比智商更能准确地预知孩子学业的成果，所以培养孩子的创造力是你能为他做的最好的事。人们常常认为创造力只存在于艺术之中，但是他们很快会发现创造力贯穿于生活的每个细节。

根据科学的研究，一个人的身体组织从出生到成人，一直都在发育成长。在这一过程中老细胞不断地被淘汰，新细胞长出。然而脑部发育与身体其他部位不同，随着身体的发育，脑的重量逐渐增加，但是脑细胞的数量却，不会再增加。脑细胞随着身体的发育，会伸展出许多突触，而神经纤维长出髓鞘，这叫做髓鞘化。主管运动和感觉的部位会提早髓鞘化，专用高级思考的部位髓鞘化则较迟。大脑细胞间需要有联络的网络，这种联络的网络叫做神经回路，如果回路的组织良好，一个人的思维能力就强。这些机能的发展，在胎儿时就开始了，到了3岁左右，大脑便发育完全，大脑细胞间便拥有细致的回路成长。到了小学四五年级，成长即完成了。因此，小学四五年级前是孩子智能发育的黄金阶段，也是启发孩子创造力最关键的时期。让下一代更聪明，是所有父母的希望。

然而，根据科学实验，智商受遗传的影响比较大，与后天的努力关系微弱。所幸，与“智商”同等重要的“创造力”充满可塑性，可经由“训练”呈现令人满意的结果，而且一经“训练”，人拥有的创造力就不会消失。

一般的孩子很容易让人觉得他们的思维富有创造性，因为他们总是用各种古怪的问题去刁难老师，而且父母有时还会发现，这类孩子总爱夸张地做出让大人意想不到的事，而这些事情有时看起来是前后矛盾的，但事实上这并不是创造力，创造力并不仅仅是一种技能。能够进行创造性思考说明孩子进入可拥有创造力的培养阶段，但还不能说这个孩子已经具备了创造力。

创造力是需要向墨守陈规挑战的，甚至完全背离约定俗成的习惯或风俗；这是父母所不允许的，他们长并不认为这样的孩子能有什么出息，能为社会创造什么价值，但是往往就是这样的孩子，在未来的生活中会发生翻天覆地的变化，他们能够创造出不同的东西，拥有创造性解决问题的能力，他们总是与众不同，获得最后的成功和幸福。

从一个人的言谈举止可以看出他是否拥有创造力，因为他们从一开始就表现出与众不同的品质。孩子只有这样才能更好地创造未来，更容易获得内心的快乐。当一个孩子好问、敏感、表达流畅、有自己的想法时，我们就大概可以判断他是一个有创造力的孩子。

首先这类孩子对一切都充满好奇心，即使是很多不相干的事情和领域都让他们很热衷、着迷，遇上相关的人士会不停地发问，有一种“打破砂锅问到底”的精神，可能正是这些看似不相关的问题，能让他们发明出新的东西。

如果一个孩子对于一个问题有着很多想法和解决方法，那么他在解决问题的时候，肯定不会从一个角度进行思考，他会全方位地进行详细的了解和分析，从而得出不同的答案，这样的思维能力是一般的孩子无法达到的。

这样的孩子不会在意别人的看法，也更不可能受到别人观点的影响，他们会很积极地表达自己的不同意见，对自己的目标或观点他们没有丝毫的怀疑，能很自然地表达自我，他们不在乎别人的看法，喜欢我行我素，热爱冒险；他们热情洋溢、幽默俏皮，似乎从不惧怕任何困难；他们对生活总是充满热情，对未来存在一定的幻想，但绝对不是不切实际的空想主义；他们有想法，但是不受人约束，也不喜欢依靠别人。

他们具有高度的审美情趣，对艺术和美非常敏感，而且容易被美的事物所打动；敏感、洞察力很强，对于别人无法感知到的事物，总是能第一时间感受到；行为举止怪异，个人主义色彩浓厚，但是并不在意别人的看法；对于陌生人不热情但也不冷漠。

创造力也是分层次的，并不是所有具有创造力的人都是完全一样的。

第一层次，这是最原始、最直觉的表达层次。就算是从来没有接受过任何艺术训练的孩子都会有这样的表达，接近于人类天生的一种单纯无邪，率真敏感。

第二层次，带有学术性和技术性的层次。只有通过一定的学习，才能到达这个境地，技术的成熟和熟练是他们进行创造的前提。

第三层次，发明创造的层次。通过自己已经具备的能力，经过摸索和试验，从而得出新结论。这个层次的人非常具有冒险精神，他们敢于打破常规，对已有的事物进行大胆的重组和开发，挑战传统界限。

第四层次，创新的层次。特别是指艺术家、作家、音乐家、发明家、思想家，他们由于具有独创性，敢于引入不同寻常的素材及方法，进行自己的重新创造。

第五层次，天才的层次。他们的想法、艺术技艺及感觉是无法解释的。只要抱有积极的态度，并能坚持不懈地去计划并产生想法，任何人都能达到前三个层次，但后两个层次的创造力并不是人人都可以达到的。

创造力对于一个孩子说具有不同寻常的意义，在孩子小时候，父母就应该用心地去培养他们的这种能力。通过日常生活，通过父母的引导和培养，孩子也是能够获得这种能力的。

一、在错误中也能学会创造

自由的空间往往是灵感产生的巨大前提，孩子们一旦拥有了这样的自由，他们自己就安排一些事情去尝试，这当然不可避免地发生很多错误。有时候父母应正确对待孩子犯错。有问题存在，就要想法设法去解决。引导孩子从不同角度去看待一个问题，孩子就可能想出不同的解决方案，同时分析能力、观察能力、思考能力都能得到很好的锻炼。

二、对于孩子的一切思考要给予鼓励

父母需要鼓励孩子自由思考和行动，对于同一个问题，父母要引导孩子从不同角度思考。父母要鼓励孩子通过外部的刺激去联想，去突破常规地思考问题，不要局限于条条框框之中。舒适的环境也可以提供给孩子的思考灵感，极大地帮助孩子。

对于孩子提出的新观点和表现出超常的记忆力、阅读能力、艺术能力，父母都要给予奖励，促使孩子自觉地巩固和发展这些能力。父母要鼓励孩子勇敢地发表自己独特的见解，不要惧怕别人的反对意见。父母要给孩子提供一些体验其他

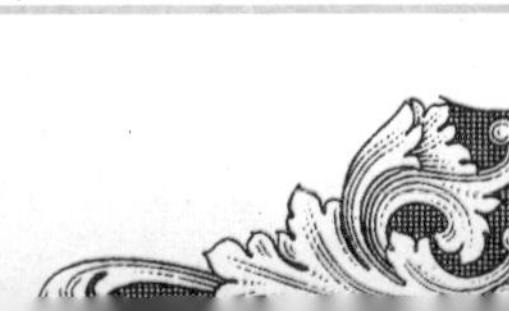

文化和其他生活方式的机会，但是要让孩子自由地选择，鼓励孩子多参加一些团队性的活动，让孩子经常能体验到他们和成人之间、其他孩子之间自由讨论的气氛。

三、要掌握好度

培养孩子创造力时，应允许孩子想象，这样看似漫无边际的想象，有助于孩子创造性思维的发展，但是对于孩子一些牵强符会、胡编乱造的想法则一定要诚恳地批评，不能随意放任孩子，这样孩子会不断肯定自己，并更加认清自己的方向，而不会形成浮夸、说谎、虚荣的不良习性。

四、给孩子一个独立的空间

孩子需要在一个独立的空间玩耍，因此父母不要总是干涉孩子玩耍；当孩子在思考的时候，不要去打断孩子的思绪；当孩子面对新奇事物的时候，不用急着向孩子解释，应该给孩子一定的时间让他自己先作思考。

五、父母有时会扼杀孩子的创造力

有的父母时时刻刻都跟着孩子，这样会让孩子有种被监视的感觉，玩耍的时候，放不开，玩得也不尽心，更谈不上培养创造力了；有的父母喜欢当着孩子的面，在亲戚朋友面前评价孩子，他们总认为孩子听不懂，其实经过一段时间后，孩子很容易就听出来大人喜欢什么，厌恶什么，从而学会迎合大人的心思，不再有任何独特的想法和行为了。父母都希望自己的孩子是出类拔萃的，孩子之间也就存在着竞争，加上父母施加给孩子的压力，孩子根本无法自由轻松地发挥出自己真实的水平。父母一方面培养孩子的创造力，一方面又给孩子制定很多规矩、条例，这本身就是相互矛盾的，孩子无法获得自由，怎么可能有任何创造性呢？

卡尔箴言

创造力包括智力、敏觉力、流畅力、变通力、独创力、精进力，这是在孩子的早期教育中，需要很好开发的一项潜力。抓住孩子的兴趣，设置适合开发这些能力的游戏和学习氛围，有方向地引导孩子，朝着这些方面来靠近，循序渐进地，就会锻炼孩子各方面的能力。

第十七章

高尚心灵的感悟

GaoShang XinLing de GanWu

孩子的心灵是一块神奇的土地，撒下思想的种子，就会收获行为；撒下行为的种子，就会收获习惯；撒下习惯的种子，就会收获品德；如果撒下品德的种子，最后收获的就是命运。孩子的命运其实就掌握在父母的手中。父母以身作则，重视孩子的品德教育，就为孩子的成长打下了坚实的基础。因此，良好品德的培养也需要从婴儿时期就开始。

——德国教育学家　卡尔·威特

第一节　唤醒孩子的责任心

歌德说，“责任就是对自己要求去做的事情有一种爱。”丘吉尔也说过，“高尚、伟大的代价就是责任。”

责任是一种良性的压力，它是孩子体现自身存在价值的一种表现，因为有了责任心，孩子才会更加努力稳固这种价值所产生的自豪感。

让孩子积极地参与家庭活动，可培养孩子的责任意识，因为家庭活动让孩子体会到父母的辛劳，懂得生活的意义，让他们明白任何事情都是需要努力才能得到回报的，从而产生强烈的自豪感，并对未来生活充满信心，这就是对孩子责任心的一种培养。

父母应给予孩子适当的鼓励、赞美、期望，通过批评、奖惩等方式，带领孩子参与到家庭活动中来，督促孩子承担一定的家庭责任，从而培养孩子对家庭和社会的责任心。

责任心的培养要通过孩子自身的实践体验，父母事事包办会让孩子缺乏责任

感。父母要让孩子自己承担失责的后果，明白他的所做所为不仅仅是个人行为，更是对家庭和社会的一种责任。

如果一个孩子没有养成这种责任心，那么他进入社会后，同样也不能表现出有责任的态度。因为，从小就接受责任心的培养和教育的孩子，就会将自己的责任心扩展到整个社会甚至所有人身上。孩子若是缺乏责任心，就会缺乏促使他们进步的良性压力，并且孩子很少会考虑事情的后果和责任，这类孩子常常遇事就推给家长，这样的孩子即使是天资聪明，也无法取得很大的成就。

对威廉的教育，我就是在任何事情中都对他进行一些有意义的锻炼，从而增加他的责任心，使他意识到自己对他人和社会的价值。

实际上，责任心是一种习惯性行为，而且是一种很重要的习惯。责任心是孩子健全人格的基础，是能力发展的催化剂。

威廉小时候非常顽皮，我们已经教育过他很多次了，但他依然我行我素。有一天他竟然把花园搞得乱七八糟，但是我并没有立即责骂他，而是把威廉叫来和我一起整理花园。

“威廉，播种的时节就要到了，你认为我们在这个花园里种植些什么呢？”

“爸爸，当然是蔷薇花了，妈妈不是最喜欢蔷薇吗？她肯定很高兴，还有郁金香、草莓啊，很多很多花可以种植的啊！”

“很好，在那块空地上，我们就种草莓吧！”

“我喜欢吃草莓，还有樱桃。”

“就这样决定了，以后我们就能吃上自己侍弄的水果了。”

第二天，威廉还叫了很多小朋友来帮忙，孩子们都非常勤劳，又有秩序地帮着我翻土、播种，看着他们干劲十足的样子，我这样说道，“可是，孩子们，这样的话，你们就不能再到花园里玩耍了。”

“当然，没有人会来伤害这些种子，我们要保护它们。”

最后，孩子们建议在空地上插一块小牌子，写上“请爱护花园”。

这样，通过孩子们的参与，他们就认为自己有责任来管理好这个花园，他们感受到了自己背负的是一种责任，当然就不会再出现在花园里捣乱的事情了。

卡尔箴言

责任心的培养要通过孩子自身的实际体验，父母越俎代庖是无济于事的。有的父母代孩子整理书包，帮助孩子检查作业，这是责任心的“错位”和“越位”。让孩子自己承担失职的后果，孩子才能懂得上学读书不是个人的行为，而是对家庭和社会的一种责任。培养孩子的责任心应该从大处着眼，小处着手。要让孩子在家庭中感受责任的分量，倒一次垃圾、洗一块手帕都应给予表扬鼓励，失职时应给予批评和惩罚。

第二节　正确对待金钱

在很多人看来，金钱就是罪恶的根源，不应该让孩子过早地去接触金钱，以免破坏孩子纯洁的心灵。但是，每个人都是无法避免和金钱打交道的，人的一生中都必须与金钱接触。所以，想通过这样的方式来阻止孩子对金钱的接触是完全不正确的。因为金钱本身并不存在罪恶与万能之说，金钱只是一个符号，一种交易的工具。

传统观念认为由于孩子心智尚未成熟，经受不起金钱的诱惑，所以应该尽量让孩子远离金钱，使他们的心灵保持纯洁。这是一种极端的看法，我父亲认为，金钱本身并不具有善恶性质，更不是罪恶的根源，过度贪婪金钱人才会堕落。

父母不仅不应该反对孩子接触金钱，而是要早点培养孩子正确的金钱观。所谓的金钱教育并不是像很多人想象的那样，会把孩子教育得更加自私和贪婪。只要教育方法得当，金钱教育其实是一种最现实的教材，不仅可以让孩子学会更好地生存，还能提升孩子的精神境界。赚钱谋生是每个孩子都要面对的问题，这直接关系到他以后的生活质量。在对孩子的金钱教育中，父母要让孩子明白这样一个道理：金钱是日常生活所必不可缺的要素，我们既不能因为贪欲而丧失做人的原则，也不要故作清高蔑视金钱的力量。

对成长于物质相对宽裕环境中的孩子来说，培养其正确的金钱观比直接给予孩子金钱更重要。这种价值观应包括：金钱和物质不是天上掉下来的，是靠辛勤劳动换来的；金钱能让人拥有物质条件，但不能代替所有的美好精神品格，比如，幸福就不是金钱可以买到的。用金钱去培养孩子的责任感，学会帮助需要帮助的人，获得精神快乐；学会合理支配金钱，让金钱在孩子的生活中处于合适的位置。

我认为从小对孩子进行金钱观的教育是非常重要的。金钱也是我们生活中的一个重要部分，是孩子认识社会如何运转的一个重要方面。孩子经常遇到金钱方面的问题，往往和购买欲望有关，其实他们并不会深刻地去思考有关金钱的问题，所以，对孩子的金钱教育就包括这两方面：首先，我们要让孩子用正确的心态来对待金钱。其次，我们要教会孩子正确的使用金钱。如果做不到这两点，就会为金钱所累，变成唯利是图的小人或者沦为金钱的奴隶，最终变成败家子，失去人生的意义和尊严。

如果父母不让孩子了解和金钱相关的知识，孩子就不会懂得珍惜父母的劳动成果，也不会懂得凡事都得靠勤劳的双手得来这样的道理。没有金钱概念的孩子不懂得关心家里的经济状况：是否有柴米油盐，是否足够丰裕，这些都仿佛与他无关，他们自认为那是父母应该为他们准备好的事情，他只关心每月能在父母那里拿到多少零花钱。

按照常理，我父亲作为一个牧师，应该有着坚定的信念和执着的信仰，应该淡泊金钱与名利，更不可能教孩子去处理这些事情。然而事实正好相反，父亲从我懂事开始就经常和我讨论金钱的问题，从而对我进行金钱方面的教育。

我考入莱比锡大学之后，认识了当时的教育大臣劳斯特爵士。劳斯特爵士曾经邀请我到他的别墅去度假，那是一座富丽豪华的城堡式建筑，在那里经常会举行盛大舞会。

劳斯特爵士的儿子与我年龄相仿，名叫保罗。这个不到10岁的孩子居然有一艘属于自己的小游艇。在劳斯特爵士府上度假的那段时间，我尽情地享受到了人间的奢华。

在此之前，我一直过着简朴的生活，从未领略过上流社会的奢华。而现在我感到无比得兴奋和快乐，不停地给父母叙述劳斯特爵士家的奢侈安逸，言谈中流露出羡慕之情，我对父亲说：“爸爸，如果我们也那样生活的话该有多幸福啊！”

我话音刚落，父亲就大发脾气，“够了，卡尔！我们都听够了，该醒醒了。我告诉你，我们买不起别墅，就算买得起，我也永远不会给你买。现在我不想看到你，回你的房间去。”

晚餐时，父亲已经恢复了平静，对我说：“卡尔，你真的向往那种生活吗？”

“是的，我从未享受过那么奢华的生活，爸爸，请不要生气，我知道我不应该向往那种生活，但我确实觉得很快乐。”我如实对父亲说道。

父亲推心置腹温和地对我说：“好，你说出了你的心里话。现在我已经不生气了，之前我太粗鲁了。的确，很少有人能经受得起物质的诱惑，何况你还是个

孩子。但是你要知道，如果一个人经受不起金钱的诱惑，就很容易失去自己的尊严和自由，成为金钱的奴隶。一个有理想、有抱负的人，他的幸福不应该建立在金钱基础之上，即使是在贫困中也能找到快乐。你能明白这个道理吗？”

听了父亲的一席话，我感到惭愧，也顿时领悟了关于金钱的道理。

“卡尔”爸爸再次语重心长地告诉我，“每个人都有迷失自我的时候，追求享乐是人的本性，但追求美和正义才是人真正要学习的。人一出生，并没有善恶之分，但最后他成为好人还是坏人，就在于他怎么生活。”

威廉出生之后，父亲总是给予我们很多教育孩子的建议，也包括金钱观念的教育，“金钱具有扭曲人心的力量，多少人因为贪欲而丧失了善良、正直的品质，因此一定要让孩子学会用正确的态度来对待金钱，既要培养孩子赚钱的能力，也要培养孩子抵制金钱诱惑的能力，只有这样，孩子才能真正成长为身心健康的人。”

我时常给威廉讲述《伊索寓言》中的故事，威廉也很喜欢其中的故事，因为孩子都反感大人长篇阔论地讲道理。

《伊索寓言》中有这样一个故事：一个贫穷的孩子正在河边砍一棵树，他的斧子却不小心掉到河里去了，河神听见了他的哭泣，就帮他把斧子捡起来还给他。第一次，河神拿着金斧子给他，问是不是他的斧子，这个孩子说不是他的；第二次河神又拿了银斧子给他，他依然说不是他的；最后河神拿着这个孩子丢失的斧子还给了他，并赞扬了他，同时把金斧子和银斧子都送给了他，从此这个孩子

就过上了美好的生活。

“你知道河神为什么要送给他那么贵重的东西吗？”我问威廉。

威廉回答说，“这是因为那个孩子没有说谎。”

“当然，是这样的，诚实让孩子换来了富足美好的生活。但是威廉，如果当时，那个孩子撒谎得到了那些宝贵的斧子会怎么样呢？”我继续问威廉。

“应该要被河神惩罚吧，因为他不仅不诚实，还非常贪婪。爸爸，你不是常说，贪婪会让人变得可怕吗？”威廉这样告诉我。

“孩子，你说得太对了，如果一个人在金钱面前还能坚持自己的原则，保持自己的尊严，他就值得世人尊敬。”

简朴的生活给人带来的并不会是窘迫，而是让人懂得爱与美的价值。父亲的教育给了我无穷的力量，这种力量让我在生活和工作中经受住了金钱的考验，得到了一种比享受奢华生活更为巨大的幸福，也让我明白金钱不能买到灵魂所需要的东西，比如幸福。

卡尔箴言

金钱是生活中的重要部分，是孩子认识社会如何运转的重要方面。钱这个东西本来就没有好坏之分，使钱变质的不是钱本身，而是拥有钱的人。孩子对金钱的态度是自然形成的——来自父母的遗传和培养。所以父母若用钱来惩罚和奖励孩子一定要慎重，千万不能以钱作为评价、衡量人的标准。钱确实能解决一些问题，但钱不能换来爱，不能换来信任，不能换来尊重。

第三节　优良的传统

小时候，我们家的生活非常清贫，只能维持基本的生活需求。如果不是我上大学的时候，申请到了奖学金，可能我都难以完成学业。母亲告诉我，父亲那件常常穿的外套都已经穿了十几年了，领口和袖口都磨破了，他仍然舍不得换新的，还让母亲给他补了再继续穿。父亲的节俭，在我们村里是出了名的，但是父亲在村里很受人尊敬，因为父亲的收入虽然不高，却时常很慷慨地去帮助别人。

父亲告诉我："不舍得花钱，未必就是吝啬，关键要看你怎么花。"父亲时常给我讲关于"节约"的故事，他的本子上记着很多关于"节约"的格言警句：钱币是圆的，所以容易滚走。披着破大氅的，往往是酒徒。

父亲总是说："奢侈好像酒，既使人兴奋，又使人颓废。"他告诫我，千万不能养成奢侈的生活习惯，因为奢侈会破坏人们心灵的纯真。你获得的越多，就越贪婪，而且确实总感到不能满足自己。父亲说："那些不择手段追求奢侈生活的人，思想品德必定是败坏的样的人终将受到惩罚。"

父亲的言行深深影响着我，我从小就养成了节约的习惯，父亲很少给我零花钱，就算是亲戚奖励给我的钱，我也很好地保存起来，我想把这些钱"用在需要帮助的人身上，这样自己也会感受到真实的快乐。"父亲尽量给我亲自制作玩具，利用有限的玩具，父亲会设计出不同的游戏和我一起玩耍，我的很多知识都是在这些游戏中学到的。父亲在培养我节俭的品质方面，付出了很多心血和精力，虽然他没有像其他父母那样为我提供丰厚的物质生活。幼儿几乎还不能很好地控制自己的行为，这就要求父母的正确引导和帮助。而有的父母并无法拒绝孩子的任何要求，对于孩子总是有求必应，这其实是一种纵容。

在孩子小小的世界里，父母的溺爱会让他们养成要挟父母的习惯，他们会认为只要他们想要的东西，通过哭闹的办法，父母总是会满足他们的要求的。长此以往，最直接的后果就是，让孩子体验不到节约的快乐。

其实孩子要比父母想象的还能明白事理，父母要懂得拒绝孩子的无理要求，在实际生活中对孩子进行节约方面的教育。

长大后，我更加深刻地体会到了物质欲望是没办法满足的，大多数成人迫于现实都能用理性来控制过分的物质欲望，而孩子却没有这样的自制能力，他们有考虑客观条件，总觉得通过父母就可以满足自己的需求。若是父母在这个时候有求必应，必然造成越来越严重的后果。这种状况下，就需要父母给以正确的指引和教育。

在威廉小时候，我就十分注意培养他勤俭节约的美德。一次，我和威廉一起散步，经过一个商店，威廉被一套漂亮的木制玩具吸引住了。看了又看，流连忘返。最后，他忍不住对我说："爸爸，我想买那套小玩偶。"

"威廉，你不是已经有一套木偶了？"我提醒他已经有一套小玩偶了。

威廉立即告诉我："这一套更好玩，那个士兵，手上还拿着长矛呢！"

我再次告诉他："你的玩偶里也有士兵，长矛我们可以自己动手做好了，再安装到士兵手上去的啊。"威廉每找出一条买的理由，我就找出一条不买的理由。

最后他不高兴地放弃了。走出商店，他对我说："爸爸怎么这么小气？"我告诉他，这是节约，不是小气。

回到家里，我给威廉讲了我父亲是怎么节俭度日的，又是怎么慷慨助人的。我告诉威廉，节俭是一种美德，是我们威特家的良好传统。无论是在苦

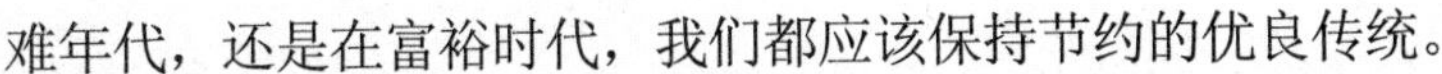

难年代，还是在富裕时代，我们都应该保持节约的优良传统。

我也和威廉一起自己动手做玩具，长矛、头盔、匕首等等，看到自己做成的小玩具，威廉开心极了。而在这个过程中，威廉也明白了一个道理，节俭是一个人一生中必须要具备的良好品德。

节约是个人修养的表现。

卡尔箴言

虽然随着社会的发展，人们的观念和行为都相应发生了改变，但是优良的传统依然不能丢弃，需要我们一代一代地传承下去。优良的传统都是由我们的前辈经过总结而积累的宝贵经验，对于哪一个人都是有益无害的。一个人的成长和一个国家的兴旺都离不开这些良好的习惯和优秀的品德，这都是每个人的教育中不可缺少的课程，孩子的品德和习惯都是从小开始培养的。父母的言传身教比任何书本和故事都更形象、更直接。

第四节　重视孩子的“善良教育”

莎士比亚说，“善良的心，就是黄金。”善良不是装饰品，而是孩子美好心灵的一种表现。卢梭也说，“善良的行为有一种好处，就是使人的灵魂变得高尚了，并且使人可以做出更美好的行为。”

据父亲讲，在我8个月大的时候，他就下定决心要从那时开始培养我的思想品德。他说，一个人拥有良好的品德甚于渊博的学识，这样的人值得世人尊敬。因为当时，母亲不在家，家人就让一个女佣来喂我吃饭，由于我已经熟悉母亲给我喂饭，对女佣自然就十分抗拒，我使劲用手抓伤了她的脸，就是为了把她赶走。

所以，父亲认为一个人的本性中就包含着善与恶，只有对孩子进行正确而及时的引导，才能让孩子善的本性发挥出来，恶的的本性得到抵制。善良是一切美好品德的基础，对孩子的品德培养，应该越早越好。

父亲给我讲很多故事，就是为了让我学习那些英雄人物的优秀品德。特别是故事中关于这些世人需要的良好品德的描写，每天临睡前，父亲都会给我讲。为了让我更好地理解其中含义，父亲会对故事进行详细的解释。

至今，我仍然记得一个故事，我认为它更好地解释了什么是善良，什么是真正优秀的品德。

故事讲的是一次募捐，财主们都捐献了很多钱财，有一个衣衫褴褛的贫穷妇人捐献了她唯一的钱。这个贫穷的老妇人要比那些财大气粗的财主们更慷慨，因为她用尽了自己的所有，她带着虔诚的心。

这个故事让我对什么是善有了更深的认识，善不在于形式上的多与少，而在于行善者的内心是否纯粹。

威廉5岁过生日时，我和玛格丽特送给他一件漂亮的呢绒披风作为礼物，威廉高兴极了，立刻把它穿在身上出去玩耍，等他回来的时候，他的披风却不见了。玛格丽特有点生气，便责怪了威廉，但是威廉很高兴地说：“妈妈，我想你并不会反对我去帮助别人。”

“当然，可是，这和你的披风有什么关系？”

“我回家的时候，看见一个小女孩在寒风中瑟瑟发抖，我想她肯定很冷，我就帮助了她，把披风送给她了。”

“但是，你年纪还小，根本没有力量去帮助别人。”

“也许是这样，但是她穿上我的披风，马上就不再发抖了，我觉得这也算是帮助。爸爸，我做得不对吗？”

“当然，威廉，你的做法很正确，我们不应该认为自己小就放弃去帮助别人的机会。”我和玛格丽特都对他的做法给予了支持和赞扬，让孩子形成这样优秀的品德，比一件衣服重要得多。

虽然威廉失去了一件生日礼物，但他并没有因此感到遗憾，相反，他的这一次生日，比任何一次都要愉快！如果一个孩子发现自己有能力帮助别人，他就会觉得自己是个有用的人，从而会对生活充满更多的热情和自信。

父亲说过，“学习为我们带来幸福，善行却给我们带来赞许。”尽管每个时代，都有自己独特的价值观，但诚实守信、负责任、严以律己、宽以待人、忠诚

善良这些良好品德是对一个人的基本要求。

从时间上来说，真正的善良之举不是一时的心血来潮，而是长期的坚持。从空间上来说，真正的善良之举不仅是一件事的善举，而是对万事万物都有善心、善意、善举。

卡尔箴言

“别人打你，你也打他，打不过就咬”、“咱们宁可赔钱，也不能吃亏”，这是现在很多父母在教育小孩时常说的话。大人的本意是“让孩子学会保护自己，别上当”。在家长看来，“从小不吃亏”才能更好地保护自己。“人善被人欺”的思想让家长们不愿意对孩子进行“善良教育”。实际上，没有善良之心的孩子也不可能很好地保护自己。

善良教育包括：教会孩子保护自然环境和动物；同情并帮助弱者；包容他人，有宽容心；摒弃暴力，不给孩子提供暴力玩具，在处理问题时不用暴力行为。

第五节　父母是孩子最好的老师

父母是最早陪伴孩子的人，也是孩子最早的模仿对象。父母的言行举止会对孩子的一生产生深远的影响。在对孩子的早期教育中，不仅仅要培养孩子各方面的能力，对他们进行良好品德的教育也是孩子的成长中最为重要的一个环节。

从成为父母的那一刻起，父母就已经扮演了一个老师的角色，而且是孩子的第一任老师，对孩子的成长影响深远，如果父母有很多不良习惯，自然会影响到孩子。所以，作为父母，为了教育孩子，首先要做的就是提高自己，改变自己。

其实，世界上最美的书，是孩子的父母书写的，最好的语言是孩子的父母传递的，最好的行为举止也是父母刻画的。所以，有的时候，为人父母者，在斥责自己孩子的时候，也要想想，自己做到了吗？

道德是孩子学会做人的基础。有人说，父母若是只教给孩子文化知识，而不培养孩子的心灵，那么这个孩子在成长过程中，则没有吸收到道德的养分，他的智慧等潜力则不能很好地发挥，其他方面的发展甚至可能是畸形的。

一个人只有具备了高尚的道德和人格，他的成功对社会才有意义。实际上孩子的行为往往折射出父母的品质，孩子身上往往打上了父母的印记。父母的言行、习惯、人格、思想品德等等都会直接地对孩子起着榜样的作用。在潜移默化中，父母身上好的品质、坏的品质，都会影响孩子并使孩子形成优劣不等的品质。因此，父母是孩子最好的老师，看一个孩子有没有优良的品质和良好的习惯，往往要看教育这个孩子的父母有没有养成这样的品质与习惯。

父母如果不能做到以身作则，让孩子顺其自然地发展，则是不负责任的表现。

我和玛格丽特时常相互提醒、相互监督，尽量为威廉作个好榜样，让自己的言行举止对孩子产生潜移默化的教育作用，否则讲再多的道理也是白费工夫，孩子是最善于模仿大人的。

我的朋友哥斯泰考姆的儿子皮鲁非常贪玩，时常把作业丢在一旁，用大量的时间来玩耍，哥斯泰考姆作为他的父亲，根本管教不住他，除了讲道理就是责骂，但是都没起到任何作用。

有一天皮鲁又玩到天黑才回家，哥斯泰考姆就说："你怎么又是现在才回家，那天不是才向我保证过，要按时完成作业的吗？都向我保证过多少次了，你自己记得吗？我想你也是忘记了，你真不知羞耻！"

也许哥斯泰考姆的话说得太难听了，皮鲁很生气地说："那又怎么样！你还不也是这样的人，你有什么资格来说我！"

"什么！你竟敢这样跟我说话！"

"你记得说要带我去钓鱼吗？你记得说带我去游泳吗？"

孩子仅仅用一句话就让父亲哥斯泰考姆哑口无言，所以父母的一些行为孩子是会记在心里的，他按照大人的方式来处理自己的事情，根本不会认识到自己的错误，也没有觉得有任何不妥当。父母在抱怨孩子的同时，一定要先审视自己的行为是不是已经给孩子带来了不好的影响。对于每一位父母来说，时刻反省自己是很有必要的。

孩子长大后成为一个什么品德的人，取决于父母对孩子的教育方式，父母只要用正确的方式加以引导，孩子就不会成为自私自利的人。

每一个孩子小的时候，性格里总是存在着很多缺陷，但是不要认为这一切都是孩子自己的责任，发现了孩子的不良习性也不能一味采取打骂的方式去管教，而是要尽力用自己的行为去影响和感染他，帮助他改正。

威廉很小的时候，我鼓励他把零钱存起来，去帮助需要帮助的人。但是孩子小的时候不明白这些，他根本不会懂为何要去行善。我们就只有亲身给他做一些儿实际的示范，参加慈善活动，募捐活动，帮助孤儿、孤寡老人。渐渐地，他自己就学着去做这些事情，并亲身体会到其中的快乐，因为只有自己才能体会到行善的快乐。威廉养成了帮助别人的好习惯，认识他的人都说他是一个充满爱心的人。

不管孩子在外面受到了怎样的负面影响，孩子的行为最主要的还是在学自己的父母，因为父母是他们最信任和最爱戴的人。威廉有段时间学会了说脏话，举止也变得异常粗鲁，在小孩子的心中，他们认为这样做才最接近英雄人物的样子。孩子都有逆反心理，你越是禁止，他就越是感兴趣。因此，当威廉在我们面前学说粗话的时候，我们总是对此报以冷漠的表情，每个孩子都不希望做自己最爱戴的人不高兴的事情，当威廉发现这些行为在家里不受欢迎后，自然也就不再说了。无论是孩子还是大人，对于命令与生俱来就会有一种本能的反感，因此与其强迫他们听话，不如用自己的一言一行影响他。善于引导孩子的父母可以用恰当的方式教育孩子。他们想要孩子做什么，不必下达命令，孩子就会自觉去做，不想让孩子做什么，即使不禁止，他们也能控制自己不去做。

卡尔箴言

孩子的心灵就是一张白纸。这张白纸上，究竟能画出什么样的图画，主要靠大人们的行动来回答了。

孩子都是一个成长发育中的个体，孩童阶段就是一个由不成熟到基本成熟的过程，这一阶段是从无到有、从简单到复杂，逐渐地形成和完善起来的。而这一过程，是离不开模仿的。孩子模仿的对象是成人——父母以及他所接触的每一个成人。因此，我们每一个人的行动，不仅有其直接意义，还有其间接意义，那就是给孩子作出一个榜样。

第六节　给孩子一个诚信的世界

诚信是一种美德，和大多数的美德一样，常常会给孩子的成长带来最直接的影响。诚信，是孩子健康成长和将来踏入社会学习、工作和生活的重要筹码。诚信是良好的思想品德，可以促进孩子智力和能力等方面的发展。“一言既出，驷马难追”、“言不信，行不果”说的就是这个道理。莎士比亚也曾说，“如果要别人讲诚信，首先自己要讲诚信。”

我们总是希望孩子有诚实的品质，但诚实的品质不是从天上掉下来的，是要靠父母的言行一点一滴到渗透给的孩子的。什么是人生的起跑线？明礼诚信、老老实实地做人，才是人生真正的起跑线。

很多人都认为只有大人之间才用上“诚信”，孩子不太需要，有些孩子也不把讲信用当回事，甚至完全不懂得承诺意味着什么，喜欢给别人许下诺言，却无法兑现，这是因为他们缺乏对诚信的基本认识。父亲经常告诫我，诚信是一个人为人处世的根本原则，只有以诚信为基础与人交往，才可能得到别人的信任和尊重。撒谎、不讲信用、坑蒙拐骗，也许会获得暂时的利益，但是迟早要爱到惩罚，这样的人没有真正的朋友，也不会获得别人的帮助。

诚信是人应有的品德，是一个人长时间坚持修炼养成的良好习惯。说话，我不会用恶意的谎言去蒙骗人；做事，我不会设计好陷阱坑害人；我更不会因为一己之利，挖空心思去伤害人。做一个诚信的人，确实是件不容易的事，但一个真正诚信的人，在关键时刻还是会受到生活的垂青，也可以说真正的诚信就是一块闪光的金字招牌，它能让那些能透过灰尘看见金子本质的慧眼，对他刮目相看。一个人只有亲自尝试到了没有“诚信”带来的后果，才会明白这是一种多么重要的品德，才会开始重视这些品德的培养。

据说在古代英国有一位有钱的绅士，一天深夜在回家的路上，被一个蓬头垢面衣衫褴褛的小男孩儿拦住了。

“先生，请您买一包火柴吧。”小男孩儿说道。

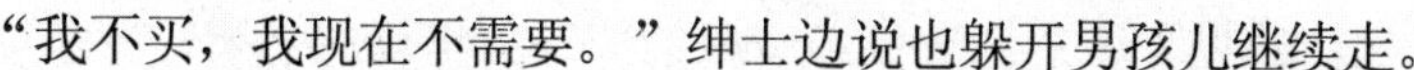

“我不买，我现在不需要。”绅士边说也躲开男孩儿继续走。

“先生，请您买一包吧，也许您明天就会用到的，因为我今天什么东西也没有吃，”小男孩儿追上来说，“先生，请您就当是在帮助我吧！我还有个弟弟在等我回去给他买吃的呢！”看得出来，这个小男孩已经没有办法了，绅士不由生起同情之心。

“可是，我现在真的没有零钱啊！”绅士感觉到非常得尴尬，为了证明他说的是真话，让小男孩相信他，他把身上的钱都拿了出来，的确是没有零钱。

“这样吧，先生，你先拿上火柴，我去给你换零钱，你一定在原地等我。”

绅士相信了这小男孩，拿钱给他，并在原地等他回来，但是他等了很久也没有见到那个男孩的身影，只好无奈地回家了。

第二天，他把这件事讲给朋友们听，朋友都认为是他太傻了，上当了，那个装得楚楚可怜的男孩就是个骗子，可是，绅士一直认为那个男孩是绝对不会骗他的，他依然会在那个买火柴的地方等小男孩。

终于，有个小孩，径直向他走了过来，并仔细地看了看他的容貌和衣着，似乎还不太确定地说道“先生，这是您那天买火柴应该找给你的零钱，你数数看对不对？”

“你是？那天卖火柴的男孩不是你吧？今天为什么是你来呢？”

“那是我哥哥，那天他去给您换零钱的时候，被车撞伤了，我一直在照顾他，今天他好点了，就差遣我来给您还钱。哥哥说，您一定会在这里等他的，他说您是个好人。”

“哦，我也相信你哥哥不是个骗子。”

“谢谢您相信我们，没有让警察来盘查我们。”

绅士被这两个真诚的孩子打动了，当他了解到他们已经父母双亡的时候，就决定为他们承担生活费用，还教他们学习文化知识。

这位绅士与两个贫穷的孩子之间，就是因为诚信的存在，他们才相互尊重，从而有了这样一段奇异的缘分。

在小威廉的成长过程中，也发生过这样的事情。一次，我的同事送我了两张俄罗斯大马戏团的戏票，这是在我们这个城市的最后一次演出。我回到家后告诉威廉，晚上要带他去看马戏。威廉高兴极了，马戏表演是他最爱看的节目。在去看表演的路上，我们遇见了罗尔斯先生。威廉的朋友哈里森的父亲，罗尔斯先生一看见我们，就热情地对威廉说："威廉，哈里森已经准备好了，我想你们会玩得很高兴的。"

罗尔斯的话让我有些莫名其妙，我看看威廉，发现他看起来很不自在。罗尔斯走了后，我问威廉："哈里森准备好什么了？"

威廉吞吞吐吐地说："哈里森在家里举行晚会，邀请了我。"

"你接受了邀请？"我问威廉。

威廉很不情愿地说："是的，爸爸。"

"既然你这样希望去和哈里森玩耍，为什么还要答应跟我去看马戏呢？"

"我不想去哈里森家里玩，爸爸，我想去看马戏。"

我严肃地说："你答应的事情怎么能不守信用呢？"

"和哈里森玩耍那样的聚会经常都有的，可是俄罗斯大马戏团错过了就不会再有了，爸爸。"

"那么哈里森那儿你准备怎么办呢？总不能又看马戏又参加聚会吧？"

"那我就去告诉哈里森，说我生病了，要回家睡觉去，不能去参加他的聚会了。"

我一听威廉这么说，顿时严肃地对威廉说："为了看一场马戏，你就宁愿撒谎吗？宁愿做不讲信用的人吗？"

"不是的，爸爸。"威廉有些慌乱地说，"可我真的好想去看马戏。"

"威廉"我看着他的眼睛说，"道理我也已经给你讲过了，现在我要你做一个决定，是去看马戏，还是去参加聚会，你自己选择！"

"我……"威廉支支吾吾地说，"我还是想去看马戏，爸爸。"

我不由分说地拉起威廉就回家去，我命令威廉，"你准备一下，我马上送你到哈里森家里去。"威廉又哭又闹，伤心地告诉我，他哪儿也不去。我非常气愤，对威廉这种不守信用的做法也很失望。我一气之下，毫不犹豫就把两张马戏票撕得粉碎。

后来我心平气和地告诉威廉，俄罗斯大马戏团表演的确很精彩，我和他都很想去看，但是这也只是马戏团的演出，也许以后还会有机会看的。但若是不讲诚信的话，就再也没有机会挽回了。不管我怎么说，威廉还是继续抽泣。于是，我想起了小时候父亲讲给我的关于诚信的故事，便把它讲给威廉听。

我说，"威廉，这样吧。我给你讲一个小故事，听完以后，你若还觉得不想去聚会的话，那就由你来自己决定，好不好？"在我的劝说下，威廉安静了下来。于是我开始把父亲讲给我的这个故事讲给他听：

故事说的是，一只鳄鱼想欣赏岸上的风景，因此爬到沙漠上去晒太阳，但却发现自己已经没力气再回到水里了。这时他看见了一个身强力壮的小伙子，于是请求小伙子的帮助，告诉小伙子，只要背它回到水里，便会感谢他。后来小伙子帮助这只鳄鱼，把它背回了水里，而这只鳄鱼不但不遵守之前的承诺，反而看到小伙子长得壮实，想吃掉小伙子的腿。这只鳄鱼和小伙子各说各有理，于是它们找河马评理，河马想了一个办法，让小伙子再次把鳄鱼背回了沙漠上，鳄终于受到了惩罚，因为它不讲信用，最终被晒死在了沙漠上。

河马回头对这只鳄鱼说："我们只对诚实的人讲信用，既然你不讲信用，不但不履行之前所约，报答小伙子，还想吃掉他的腿，我们当然也不必对你讲信用啦。"

我的故事一讲完，威廉就明白了我的用意，不好意思地说："爸爸，我们还是去参加晚会吧，我可不是那只鳄鱼。"

卡尔箴言

诚信就是待人处事真诚、讲信誉，言必行、行必果，一言九鼎，一诺千金。父母要让孩子明白：承诺是一种责任，是一种积极的做事态度。对孩子进行诚信教育时，一定要注意孩子的第一次说谎。当父母觉察到孩子第一次说谎时，要正确对待，千万不要打骂、呵斥，否则会适得其反。较稳妥的方法是仔细分析孩子说话的动机，采取正面的教育方法，把孩子的第一次说谎消灭于无形之中，让孩子明白说谎的后果。

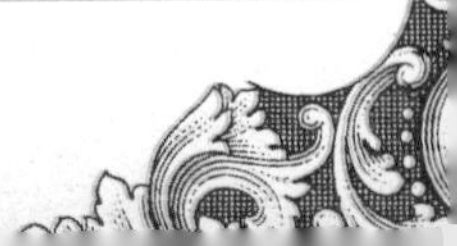

第七节　爱的教育

有人曾说过，一个人有了爱就有了一切。爱是人类最珍贵的情感，是所有高尚品质和美好道德的核心。孩子对于爱的感受最自然、最丰富、最纯洁。孩子的心中很少出现崇高、感动这类词汇。爱的传承，是人类繁衍和发展的载体和动力。“爱的教育”这样的话题看似宽泛，实际上却是由现实生活中一个个微小的细节构成，也就是说，对孩子们实施“爱的教育”，既不需要做专门的课程安排，更不需要安排专职的教师，只需父母的言传身教。

爱的教育对现在的孩子来说非常重要，让孩子在被人爱中感受温暖、快乐，并由此学会爱别人，帮助别人，形成健康的人格。借助生活中一点一滴的小事，反复加深孩子的印象，使孩子明白帮助别人，能给被帮助者和自己都带来快乐。道德根植于生活，父母要想办法把爱的教育延伸到丰富多彩的社会生活中，带领孩子从社会实践活动中接受爱的德育，从而让孩子享受由此带来的幸福感。

现实生活中存在过多“爱的教育”的盲区，比如绝大多数父母在“爱的教育”的根本理念上就存在极大的偏差，他们认为教自己的孩子帮别人、爱他人，就是教自己孩子“学傻”，他们担心这样的“爱的教育”会使日后走上社会的孩子“吃亏”。许多孩子的父母还会通过自身的行动，向自己的孩子传达一些错误的观点。

爱的教育是品德教育的基础，是培养孩子健康心理和健全人格的准则，是孩子健康成长和获得人生幸福必不可少的元素。在早期教育中，父母对孩子进行爱的教育可以使孩子学会爱父母、爱别人和培养孩子的社会责任感。

对孩子有意识地进行“爱的教育”之前，父母首先要反省自己是否是懂得体谅他人、善待他人的人。若是父母善待别人，那么他们的孩子在这方面一定不会差得太远。所以父母在抱怨自己的孩子不懂“爱别人”、不懂得谅解的时候，一定要看看自己是否已经做好了榜样。在对孩子进行“爱的教育”时，父母要遵循以下几点：

一、要让孩子爱父母，而不是怕父母

许多人主观地认为，孩子不爱父母是大逆不道，却不知道爱是需要培养的。要让孩子爱父母，父母则不能对孩子粗暴苛刻，从而使孩子害怕父母。

真正的爱孩子，是对其进行良好的教育，而不是溺爱孩子和忽视孩子。爱不是一种规定，更强求不来！父母想要得到孩子的尊重和爱戴，一定要用尊重孩子、理解孩子和爱孩子的教育方法。

二、要对孩子表达自己的爱

父母的肢体接触和言语的关爱，是对年幼的孩子表达爱意的一种方式。年幼的孩子需要关怀，而拥抱孩子，对孩子直接说出父母对他们的爱，与他们说话，一起做游戏等等都是父母可以对孩子表达爱的最有效的方法。

人与人之间都会产生误会，这些误会不可避免，包括父母与孩子之间，若是父母不会表达自己的爱或者没有表达自己对孩子爱的行为，那么孩子会认为是父母不爱他们。

三、要彼此体谅和相互关怀

父母之间的关系，会直接影响到孩子对这个世界的认知。不互相责备，不相互埋怨、不指责对方的父母教育出来的孩子，也会具备此种性格，因为孩子在相互体谅和互相关怀的环境中，学到的也是相互体谅和互相关怀。

同时父母还要以身作则，教育孩子爱惜自己他人。让孩子爱惜自己是教育孩子要自尊自爱，礼貌待人，理解别人和帮助别人。

如果一个人缺乏爱心，那他就很难会获得幸福。爱的教育并不是讲讲道理那么简单，父亲用他自己的行为亲自教会了我怎样去爱。父亲很爱母亲，他说，母亲对一个孩子的付出和牺牲，是其他人无可比拟的，母亲是世界上最可爱、最伟大的人。我总是看到父亲对母亲无微不至的照顾，父亲和母亲很少发生争执，即使是在教育我的问题上，他们之间产生分歧的时候，父亲也总是耐心地说服母亲，这种关爱数十年如一日，他们之间的感情从没有因为时间而发生变化。

在我8岁的时候，母亲生过一场大病，父亲日夜守候在母亲身边，无微不至地照顾她。我随时都能看见父亲坐在床边，拉着母亲的手，眼里噙满了悲伤的泪花。就在那一刻，我生平第一次学会了爱与忠诚。父亲对母亲的爱和真诚地感动了我，在他的影响下我也学会了用行动去表达自己对母亲的爱；也是父亲，让我懂得了从细微方面去关心别人。从小我就学会帮助母亲做家务，经常与母亲交谈，用心体谅她的心情。我从母亲的眼睛和动作里感受到了她的悲伤，分享到了她的快乐，与她一起焦急，也与她共同面对平淡生活。

有一天，叔叔在一次来信中邀请我与他一起去波尼纳的野外旅行，恰恰父亲要到北方的塞契隆镇去参加一个重要的教会仪式。这样父亲动身的时候，正好顺道可以把我带过去。我从未参加过这种远距离的野外旅行，兴奋得觉也睡不着。

为了让我们安心出行，母亲尽力掩饰自己的痛苦。而我却一心盼望着这次旅行，丝毫没有察觉到母亲身体的不舒服。但父亲却敏锐地发现了母亲正在经受痛苦。由于公事确实不能耽误，所以父亲就希望我放弃旅行，留下来照顾母亲。我日夜盼望这次长途旅行，因此非常不愿意就这样放弃。父亲以少有的严肃口气告诉我：“你母亲病了，她身边需要亲人的照顾。但你没看见她在极力掩饰自己的痛苦，不说出来只是不愿意影响你的旅行。人一生病，就变得脆弱，而这个时候最需要的就是亲人在身边的安慰和照顾。你也生过病，你应该知道这种滋味，若是你生病了，没有妈妈在身边照顾你，你会不会觉得不舒服？”

父亲一说，我马上想起来，早上给妈妈房间送花的时候，她脸色苍白，我羞愧地对父亲说："爸爸你放心去工作吧，我留在家里，会好好照顾妈妈的。"父亲摸摸我的头，温和地说："卡尔是个好孩子，你爱你的母亲，就要在行动上表现出来。你要学会观察身边的亲人，从他们的语气和表情以及行动中体会他们的心情。在他们最需要你的时候及时地帮助他们，这才是真正的爱，知道吗？你想想看，妈妈平时是否是这样关心你的？"

"是呀，我心里不高兴的时候，妈妈就会第一时间知道。我生病的时候，只要有妈妈在身边，我的疼痛就会减轻好多。妈妈生病了，我也要像她照顾我一样照顾她，我要帮她叫医生，喂她吃饭，还会给她讲故事，等你回来的时候，妈妈的病就会好了。爸爸，你就放心工作去吧。"

父亲放心地离开家，工作去了。这样的生活小事，让我懂得了怎样去爱别人。我和玛格丽特结婚之前，父亲特地写信给我，让我们在结婚之前再互相多一些了解，直到确信我们的爱情能够天长地久再结婚。父亲告诉我，之所以他再三强调这一点，是因为爱情在给我们带来幸福和愉悦的时候，同时也要求我们承担起维护爱情天长地久的责任：一个和谐的家庭不仅仅是我们个人生活的环境，还关系到孩子的成长。

我和玛格丽特都把父亲的教诲铭记在心。威廉很小的时候，我们就用自己的行为去让他明白，只有具备了良好品德的人，才会得到别人的尊敬，也让他从小就知道人与人之间的关系是相互的，对待别人就是对待自己。正是因为这些教育，凡是认识威廉的人都说他是一个善良的孩子，说他拥有一颗美好的心灵。

小孩子都有顽劣的时候，有一次我发现，威廉和他的几个小伙伴在戏弄一只流浪猫。他们在小猫的后腿上系上了绳子，然后赶着它爬上爬下，等它爬上去之后又把它拽下来。小猫被孩子们折磨得痛苦不堪，我赶紧走过去制止了他们。

我质问孩子们："你们为什么如此对待这个只猫？"

威廉满不在乎地告诉我："这样好玩呀！"

"好玩，难道你没有看见它很痛苦吗？"

威廉说："猫的动作那么灵巧，它是摔不坏的。"

我有点愤怒地继续说："为什么要这样对待一个生命呢？"

"这只是没人要的流浪猫。"托尼继续满不在乎地说。

"本来就没人关心它，你们反而欺负它，难道不觉得羞愧吗？如果你们没有

父母，别人也在外面欺负你们，你们会有什么感觉呢？”我再次耐心劝孩子们。

孩子们听了惭愧地说不出话来，威廉竟然请求我，收养这只小猫。在我的帮助，孩子们为小猫搭建了一个木板房子，而威廉则非常细心地照顾着这只小猫，喂食、玩耍、看医生、洗澡，就像对待朋友那样，他真正懂得了关爱生命。

卡尔箴言

爱是人类最伟大的情感，是所有高尚品质和美好道德的核心。对孩子进行爱的教育非常重要，让孩子在被人爱中感受温暖、快乐，并由此学会爱别人和帮助别人，形成健康的人格。孩子学会有爱心并不受任何人的命令，而是平常看在眼里、记在心里的结果。如当家中有老人生病时，父母应主动为老人捶背、穿衣、做饭、喂药……父母的一言一行会深深地打动孩子的心，在孩子幼小的心灵里，深深地埋下爱的种子，这样孩子体贴父母、尊敬长辈的意识才会逐渐形成。

后 记

献给我的朋友们

卡尔取得如此巨大的成功，让我作为父亲非常骄傲，但我更高兴的是我的教育学说被证明是行之有效的，而不是像有些人说的那样纯粹是异想天开。

大家也许认为，这本书是作为教育家的参考资料而写的。其实不然，因为教育家们敌视我，所以为他们写参考资料是无用的。不，我这本书就是为你们写的，为所有关心孩子教育的人写的。我想大家知道，除了时下流行的教育方式，还有其他更为有效的方法。

对于卡尔取得的成绩，很多人仍然认为他就是天生的神童，我的教育方法也一直没有得到权威的认证，但是也许你看了这本书，就会有新的认识。令我感到欣慰的是，当时还有人是我的知音，裴斯泰洛齐是人们当中第一个承认我的教育法的人。当人们还用怀疑的眼光看待我的教育法时，他立即就鼓励我说："你的教育法必定成功！"最近他又劝我公开我的教育法，还有巴黎大学的朱利安教授也这样劝我，他们认为，"由于卡尔的成功，让我们看到了你的教育方式的确是正确的，经过14年你完成了你当初的预想，甚至比你当时预想的效果还要好。"他们认为为了消除世人对我和卡尔的误解，最好的办法就是把我的教育手稿整理出来，证明我的教育方法是会让所有人都得到好处的实用方法。

我就是在他们的再三劝说下，把此书公之于众的。

我相信，世界上所有的父母都希望自己的孩子能有所成就，我们成年人的责任和义务首先是去帮助孩子成长，对于孩子的教育是所有父母应尽的责任。教育孩子不仅仅在于让他们获得知识，更重要的是让他们明白事理，拥有顽强的信念面对人生。在学习中获得的快乐，是人生中最大的追求。

天底下所有的父母都希望自己的孩子能拥有一个美好幸福的人生吧，希望我的书对你们有所帮助。

所以，这本书我要首先献给我的朋友们，感谢他们对我的关心。此外，我还要感谢所有曾给予过我们父子帮助的人士，劳斯特博士、居恩博士、莱比锡的好心市民们、杰罗姆国王陛下、布朗斯维克公爵、肯布里基公爵等等，感谢他们无私的善意帮助，我也将这本书献给他们。

老卡尔·威特

1818年12月20日 于哥廷根

小卡尔 后记

献给天下所有的父母

这本书是献给天底下所有父母的礼物。

我——老卡尔·威特先生的教育方法的受益者之一，非常感谢我的父亲对我的辛勤培育。通过试验，父亲的教育学说被证明是行之有效的，包括我也采用他的教育方法教育我的孩子威廉。因此，我想把父亲的教育学说推荐给更多的已为人父母或者即将为人父母者，希望他们可以借鉴卡尔·威特的教育方法，总结出最适合自己孩子的教育方法，希望所有的孩子都可以像我一样，做快乐而健康的少年，也希望这本书能对天底下所有注重孩子教育的父母都有帮助。

本书以现代孩子特征为例，“卡尔箴言”浓缩了适合现代孩子的教育理念。借鉴父亲的教育学说，结合自己亲身的教子心得，在此，我还是不得不再次阐明父亲的观点——早期教育对孩子身心健康成长所起到的作用至关重要。

最后，用父亲的如下观点，与天下所有的父母共勉：

“孩子的心灵是一块神奇的土地，撒下思想的种子，就会收获行为；撒下行为的种子，就会收获习惯；撒下习惯的种子，就会收获品德；如果撒下品德的种子，最后收获的就是命运。孩子的命运其实就掌握在父母的手中。父母以身作责，重视孩子的品德教育，就为孩子的成长打下了坚实的基础。因此，良好品德的培养也需要从婴儿时期就开始。”

感谢所有对父亲和我给予帮助和支持的人，感谢所有的朋友的关心，为此，把我与父亲的教育学说结集出书，希望更多的父母能够培养出天才少年。

小卡尔·威特

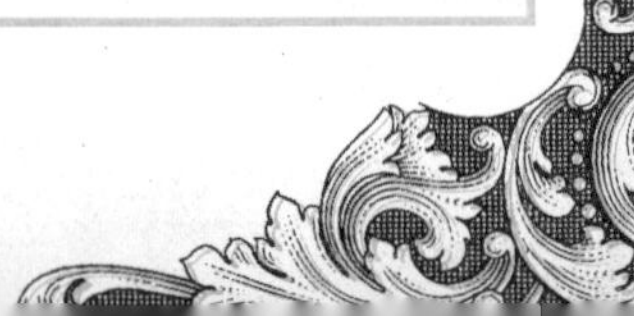